Etudes Françaises

nouveaux HORIZONS

Ebner, Fr.

2

Lesebuch
für die
Grund- und Leistungskurse
der Jahrgangsstufen 12 und 1

herausgegeben von
Wolfgang Ader, Hansjörg Bär,
Gerhard Krüger, Nikolaus Miller,
Klaus Sturm und Peter Weyland

Ernst Klett Verlag
Stuttgart München Düsseldorf Leipzig

Table des matières

Chapitre 4 : **L'Histoire - une mémoire vivante**

Chapitre 5 : **La politique - pouvoirs et devoirs**

Chapitre 6 : **La France et les autres - Allemagne, Europe, Francophonie**

Chapitre 7 : **Les médias en question**

Die methodischen Hilfen auf einen Blick:

Neue „Scheiben":
Le curriculum vitae (S. 56)
L'exposé oral (S. 67)
Analyser et interpréter ...
... les romans et autres textes narratifs:
I narrateur, personnages (S. 161)
II action, hors-texte, interprétation (S. 172)
... les pièces de théâtre (S. 184)
... les poèmes (S. 200)
Préparer un examen (S. 245) *

„Wiederholungsscheiben":
Le résumé (S. 17)
Analyse et commentaire (S. 22)
Bien rédiger vos textes (S. 31)
Fonctions du texte et figures de style (S. 43)

Tipp-Kästchen:
Retrouver le sens d'un mot sans dictionnaire (S. 9)
Bien utiliser le dictionnaire unilingue (S. 12)
La version (S. 35)
Réservation / Demande de renseignement (S.38)
Rédiger une demande d'emploi (ou de stage) (S. 55)

* Diese „Scheibe" dient der Prüfungsvorbereitung. Sie kann zwar zu jedem beliebigen Zeitpunkt durchgenommen werden, es empfiehlt sich jedoch, sie möglichst früh, gegebenenfalls mehrmals im Laufe der Jahrgangsstufen 12 und 13 zu behandeln.

Chapitre 1

Paris

ville-lumière, ville-galère

1 Tant de splendeurs, tant d'horreurs

Tant de beautés partout. Tant d'horreurs partout. On ne peut vivre à Paris et croire naïvement au progrès. Cette ville a sa grandeur derrière elle, au moins esthétiquement, et l'on se réjouit quand un monument récent[1] ne vient pas simplement défigurer[2] ce qui existait. Mais l'essentiel demeure[3] : vivre à Paris, ou simplement le visiter, c'est être confronté à mille splendeurs que nul ne saurait aujourd'hui inventer, et qu'on ne peut, pieusement[4], humblement[5], qu'admirer et protéger. Paris est une ville conservatrice, mais pas seulement, peut-être, parce que c'est une ville riche : qui ne voudrait conserver, en effet, cette ville musée, cette ville miracle, cette ville univers ? Penser à Paris, c'est penser sous la domination d'un passé inégalable[6], avec ce que cela devrait supposer[7] d'humilité[8] et d'exigence, mais avec le risque aussi, parfois, de l'académisme ou de la nostalgie.

André Comte-Sponville, *L'Evénement du jeudi*, 2 septembre 1993.

1 **récent,e** qui existe depuis peu de temps
2 **défigurer** rendre laid
3 **demeurer** rester
4 **pieux, -euse** respectueux
5 **humble** modeste

6 **inégalable** *ici:* incomparable
7 **supposer** *ici:* impliquer
8 **l'humilité** *f* –> humble

1 Reconnaissez-vous les bâtiments et monuments qu'on voit sur les photos ci-contre ? Dites ce que vous savez sur eux.
2 Relevez et groupez tous les mots qui désignent Paris ou qui expriment un jugement esthétique sur cette ville.
3 Quels autres bâtiments ou monuments pourraient représenter a) les « splendeurs » et b) les « horreurs » de la capitale ?

2 Le Paris des poètes

1 Ville-cathédrale
ville-accordéon
ville-capitale
et ville-néon
Paris

Barque et poésie
cœur un pur flambeau[1]
encyclopédie
des grands idéaux
Paris

Éternel symbole
jamais contesté
phare[2] bible et pôle
de la liberté
Paris

Avec toi le monde
attend et sourit
avec toi le monde
espère et frémit[3]
Paris

2 Oh ! Paris est la cité mère !
Paris est lieu solennel[4]
Où le tourbillon[5] éphémère[6]
Tourne sur un centre éternel !

… Frère des Memphis et des Romes
Il bâtit au siècle où nous sommes
Une Babel pour tous les hommes,
Un Panthéon pour tous les Dieux !

… Toujours Paris s'écrie et gronde[7] ;
Nul ne sait, question profonde,
Ce que perdrait le bruit du monde
Le jour où Paris se tairait.

3 Ville d'où rayonne, hélas, le plus d'intelligence dans le monde. Phare et Ville-Lumière, comme disent premièrement les imbéciles[8], deuxièmement les cérémonies officielles, troisièmement les romantiques, quatrièmement Hugo tout seul. Cerveau[9] où s'élabore[10] le plus de pensée. Cœur d'où monte, dans toute cette buée[11] que vous voyez de Montmartre, dans toute cette buée de mer, dans toute cette buée industrielle, poussière de vapeurs, vapeurs d'essence et de tant d'huiles[12] lourdes, vapeurs[13] aussi de tant de respirations malsaines[14], cœur d'où monte, à travers toute cette buée temporelle, le plus de spécifiquement, le plus de techniquement véritable prière[15].

1 Gaston-Henry Aufrère, *Paris,* Jean Grassin Editeur, Paris-Carnac 1976 ;
2 Victor Hugo, *A l'Arc de Triomphe,* dans : *Les voix intérieures,* 1837 ;
3 Charles Péguy, extrait de *De la situation faite,* Editions Gallimard, Paris 1907.

1 **un flambeau** *ici:* une lumière
2 **un phare** Leuchtturm
3 **frémir** *ici:* vibrer
4 **solennel,le** [sɔlanɛl] feierlich
5 **un tourbillon** Strudel, Wirbel-(Wind)
6 **éphémère** qui ne dure pas longtemps
7 **gronder** *ici:* grollen, brodeln
8 **un imbécile** un idiot
9 **le cerveau** Gehirn
10 **s'élaborer** se former
11 **la buée** Dunst(schleier)
12 **l'huile** *f* Öl
13 **la vapeur** Dampf
14 **malsain,e** mauvais pour la santé
15 **une prière** –> prier

1 a) Relevez dans les poèmes d'Aufrère et de Hugo les images et les mots-clés qui caractérisent Paris, et dites à quoi ils font allusion.
b) Qu'est-ce que les allusions à la mythologie et à l'histoire ajoutent à cette peinture de Paris ?
2 a) Comment Péguy juge-t-il le genre d'enthousiasme qui s'exprime dans ces poèmes ?
b) D'après lui, qui sont les responsables de cette vision de Paris ?
c) Qu'est-ce que Péguy semble penser des romantiques ?
3 a) Qu'est-ce que Péguy oppose à ce qui est devenu « un cliché » de Paris ?
b) Que cherche-t-il, dans la première ligne, à exprimer par l'interjection « hélas » ?

3 La ville la plus complète

Une très grande ville a besoin du reste du monde, s'alimente comme une flamme aux dépens[1] d'un territoire et d'un peuple dont elle consume et change en esprit, en paroles, en nouveautés, en actes et en œuvres les trésors muets[2] et les réserves profondes. Elle rend vif, ardent[3], brillant, bref et actif ce qui dormait, couvait[4], s'amassait, mûrissait[5] ou se décomposait sans éclat[6] dans l'étendue vague et semblable à elle-même d'une vaste contrée[7].

Toute grande ville d'Europe ou d'Amérique est cosmopolite, ce qui peut se traduire ainsi : plus elle est vaste, plus elle est diverse, plus grand est le nombre des races qui y sont représentées, des langues qui s'y parlent, des dieux qui s'y trouvent adorés simultanément.

Chacune de ces trop grandes et trop vivantes cités se conserve et s'accroît[8] en attirant à soi ce qu'il y a de plus ambitieux, de plus remuant, de plus libre d'esprit, de plus raffiné dans les goûts, de plus vaniteux[9], de plus luxurieux et de plus lâche[10] quant[11] aux mœurs. On vient aux grands centres pour avancer, pour triompher, pour s'élever ; pour jouir, pour s'y consumer ; pour s'y fondre[12] et s'y métamorphoser ; et en somme[13] pour jouer, pour se trouver à la portée[14] du plus grand nombre possible de chances et de proies[15], femmes, places, clartés, relations, facilités diverses ; pour attendre ou provoquer l'événement favorable dans un milieu dense et chargé d'occasions, de circonstances, et comme riche d'imprévu, qui engendre[16] à l'imagination toutes les promesses de l'incertain. Chaque grande ville est une immense maison de jeux.

Paris est d'un ordre plus subtil, et la fonction qui lui appartient à lui seul est plus difficile à définir que celles des autres cités.

La parure[17] des femmes et la variation de cette parure ; la production des romans et des comédies ; les arts divers qui tendent[18] au raffinement des plaisirs fondamentaux de l'espèce[19], tout ceci lui est communément et facilement attribué[20].

Mais il faut y regarder plus attentivement et chercher un peu plus à fond le caractère essentiel de cet illustre Paris.

Il est d'abord à mes yeux la ville la plus complète qui soit au monde, car je n'en vois point[21] où la diversité des occupations, des industries, des fonctions, des produits et des idées soit plus riche et mêlée[22] qu'ici.

Être à soi seul la capitale politique, littéraire, scientifique, financière, commerciale, voluptuaire[23] et somptuaire[24] d'un grand pays ; en représenter toute l'histoire ; en absorber et en concentrer toute la substance pensante aussi bien que tout le crédit[25] et presque toutes les facultés[26] et

1 **aux dépens de** auf Kosten von
2 **muet,te** qui ne peut pas parler; *ici:* caché
3 **ardent,e** brûlant
4 **couver** *ici:* (im Geheimen) schlummern
5 **mûrir** heranreifen
6 **l'éclat** *m* Glanz
7 **une contrée** une région

8 **s'accroître** devenir plus grand
9 **vaniteux,-euse** orgueilleux
10 **lâche** *ici:* ungebunden, locker
11 **quant à** en ce qui concerne
12 **se fondre à** aufgehen in
13 **en somme** kurz und gut
14 **à la portée** in Reichweite
15 **la proie** Beute
16 **engendrer** faire naître

17 **la parure** *ici:* l'élégance (apparente)
18 **tendre à qc** *litt* avoir qc pour but
19 **l'espèce** *f* le genre; *ici:* les hommes
20 **attribuer** zuordnen, zusprechen
21 **ne ... point** *litt* ne ... pas du tout
22 **mêler** mélanger
23 **voluptuaire** -> la volupté (Hochgenuss)
24 **somptuaire** verschwenderisch
25 **le crédit** *ici:* la confiance
26 **les facultés** *f* *ici:* possibilités

disponibilités d'argent, et tout ceci, bon ou mauvais pour la nation qu'elle couronne[27], c'est par quoi se distingue entre toutes les villes géantes[28], la ville de Paris. Les conséquences, les immenses avantages, les inconvénients, les graves dangers de cette concentration sont aisés[29] à imaginer.

Paul Valéry, *Fonction de Paris* (1927), dans : *Regards sur le monde actuel et autres essais,* Editions Gallimard, Paris 1960 (texte abrégé).

27 **couronner** krönen
28 **géant,e** très grand
29 **aisé,e** facile

1 a) Quelles langues peuvent vous aider à comprendre les mots suivants ?
un territoire, un trésor, cosmopolite, la contrée, métamorphoser, subtil, l'événement, essentiel, absorber, un avantage, la cité, la concentration.
b) Expliquez comment ces mots ont été formés :
imprévu, incertain, mûrir, le raffinement, décomposer, la promesse, la production, la disponibilité.
c) Formez des verbes à partir des adjectifs suivants :
profond, actif, divers, riche, grand, facile, complet.

Vous vous rappelez ?

Pour retrouver le sens d'un mot inconnu sans dictionnaire :

1 Y a-t-il un mot *allemand* (ou anglais, ou autre) qui lui ressemble ?
La signification du mot inconnu est souvent la même que celle de ce mot allemand (ou autre). Mais attention aux faux-amis !

2 Connaissez-vous un mot français de la même *famille* ?
Les préfixes et suffixes ajoutés à un mot permettent d'en préciser le sens. (Voir les listes de préfixes et de suffixes imprimées dans *Nouveaux Horizons 1*, p. 10, ou dans votre dictionnaire unilingue.)

3 Le *contexte* est nécessaire pour vérifier vos suppositions
(ou pour deviner le sens d'un mot qui ne vous rappelle rien de connu).

2 Traduisez le premier paragraphe du texte, puis le dernier.
3 Expliquez l'image d'une ville qui s'alimente « comme une flamme » (L. 1 - 2).
4 a) Faites le plan du texte et dites de quoi Valéry parle dans chaque partie.
b) Dites en quoi Paris est comparable aux autres grandes villes, mais aussi en quoi consiste, pour Valéry, sa spécificité.
5 Concrètement, qu'est-ce qui permet à l'auteur d'affirmer que « *Paris est la capitale politique, littéraire … et somptuaire d'un grand pays* » (L. 35 - 36) ?
6 L'auteur, dans la dernière phrase du texte, aborde la question de la forte concentration du pouvoir à Paris. A quels « inconvénients et avantages » Valéry pourrait-il penser ?

4 Le Paris de tous les jours

1 André Comte-Sponville, philosophe : « *Paris est le seul lieu du monde où Paris n'est pas un rêve, ou pas seulement un rêve, mais une bruyante et quotidienne réalité. Une ville est comme un couple. Comment croire absolument à ce qu'on fréquente tous les jours ? Il n'y a que les provinciaux ou les snobs qui croient à Paris, quand ils y croient. Pour moi, qui y suis né, c'est une religion que je n'ai jamais eue, et c'est à quoi peut-être se reconnaissent les vrais Parisiens. Paris leur est banal et neutre. Ils y aiment surtout, d'ailleurs, les quartiers qui ne ressemblent à rien, ou à n'importe quoi, le Paris de tous les jours, celui qu'on ne visite pas, mais qu'on habite. Chacun a le sien : le mien court entre la porte de Vanves et la porte d'Italie, entre la rue des Plantes et la rue des Ecoles … Peu importe. Tous les lieux se valent, et c'est ce que Paris, dans sa grandeur, dans sa diversité, dans son indifférence, ne cesse de nous rappeler.* »

> Utilisez un dictionnaire unilingue pour comprendre les mots dont vous n'arrivez pas à retrouver le sens d'une autre manière (voir les conseils donnés à la page 12).

2 Alain Senderens, restaurateur : « *Le 8e, c'est le vrai parisianisme : il y a le luxe avec la place Vendôme, les grands magasins, et un côté populaire avec le quartier de l'Opéra. Mais c'est aussi un arrondissement très calme la nuit et le week-end, comme à la campagne.* »

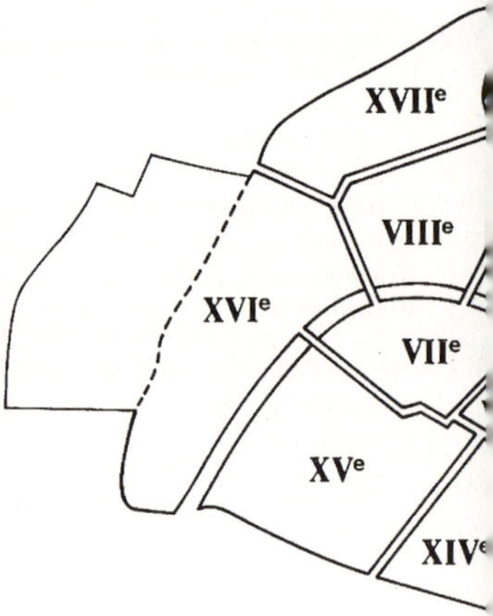

3 Frank Margerin, dessinateur de BD : « *J'habite le 15e, non loin du parc Georges-Brassens, au fond d'une petite impasse. Un quartier sympathique et mal desservi. C'est calme, on n'y risque pas sa peau la nuit. Le reste de l'arrondissement est trop bourgeois. Avec l'inflation de l'immobilier, beaucoup de gens ont cédé la place à des promoteurs. Le quartier s'est vidé de sa substance.* »

4 Sonia Rykiel, créatrice de mode : « *J'adore le 6e. C'est un endroit privilégié qui bouillonne sans arrêt. On peut y déguster de tout, à toute heure : de la culture, de la politique et de la nourriture. Et puis, dans Saint-Germain, j'aime me perdre toute une journée chez des antiquaires ou dans de petits jardins tendres. J'aime aussi l'idée de frontière avec la rive droite. D'une rive à l'autre les nuances ne sont pas les mêmes : de l'autre côté, les yeux deviennent plus gris.* »

5 Claire Bretécher, dessinatrice de BD :
« J'adore le 18e. Il y a le côté populaire du côté des Abbesses, et celui plus huppé vers Junot. Je me suis installée dans cet arrondissement il y a bien longtemps, dans un appart pas cher. Et je m'y suis plue. Ici, il y a une variété, une ambiance, une fête permanente. »

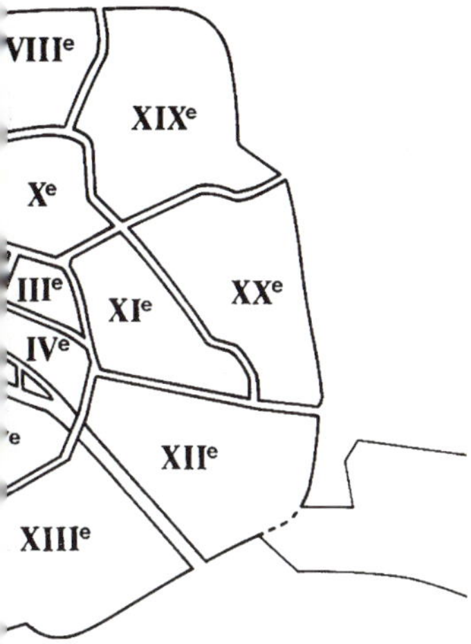

6 Jean-Michel Ribes, metteur en scène : *« Ici dans le 20e il y a beaucoup d'espace, on peut s'y perdre. Le quartier est très métissé, propice à l'imaginaire. C'est une petite ville pas finie. On trouve tout Paris : bourgeois, artistes, prolos. Les gens devraient venir ici pour apprendre la convivialité. Et il y a beaucoup plus de culture que l'on croit. Et les meilleurs bistrots de Paris, les plus authentiques. »*

7 Pascal Bruckner, écrivain :
« Le 2e est un quartier de plaisir, riche, luxueux, mélangé, vivant. C'est un village au centre de Paris, près de tout, à pied. J'aime son côté interlope, ses prostituées, ses riches, ses junkies, ses étrangers. Il n'y a pas d'homogénéité sociale et cela me plaît beaucoup. »

8 Jacques Doillon, metteur en scène : *« Je ne m'aventure pas dans Paris. Je ne vais nulle part. Je ne sors que pour trouver un salon de thé. Je ne me sens pas concerné par les vies de quartier. Je n'aime pas l'idée de villages dans une ville. Paris, pour moi, c'est l'écho de gens peu contents de leur vie. Des personnes qui s'insultent pour dix secondes de perdues à un feu. La violence est partout. La beauté de la ville ne m'intéresse pas. Le seul paysage qui m'intéresse, ce sont les gens. »*

1 *L'Evénement du jeudi*, 2 septembre 1993 ;
2-8 *Le Nouvel Observateur*, 30 mars 1995.

1 Servez-vous d'un dictionnaire unilingue pour retrouver le sens des mots suivants *(voir ci-contre.)*
(1) : fréquenter, se valoir ;
(2) : le parisianisme ;
(3) : une impasse, desservir, céder, un promoteur ;
(4) : bouillonner, déguster, la rive ;
(5) : huppé ;
(6) : métisser, propice à, un prolo, la convivialité ;
(7) : interlope ;
(8) : s'aventurer, s'insulter.
2 D'après Comte-Sponville, quelle différence y a-t-il entre un Parisien et quelqu'un qui visite Paris en ce qui concerne le regard qu'ils portent sur la ville ?
3 Expliquez pourquoi *« Paris est le seul lieu du monde où Paris n'est pas un rêve »* (Compte-Sponville).
4 Qu'est-ce que des arrondissements assez éloignés les uns des autres, tels que le 2e, le 6e ou le 20e, peuvent avoir en commun ?
5 En quoi la position de Jacques Doillon se différencie-t-elle de celle des autres personnes interviewées ?
6 Dans le(s)quel(s) des six quartiers mentionnés aimeriez-vous vivre ? Le(s)quel(s) éviteriez-vous ? Expliquez pourquoi.

Vous vous rappelez ?

Pour bien utiliser le dictionnaire unilingue :

1 Cherchez le mot concerné parmi les *entrées* du dictionnaire.
Si vous ne trouvez pas d'entrée sous ce mot, cherchez celle d'un mot de la même famille.

2 Lisez la *définition* de ce mot.
S'il y a plusieurs définitions, lisez aussi les locutions et les exemples proposés. Choisissez alors, par analogie, la définition qui convient le mieux à votre contexte.

3 Relevez toutes les autres *indications* qui peuvent vous aider à mieux comprendre le mot recherché (antonymes et synonymes, genre, emploi ou catégorie stylistique du mot, etc.)

4 S'il vous reste des doutes, *vérifiez* la signification à l'aide d'un dictionnaire bilingue.

5 La Goutte-d'Or condamnée

La Goutte-d'Or de mon enfance, depuis quelques années déjà, depuis 1987 pour être précis, est en voie[2] de disparition. Une « bonne décision », puisque observée et traversée avec des lunettes noires, la Goutte-d'Or était une plaie[3], un mini-Bronx[4] façon Paris : drogue, prostitution à la chaîne, immigrés clandestins entassés par dizaines dans des appartements insalubres payés à prix d'or. C'était cela, la Goutte-d'Or, livrée aujourd'hui, et c'est tant mieux, puisque tout le monde l'affirme, aux pioches[5] des démolisseurs pour construire un quartier « propre » et « blanchi ». Mais, une dernière fois, mettez des lunettes roses et laissez-vous entraîner dans l'autre Goutte-d'Or, celle des marchands de tissus et des épiceries aux senteurs enivrantes[6], celle où toutes races et toutes religions confondues, nous allions apprendre à lire et à compter à l'école communale de la rue Richomme. Marchez. Regardez. L'autre Goutte-d'Or. Pour quelques jours, pour quelques mois encore.
La légende, celle qui arrange tant les flics et les beaufs[7], voudrait que le quartier ne soit pas sûr. Faux. Les femmes s'y feraient agresser plus fréquemment qu'ailleurs. Faux encore. Les enfants y seraient entraînés à la voyoucratie[8]. Faux toujours. A la Goutte-d'Or, nous avons appris un excellent français – grâce à nos instits – et nous avons appris à nous respecter, Blancs, Noirs, Jaunes, chrétiens, juifs et musulmans. Tout cela, trente ans après, n'a guère changé. Mais puisque la rénovation de la Goutte-d'Or passe par sa destruction ...

Maurice Szafran, *L'Evénement du jeudi*, 2 septembre 1993 (texte abrégé).

1 **une goutte** Tropfen
2 **en voie de** *(+ nom)* en train de *(+ inf)*
3 **une plaie** une blessure ouverte
4 **le Bronx** un quartier de New York
5 **une pioche** Spitzhacke
6 **enivrant,e** qui rend *ivre* (betrunken)
7 **un beauf** *fam* un petit bourgeois conservateur
8 **la voyoucratie** *fam ici:* Herumlungerei

Scène de rue dans le quartier de la Goutte-d'Or.

1 Suivez les conseils donnés à la page 9 et dites comment ou à partir de quoi on peut comprendre les mots suivants.
a) la disparition (L. 2) ;
b) la drogue (L. 4) ;
c) à la chaîne (L. 5) ;
d) clandestin (L. 5) ;
e) entassé (L. 5) ;
f) insalubre (L. 6) ;
g) un démolisseur (L. 8) ;
h) blanchi (L. 8) ;
i) entraîner (L. 9) ;
j) une senteur (L. 11) ;
k) confondu (L.12) ;
l) une légende (L. 15) ;
m) fréquemment (L. 17) ;
n) un(e) instit (L. 19) ;
o) chrétien (L. 20) ;
p) la rénovation (L. 21) ;
q) la destruction (L. 22).

2 Recherchez dans un dictionnaire unilingue ce que les mots *la chaîne (1.c)* *entraîner (1.i)* et *une légende (1.l)* pourraient signifier dans d'autres contextes. (Pour l'emploi des dictionnaires, voir les conseils donnés à la page 12.)

3 Traduisez le texte du début à la ligne 9.

4 Quels sont les gens qui portent des « lunettes noires »? Que voient-ils et que souhaitent-ils ?

5 a) Qu'est-ce que l'auteur voit à travers ses « lunettes roses »?
b) Quelle attitude prend-il face aux transformations du quartier, et comment l'exprime-t-il ?

6 On entend souvent dire qu'un quartier multiculturel constitue la meilleure école de tolérance et de respect de l'autre.
a) Quel rapport voyez-vous entre cette affirmation et le texte de Szafran ?
b) Que pensez-vous, personnellement, de cette opinion ?

6 Paris meurt-il ?

Aujourd'hui, l'agglomération[1] parisienne, aux limites indéfinies, compte près de 8 millions d'habitants. Plus que la Suède. Par 5 autoroutes, 23 routes nationales, 6 stations de chemin de fer, le RER (réseau de métro express régional) et d'innombrables autobus, 4 millions de personnes voyagent, quotidiennement, entre leur lieu de travail et leur logement, que peuvent séparer 30, 50, jusqu'à 100 kilomètres (certains viennent d'Orléans ou de Chartres). Ce qui compte, ce n'est pas la distance, mais le temps nécessaire pour la couvrir[2], compte tenu des problèmes d'embouteillage et de stationnement pour les automobilistes.

Longtemps, on a considéré qu'une ville, pour être aimable, devait demeurer à mesure de l'homme, c'est-à-dire que celui-ci devait pouvoir, à pied, accéder aux lieux où l'appelaient ses activités ou ses plaisirs.

Paris n'est plus fait pour les piétons. Les flâneurs[3] y sont rares et mal vus. Les bouquinistes des quais ont fermé, les peintres de Montmartre ne travaillent plus que pour les touristes en autocar. Paris se vide de plus en plus tôt, le soir, la fin de semaine s'amorce[4] dès le vendredi midi. L'été, la ville est livrée[5] aux étrangers et à leurs guides polyglottes[6]. L'animation nocturne[7] se localise[8] dans certains quartiers : Saint-Germain-des-Prés, les Champs-Élysées, peu habités dans les étages. En revanche, Barbès et ses environs, surpeuplés, sont devenus une sorte de ghetto.

Périls[9] qui se sont aggravés[10] dont on a pris conscience et dont on a cherché fiévreusement les remèdes[11]. Comme les médecins de Molière, hélas, les spécialistes ne tombaient pas d'accord et risquaient d'achever[12] le malade plutôt que de le guérir[13].

Ainsi qu'en famille on marque, sur le chambranle[14] d'une porte, les centimètres gagnés, chaque année, par les enfants, on peut voir aisément[15] sur une photo aérienne, la croissance de Paris. D'abord dans son berceau[16], entre les bras de la Seine. Les murailles de défense successives[17] se sont effacées[18], mais les portes de Saint-Denis et de Saint-Martin marquent les seuils[19] que franchissent[20] les armées victorieuses de Louis XIV. Les « fortifs » disparaissent, aussitôt remplacées par le dense alignement[21] des façades des années 30. On croit alors avoir résolu[22] le problème du logement. Il se pose, plus aigu[23], dès la Libération, en 1945. Il faut construire, vite. On fait appel à une main-d'œuvre bon marché, venue de la province, puis de l'étranger, qu'il faut loger, elle aussi. Paris se met alors à se développer, anarchiquement, en long, en large et en hauteur.

Les architectes disposent, de plus en plus, de matériaux nouveaux, résistants, légers. Les problèmes sont techniquement résolus. Sauf celui du terrain. On s'avise[24] alors qu'il est possible, sur de solides bases en pierre de taille[25], de rehausser[26] les édifices[27] de un, deux, jusqu'à trois étages. La formule est coûteuse : il faut installer des ascenseurs. On préfère alors raser carrément[28] les maisons qui occupent trop de place pour leur volume et l'on voit s'élever un peu partout des bâtiments de dix, douze, quinze étages pour en arriver carrément à la tour, qui simplifie tellement les problèmes de plomberie[29]. Vu d'en haut, le panorama de Paris apparaît alors gâché[30] par ces blocs de béton, qui se découpent[31] derrière les tours de Notre-Dame ou entre les jambes de la tour Eiffel.

1 **une agglomération** *ici:* Ballungsraum
2 **couvrir** *ici:* parcourir
3 **un flâneur** un promeneur
4 **s'amorcer** commencer
5 **livrer** *ici:* laisser, abandonner
6 **polyglotte** qui parle plusieurs langues
7 **nocturne** –> la nuit
8 **se localiser** se concentrer en un lieu
9 **un péril** un (grand) danger
10 **s'aggraver** –> grave
11 **un remède** un médicament; *ici:* une solution
12 **achever (un malade)** faire mourir
13 **guérir** heilen
14 **le chambranle** Türrahmen, -zarge
15 **aisé,e** facile
16 **un berceau** Wiege
17 **successifs,-ives** qui se suivent
18 **s'effacer** *ici:* disparaître
19 **le seuil** Schwelle
20 **franchir** traverser
21 **un alignement** une série d'objets placés sur une même ligne
22 **résoudre qc** trouver une solution à qc
23 **aigu, aigüe** *ici:* intense
24 **s'aviser** constater
25 **(une pierre) de taille** behauen(er)
26 **rehausser** –> haut
27 **un édifice** un bâtiment
28 **carrément** *fam* ohne lange zu fackeln
29 **la plomberie** *ici:* Gas- und Wasserleitungen
30 **gâcher** *ici:* verschandeln
31 **se découper** sich abheben (vom Hintergrund)

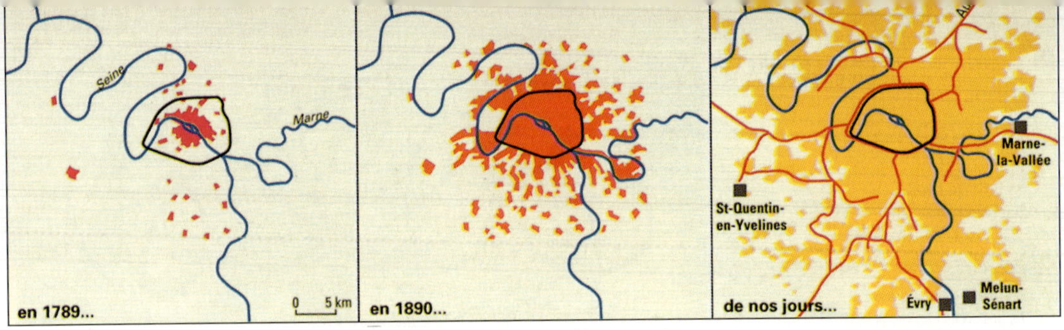

■ Villes nouvelles
— Limite actuelle de Paris

A la Défense, au moins, on y est allé carrément. C'est un territoire coupé de son environnement, en dépit[32] des longues bretelles[33] qui l'accrochent au corps de la ville et aux banlieues proches.

Ailleurs, on a déblayé[34] largement pour faire surgir[35] des quartiers neufs qui se ressemblent comme des frères et ne conservent que le nom de ceux qui les ont fait naître en disparaissant : Nation, Belleville, Montsouris ... Dès 1925, Le Corbusier se propose de loger 400 habitants à l'hectare. On frôle[36] le désastre.

Une nouvelle idée fut retenue : celle de réhabiliter les maisons anciennes qui conservaient une valeur historique ou architecturale. Il ne suffisait pas de rajeunir les façades : elles dissimulaient[37] des logements qui ne répondaient[38] plus du tout aux besoins de l'époque. La suppression d'une certaine vie de société rendait inutiles les salons de réception, les fumoirs, les boudoirs[39]. En revanche, il fallait des salles de bains, des cuisines équipées, le chauffage central. Il apparut rapidement que rénover ne signifiait pas augmenter la capacité des immeubles, au contraire. Le confort exige de l'espace.

Quoi qu'on inventât, Paris craquait aux coutures[40]. D'autant qu'on avait beau[41] multiplier les lignes de métro, les prolonger[42], allonger les convois[43], la circulation en surface s'engluait[44] de plus en plus. La complexité des sens uniques[45] déroutait[46] les automobilistes. La pollution, au carrefour Haussmann-Tronchet, devenait plus vénéneuse[47] qu'un brouet[48] de sorcières.

Il ne s'agissait plus de choisir : une solution s'imposait[49]. Fuir vers les espaces verts, au-delà des banlieues proches et des moins proches, déjà saturées[50] de HLM et d'usines. Bulldozers et grues[51] s'installèrent, des chantiers[52] s'ouvrirent, des abcès de fixation[53] furent choisis pour empêcher Paris d'étouffer[54].

La banlieue était devenue le grand Paris. Officiellement toutefois, Paris restait limité au contour de ses anciennes fortifications et l'agglomération parisienne s'est morcelée[55] en neuf départements. Paris a éclaté comme un gigantesque feu d'artifice[56], dont les retombées[57] sont des villes nouvelles. Avec leurs solutions apparentes[58] et leurs problèmes particuliers

32 **en dépit de** malgré
33 **une bretelle** *ici:* Zubringerstraße
34 **déblayer** enlever tout ce qui gêne
35 **surgir** apparaître brusquement
36 **frôler** passer très près de
37 **dissimuler** cacher
38 **répondre à** *ici:* correspondre à
39 **un boudoir** un petit salon
40 **craquer aux coutures** aus allen Nähten platzen
41 **avoir beau faire qc** etw noch so sehr tun können
42 **prolonger** –> long
43 **un convoi** *ici:* un train
44 **s'engluer** *ici:* zäh werden
45 **un sens unique** Einbahnstraße
46 **dérouter** verwirren
47 **vénéneux,-euse** toxique
48 **un brouet** une soupe
49 **s'imposer** devenir inévitable
50 **saturé,e** plein, rempli
51 **une grue** Kran
52 **un chantier** Baustelle
53 **un abcès de fixation** künstlich geschaffenes Problem (um ein anderes zu vermeiden)
54 **étouffer** manquer d'air
55 **se morceler** –> les morceaux
56 **un feu d'artifice** Feuerwerk
57 **une retombée** conséquence
58 **apparent,e** *ici:* évident

Suzanne Chantal, *La France et son habitat*, dans : *Le grand livre de la France,* Larousse, Paris 1988 (texte abrégé).

1 a) Quel est le problème le plus important de la ville de Paris ?
b) Essayez de montrer comment les autres problèmes cités dans le texte en dépendent.
2 a) Relevez les différentes solutions qui, au cours du temps, ont été proposées pour faire face à la surpopulation.
b) Dites quels sont les avantages et les inconvénients de ces solutions.
3 Relevez les passages du texte dans lesquels l'auteur personnifie la ville de Paris. Dites pourquoi il utilise un vocabulaire appartenant au domaine de la médecine et de la santé.
4 Quelle réalité sociale se cache derrière l'image de « l'abcès de fixation » (L. 74) ?
5 a) A l'aide des indications statistiques données à la page suivante, mettez en évidence la puissance économique de Paris.
b) Essayez de trouver une comparaison ou une image qui illustre la domination de Paris sur sa région.
6 Quel pourrait être le visage de Paris en l'an 2100 ? Dans un texte de science-fiction, décrivez l'architecture parisienne, les moyens de transport utilisés, les nouvelles conditions de vie, etc.

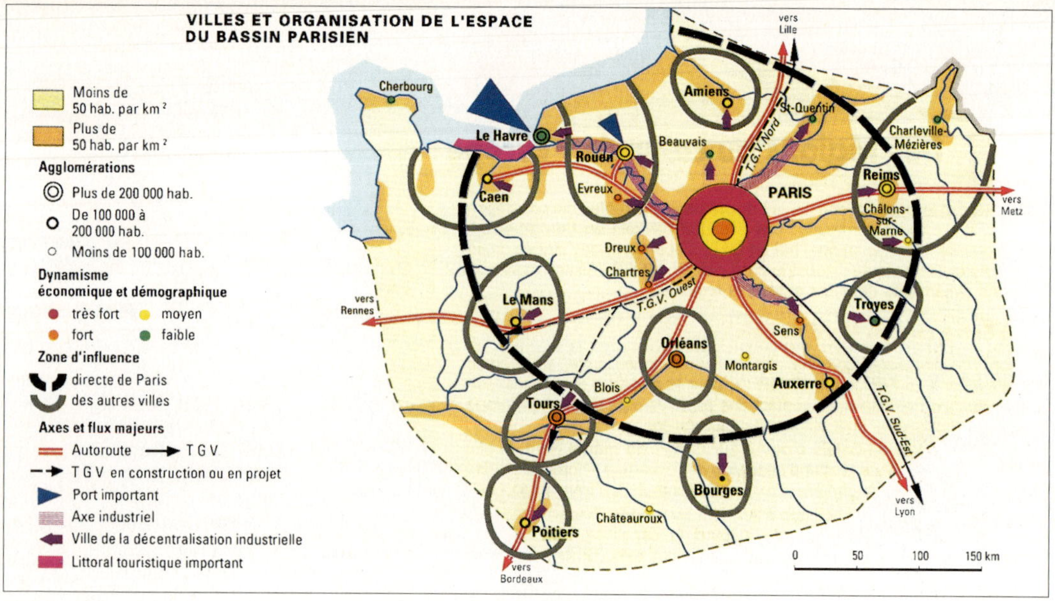

Chiffres
* tirés du *Nouveau Guide France*, de Henri Michaux, Hachette, Paris 1994 ;
** de l'INSEE (1990).

La région d'Ile-de-France, c'est *:

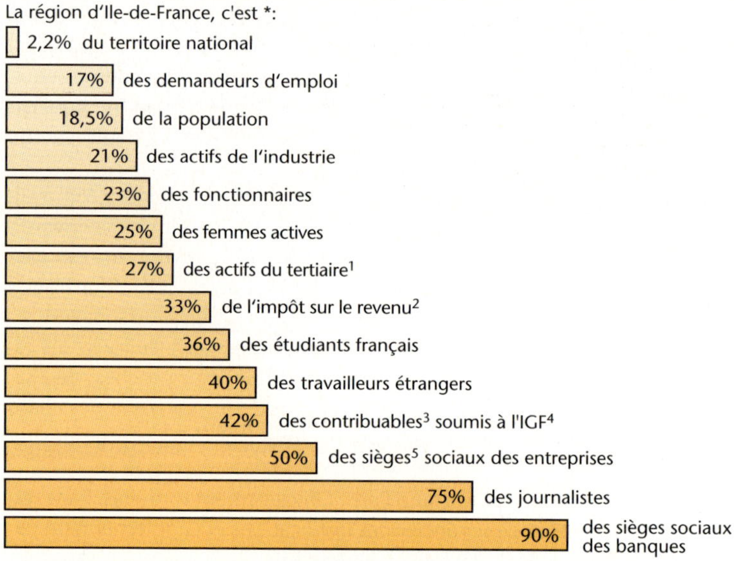

1 **le (secteur) tertiaire** Dienstleistungsbereich
2 **le revenu** l'argent que qn gagne
3 **un contribuable** qn qui paie des impôts
4 **l'IGF** l'impôt sur les grandes fortunes
5 **le siège social** l'adresse principale d'une entreprise

6 **l'industrie polygraphique** grafisches Gewerbe

Population active de la région parisienne (1992): 5 millions.
Répartition de la population active de l'Ile-de-France par secteur économique **:

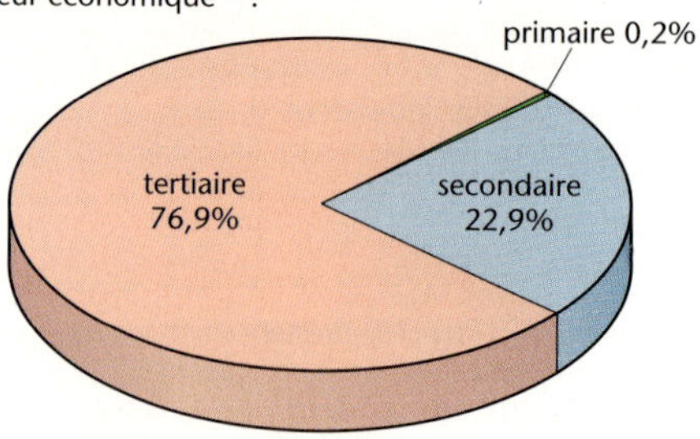

Par branche industrielle, proportion d'actifs travaillant dans la région parisienne (en % du total national)*:

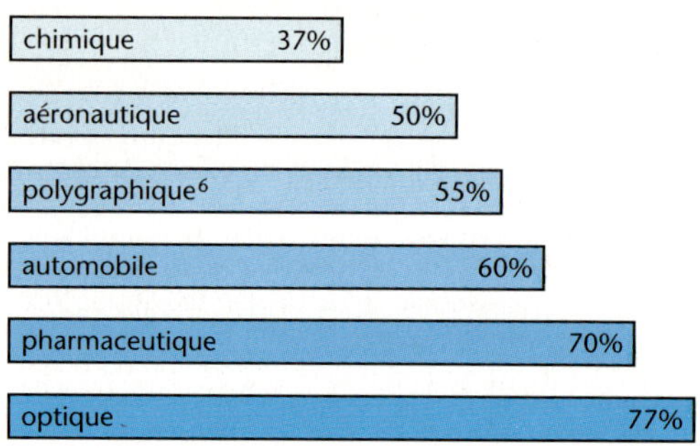

Le résumé

Vous vous rappelez ?

1 Avant de rédiger le résumé, lisez bien le texte et dégagez-en l'idée générale.
Puis, paragraphe par paragraphe, relevez les informations principales, notez (ou soulignez) les mots-clés.
2 Dans votre introduction, reprenez l' idée générale du texte.
(Parfois, il faut aussi mentionner l'auteur et le titre de l'article ou du livre.)
3 Construisez votre partie principale :
- suivez l' ordre des idées du texte original ;
- éliminez tous les détails peu importants (les exemples, les comparaisons, les expressions imagées).
4 Rédigez votre résumé :
- utilisez la 3e personne du singulier et le présent ;
- présentez les faits ou les idées sous une perspective neutre (ne faites pas de commentaires) ;
- employez vos propres mots, utilisez un langage simple et clair, faites des phrases courtes (évitez les citations, le style indirect, les mots rares).
- Mettez en évidence l' enchaînement des idées du texte (les idées peuvent p.ex. se suivre, se compléter ou s'opposer). Utilisez pour cela les « charnières » – ou mots de liaison – correspondantes.
5 Relisez votre texte pour en vérifier l'orthographe, etc.

A vous !

(Re)Lisez le texte *Paris meurt-il ?*, pages 14 - 15.
1 Dites en quoi consiste l' *idée générale* du texte, puis rédigez une introduction de résumé.
2 Relevez les *mots-clés* de chaque paragraphe.
3 Relevez dans le texte quelques exemples d'idées ou d'informations d'importance secondaire que l'on peut considérer ici comme des « détails ».
4 Reformulez le plus simplement possible les passages suivants :
a) pouvoir, à pied, accéder aux lieux où l'appelaient ses activités (L. 11 - 12) ;
b) des périls qui se sont aggravés (L. 21) ;
c) la formule est coûteuse (L. 42) ;
d) quoi qu'on inventât (L. 66) ;
e) la circulation en surface s'engluait de plus en plus (L. 68).
5 a) Mettez au présent le paragraphe des lignes 57 à 65.
b) Reformulez ce paragraphe d'une manière plus simple et plus courte, en utilisant vos propres mots.
c) De la même manière, reformulez le paragraphe suivant. (Ne reprenez pas les images et les comparaisons !)
6 Faites le résumé complet du texte. N'oubliez pas d'utiliser des « mots-charnières » pour relier les parties de votre texte là où c'est possible.
(Pour les charnières, voir, entre autres, la liste de *Nouveaux Horizons 1*, page 49 ou de *Nouveaux Horizons 1, Ausgabe B*, page 54).

7 Petites nuisances quotidiennes

Dites ce qui vous dérangerait le plus si vous habitiez dans une grande ville très peuplée telle que Paris. En groupe, faites une liste de ces problèmes et classez-les par ordre d'importance.

1 L'écrivain Michel Tournier, dans une interview :
« Je déteste Paris. Une ville inhabitable. Victor Hugo prétend que l'air de Paris est meilleur que dans le reste du monde. Il faut être né à Besançon pour croire une chose pareille ! »

2 Soleil, chaleur, départs en week-end et grande migration des vacances. Tout s'est additionné pour que la pollution atteigne des niveaux record en cette veille de 14 Juillet. Phillippe Massoni, préfet de police de Paris, a donc lancé un appel aux Franciliens[2] : ne prenez votre voiture qu'en cas de nécessité absolue. Patientez, on vous prépare un plan d'envergure[3] pour plus tard.
Il était grand temps. Car les Parisiens sont sur le pied de guerre depuis un mois. Pourquoi ? Parce que, le 21 décembre dernier, place Victor-Basch, le taux de dioxyde d'azote[4] avait dépassé les normes européennes pendant neuf heures.

3 Le Français aime les chiens. Le Parisien plus encore, si l'on considère ses trottoirs : 10 tonnes d'excréments canins[5] sont « écoulées » chaque jour sur les chaussées qu'on pourrait aisément rebaptiser[6] crottoirs. Braves petites bêtes dont les performances permettent à Paris de décrocher[7] une formidable première place mondiale. En la matière, notre réputation est faite.

1 **une nuisance** Belästigung
2 **un Francilien** un habitant de l'Ile-de-France
3 **d'envergure** très grand
4 **l'azote** *m* Stickstoff
5 **canin,e** –> les chiens
6 **rebaptiser** donner un autre nom
7 **décrocher** *ici:* obtenir
8 **un pigeon** Taube
9 **érafler** *ici:* schrammen
10 **bosseler** verbeulen
11 **un pare-chocs** Stoßstange
12 **cracher** spucken
13 **un pare-brise** Windschutzscheibe
14 **une contravention** Strafzettel
15 **tellment** *fam* tellement

4 Il a pris sa voiture
les pigeons[8] avaient chié dessus
et puis il a fait du cinq de moyenne
pendant des heures et des heures
il a éraflé[9] une aile
il a bosselé[10] son pare-chocs[11]
on lui a craché[12] sur son pare-brise[13]
et il a attrapé cinq contraventions[14]
ah qu'il ah qu'il
ah qu'il est content
d'avoir promené sa bonne ouature
si elle lui a coûté tellment[15] d'argent
c'est pas pour en faire des confitures
et bing et poum
et bing et pan

1 *Le Nouvel Observateur*, 10 janvier 1986;
2 Françoise Monier, *L'Express*, 27 juillet 1995;
3 Anny Goudet, *L'Evénement du jeudi*, 1 septembre 1994;
4 Raymond Queneau, *Les problèmes de la circulation*, dans : *Courir les rues*, Editions Gallimard, Paris 1967.

1 a) De quelles nuisances parlent ces différents textes ?
b) Expliquez, dans le texte de Goudet, le jeu de mot « trottoir - crottoir » (utilisez un dictionnaire unilingue).
2 a) De qui ou de quoi Raymond Queneau se moque-t-il ?
b) Qu'est-ce qui rend ce texte amusant ? (Regardez de plus près la langue utilisée.)
3 Sur le modèle de ce poème, écrivez un texte qui raconte en les exagérant d'autres « mésaventures » d'un automobiliste parisien.
4 Formez des groupes qui devront chacun s'occuper d'un problème particulier, p. ex. les pigeons, la pollution, etc. Proposez à ces nuisances des solutions aussi originales (et amusantes) que possible.

8 Une ville où l'on n'habite pas

Honoré de Balzac, célèbre romancier du XIXe siècle, disait que « les gens de talent, les artistes, tout coq à plumes éclatantes s'envole de Paris. » Expliquez cette citation et dites ce que vous en pensez.

Paris est une ville où l'on n'habite pas : on y passe, on y séjourne[1], on y fait un stage, on y travaille, on la visite, on y attend les vacances ou l'âge de la retraite. Paris, enfin, contient de tout sauf des Parisiens. J'entends des Parisiens authentiques, nés à Paname[2] de parents panaméens. L'allogène[3] remplit les voies[4] publiques : en kilt[5], en burnous[6], en boubou[7], en turban, en madras[8] ; russe, polonais, hongrois, sénégalais, auvergnat, nordiste, limousin, corse, normand.

1 **séjourner** passer un certain temps (dans un endroit)
2 **Paname** *pop* Paris
3 **un allogène** qn qui n'est pas né à Paris (Fremdstämmiger)
4 **la voie** *ici:* la rue
5 **un kilt** Schottenrock
6 **un burnous** une sorte de manteau porté par les Arabes

Néanmoins, tous ces hommes importés se parent[9] volontiers du nom de Parisiens ; certains n'hésitent pas à l'inscrire sur leurs cartes de visite : *Yves Le Houdec, Parisien ... Léopold Van Duren, Parisien ...* C'est qu'ils voient dans cette appellation un véritable titre de noblesse. La reconnaissance de leur supériorité en toutes choses : bon bec[10], fine bouche[11], esprit, talent, savoir, originalité. En vertu[12] de quoi, Paris décide de tout, sans la moindre crainte de se tromper.
Il régente[13] les arts, les lettres, le goût, la mode, l'industrie, le commerce, l'agriculture, les communications, la vie et la mort, impose ses hommes, décide des grands et des petits, du bon et du mauvais, du sucré et de

7 **un boubou** un vêtement traditionnel africain (une sorte de tunique)
8 **un madras** *ici:* buntes Kopftuch
9 **se parer de** sich schmücken mit
10 **bon bec** bavard
11 **fine bouche** gourmet (qui aime la bonne cuisine)
12 **en vertu de** au nom de
13 **régenter** diriger avec autorité

l'amer, du progressif et du régressif. Pas un piquet[14] ne se plante en province, pas un sou ne se lève[15] ou ne se dépense, pas une pierre n'est roulée, une vache traite[16], une brebis[17] tondue[18], une porte ouverte ou fermée, un garde-champêtre[19] investi[20] qu'il ne présente ses objections[21], son veto, son consentement[22].

Cela explique que la Ville nourisse une haute opinion d'elle-même. A longueur de jour, de semaine et d'année, on la voit, on l'entend qui se chante, s'illustre, s'admire, se bénit[23], se pavane[24], s'exhibe[25], se multiplie, se glorifie, se magnifie, se statufie[26]. Ainsi, chaque Auvergnato-Pantruchard[27], Bretono-Parisien, Crétino[28]-Panaméen exalte[29] par la même occasion son appartenance à la peuplade souveraine.

Les autres protestent, hurlent[30], crient à l'étranglement[31], réclament leur autonomie, leur liberté d'opinion. Chose curieuse cependant : la plus grande ambition de tout artiste provincial est d'obtenir la consécration[32] parisienne. Après des années de patience et de vains[33] espoirs régionaux, las[34] de l'obscurité[35] picarde[36] ou berrichonne[37], notre homme finit par rompre ses attaches et part s'installer dans la Ville-Soleil. S'il parvient[38] à capturer un de ses rayons, il reviendra plus tard au pays de ses ancêtres[39], brandissant[40] le lumineux trophée. Alors, il recevra le plus réjouissant des accueils : béante[41] d'admiration, l'entière peuplade picardo-berrichonne qui l'avait jadis[42] ignoré se mettra devant lui à plat ventre.

Jean Anglade, *Les singes de l'Europe*, Julliard, Paris 1976.

14 **un piquet** Pfosten
15 **se lever** *ici:* être pris ou reçu
16 **traire** melken
17 **une brebis** femelle du mouton
18 **tondre** scheren
19 **un garde-champêtre** Feldhüter
20 **investir** *ici:* employer
21 **une objection** un argument contre qc (Einwand)
22 **le consentement** l'accord
23 **bénir** segnen
24 **se pavaner** sich brüsten
25 **exhiber** montrer
26 **statufier qn** jdm ein Denkmal setzen
27 **un Pantruchard** *ancien argot* un Parisien
28 **Crétino-** (nom de fantaisie)
29 **exalter qc** parler de qc avec enthousiasme
30 **hurler** crier très fort
31 **l'étranglement** *m* le fait d'étouffer qn
32 **la consécration** la reconnaissance suprême
33 **vain,e** *ici:* inutile
34 **las, lasse** fatigué
35 **l'obscurité** *f* ≠ la lumière,
36 **picard,e** -> la Picardie (une région française)
37 **berrichon,ne** -> le Berry (une région française)
38 **parvenir** arriver; *ici:* réussir
39 **un ancêtre** Vorfahre
40 **brandir** schwenken, schwingen
41 **béant,e** *ici:* sprachlos
42 **jadis** autrefois

1 Qu'est-ce que l'auteur nous apprend sur la population parisienne ?
2 Quel rôle Paris joue-t-il dans les différents domaines de la vie publique ?
3 Examinez de plus près les verbes utilisés aux lignes 15 à 29. Qu'est-ce que l'emploi de ces verbes souligne, dans le contexte ?
4 En quoi l'exemple de l'artiste provincial donné aux lignes 31 - 39 illustre-t-il bien l'expression « monter à Paris »?
5 a) Quelle impression globale des Parisiens avez-vous, après la lecture de ce texte ?
b) Comment qualifieriez-vous leurs rapports avec le « reste de la France »?
6 Relevez les passages du texte qui montrent que l'auteur se moque des Parisiens.
7 Présenter les choses sous la perspective d'un narrateur naïf pour mieux critiquer quelqu'un ou se moquer de lui est une technique qui a souvent été utilisée (par Voltaire et Montesquieu, par exemple). A votre avis, quels sont les avantages d'une telle perspective ?

9 Insupportable et désirable

Je n'ignore pas que l'on vit souvent mieux en province, que l'existence y est moins coûteuse, les rapports humains, dit-on, plus authentiques. Je n'ignore pas que Paris est en Europe une aberration, que la division entre la capitale et le « désert français » est un non-sens et que cette ville, résultat de plusieurs siècles de centralisme autoritaire, opère une captation indue de la substance spirituelle et réflexive du pays. Mais cette monstruosité lui donne précisément tout son prix. Aucun des maux dont on accable Paris ne me paraît tenir face à celui qui guette le non-Paris : l'ennui.

Ce qui, à mes yeux, rend cette cité infiniment plus désirable que tout autre lieu en France, c'est cette concentration de population et de langues qui fait du citadin un étranger dans sa propre ville. Paris permet d'être français sans subir la France, sans être enchaîné à des racines, assigné à l'étroitesse hexagonale.

J'admets que Paris est bavarde, vaine, souvent insupportable et qu'il faut rire du parisianisme, ce mélange de rhétorique, de pédantisme et de frivolité, mais ce parisianisme est la rançon d'une activité intellectuelle et spirituelle sans équivalent en Europe.

Bien sûr, on ne vit à Paris qu'en se jurant de la quitter, mais cette souffrance, ces plaintes constituent la contrepartie des éblouissements qu'elle prodigue. Paris éreinte, Paris épuise comme un intolérable défi, mais la laisse-t-on pour quelque retraite pastorale qu'aussitôt ses bruits, ses odeurs, ses foules, sa nervosité, son anonymat redeviennent désirables.

Pascal Bruckner, *Le Nouvel Observateur,* 12 septembre 1991.

Utilisez un dictionnaire unilingue pour comprendre les mots dont vous n'arrivez pas à retrouver le sens d'une autre manière (voir les conseils donnés aux pages 9 et 12).

1 a) Récapitulez tout ce que, d'après l'auteur, on peut reprocher à Paris.
   b) Expliquez ce qu'est le « parisianisme ».
2 a) Comment l'auteur répond-il à ces reproches ?
   b) Expliquez pourquoi Bruckner (qui est « monté » à Paris en 1966) est aujourd'hui un Parisien convaincu.
3 Que signifie la phrase de Bruckner « *Paris permet d'être français sans subir la France* »?
4 Traduisez le texte, du début à la ligne 14.

Analyse et commentaire

L'analyse : Vous vous rappelez ?

1 Distinguez bien les *faits* des *opinions.*
2 Pour les faits : Retrouvez-en les *causes* et les *effets.*
3 Les opinions : Reconstruisez la *chaîne des arguments* de l'auteur pour mettre en évidence ses intentions.

Il existe différents « types » de commentaire *(selon le Bundesland dans lequel vous vous trouvez)* :

1 A partir d' une *affirmation prise dans le texte* que vous venez de lire :
une discussion des arguments avancés par l'auteur, qui doit mener à une prise de position personnelle.
2 A partir d'une thèse portant sur la civilisation ou la littérature française :
une argumentation qui se réfère, entre autres, *aux informations ou aux idées fournies par le texte.*
3 A partir d'un *problème d'ordre général* qui s'exprime plus ou moins directement dans le texte que vous venez de lire : une prise de position personnelle essentiellement basée sur votre expérience et/ou vos propres idées (c'est le commentaire « personnel »).

Le commentaire : quelques conseils

– Au début du commentaire, formulez clairement et brièvement le sujet. Ensuite,
<u>dans le commentaire du premier type :</u>
Classez les arguments de l'auteur afin d'établir votre propre plan d'argumentation, p. ex. :
a) les arguments de l'auteur avec lesquels vous êtes *(plutôt) d'accord* ;
b) les arguments avec lesquels vous n'êtes *(plutôt) pas d'accord* ;
c) vos *propres arguments,* que vous opposez à ceux de b) pour soutenir votre opinion.
<u>dans le commentaire du second type :</u>
Relevez les idées du texte qui *confirment* et celles qui *contredisent* la thèse mentionnée dans le sujet. Commencez par le groupe des idées avec lesquelles vous êtes le moins en accord, terminez par celles qui reflètent le mieux votre propre position.
<u>dans le commentaire du troisième type :</u>
– Si vous êtes *franchement pour ou contre* qc : Enumérez vos arguments en les mettant par ordre d'importance croissante. Reliez-les entre eux (Tout d'abord, / De plus, / Ensuite, / En dernier lieu,).
– Si vous prenez une position du genre *« oui, mais »* : Commencez par les arguments « plutôt contre » ce qui constitue votre propre position, opposez-leur ensuite les arguments « plutôt pour ». N'oubliez pas de faire la transition (Cependant, Malgré cela, Bien que ...)
– Si vous ne pouvez ou ne voulez *pas* prendre position : Expliquez pourquoi vous ne le faites pas.

Illustrez vos arguments par des exemples basés, si possible, sur votre expérience personnelle.

A vous !

Voici trois types de commentaire possibles à partir du texte 9, page 21. Traitez l'un des trois sujets.

1 *« Je n'ignore pas que l'on vit souvent mieux en province, que l'existence y est moins coûteuse, les rapports humains, dit-on, plus authentiques. »* (L. 1 - 2). Partagez-vous l'opinion de l'auteur sur la vie en province ? Rédigez un commentaire dans lequel vous justifiez votre opinion.
2 L'écrivain Jean-Baptiste Gresset affirmait déjà, au XVIIIe siècle : *« On ne vit qu'à Paris et l'on végête ailleurs. »* Rédigez un commentaire en tenant compte de ce que Pascal Bruckner affirme dans son texte.
3 L'anonymat des grandes villes est-il un phénomène inévitable ?

10 Faut-il fuir Paris ?

Chère Pascale,

Comme tu le sais, je suis installé depuis quelques semaines à Strasbourg, après une parenthèse professionnelle parisienne qui n'avait que trop duré. Et j'ai l'impression de renaître à la vie, je respire à nouveau, les couleurs, les sons, les gens me sont à nouveau aimables. Ici, on respecte le voisin, le conducteur d'à côté, le rythme de chacun. Quand je pose le pied sur un passage pour piétons, je ne crains pas, comme à Paris, de passer pour un candidat au suicide. Les voitures s'arrêtent, sans impatience ; elles savent bien qu'elles arriveront à bon port[1] *dans les instants suivants. Vraiment, en province, rien ne sert de courir*[2] *… et ça fait un bien fou*[3]*.*

Et tout ça pour une qualité de vie admirable : si les gens sont si apaisés[4]*, c'est qu'ils ont tout à portée de main. Les commerces, la nature, mais aussi la vie culturelle : les cinémas, le théâtre, l'opéra, les concerts, les expos.*

A Paris je courais d'un endroit à l'autre, mais c'était surtout pour me traîner[5] *de tracas*[6] *en galère*[7]*. Avec une heure de métro entre chaque étape. Ici, je suis tout autant débordé*[8]*, mais c'est par plaisir. Les Parisiens connaissent-ils encore ce doux mot : le* plaisir *? Je ne vais plus au cinéma « par obligation » (pour voir le navet*[9] *dont tout le monde parle), je vais aux expos de peinture, je débarque*[10] *à l'improviste*[11] *chez mes amis, je cumule vélo, golf et tennis. Et ce planning démentiel*[12] *me rend heureux, car il n'entame*[13] *en rien ma vie de famille, la qualité de mon boulot ou ma forme morale et physique.*

Mon physique, parlons-en. Tu te souviens de ma petite santé à Paris ? Mes rhumes, mes maux de gorge, mes bobos[14] *à répétition … Ici, tout est oublié. Je n'arrive même plus à me souvenir de la tête d'une feuille d'arrêt-maladie. Je crois rêver.*

En attendant de tes nouvelles, je t'embrasse.

Jacques

1 **(arriver) à bon port** en bon état (heil ankommen)
2 **rien ne sert de courir** *litt* courir ne sert à rien
3 **fou** *ici:* immense
4 **apaiser** calmer (–> la paix)

5 **se traîner** *ici:* sich schleppen
6 **un tracas** un souci
7 **une galère** *ici: fam* une situation pénible
8 **débordé,e** qui a trop de choses à faire
9 **un navet** *ici: fam* un mauvais film
10 **débarquer** *ici: fam* arriver
11 **à l'improviste** sans prévenir
12 **démentiel,le** ≠ raisonnable
13 **entamer** *ici:* déranger, gêner
14 **un bobo** *fam* une petite douleur (Wehwehchen)

Cher péquenot[15]*,*

Sache pour ta gouverne[16] *que le Parisien n'ignore rien du PLAISIR et de toutes les formes qu'il peut prendre, simplement, pour reprendre le slogan d'une pub stupide : « Nous n'avons pas les mêmes valeurs ! »*

J'aime Paris, son agitation, ses embouteillages, son stress, son temps pourri[17]*, ses prix exorbitants*[18]*, et tu auras du mal à me faire changer d'opinion. Parce que je vis avec mon temps, et que la nostalgie qui colle*[19] *à vos semelles*[20] *de provinciaux m'emmerde*[21] *au plus haut point. Chez vous, en province, quand un spectacle passe un soir, il faut déjà s'estimer content et se précipiter de peur de rater*[22] *une des trop rares occasions de se cultiver. Ça devient presque obligatoire, donc ça devient chiant*[23]*.*

A Paris, rien de semblable. Tout est là, à portée de main, quel que soit le quartier. Des cinémas en veux-tu, en voilà, des galeries, des musées, des théâtres, des cafés-théâtres, des opéras, des salles de concert … On ne sait plus où donner de la tête. Cinéma pour tous avec dernier grand succès du box-office US (en VO[24] *et en VF) ou bonne vieille reprise. Rembrandt ou Buren*[25]*. Danse classique ou danse moderne. Chopin à Pleyel*[26] *ou Boulez et Xénakis*[27] *à l'IRCAM*[28] *… Le tout durant plusieurs jours, voire*[29] *plusieurs semaines,*

15 **un péquenot** *fam et péjoratif* un paysan
16 **pour ta gouverne** *ici:* damit es einmal klar ist
17 **pourri,e** *ici: fam* mauvais
18 **exorbitant,e** beaucoup trop haut
19 **coller** kleben
20 **la semelle** Schuhsohle
21 **emmerder qn** *pop* jdm auf den Wecker gehen
22 **rater** manquer
23 **chiant,e** *pop* ennuyeux
24 **en VO** en version originale
25 **Daniel Buren** sculpteur contemporain (*1938)
26 **(la salle) Pleyel** une salle de concert, à Paris
27 **Pierre Boulez, Iannis Xénakis** compositeurs contemporains
28 **l'IRCAM** l'Institut de recherches et de coordination acoustique-musique
29 **voire** et même

30 **un malentendu** Missverständnis
31 **avide de** begierig auf
32 **foncer** courir vite
33 **s'engouffrer** *ici:* se précipiter

34 **effréné,e** hemmungslos (–> un frein)
35 **soutenu,e** *ici:* assez rapide
36 **un répondeur** *ici:* Anrufbeantworter
37 **épater** in Erstaunen versetzen

38 **à perte de vue** so weit das Auge reicht
39 **gonfler** *ici:* faire grossir
40 **la rancune** Groll
sans rancune nichts für ungut

quand ce n'est pas plusieurs mois, ce qui permet de choisir le jour où … Paris rayonne bien malgré elle et c'est ça que vous ne supportez pas. Pourtant, vous êtes les premiers à rêver d'y « monter » et quand vous y êtes, c'est le malentendu[30]. Vous débarquez avides[31] de distraction, de mouvement et de vie et pendant tout votre séjour, vous n'arrêtez pas : et vas-y que je fonce[32] au Louvre, et que je me précipite à l'Opéra, et que je m'engouffre[33] dans les grands magasins, et que j'essaie le restaurant dont on parle, et que, et que … Et que vous êtes crevés parce que vous n'arrêtez pas. Je comprends parfaitement cette soif de « folies » en tout genre chez les frustrés que vous êtes, mais sachez que la vie des Parisiens ne ressemble en rien à cette course effrénée[34]. Nous avons un rythme … disons soutenu[35], mais nous savons faire la pause. Rester chez nous, tranquilles, répondeur[36] branché, musique en fond sonore en dégustant un petit verre. Remettre à la semaine suivante une sortie à l'Opéra, puisqu'il ne bougera pas et nous non plus. Nous avons le temps, quoi. Rien ne nous presse … Ça t'épate[37], non ?
Mais si tu veux séduire la Parisienne que je suis, parle-moi d'étendues immenses et désertes, de forêts qui s'étendent à perte de vue[38], de couchers de soleil sur un océan qui n'en finit pas de gonfler[39] ses vagues … plutôt que de pâles copies de ce que nous trouvons déjà dans la capitale.
Je t'embrasse. Fort et sans rancune[40].

Pascale

Pascale Leroy et Jacques Lindecker,
Lettres aux Parisiens et aux Provinciaux,
Editions Hors Collection / Presses de la Cité, Paris 1993.

1 Dressez la liste
  a) des aspects de la vie parisienne que Jacques critique ;
  b) des avantages qu'il voit dans la vie en Province.
2 Comment ou par quoi Pascale répond-elle à chacun des arguments de Jacques ?
3 Fuir Paris ou y rester ? A la place de Pascale ou de Jacques, quel serait votre choix ? Justifiez votre réponse.
4 Qu'est-ce que Jacques va répondre à son amie ? Mettez-vous à sa place (prenez le dernier paragraphe de la lettre de Pascale comme point de départ) et rédigez sa lettre.
5 Pour la Parisienne Pascale Leroy, tout ce qui est obligatoire est, par principe, ennuyeux ou pénible (L. 37 - 38). Partagez-vous son opinion ? Rédigez un commentaire dans lequel vous donnez votre avis à ce sujet (voir les conseils donnés à la page 22).

Chapitre 2

La France

un pays, mille visages

1 Le charme de la diversité

On dit qu'il suffit de traverser la France pour rencontrer tous les paysages d'Europe. C'est vrai. D'une région à l'autre, en France, rien n'est vraiment semblable[1] : ni la façon de travailler la terre, ni l'odeur des forêts, ni l'art de poser sur ses toits les ardoises[2] ou les tuiles[3] …

1 **semblable** identique
2 **une ardoise** Schiefer(platte)
3 **une tuile** Ziegel

Il y a, en France, mille manières de perdre son chemin. Mais il n'est jamais difficile de le retrouver. D'une région à une autre, il n'existe pas deux paysages vraiment semblables.
Qui pourrait, par exemple, confondre les Alpes avec les Pyrénées ? Les massifs des Alpes, comme celui du mont Blanc, le point le plus élevé d'Europe (4807 mètres), sont séparés par de larges vallées creusées par les glaciers[4]. Les Pyrénées, elles, se dressent[5] devant vous comme une barrière infranchissable[6], où l'on trouve, serrés les uns contre les autres, le Vignemale, le célèbre mont Canigou, le Puigmal ou le pic Carlitte …

4 **un glacier** Gletscher
5 **se dresser** se lever, s'élever
6 **infranchissable** impossible à traverser

7 **confondre** ≠ distinguer
8 **un pic** Bergspitze
9 **un puys** un ancien volcan
10 **une forteresse** Festung
11 **sculpté,e** *ici:* formé
12 **un ruisseau** une petite rivière
13 **une cascade** Wasserfall

On ne peut vraiment pas confondre[7] ces pics[8] avec les vieux monts du Massif central, dont les seuls sommets sont des volcans. Ainsi, la « chaîne des puys[9] » ressemble à une forteresse[10] sculptée[11] par le feu de ses volcans à peine endormis.

Le Massif central est le pays des sources, des ruisseaux[12], des cascades[13], le « château d'eau » de la France, dit-on. Des fleuves, des rivières y prennent naissance. Ainsi, la Loire prend sa source au mont Gerbier-de-Jonc (1551 mètres), puis commence son long cours vers le nord, puis l'ouest, jusqu'à l'océan …

14 **la crue** Hochwasser
15 **capricieux, -euse** launisch
16 **tracer un lien entre** relier
17 **dompter** zähmen
18 **sillonner** *ici:* parcourir
19 **une péniche** un bateau de transport de marchandises
20 **quant à** en ce qui concerne
21 **docile** folgsam, fügsam
22 **sinuer** sich winden
23 **une boucle** Schleife
24 **fluvial,e** –> un fleuve
25 **une vigne** Weinberg
26 **se dorer** prendre la couleur de l'or
27 **gras, se** *ici:* üppig
28 **un pré** Wiese
29 **un amandier** Mandelbaum

Les fleuves français, eux aussi, sont bien différents les uns des autres. La Loire est le dernier « grand fleuve sauvage » d'Europe. Ses crues[14] sont si violentes en hiver, et ses eaux si basses en été, qu'il est presque impossible d'y naviguer. Un peu moins capricieuse[15], la Garonne trace un lien[16] entre la Méditerranée et l'Atlantique. Le Rhône, lui, a été peu à peu dompté[17] par de grands barrages, et est sillonné[18] par les péniches[19]. Quant[20] à la Seine, le plus docile[21] des quatre fleuves, elle sinue[22] en boucles[23] pour traverser Paris, qui est le plus grand port fluvial[24] de France.

Ces quatre fleuves français, ainsi que le Rhin, fleuve « international », baignent les différentes régions de France. Et pas plus que les montagnes ou les fleuves, celles-ci ne se ressemblent. Voyez les vignes[25] qui se dorent[26] au soleil du Beaujolais, la belle herbe grasse[27] des prés[28] normands, ou bien les champs de lavande et d'amandiers[29] du pays provençal !

30 **s'entrechoquer** aufeinanderstoßen
31 **l'humeur** *f* Stimmung

C'est que les climats, eux aussi, varient. Climat de montagne sur tous les massifs, climat méditerranéen sur la Provence et la Corse, climat océanique sur tout l'Ouest, jusqu'a 150 kilomètres des côtes, ou climat continental sur tout le nord-est de la France. En réalité, ces climats se mêlent et s'entrechoquent[30] pour donner à chaque région son ciel, son « humeur[31] », ses microclimats. C'est la raison pour laquelle, en France, tout change, et parfois aussi vite qu'au théâtre.

A. Meury et F. Noiville, *Okapi,* 1er mai 1992 (texte abrégé).

32 **méridional,e** –> le midi
33 **l'Oc** *m* langue parlée autrefois au sud de la Loire
34 **l'Oïl** *m* langue parlée autrefois au nord de la Loire
35 **le cidre** une sorte de vin fait avec des pommes
36 **la garrigue** Heidelandschaft

Entre la Normandie et le Midi je ne voudrais ni ne pourrais choisir, et me sens d'autant plus Français que je ne suis pas d'un seul morceau de France, que je ne peux penser et sentir spécialement en Normand ou en Méridional[32], en catholique ou en protestant, mais en Français, et que, né à Paris, je comprends à la fois l'Oc[33] et l'Oïl[34], l'épais jargon normand, le parler chantant du Midi, que je garde à la fois le goût du vin, le goût du cidre[35], l'amour des bois profonds, celui de la garrigue[36], du pommier blanc et du blanc amandier …

André Gide, *Prétextes,* Le Mercure de France, Paris 1903.

1 Reconnaissez-vous les paysages représentés sur les photos de la page précédente ? Dans quelles régions les trouve-t-on ?
2 Cherchez sur une carte les fleuves et les montagnes mentionnés dans le texte.
3 Dites en quoi consistent les différences principales entre
   a) les Pyrénées et le Massif central ;   b) la Loire et la Seine.
4 a) Quelle est l'idée générale du texte ?
   b) En quoi la citation de Gide (ci-dessus) vient-elle confirmer la thèse des auteurs d'*Okapi* ?
5 Que savez-vous d'autre sur la géographie et les paysages français ?
   Faites un sondage dans votre classe ou votre groupe portant sur les expériences personnelles (ou les connaissances) de vos camarades.

2 La France en chiffres

La superficie
Avec 551 695 kilomètres carrés, la France de métropole est le pays le plus vaste d'Europe, la Russie exceptée.
La France d'outre-mer compte environ 600 000 kilomètres carrés, dont 450 000 en Antarctique.

La population française (en 1993)

- 57,4 millions d'habitants en métropole (4e pays en Europe, 19e dans le monde), 58,8 millions avec les Français d'outre-mer.
- Près d'une personne sur 100 dans le monde est française.
- Densité : environ 105 habitants / km^2 (Allemagne : 228 h / km^2).
- Natalité : environ 760 000 naissances par an (1,8 enfant par femme).
- Espérance de vie : 81 ans pour les femmes (record mondial) ; 73 ans pour les hommes.
- Religion : 82 % de catholiques, environ 7 % de musulmans, moins d'1 % de protestants.

Les 10 plus grandes villes (avec leur banlieue)

Paris :	9 320 000 habitants.	Toulouse :	650 000 habitants.
Lyon :	1 262 000 habitants.	Nantes :	496 000 habitants.
Marseille :	1 230 000 habitants.	Nice :	516 000 habitants.
Lille :	960 000 habitants.	Toulon :	437 000 habitants.
Bordeaux :	696 000 habitants.	Grenoble :	405 000 habitants.

73 % de la population vit dans les villes. La France compte au total plus de 36 000 communes, presque autant que tous les pays de la Communauté européenne réunis. Mais 9 communes sur 10 ont moins de 2000 habitants.

La France d'outre-mer
- 4 départements-régions d'outre-mer (les DOM) : la Martinique, la Guadeloupe, la Réunion, la Guyane française.
- 4 territoires d'outre-mer (les TOM) : la Nouvelle-Calédonie, la Polynésie française, Wallis-et-Futuna, les Terres australes et antarctiques françaises.
- 2 collectivités territoriales : Mayotte, Saint-Pierre-et-Miquelon.

Rang dans le monde

- 1ère place pour le nombre de touristes étrangers.
- 1ère place pour l'exportation de vin, de fromage, de farine, de trains, de métros, de pneus, de gros appareils électriques.
- 2e place pour l'exportation de céréales, d'alcool, de sucre, de poulets, de médicaments, de matières plastiques, d'avions, d'hélicoptères, de satellites et d'armes.
- 3e puissance militaire atomique du monde, derrière les États-Unis et la Russie.
- 4e place pour la valeur de ses productions annuelles, derrière les États-Unis, le Japon, l'Allemagne.

(sources officielles diverses)

1 Retrouvez sur la carte et nommez les frontières « naturelles » de la France.
2 En quoi la forme de l'Hexagone constitue-t-elle un avantage pour l'économie du pays ?
3 Il existe certains déséquilibres entre les différentes régions françaises. Quels sont ceux que l'on peut identifier sur la carte ci-dessus ?

3 Quatre régions, quatre visages

Le Nord-Pas-de-Calais

12 414 km² – Près de 4 millions d'habitants – 315 h/km².

Aux temps du charbon et de l'industrie textile, c'était une région riche. Aujourd'hui, les mineurs du « pays noir » ne sont plus qu'un souvenir (voir, p. ex., les pages 163 - 171) et le taux de chômage de cette région très peuplée est élevé (13,6 %).

C'est maintenant sa position de grand carrefour commercial entre Paris, Londres et le Benelux qui doit assurer l'avenir de la région. On espère d'ailleurs que le tunnel sous la Manche et le TGV-Nord faciliteront l'implantation de nouvelles industries.

L'Alsace

8 280 km² – Environ 1,6 million d'habitants – 193 h/km².

C'est la plus petite des régions de France, mais c'est elle qui a le taux de chômage le plus faible du pays (7,8 % seulement). Le bâtiment, la gastronomie, la viticulture et de nombreux autres secteurs profitent du pouvoir d'achat du mark allemand. Strasbourg, la capitale, joue un rôle de premier plan pour l'Europe.

Le Centre

39 151 km² – Environ 2,3 millions d'habitants – 59 h/km².
Les nombreux châteaux de la Loire font de cette région l'une des plus riches sur le plan du patrimoine historique et culturel de la France. A côté des activités liées au tourisme culturel, le « jardin de la France » vit surtout de l'agriculture (taux de chômage : 9,6 %). Ses plus grandes villes (Orléans, Bourges, Blois, Tours), qui se trouvent toutes à une ou deux heures de Paris, ont réussi à garder un visage humain.

La Corse

8 680 km² – Environ 250 000 habitants – 28 h/km².
Historiquement, c'est la région la plus jeune de France. C'est aussi la moins peuplée : il y a autant de Corses sur la Côte d'Azur que sur l'île même ! L'intérieur de l'île, un pays de bergers, se vide de plus en plus au profit de la côte, sur laquelle il est plus facile, dans les plantations de fruits et dans le secteur touristique, de trouver du travail saisonnier. (Le taux de chômage est de 11,8 %).

1 a) Pour chaque région, quelle est l'information qui vous paraît la plus importante ?
b) Formulez un sous-titre qui résume le « caractère » de chacune des quatre régions. (Exemple : *Provence – pays du soleil et du tourisme.*)
2 Les problèmes concernant l'emploi dans les régions mentionnées sont tout à fait différents. Dites pourquoi.
3 On pense souvent que le fait d'être éloigné de Paris, pour une région, est un inconvénient. Montrez que cela n'est pas toujours vrai.

Bien rédiger vos textes

Vous vous rappelez ?

1 Structurez bien votre texte :
Introduction (présentation du sujet),
Développement (argumentation), à diviser en plusieurs parties : une idée principale par partie.
Conclusion (bilan et / ou jugement).
2 Reliez vos idées / les parties du texte par des « charnières » (mots de liaison - voir en bas de page).
3 Exprimez-vous de manière claire mais variée : Utilisez
- des mots de sens général, pour remplacer certaines *énumérations* – ou l'inverse ;
- des *appositions,* pour remplacer certaines propositions relatives ou des phrases contenant « Il est », « C'est »;
- des *participes passés*, des *participes présents*, des *gérondifs* et des *infinitifs,* pour remplacer certaines subordonnées.

De plus :
- Servez-vous de la *mise en relief* pour souligner certains aspects importants. (C'est / Ce sont ... qui /que ... et Ce qui / que ..., c'est / ce sont ...)

A vous !

1 Mettez en relief les parties de phrases en italiques (b et c : 2 possibilités).
a) Marseille devance tous les autres ports français *grâce au pétrole.*
b) *Les herbes de Provence* donnent un goût particulier à la cuisine régionale.
c) Les randonneurs préfèrent *le Parc naturel du Lubéron* à la Côte d'Azur, qui est trop fréquentée.
2 Reliez les phrases suivantes deux par deux à l'aide de « mots-charnières » (plusieurs possibilités).
a) Avignon a autrefois été la cité des papes. Avignon compte parmi les plus jolies villes de Provence.
b) Avignon vit surtout du tourisme. Fos-sur-Mer est beaucoup plus petite, mais plus industrialisée.
c) Les films de Marcel Pagnol parlent des Provençaux. Ces films font partie du folklore régional.
d) La région des Côtes-du-Rhône n'est pas très étendue. On y produit beaucoup de vin.
3 A partir des informations données ci-dessous, rédigez un texte qui présente la Provence. Utilisez, entre autres, des mises en relief, des charnières et des appositions.
ancienne province romaine – climat méditerranéen – une des premières régions touristiques d'Europe – superficie : 31 400 km² – population : 4 060 000 h – population en augmentation rapide – production de vigne, de fruits, de légumes – chômage : 12,4 % – exode rural de la Haute-Provence vers la côte – capitale : Marseille, 1 million d'habitants.

Quelques charnières qui expriment ...

la suite : *d'abord, premièrement, puis, ensuite, deuxièmement, de plus, en outre, ajouté à cela, après cela, à part cela, cela mis à part, pour terminer, enfin, finalement, etc.*
les causes et effets : *car, parce que, puisque, comme, pour cette raison, c'est pourquoi, ainsi, par conséquent, en effet, pour que, de manière que, etc.*
la comparaison : *de même, comparé à, en comparaison avec, à la différence de, etc.*
l'opposition : *mais, pourtant, cependant, malgré (cela), quand même, tandis que, alors que, bien que, par contre, contrairement à, au contraire, en revanche, etc.*

4 La Provence, pays de soleil

1

4

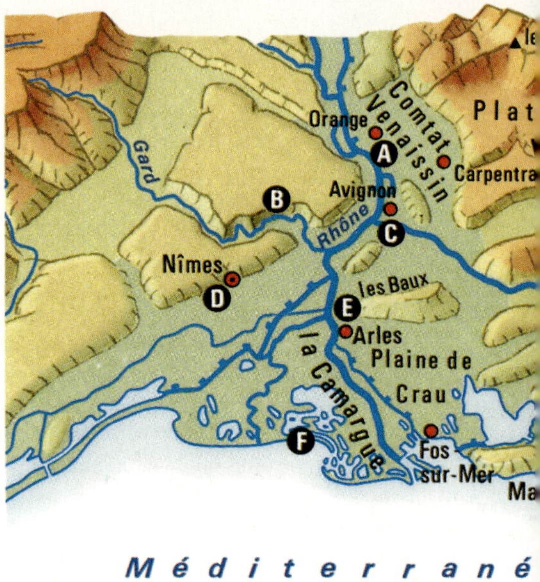

2

3

4

5

6

7

9

8

1 Dites où se trouvent les scènes ou les endroits représentés sur les photos.
Quel numéro correspond à quelle lettre sur la carte ?

2 Expliquez pourquoi
a) la Provence attire toutes sortes de touristes ; b) on y trouve beaucoup de monuments romains.

5 Des qualités de lumière

1 « Faire un voyage », pour vous, qu'est-ce que cela signifie ?
2 A votre avis, un appareil photo permet-il de mieux « voir » ce qui est autour de soi ?

Quand on vient me rendre visite, on me demande très souvent ce qu'il y a à voir dans le pays. C'est facile, c'est marqué dans les guides. Au surplus[1], on n'a qu'à acheter pour deux cents francs de cartes postales et on a toute la documentation. On appelle choses à voir les choses très grosses : le mont Blanc, l'Atlantique sont des choses à voir, les gorges[2] du Verdon, la mer Méditerranée, la tour Eiffel. Il y a des tours Eiffel partout et c'est ce que les gens veulent voir. Mais quand il s'agit de gens qui ont une certaine lueur[3] aux yeux, je les envoie vers les petites choses qui ne s'apprennent pas dans les guides.

Il y a une sorte de tournée des grands-ducs[4] à faire et que je me paye quand je veux vraiment être heureux. Je connais, dispersés[5] dans le pays, une vingtaine de collines, une dizaine de coteaux[6], des pentes, de petits vals[7] plantés d'oliviers. Certains de ces vergers[8] sont dans la solitude, d'autres s'étagent[9] au-dessus des villages, s'arrondissent[10] autour des fermes ou font la beauté d'une petite maison. Il y en a de sombres[11] et de sévères comme des bosquets[12] de l'Hadès[13] et aussi de radieux[14] semblables à ce qu'on imagine des champs Élysées[15].

Si l'on consent à ne rien voir de gros, voilà une tournée qu'on peut se payer comme moi. Il ne faut pas essayer de l'insérer[16] dans un itinéraire[17] déjà organisé : on risque, suivant le tempérament qu'on a, d'arriver fort tard au but qu'on s'était fixé auparavant et même de n'y jamais arriver. Au lieu d'aller voir des tours Eiffel on va toucher et goûter la paix, le silence, le temps sans mesure[18], toutes choses qui, goûtées dans leur excellence, vous transforment en un être vivant que vous étiez loin de supposer[19].

Remarquez qu'on prend tout de suite un rythme qui n'a plus aucun rapport avec celui qu'on avait dans la ville, plus aucun rapport avec celui qu'on avait à descendre la route n° 7[20] avec de bonnes moyennes. Il ne s'agit plus ici de vitesse : il s'agit de faire son bonheur. Du premier coup d'œil, d'ailleurs, on sait comment. L'ordonnance[21] des choses est si logique et si claire qu'on ne court pas le risque de passer à côté de l'essentiel. Les qualités de ce pays sont des qualités de lumière. A mesure que[22] les heures de votre voyage se déroulent[23], vous quittez un village rose pour trouver un village blanc et vous quittez le blanc pour le bleu. Les petites routes sont très familières[24] et vous frottent[25] le dos à toutes les haies[26]. S'arrêter, marcher à pied pour monter à un coteau, devient tout naturel dès qu'on a éprouvé les premières richesses.

J'avoue[27] qu'à part[28] quelques amis très intimes et dont je connais la capacité[29] de bonheur, je n'ai pas incité[30] beaucoup de gens à parcourir mes itinéraires.

Jean Giono, *Le déserteur et autres récits,* Editions Gallimard, Paris 1973.

1 **au surplus** de plus
2 **une gorge** *ici:* une vallée étroite
3 **la lueur** Schimmer, Glanz
4 **la tournée des grands-ducs** *ici:* la visite des beaux endroits
5 **dispersé,e** ≠ regroupé
6 **un coteau** une petite colline
7 **un val** une petite vallée
8 **un verger** un terrain planté d'arbres fruitiers
9 **s'étager** être placé en terrasses
10 **s'arrondir** *ici:* former un cercle
11 **sombre** ≠ clair,e
12 **un bosquet** un groupe d'arbres
13 **l'Hadès** *m* l'enfer (mythologie grecque)
14 **radieux, -euse** brillant
15 **les champs Elysées** *ici:* le paradis (mythologie grecque)
16 **insérer** intégrer
17 **un itinéraire** un chemin à suivre
18 **la mesure** Maß(stab), Takt
19 **supposer** vermuten
20 **la route n° 7** une route qui va de Lyon à Aix-en-Provence
21 **l'ordonnance** *f ici:* l'ordre
22 **à mesure que** in dem Maße wie
23 **se dérouler** se passer
24 **familier, -ère** vertraut
25 **frotter** reiben
26 **une haie** Hecke
27 **avouer** gestehen
28 **à part** excepté, sauf
29 **la capacité** –> capable
30 **inciter à** anregen zu

Vincent Van Gogh : Champs de blé aux cyprès, 1889.

Vous vous rappelez ? *La version :*

1 Retrouvez d'abord le *sens général* du texte. Pour saisir le *sens des mots*, aidez-vous du contexte (et d'un dictionnaire).

2 Attention aux *images*, aux *locutions* : ne les traduisez pas mot-à-mot !

3 Avant de traduire les *phrases complexes*, mettez en évidence leur structure logique.

4 Traduisez d'abord phrase par phrase. Vérifiez que vous n'avez rien oublié.

5 « Soignez » votre allemand, mais restez proche du contenu du texte français.
ATTENTION : Pour traduire un texte *littéraire*, il faut aussi essayer de reproduire en allemand le style de l'auteur français.

1 a) D'après Giono, qu'est-ce qu'il y a à voir, en Provence ?
b) L'auteur propose un itinéraire non-organisé. Quel en est le « but »?
2 a) Montrez que la Provence de Giono n'est pas celle que l'on trouve généralement sur les cartes postales.
b) En quoi sa description fait-elle penser à la peinture impressionniste ?
3 Résumez le texte (suivez pour cela les conseils donnés à la page 17).
4 Suivez les conseils donnés ci-contre pour traduire le texte, des lignes 18 à 25.
5 Comment est-ce que, vous-même, vous définiriez la « capacité de bonheur » dans la société d'aujourd'hui ? Justifiez votre argumentation, si possible en vous référant à votre expérience personnelle.

6 Ma Haute-Provence à moi

J'ai découvert Valensole grâce à Jean Giono. C'était en 1961. Le vieil écrivain m'avait suggéré de faire un livre sur la Haute-Provence et m'avait indiqué où faire les photos. Il m'avait décrit avec une incroyable précision les paysages, les maisons, les gens. C'est, me disait-il, là-bas, à l'est, du côté de Valensole. Dans ma vieille 2 CV, j'ai battu la campagne. On me disait : « *Allez donc voir du côté de La Bégude …* », ou bien : « *Ce que vous me dites là, ça pourrait bien se trouver, vers Roumoules …* » En vain.

Utilisez un dictionnaire unilingue pour comprendre les mots du texte dont vous n'arrivez pas à retrouver le sens d'une autre manière.

Pas moyen de dénicher, dans les collines grillées de soleil, les troupeaux rassemblés à l'abri des bergeries basses ni, au creux des vallons frais, les bastides aux murs ocres, signalées de loin par le pinceau sombre des cyprès. Et encore moins ces paysans provençaux aux couleurs de santons.

Je n'osais pas retourner voir Giono, par peur du ridicule. Je cherchais, des semaines et des semaines, jusqu'à ce que je me rende compte que ces paysages et ces gens n'avaient existé que dans l'imagination de l'écrivain. Il m'avait envoyé au fil de ses rêves, dans une Haute-Provence idéale, fille de ses souvenirs et de ses coups de cœur. A la fin j'ai abandonné. Mais j'avais découvert le plateau de Valensole et ma Haute-Provence à moi. Un pays presque aussi plat que la Camargue, caillouteux comme la Crau, où le ciel prend sa revanche sur la terre. Les matins de mistral, quand le regard voyage loin, il ne reste que l'essentiel : un trait net, l'horizon, souligné par le bleu profond du ciel et, au-dessous, les grands à-plats violacés des lavandins et le vert tendre des blés.

Dans ces grands espaces, les fermes, dont on voit rarement les bâtiments, couvrent des centaines d'hectares. C'était naguère une conséquence de la pauvreté du sol. Aujourd'hui, c'est une chance. Pas besoin de remembrer pour moderniser les cultures. Désormais, sur le plateau, dominent le blé dur, destiné aux industries de pâtes alimentaires, et le lavandin dont l'essence approvisionne lessiviers et fabricants de détergents et déodorants de toutes sortes. Au moment de la récolte, d'énormes machines avalent trois rangées de lavandin à la fois, recrachant les fleurs dans de grands conteneurs qui partiront directement vers la distillerie. Clin d'œil au passé, de place en place émerge, comme une bouée posée sur une houle violette, un amandier conservé là parce qu'il est beau et que, l'été venu, les moissonneurs aiment bien casser la croûte à l'ombre.

Au fait, je sais aujourd'hui, pour l'avoir découvert au hasard de mes lectures, que Giono connaissait bien cette Haute-Provence dont il avait fait pour moi une énigme. Il l'a dépeinte mieux que personne : *« Au-delà de la Durance, le plateau de Valensole, bleu et toujours pareil, ferme la plaine comme une barre de bronze … »*

Hans Silvester, *Géo*, mars 1995.

1 Quelle différence fondamentale y a-t-il entre la Provence de l'écrivain et celle du photographe ?
2 Comment l'agriculture s'est-elle transformée sur le plateau ? Expliquez, dans le contexte, l'expression « un clin d'œil au passé » (L. 32).
3 Traduisez les lignes 8 à 12 et 30 à 35 (voir les conseils donnés à la page 35.)
4 Relisez le texte 5, page 34, et montrez que Hans Silvester a bien compris la « leçon » de Giono.

7 Avignon, encerclée, menacée

1 **encercler** entourer, enfermer
2 **l'orgueil** *m* fierté, arrogance
3 **un rempart** un gros mur entourant la ville
4 **Carcassonne** une vieille ville du Midi entourée de remparts

Une des plus prestigieuses villes du monde est-elle en train de s'endormir ? de s'enfermer sur elle-même dans son orgueil[2] et dans ses remparts[3] ? Avignon va-t-elle devenir la Carcassonne[4] de l'An 2000 ?

Pendant un siècle, 1870–1970, Avignon a connu une croissance exceptionnelle à partir de deux secteurs clés : l'agriculture et le tourisme.

Tout a commencé avec la crise du phylloxera[5] en 1886 et l'installation du chemin de fer PLM (Paris–Lyon–Marseille). La Provence agricole s'est développée. Le Comtat Venaissin[6] est devenu le jardin potager[7] de la France. La précocité[8], liée au soleil, à la maîtrise[9] de l'eau, a été à l'origine[10] d'une étonnante et durable prosperité[11]. Au cours de cette période, Avignon s'est considérablement enrichie.

En outre[12], le tourisme de masse s'est développé, attiré par le palais des Papes et le pont d'Avignon. Ces deux activités – tourisme et culture – ont directement bénéficié[13] au commerce avignonnais. Carrefour naturel de communication, les consommateurs s'y rassemblaient. Les fortunes[14] prospéraient ; l'argent facile coulait à flots[15].

En 1980–1990, le contexte économique est radicalement différent. Désormais, l'agriculture du Comtat Venaissin et de Châteaurenard subit[16] de plein fouet[17] la concurrence de l'Espagne, de l'Italie, de la Grèce et, demain, de l'Afrique du Nord. La précocité liée au climat n'assure plus la rentabilité. Le nombre d'agriculteurs ne cesse de diminuer[18]. En 1990, il n'en restait que 7000 à plein temps alors qu'ils étaient 20 000 il y a 20 ans. Les parts de marché à l'exportation se contractent[19], le nombre d'expéditeurs se raréfie[20]. Seules les productions de qualité, les vins et les fruits, ont des chances de perdurer[21].

Pour leur part, les touristes sont devenus de plus en plus exigeants[22]. Ils ont des choix alternatifs ; ils vont de plus en plus loin à la recherche d'exotisme ; ils apprécient l'animation, la qualité d'accueil, un produit touristique élaboré[23] et complexe ... Autant de « choses » qu'ils ne trouvent pas actuellement sur Avignon. Voilà pourquoi ils visitent le palais des Papes et le pont Saint-Bénezet rapidement, sans s'arrêter et sans dépenser.

La perte progressive d'une situation économique privilégiée exaspère[24] les comportements. Les « Avignonnais de souche[25] » ne forment plus (en 1975) que le quart du total de la population. Les luttes pour le pouvoir atteignent tous les secteurs.

D'un côté, les « nouveaux Avignonnais » – ceux qui n'y sont pas nés – contrôlent l'économie et l'administration, or Avignon est une cité administrative importante. De l'autre, les « Avignonnais de souche » maîtrisent[26] encore le domaine politique et la culture. Entre ces deux clans, les conflits se multiplient.

D'autres villes du Midi – notamment Montpellier et Nîmes – ont dépassé ces périodes d'affrontement[27], l'identification nouvelle se faisant autour d'un projet de développement global et prospectif[28]. Tel n'est pas encore le cas d'Avignon.

Avignon apparaît de plus en plus comme une ville encerclée et menacée. Elle est encerclée par les grands pôles de développement que constituent au Nord « Lyon–Grenoble », au Sud–Est « Aix–Marseille » et à l'Ouest « Nîmes-Montpellier ». Ces trois pôles de taille internationale attirent les étudiants, les cadres[29] et les entreprises de la nouvelle génération.

Elle est encerclée par les grandes surfaces[30] qui ceinturent[31] la ville de toutes parts et interdisent l'entrée des consommateurs potentiels du Comtat Venaissin et de Châtaurenard dans la cité des Papes.

Elle est encerclée par ses remparts, par le Rhône, par les autoroutes et demain par le TGV qui constituent tout autour une barrière délicate[32] à franchir[33].

5 **le phylloxera** Reblaus
6 **le Comtat Venaissin** la région d'Avignon
7 **un potager** jardin à légumes
8 **la précocité** vorzeitige Reife
9 **la maîtrise de qc** le fait de savoir bien utiliser qc
10 **l'origine** *f* le début, la cause
11 **la prospérité** la richesse
12 **en outre** de plus
13 **bénéficier** profiter
14 **la fortune** la richesse personnelle
15 **à flots** *m* en grande quantité
16 **subir qc** *ici :* souffrir de qc
17 **de plein fouet** directement
18 **diminuer** ≠ augmenter
19 **se contracter** *ici:* devenir plus petit
20 **se raréfier** devenir rare
21 **perdurer** continuer, résister
22 **exigeant,e** anspruchsvoll
23 **élaboré,e** perfectionné
24 **exaspérer** rendre plus nerveux
25 **de souche** *f* né dans l'endroit concerné
26 **maîtriser qc** *ici:* être maître de qc
27 **un affrontement** conflit
28 **prospectif, -ive** tourné vers l'avenir
29 **un cadre** leitende(r) Angestellte(r)
30 **une grande surface** un hypermarché
31 **ceinturer** entourer
32 **délicat,e** *ici:* difficile
33 **franchir** passer, traverser

34 **s'essouffler** perdre son souffle
35 **péricliter** aller vers la ruine
36 **comtadin,e** –> le Comtat Venaissin
37 **la cueillette** la récolte des fruits
38 **le Front national** un parti d'extrême droite
39 **pétri de** *litt* formé par

Encerclée, étouffée, l'économie s'essouffle[34], le commerce périclite[35]. Si on ajoute à cela le déclin relatif de l'agriculture comtadine[36] et du « tourisme de cueillette[37] », l'avenir est sombre. Les signes de déclin se multiplient : insécurité croissante, impôts élevés, montée du Front national[38], départ des jeunes, vieillissement de la population, dégradation et abandon du centre ville, absence de projet d'avenir.
Et pourtant, que de richesses dans cette ville et dans ces hommes pétris[39] d'histoire, de culture et d'indépendance. Mon Dieu que cette ville est belle, riche, difficile et passionnante !

Jean-Louis Guigou, *L'ère des rentiers est finie,* dans : *Avignon – une double identité,* © Autrement, Coll. France, N° 1, Paris 1990.

Le Festival d'Avignon

Créé en 1947 par Jean Vilar, ce qui était à l'origine une « semaine d'art » a fait d'Avignon la capitale internationale du théâtre. Chaque année, pendant tout le mois de juillet, Avignon accueille lors du festival plus de 100 000 spectateurs, qui peuvent assister à une centaine de spectacles donnés sous les murs du palais des Papes, sur d'autres scènes, dans différents cafés de la ville ou même dans la rue. Le festival ouvre largement ses portes aux formes nouvelles du « théâtre d'essai ».

1 Quelles explications l'auteur donne-t-il à la prospérité puis au déclin de la ville ?
2 a) Que signifie la métaphore « le jardin potager de la France » (L. 8) ?
b) Renseignez-vous sur Carcassonne (dans un dictionnaire encyclopédique, par exemple) et expliquez ce que l'auteur veut dire quand il mentionne « la Carcassonne de l'An 2000 » (L. 3).
3 Comparez le début et la fin de l'article : Que peut-on constater ?
4 Connaissez-vous une ville allemande qui a des problèmes comparables à ceux d'Avignon ? Expliquez en quoi consistent ces problèmes.
5 Imaginez que vous désiriez assister à une ou plusieurs représentations du Festival d'Avignon. En groupes, rédigez l'une des lettres suivantes (voir les conseils donnés ci-dessous).
a) A l'office du tourisme : Vous désirez obtenir le programme du Festival, le prix des entrées et une liste des hôtels et pensions de la région.
b) A l'un des hôtels : Vous aimeriez réserver plusieurs chambres. Précisez vos besoins.
c) A la direction du Festival : Vous souhaitez réserver des billets d'entrée pour une ou plusieurs représentations. Renseignez-vous sur les possibilités de réduction des tarifs d'entrée.

Pour faire une réservation ou demander des renseignements par lettre :
1 Mentionnez l'adresse du destinataire ainsi que la vôtre.
2 Formulez l'objet de votre lettre en quelques mots (à souligner).
P. ex. : *Demande de renseignements, Réservation.*
3 Commencez par :
Mesdames et Messieurs, (si vous vous adressez à un organisme en général) ;
Madame, ou *Monsieur,* (si vous vous adressez à une personne précise) ;
Madame la Directrice, ou *Monsieur le Maire,* (si le titre vous est connu).
4 Dites *pourquoi* vous vous adressez à cet organisme et / ou précisez bien la nature des *informations* ou des *documents* demandés.
5 Remerciez. P. ex.: *Merci d'avance. Vous remerciant d'avance, je vous prie ...*
6 Terminez par une formule de politesse, p. ex. :
Formules neutres : *(Avec mes / nos) Salutations distinguées.*
Formules plus polies : *Veuillez / Je vous prie d'/ Nous vous prions d' agréer, (Madame, Monsieur le Maire,) l'expression de mes / nos sentiments les meilleurs.*

8 Marseille la rebelle

Marseille est une ville rebelle. Rebelle à la compréhension, rebelle à la caricature. Et peut-être aussi un peu rebelle à la France.

Regardez-la. Devant : la mer. Derrière : une barrière rocheuse[1] longtemps infranchissable. Pendant des lustres[2] elle n'a pas eu besoin du reste du pays pour exister. Elle était la porte du Sud, et les bateaux traversaient les mers pour elle. *« Marseille est marginale par essence*[3], explique Pierre Echinard, de l'Institut historique de Provence. *En vingt-six siècles d'histoire, elle a le plus souvent été à contre-courant*[4] *de sa région et de la nation. »* Ecoutez les Marseillais érudits[5]. Ils vous disent que Marseille a résisté à César. Pour la soumettre, le Romain a dû raser[6] ses murs. Ils vous racontent que longtemps elle fut une sorte de république indépendante, à la manière de Gênes ou de Venise, qu'elle n'est française que depuis Louis XI, qu'elle a tenu tête à tous les rois de France.

On peut s'amuser à psychanalyser Marseille. *« La plus vieille ville de France est une adolescente qui n'a jamais réglé ses problèmes,* ironise Marcel Ruffo, psychiatre à l'hôpital de la Timone. *Pour se prouver qu'elle existe, elle a toujours besoin de se confronter avec le père, l'autorité. Paris, quoi ! »*

« La capitale nous en veut » : c'est la plainte classique de toutes les villes de province. Ici elle est multipliée par dix. Et quand Paris n'est pas accusé d'être un père fouettard[7], on lui reproche d'être un parent indigne[8].

Dans cette relation infernale[9] qu'entretiennent Marseille et la capitale, il existe une dernière variante : Paris qui se donne des émotions avec Marseille. La ville fascine ou repousse, ce qui revient à peu près au même. Ah ! les prostituées du Panier, les mauvais garçons[10] sur le port, les Turcs et les Chinois sur la Canebière[11], les grand paquebots[12] blancs ! Comme tout cela est exotique ! Ou alors laid, sale. Ou encore pittoresque. Vous savez bien, le pastis[13] bien frais et la sieste à l'heure où les gens du Nord travaillent, la partie de pétanque qui arrête le tramway sur le boulevard, la sardine qui a bouché le Vieux Port … Pagnol a fait des chefs-d'œuvre[14] avec ces poncifs[15].

1 **rocheux, -euse** –> le rocher
2 **un lustre** *ici:* un temps très long
3 **l'essence** *f* das Wesen
4 **à contre-courant** im Gegenstrom
5 **érudit,e** très cultivé
6 **raser** *ici:* détruire
7 **le père fouettard** Knecht Ruprecht
8 **indigne** unwürdig
9 **infernal,e** –> l'enfer
10 **un mauvais garçon** un petit délinquant
11 **la Canebière** une avenue de Marseille
12 **un paquebot** un grand bateau
13 **le pastis** un apéritif à l'anis
14 **un chef-d'œuvre** Meisterwerk
15 **un poncif** Allgemeinplatz

16 **l'imaginaire** *m* l'ensemble des images et clichés
17 **une fille de mauvaise vie** une prostituée
18 **récemment** il n'y a pas longtemps

19 **s'abaisser** sich erniedrigen
20 **soupçonner** verdächtigen
21 **la fainéantise** le fait d'être paresseux
22 **de renom** *m* célèbre
23 **concéder** zugestehen
24 **la galéjade** *régional* une histoire inventée ou exagérée

Dans l'imaginaire[16] français, Marseille restera toujours un peu une fille de mauvaise vie[17]. « *Récemment*[18], raconte Jean Contrucci, écrivain et journaliste au « Provençal », *la chambre de commerce a édité une brochure pour inciter les patrons et les chefs d'entreprise à venir s'installer ici. On y explique le plus sérieusement du monde que les Marseillais sont d'honnêtes travailleurs. Vous connaissez une autre ville en France qui est obligée de s'abaisser*[19] *à ça ?* » Non. Même pas Nice, Montpellier ou Perpignan que l'on pourrait pourtant tout aussi injustement soupçonner[20] de fainéantise[21]. Il y fait aussi chaud qu'à Marseille … C'est ainsi. Malgré ses milliers de chercheurs, ses médecins de renom[22], ses petits génies de l'informatique ou de la biologie, le seul secteur de pointe que l'on veut bien concéder[23] à Marseille est celui de la galéjade[24].

> Marius rencontre Olive sur la Canebière. Il voit que son ami porte une fleur à la boutonnière.
> – Oh ! la jolie rose !
> – Mais ce n'est pas une rose, proteste Olive, c'est un chrysanthème.
> – Un quoi ?
> – Un chrysanthème !
> – Un chrysanthème … Comment est-ce que tu écris ça ?
> Olive réfléchit un long moment, puis il répond :
> « Bé ! Quand j'y pense, je crois bien que tu as raison : ça doit être une rose !»

25 **un vice** un défaut moral
26 **sinistre** unheimlich
27 **une plaque tournante** Drehscheibe
28 **envier** beneiden
29 **engendrer** faire naître, produire
30 **le trafic** *ici:* le commerce illégal
31 **détenir la palme de** être le premier dans le domaine de
32 **un cambriolage** Einbruch

33 **tenace** zäh, hartnäckig

34 **un,e métis, -se** Mischling
35 **un pescadou** *régional* un pêcheur
36 **un indigène** qn qui est né dans le pays

37 **populaire** *ici:* Arbeiter-
38 **se côtoyer** être les uns à côté des autres
39 **un pied-noir** un Français (Blanc) qui vivait en Algérie avant l'indépendance
40 **une marmite** Kessel
41 **une bouillabaisse** une soupe de poissons provençale
42 **un ingrédient** un élément
43 **une rascasse** Drachenkopf
44 **une baudroie** Seeteufel
45 **la saveur** le goût

Cette manie de vouloir à tout prix rire avec Marseille ! Même ses drames, même ses vices[25] ne sont jamais complètement pris au sérieux. Pourtant le milieu marseillais est aussi sinistre[26] qu'ailleurs et pendant longtemps, en matière de crime organisé, Marseille, plaque tournante[27] de la drogue et de la prostitution, n'eut rien à envier[28] à la capitale. Attention, le gangstérisme n'est pas inscrit dans les gènes des Marseillais. Mais Marseille est un port. Et les ports engendrent[29] tous les trafics[30].
Aujourd'hui, Marseille ne détient plus la palme[31] de l'insécurité. En nombre de cambriolages[32], par exemple, elle arrive loin derrière Montpellier, Paris, Rouen, Nice, Toulouse ou Strasbourg. Mais la légende est tenace[33] : Marseille, reine du crime. Comme si cela ne suffisait pas, ces dernières années elle a fait croire qu'elle se jetait dans les bras d'un Breton raciste. Elle, la métisse[34] née il y a douze cents ans de la fille d'un « pescadou[35] » du port et d'un marin grec de passage. Oh ! bien sûr, vous trouvez toujours des indigènes[36] pour vous dire qu'il faut rejeter les Arabes à la mer …
Mais promenez-vous dans Marseille. Connaissez-vous beaucoup d'endroits en France où les quartiers populaires[37] sont au cœur de la cité ? Les « Arabes » vivent dans le Panier, derrière l'Hôtel de Ville ou dans le quartier Belsunce, à côté de la Canebière. Ils y côtoient[38] les Corses ou les « pied-noirs[39] » … Bref, les Marseillais, ici, ne sont jamais que des fils d'immigrés de la deuxième ou troisième génération. Grecs, Arméniens, Turcs, Italiens, Espagnols, Africains … Marseille est une marmite[40] cosmopolite, une bouillabaisse[41] ethnique. « *Et comme dans toutes les bonnes bouillabaisses,* précise Spyros Théodorou, le directeur de la Maison de l'Etranger, *on reconnaît tous les ingrédients*[42]. *La rascasse*[43] *ou la baudroie*[44]. *Elles conservent leur saveur*[45]. *Mais elles appartiennent au même plat* ».

Marie-France Etchegoin, *Le Nouvel Observateur,* 7 juillet 1994
(texte abrégé et légèrement adapté).

1 Relevez les expressions qui présentent Marseille comme une ville « rebelle ».
2 *« La ville fascine et repousse, ce qui revient à peu près au même.»* (L.23). Expliquez ce paradoxe.
3 a) Relevez tous les défauts que les Français considèrent comme « typiquement marseillais ».
b) Quels sont les arguments employés par l'auteur pour démentir ces stéréotypes.
4 Une *marmite cosmopolite*, une *bouillabaisse ethnique* (L. 64 - 65) : Expliquez le sens de ces métaphores et dites pourquoi elles ont été choisies dans ce contexte.
5 Faites le résumé complet de l'article. (Suivez les conseils donnés aux pages 17 et 31.)

9 Vendus ! 🎧

Etes vous-déjà allé sur la Côte d'Azur en été ? Si oui, décrivez l'atmosphère des plages et autres lieux touristiques. Si non, dites ce que vous associez à la Côte d'Azur.

Utilisez un dictionnaire unilingue pour comprendre les mots du texte dont vous n'arrivez pas à retrouver le sens d'une autre manière. (Voir les conseils donnés aux pages 9 et 12.)

Si l'on descend en bateau le cours du Rhône, rapide, puissant, sonore, après une assez longue navigation, on entre dans le territoire des *Provençaux*. Pendant des siècles, cette peuplade a vécu heureuse sur un sol dur et stérile comme un dos de chèvre : elle avait le soleil et la mer. Les hommes soufflaient dans de petits instruments de musique, simples, bon marché, qu'ils confectionnaient eux-mêmes avec des roseaux ou des macaronis. S'ils ne jouaient pas, ils chantaient. Ils chantaient en dansant, en parlant et même en dormant, car en Provence les ronflements régionaux ont des intonations musicales. Parfois, las des amusements, il leur arrivait de se distraire à de menus travaux : en cueillant la lavande ou les olives, en accrochant une mouche à l'hameçon, en tuant les puces du chien.

De loin en loin, ils allaient donner un coup de pioche à leur vigne ou à leur jardin, puis ils revenaient se reposer. Le soir, à la fraîcheur, ils se rassemblaient sur la place du village et entreprenaient, avec des boules de métal, un jeu qui exige moins de dépense physique que de discours et de gesticulations : la *pétanque*.

Ainsi vivait cette population il y a peu, quand son territoire lui appartenait encore. Un jour, vinrent les Anglais, race humaine à sang froid, entreprenante, née sur une île brumeuse, avide de s'établir sous des climats plus chaleureux. Après avoir conquis l'Australie, l'Amérique, une grande partie de l'Afrique et de l'Asie, les Anglais occupèrent la plus belle moitié du rivage provençal et lui donnèrent ce joli nom : *Côte d'Azur*. Pour leur agrément, ils y construisirent un Casino, des hôtels, des promenades, des terrains de golf, des salons de thé. Après eux vinrent les Russes, puis les Allemands et les Suisses. Enfin, des représentants de toutes les peuplades de France, Aquitains, Auvergnats, Bourguignons, mais surtout Parisiens, Parisiens, Parisiens.

Que pouvaient faire les Provençaux contre tant d'envahisseurs ? Tant d'envahisseurs farouchement déterminés à obtenir par tous les moyens une part de soleil, de mer palpitante, de maquis, de liqueur anisée, de cyprès ? Bien des choses. Leur dire par exemple : *« Nous consentons à vous recevoir une partie de l'année, afin que vous jouissiez comme nous de ces bénédictions célestes. A condition que vous ne restiez pas, que vous ne soyez ici que de passage, comme le mistral. »*

Une plage de la Côte d'Azur au mois d'août.

En fait, les choses se sont déroulées d'une autre façon. La peuplade provençale, tout simplement, a vendu son territoire, parcelle après parcelle, à ces hordes sauvages et dévorantes.

La Provence a vendu ses plages où se sont répandus des millions de fesses et de nombrils, au coude à coude si je puis dire, luisants d'huile.

Les Provençaux ont vendu le parfum naturel de leur terre, lavande, anis sauvage, romarin, résines, au profit de *l'Ambre solaire*.

Ils ont vendu leurs ports de pêche aux pétroliers ou à des navigateurs pour rire qui s'ennuient parce qu'ils sont trop riches, trop gras, trop vieux, trop ignorants ou trop informés.

Ils ont vendu chaque pierre, chaque brin d'herbe.

Ils ont même vendu l'appellation contrôlée du beau rivage qui faisait leur orgueil et leur unicité : *Côte d'Azur*. On a vu naître toutes sortes de côtes concurrentes, affublées de quelque chose qui brille : *Côte d'Opale, Côte de Vermeil, Côte de Lumière, Côte d'Emeraude, Côte de Saphir, Côte d'Argent, Côte d'Or, Côte de Platine, Côte d'Aluminium*. Il y a de quoi se tenir les côtes.

Mais la peuplade provençale ne proteste point. La peuplade provençale n'a que le droit de se taire ; puisqu'elle a vendu la Provence.

Jean Anglade, *Les singes de l'Europe,* Julliard, Paris 1976 (texte abrégé).

– Pardon monsieur, ce grain de sable est-il libre?

1 Le texte se divise en trois parties. Retrouvez-les et formulez un titre pour chacune d'elles.
2 Comment est-ce que l'auteur caractérise
   a) les Provençaux ? b) les touristes ?
3 Relevez les passages du texte qui mettent en évidence l'ironie de l'auteur.
4 a) Récapitulez tout ce que vous savez du tourisme en Provence, de ses avantages et de ses inconvénients. Montrez que le plaisir des uns (les touristes) ne correspond pas toujours au plaisir des autres (les habitants).
   b) Organisez un débat autour de la question suivante :
   Qu'est-ce qui est le plus important, dans une société démocratique moderne : le droit, pour chacun, de profiter de ses vacances ou bien le droit, pour les habitants d'une région, de vivre leur vie tranquillement ?

Fonctions du texte et figures de style

Vous vous rappelez ?

Selon l'intention de l'auteur, on peut classer les textes d'après leur *fonction* principale :

1 les textes <u>informatifs</u>, qui ont pour but d'*informer* le lecteur (p. ex. un mode d'emploi), de lui *décrire* des choses, des personnes, des lieux (p. ex. un guide touristique), de lui *expliquer* quelque chose (p. ex. cette page de manuel scolaire) ;

2 les textes <u>narratifs</u>, qui racontent des histoires vraies ou imaginaires pour *distraire* et / ou faire réfléchir le lecteur (p. ex. un roman) ;

3 les textes <u>argumentatifs</u>, dont le but est de *convaincre* le lecteur (p. ex. un essai) ;

4 les textes <u>appellatifs</u>, qui cherchent à influencer le lecteur pour le *faire agir* d'une certaine manière (p. ex. un texte publicitaire).

Dans la pratique, plusieurs fonctions peuvent être combinées.

Les figures de style

1 Elles expriment une analogie et / ou illustrent une idée :
- la <u>comparaison</u> : Le sol est dur est stérile *comme* un dos de chèvre (p. 41, L. 4) ;
- la <u>métaphore</u> (une expression imagée utilisée sans « comme » ou « tel que ») : une *bouillabaisse* ethnique (p. 40, L. 65) ; le *parfum* de leur terre (p. 42, L. 41) ;
- la <u>personnification</u> (une expression qui parle d'une chose ou d'une idée comme d'une personne) : Marseille la *reine* du crime (p. 40, L. 52) ; le ciel *prend sa revanche* sur la terre (p. 36, L. 20).

2 Elles renforcent ou soulignent une idée :
- l'<u>hyperbole</u> (une forte exagération) : ces hordes sauvages et dévorantes ... (p. 42, L. 38) ;
- la <u>répétition</u> : mais surtout Parisiens, Parisiens, Parisiens (p. 41, L. 27 - 28) ;
- l'<u>énumération</u> : des hôtels, des promenades, des terrains de golf, des salons de thé (p. 41, L. 24 - 25) ;
- la <u>gradation</u> (une énumération de mots en ordre croissant d'intensité) : trop riches, trop gras, trop vieux, trop ignorants (p. 42, L. 44 - 45) ;
- la <u>redondance</u> (l'utilisation de deux mots de sens identique dans une même expression) : un homme *calme* et *tranquille* ; une *belle* et *agréable* journée ;
- l'<u>antithèse</u> (deux mots de sens contraire qui se suivent et se renforcent l'un l'autre) : tant de *beautés* partout, tant d'*horreurs* partout (p. 6, L. 1).

3 Elles atténuent ce qui est dit (parfois par ironie) :
- la <u>litote</u> (le contraire de l'exagération : elle dit peu pour laisser croire beaucoup) : cette idée n'est *pas bête* (= elle est très bonne) ;
- l'<u>euphémisme</u> (une expression « modérée » utilisée pour en remplacer une autre, jugée trop dure) : dix tonnes d'*excréments canins* (= de crottes de chiens – p. 18, L. 16).

4 Autres figures de style (souvent utilisées par ironie ou pour créer un effet comique) :
- l'<u>antiphrase</u> (fait de dire le contraire de ce qu'on pense) : le seul secteur *de pointe* [...] est celui de la galéjade (p. 40, L. 40 - 41) ;
- le <u>paradoxe</u> (une expression qui, prise mot à mot, est absurde) : des millions de fesses et de nombrils, au coude à coude, si je puis dire (p. 42, L. 39 - 40).

A vous !

1 Relevez, dans le texte 8, page 39 - 40, toutes les personnifications utilisées pour la ville de Marseille.

2 Relevez, dans le texte 9, page 41 - 42, toutes les figures de style (autres que celles mentionnées dans les exemples ci-dessus). Quel effet ces figures de style produisent-elles ? De quel type de texte s'agit-il ?

Chapitre 3

Vivre en France aujourd'hui

1 Les cœurs purs

1 Ecoutez la chanson et dites en une ou deux phrases de quoi il y est question.
2 Cette forme de musique vous plaît-elle ? Pourquoi (pas) ?

1 **un notaire** Notar
2 **un notable** Persönlichkeit (Honoratioren)
3 **admettre** accepter (zulassen)

Ils ne sont pas encore amis
Des notaires[1] et des notables[2]
Ils ne sont pas encore admis[3]
A dîner, le soir, à leur table …

4 **salir** –> sale
5 **une combine** *fam* un système (Dreh)

Ils ne sont pas encore polis
Comme Papa le fut toujours
Ils ne sont pas encore salis[4]
Par les combines[5] au jour le jour …

Refrain : Mais on leur dit que ça viendra
Et, bien sûr
Ils ne le croient pas
Les cœurs purs … *(bis)*

Ils ne sont pas encore rusés[6]
Ni blasés[7] d'être un peu bohèmes[8]
Ils ne sont pas encore usés
Par le métro des matins blêmes[9] ...

Ils ne sont pas encore conscrits[10]
Bien qu'ils soient souvent engagés
Ils ne sont pas encore inscrits
Ni au chômage, ni aux congés[11] ... *(Refrain)*

Ils ne sont pas encore lassés[12]
D'écouter chanter leur idole
Ils ne sont pas encore blessés
Par le temps qui tant nous désole[13] ...

Ils chantent des « songs », sur un banc
Ils n'ont pas honte de la rue
Ils ne sont pas encore perdants[14]
Ils ne sont pas encore ... perdus !

Refrain : Mais on leur dit que ça viendra
Moi, bien sûr
Je souhaite tout bas
Que ça dure ... les cœurs purs !

6 **rusé,e** listig, gerissen
7 **blasé,e** überdrüssig, blasiert
8 **bohème** *ici:* in den Tag hineinlebend
9 **blême** pâle
10 **un conscrit** un soldat
11 **un congé** (*ici:* de maladie) arbeitsfreie Zeit
12 **lasser** fatiguer
13 **désoler** rendre triste
14 **un perdant** –> perdre

Paroles de Jean-Roger Caussimon, Musique d'Éric Robrecht,

1 a) Qui sont, dans cette chanson, les cœurs purs ? Qui sont les autres ?
  b) Qu'est-ce que le chanteur cherche à souligner en utilisant aussi souvent l'expression « pas encore » ?
2 De quels domaines de la vie publique et privée la chanson parle-t-elle ?
3 a) En quoi les cœurs purs s'opposent-ils aux « autres » ?
  b) Quelle image du monde adulte l'auteur donne-t-il dans cette chanson ?
  c) Dans quelle catégorie le chanteur se situe-t-il ?
  d) Quel est le « message » de cette chanson ?

2 Témoignages de jeunes

1 Patricia, 16 ans

J'ai des messages, des SOS
Des grandes idées, de fausses promesses,
Je vois un nuage, qui va et me laisse
Je veux exister, je veux des caresses[2],
Oublie un peu mes airs comme ça !
Je ne ressemble à rien de cela
Je ne fais pas de mal, la douleur[3] est en moi
Et quand j'ai mal je dis que c'est le foie[4]
Je crois très fort à l'absolu
A la perfection, aux passions émues[5]
Demande pas pourquoi,
Je ne sais pas
Demande rien, regarde-moi
Ne dis plus rien, juste aime-moi

1 **un témoignage** Zeugenaussage
2 **une caresse** –> *caresser* (streicheln)
3 **une douleur** un mal, une souffrance
4 **le foie** Leber
5 **ému,e** –> une émotion

6 **étouffer** ersticken
7 **calquer** copier, imiter
8 **la rage** Zorn
9 **se dégrader** sich verschlechtern

10 **un préjugé** Vorurteil
11 **mutuel,le** gegenseitig

12 **une rancœur** Groll
13 **un barrage** (Tal)Sperre

14 **accueillant,e** aimable, qui propose un bon accueil
15 **convivial,e** gesellig

2 Claire, 17 ans et demi

Les adultes, leurs rêves sont étouffés[6], ils ne se réalisent pas ou plus. Leur langage me fait peur car leur tête parle trop souvent à la place du cœur. Et nous, ados, qui venons derrière, nous nous calquons[7] à ça avec la rage [8] de ne pouvoir rien changer sur cette planète qui se dégrade[9].

Je vois beaucoup d'adultes qui ressemblent à des adolescents fatigués, à l'énergie vitale frustrée. Faut pas généraliser, j'en connais quand même qui ne sont pas comme ça, mais pour la majorité, j'aimerais qu'ils soient plus heureux, qu'ils n'aient pas tant de tristesse et de déception en eux. J'aimerais qu'ils parlent moins entre eux, de leurs systèmes d'éducation, de leurs préjugés[10], de leur travail, de leur culture personnelle. J'aimerais tant qu'ils ne soient pas si durs, qu'ils nous aident à bâtir l'avenir en cessant de dire « *l'avenir appartient aux jeunes* », en se considérant eux-mêmes à part et hors jeu, j'aimerais plus de respect mutuel[11], plus d'amour, car c'est ça, construire l'avenir, c'est dans nos relations qu'il faut commencer.

Les adultes, j'en ai parfois un peu peur, ils me rappellent à la vie matérielle. Je me réserve à leur égard, car je crains leurs jugements. Je rêve de dialogues simples, sans rancœur[12] et sans méchanceté, avec humour et tendresse, en s'écoutant les uns les autres sans barrage[13].

Françoise Dolto et Catherine Dolto-Tolitch (avec la collaboration de Colette Percheminier), *Paroles pour adolescents ou le complexe du homard,* Hatier, Paris 1989 (textes abrégés).

3 Voici des extraits d'un sondage effectué en 1995 par la société SCP-Communication auprès de 1019 jeunes de 15 à 18 ans et publié dans *Le Nouvel Observateur* du 2 novembre 1995.

*1 Comment voyez-vous la société des jeunes ? (en %) **	
Violente	50
Solidaire	33
Irresponsable	30
Raciste	22
Egoïste	16
Accueillante[14]	15
Injuste	12
Conviviale[15]	12

*2 Comment voyez-vous la société des adultes ? (en %) **	
Egoïste	37
Injuste	36
Raciste	30
Violente	26
Irresponsable	15
Solidaire	8
Accueillante	7
Conviviale	5

3 Vous sentez-vous compris ? (en %)	tout à fait	pas du tout	ne sait pas
A l'école	44	54	2
En famille	78	22	-
Par vos amis	90	10	-

4 Etes-vous satisfait de la société actuelle ? (en %)	
Très	3
Assez	19
Peu	46
Pas du tout	32

(* plusieurs réponses sont possibles)

5 Qu'est-ce qui est le plus important dans le travail ? (en %)

La sécurité dans l'emploi	49
Exercer[16] des responsabilités	26
Gagner beaucoup d'argent	22
Ne savent pas	3

6 Pour votre avenir, qu'est-ce qui vous inquiète le plus ? (en %)

Le chômage	60
La guerre	18
La pauvreté	10
Le racisme	7
La solitude	4
Ne savent pas	1

16 **exercer qc** ausüben
17 **pareil, le** identique

7 Dans dix ans, pensez-vous que la société sera … (en %)

	plus	moins	pareil[17]	ne savent pas
raciste	62	17	20	1
égoïste	57	16	26	1
inégalitaire	41	22	35	2
ouverte	28	40	31	1
solidaire	19	49	31	1
conviviale	14	44	40	2

1 Dans quelle situation se trouve Patricia ? Qu'est-ce qu'elle cherche à faire comprendre ? A qui ?
2 Que pensez-vous de son attitude ? Justifiez votre opinion.
3 Quels sont les reproches que Claire adresse aux adultes en général ?
4 a) Comment voit-elle les rapports qui existent entre adultes et adolescents ?
b) Qu'est-ce qu'elle propose pour que ces rapports s'améliorent ?
c) Que pensez-vous de son attitude et de ses propositions ?
5 Examinez de plus près les sondages ci-dessus.
a) Quelle est l'image « globale » que les jeunes ont de la société des adultes ?
b) En quoi la société des jeunes est-elle principalement différente de celle des adultes, d'après la majorité de ces jeunes ?
6 Partagez-vous les opinions de la majorité des jeunes en ce qui concerne l'emploi et le chômage ?
7 Pour 62 % des jeunes interrogés, la société de demain sera plus raciste, alors que le racisme n'inquiète que 7 % des jeunes. Est-ce un paradoxe ? Comment cela s'explique-t-il ?
8 A la lumière de ce sondage, dites en quoi les témoignages de Patricia et de Claire sont typiques ou non pour leur génération.
9 Effectuez un sondage auprès de vos camarades en leur posant les mêmes questions. Comparez les résultats et discutez-en ensuite.

3 C'est pas très gai …

D'après une publication du Ministère de l'Education nationale du 2 mai 1996, un élève sur quatre ne sait pas lire ou calculer au début de la sixième. D'après vous, quelles pourraient être les raisons de cette situation ?

Le texte suivant est extrait d'une interview réalisée en mai 1991 par le sociologue Pierre Bourdieu à la cité de la Roseraie, dans la banlieue d'une ville du nord de la France. Ali est un Beur de 18 ans, fils d'un ouvrier marocain. Son ami François est Français. Ils parlent – dans un français qui n'est pas très « correct » – de leur vie dans la cité et de leurs problèmes.

– Tu me disais que c'était pas très gai ici, pourquoi ? C'est quoi, c'est le boulot, c'est les loisirs ?

FRANÇOIS : Oui, le boulot et les loisirs. On n'a pas de boulot, là. Même dans notre quartier, on n'a rien.

Ali : On n'a pas de loisirs.

François : On a le local mais les gens d'à côté, ils gueulent[1].

Ali : Ils sont pas gentils, c'est vrai.

– Pourquoi ils gueulent, parce qu'ils …

François : Parce qu'on est dans le jardin, et puis le soir, il n'y a rien dans notre cité, on est obligé d'aller dans les entrées quand il fait froid. Et puis quand il y a trop de bordel[2], ils appellent les flics.

– Tu dis : « Les gens à côté ils gueulent », c'est qui ?

François : C'est les gens des appartements. Quand dans les entrées on parle trop fort, eh ben ils descendent, ils gueulent et tout.

– Oui, parce que vous avez pas d'endroit pour vous mettre …

Ali : Non, on sait pas où aller.

– Pas de boulot, les types de votre âge, dans le coin[3] ?

Ali : Non. Ou ils font des stages[4].

– Oui, des stages bidon[5] …

Ali : Oui, c'est pas intéressant ; gagner 1200 F, c'est pas intéressant ; il y en a qui gagnent ça en une heure.

– Il n'y pas des emplois temporaires[6], intérimaires[7], des trucs comme ça, il n'y a pas des petits boulots, il n'y a même pas ça ?

François : Il y a des gars qui travaillent – regarde Jean-Luc – ben, pendant six mois il s'est pas fait payer et puis il est pas encore pris en contrat[8].

– Au bout de six mois on l'a pas payé ?

François : Oui, et puis il est pas encore pris en contrat.

– Oui, ça encourage pas beaucoup à chercher du boulot.

François : Non, c'est chiant[9].

François : Dans notre cité, il y a des gars[10] qui ont du mal[11] à lire et à écrire.

– Ah bon ? Des gens de ton âge …

Ali : Ouais, il y en a même des plus vieux qui, si, ils savent lire, mais ils ont du mal. Ils lisent robot, mot par mot. Ils bloquent[12] sur des mots. Même moi, je lis robot. J'arrive à lire, mais robot.

– Et à l'école, quand tu étais petit, est-ce que tes parents t'aidaient dans ton travail ?

Ali : Ah non, ben mon père, il sait pas lire. Ni écrire. Il y a que ma mère qui sait écrire. Elle a du mal. C'étaient mes grands frères …

– Quand est-ce que ça a commencé à aller mal ?

Ali : Vers la sixième. Quand je me suis retrouvé avec tous mes copains. On faisait des conneries[13]. On volait, et tout. C'était un loisir. Quand on s'emmerdait[14], ben, on y allait. On était jeunes encore à cette époque-là.

– Vous aviez quel âge ?

Ali : 12 ans.

– Oui, c'est ça 12, 13 ans …

Ali : Des bonbons, des gâteaux, du parfum et tout. Mais les plus vieux, ils prenaient de l'alcool ; c'est ça qui a détruit plein de mecs, l'alcool et puis la drogue.

François : Un gars dans notre cité, quel âge il a ? Il doit avoir 15 ans, ben lui, il fait tout, il prend des cachets[15], le haschich, l'alcool. Il déconne[16]. Dommage pour lui.

Ali : La Roseraie, il n'y a plus rien. C'est une sale réputation[17]. Et puis ça fait drôle quand on parle mettons[18] avec des filles qui habitent dans une cité plus propre, plus … Vous leur disez « j'habite à la Roseraie » …

1 **gueuler** *pop* crier, protester
2 **le bordel** *pop* *ici:* le désordre
3 **dans le coin** dans les environs, près d'ici
4 **un stage** Praktikum
5 **bidon** *fam* faux, simulé

6 **temporaire** provisoire
7 **intérimaire** –> un *intérim* (remplacement temporaire)
8 **un contrat** Vertrag
9 **chiant,e** *pop* ennuyeux
10 **un gars** *fam* un garçon, un homme
11 **avoir du mal** *fam* avoir des difficultés
12 **bloquer** *ici:* s'arrêter

13 **une connerie** *fam* Dummheit
14 **s'emmerder** *pop* s'ennuyer

15 **un cachet** *ici:* Tablette
16 **déconner** *fam* faire des bêtises
17 **une sale réputation** schlechter Ruf
18 **mettons** *fam* nehmen wir mal an

– *Aussitôt elles se méfient*[19], *quoi.*

ALI : Non, elles s'en vont. C'est pour ça, c'est pas bien.

FRANÇOIS : Elles nous prennent pour des délinquants[20].

ALI : Oui, et même pour sortir en boîte[21], ici, dans les environs[21], ben, comme moi, mettons moi, on rentre pas, les Arabes ils rentrent pas.

– *Et ça t'est arrivé, là, à tous les deux, vous y allez, toi, on te laisse passer et lui, on l'arrête ?*

FRANÇOIS : Oui, beaucoup de fois, on nous a fait ça.

– *Et toi, tu gueules, tu dis « pourquoi ? » et ils disent rien …*

ALI : Ben, qu'est-ce je pourrais dire ?

– *Non, tu peux rien faire.*

FRANÇOIS : Si. Quand c'est des filles, elles peuvent parler quand même, les filles, dire « ouais, c'est mon mec[23], il est avec moi et tout. » Mais ça marche pas quand même.

– *Même ça, ça ne marche pas ?*

ALI : On a déjà essayé plein[24] de fois. On m'a dit « essaie avec des filles », ben, devant tout le monde, ils disent « non, t'es pas client, t'es pas habitué[25] ».

FRANÇOIS : Oui, il faut être habitué, il pouvait pas être habitué ! C'est à peu près ce qu'on leur disait.

– *Ta copine, elle est de la cité aussi ?*

FRANÇOIS : Ouais, elle est de la cité.

– *Tu vas te marier après le service*[26], *quoi ?*

FRANÇOIS : Non, faut qu'elle travaille. Et puis moi aussi, évidemment.

– *Et toi, t'as une copine ?*

ALI : Ben, moi, non. Non, moi j'aime pas qu'elle … Faut vraiment qu'elle est bien. Parce que les filles qu'on connaît sont pas sérieuses[27]. Vaut mieux connaître des filles qui sont bien, sérieuses, mais c'est dur à trouver.

Pierre Bourdieu (éd.), *La misère du monde,*
 (texte abrégé).

19 **se méfier** *ici:* misstrauisch sein
20 **un délinquant** Straffälliger
21 **sortir en boîte** *fam* aller en discothèque
22 **les environs** *m* Umgebung
23 **un mec** *fam* un homme
24 **plein de** *fam* beaucoup de
25 **un habitué** un client qui vient souvent
26 **le service** *ici:* le service militaire
27 **sérieux, -euse** *ici:* anständig

1 Récapitulez les thèmes abordés dans cette interview.
2 Lesquels de ces sujets semblent poser le plus de problèmes aux deux jeunes ? Pourquoi ?
3 Que représente le fait de savoir lire et écrire pour les jeunes de ce milieu ?
4 Est-ce que vous connaissez des jeunes qui sont dans une situation semblable en Allemagne ?
5 Qu'est-ce que vous pourriez conseiller à ces jeunes pour améliorer leur avenir ?
6 En quoi la façon de parler de ces deux jeunes est-elle bien le reflet de leur situation sociale ? (Donnez des exemples pris dans le texte.)
7 a) Décrivez les dessins de Cabu, ci-dessous, et mettez-les en rapport avec le texte.
   b) *« Le pouvoir de dire oui »* est le slogan d'une banque française. En quoi est-ce, ici, particulièrement ironique ?

4 Survivre ...

1 **survivre** überleben
2 **sourd,e** taub; *ici:* dumpf
3 **ronger** nagen; *ici:* détruire peu à peu
4 **adhérer à** être membre de, faire partie de
5 **un bénéficiaire** qn qui profite (de qc)
6 **une démarche** (Behörden)-Gang
7 **recenser** identifier et compter
8 **l'insertion** *f* Eingliederung
9 **insérer** –> l'insertion
10 **un BTS** brevet de technicien supérieur (höherer Fachschulabschluss)

Dans ces cités qu'on se plaît à dire « violentes », la pire des violences est l'absence d'espoir. Que cette violence explose, et la prison ouvre ses bras. Qu'elle reste sourde[2], et elle devient la compagne de tous les jours, une étrange amie qui ronge[3].
Dans cette cité, la seule activité possible consiste à adhérer[4] à une association. Il en existe plusieurs, comme celle d'aide aux « bénéficiaires[5] » du RMI. Son action consiste à s'occuper des démarches[6] administratives et recenser[7] les possibilités de stages. Mais comme déclare Franck, un de ses animateurs, *« RMI, Revenu mininum d'insertion[8]. " Minimum ", c'est certain, que peut-on faire avec 2400 francs par mois ? Quant à " insertion ", je voudrais savoir où et comment ? Pour insérer[9], encore faudrait-il qu'il y ait des emplois »*. Laetitia expose sa situation. *« J'ai un BTS[10] technico-commercial et je cherche un emploi depuis plus d'un an. Mais comme je n'ai pas d'expérience, je n'ai rien trouvé. Or, passé un an de chômage après la sortie de l'école, on n'a plus droit à rien. On ne peut même plus aller en ville chercher du travail, on n'a même plus de quoi se payer le ticket. Alors, j'ai pris ce CES[11] à 2400 francs par mois, ça me servira à trouver un vrai boulot après. Je me dis que c'est juste un moment de répit[12] »*.
Dans un tel contexte, la drogue constitue un problème majeur[13], tant au niveau du commerce qu'à celui de la consommation. Pour Christophe, ancien toxicomane[14], *« on parle beaucoup de la toxicomanie, mais il faudrait aussi parler du chômage et de la misère. Sans ce terreau[15] favorable, elle ne se développerait pas ainsi »*.
Comment une société digne[16] de ce nom peut-elle se permettre d'abandonner ses enfants à eux-mêmes, de les forcer à se battre pour accéder[17] à une place qu'elle se doit de leur offrir. Il y va de sa propre survie et elle ne semble pas s'en rendre compte. Pourtant, ce que demande cette jeunesse, avoir une situation stable[18] et pouvoir fonder[19] une famille, n'a rien d'exceptionnel. En pays civilisé.

Gilles Gesson, *Le Lampadaire,* No 35, 5 juin 1995 (texte abrégé).

11 **un CES** contrat emploi-solidarité (Arbeitsbeschaffungsmaßnahme)
12 **un répit** une pause
13 **majeur** *ici:* important
14 **un toxicomane** qn qui se drogue
15 **un terreau** Nährboden
16 **digne de ce nom** der/die diesen Namen verdient
17 **accéder à** arriver à avoir

18 **stable** solide
19 **fonder** créer.

1 Expliquez ce que l'auteur veut dire lorsqu'il écrit que « la pire des violences est l'absence d'espoir » (L. 1 - 2). Ecrivez un texte qui illustre cette opinion à partir, si possible, d'un exemple concret.
2 Dites ce que critique Franck quand il parle des aides financières que l'Etat accorde aux jeunes chômeurs (p. ex. le RMI).
3 Expliquez pourquoi et comment le désespoir peut mener à la consommation de drogues (L. 19 - 20).
4 Que pensez-vous de l'attitude de l'auteur telle qu'elle apparaît, notamment, dans le dernier paragraphe de cet article ?
5 Décrivez le dessin de Plantu, ci-contre. (Ne le trouvez-vous pas trop pessimiste ?) Vous-même, comment voyez-vous votre avenir ?

5 « J'ai tout fait pour m'intégrer. »

1 Etre « bien intégré », pour un étranger qui vit en Allemagne, cela consiste en quoi, concrètement ?
2 Si vous deviez vivre dans un autre pays, que feriez-vous pour bien vous « intégrer » dans la société de ce pays ?

Un couple de Portugais vivant en France depuis longtemps témoigne.

M. Demoura : Ce qui arrive, en France, il y a deux sociétés, il y a les moutons[1] et c'est la plus conne[2] ; on fait partie des moutons. Voilà la différence qui existe. Et puis il y a plein d'autres choses au niveau social qui ne marchent pas, parce que il y a celui qui connaît bien la loi, ils arrivent aux problèmes administratifs, que ça soit la Sécurité[3] sociale, que ça soit n'importe[4] où ils attendent, ils ont leur droit ; nous, il faut qu'on se batte jusqu'à la fin. Les Portugais pourtant, dans les Portugais, il y a dix pour cent de déchets, comme dans toutes les races (...), ce sont des gens avec qui il n'y a rien à faire. Mais dans l'autre partie, on a des droits, on a des obligations, du moment que je respecte mes obligations, je sais pas pourquoi on ne me donne pas mes droits. Vous comprenez ?
Depuis que je suis en France, j'ai tout fait pour m'intégrer dans la vie des Français. Parce que, premièrement, j'étais dans un pays qui n'était pas le mien : deuxièmement, je pouvais pas imposer[5] ma langue ni mes habitudes, alors il fallait bien que ce soit moi qui s'intègre et qui fasse l'inverse. Bon, je me suis très bien intégré, tout de suite j'ai fait partie de l'équipe athlétique de la ville. On a formé, étant Portugais, on a formé une association, on a formé un groupe folklorique, on a formé le club de football, on a bâti avec l'aide de la mairie le bâtiment pour l'association, c'était tout à fait normal. Je fais partie, étant toujours dans cette ville, j'étais éducateur *[entraîneur de foot]* pendant six ou sept ans et, jusqu'il y a deux ans, je faisais encore partie du club *[très énervé]*. Bon, tant que j'ai apporté, tant que j'ai pu donner, les grandes portes m'étaient ouvertes et une fois que j'ai arrêté, c'était plus rien : les portes se sont refermées. Et mes amis n'étaient plus là.
Mme Demoura : J'ai eu un journaliste qui est venu pour enquêter[6] dernièrement et, justement, je me suis plainte un petit peu de la société française, mais de l'administration française, je me suis pas plainte de mon entourage[7]. S'il y a une personne qui me voit mal ... je pense, bon, elle m'aime pas, je laisse tomber : mais quand on arrive dans un organisme[8] français où ils entendent un petit peu notre accent et on réclame quelque chose, ils ne nous informent pas. Et on souffre ...
M. Demoura : Déjà premièrement, on est mal informés.
Mme Demoura : On est mal informés. Alors vous savez quand on écrit pas bien le français, quand on n'a pas une ... on se démerde[9] pas bien, parce qu'on connaît pas tout et les personnes, ils nous disent pas la vérité et ça, c'est embêtant[10]. Alors je trouve qu'on est rejeté[11], j'ai été rejetée de partout.

Pierre Bourdieu (ed.), *La misère du monde*,
Editions du Seuil, Paris 1993.

1 **un mouton** Schaf
2 **con, conne** *fam* idiot
3 **la Sécurité sociale** staatliche Kranken- und Sozialversicherung
4 **n'importe où** irgendwo
5 **imposer qc** aufzwingen
6 **enquêter** faire une interview, un reportage
7 **l'entourage** *m* (menschliche) Umgebung
8 **un organisme** une organisation
9 **se démerder** *pop* se débrouiller
10 **embêtant,e** ennuyeux
11 **rejeter** zurückstoßen.

1 Récapitulez ce que M. Demoura a fait pour s'intégrer en France.
2 Quels sont les deux problèmes principaux qui préoccupent M. Demoura ?
3 Quels sentiments les Demoura ont-ils vis-à-vis des Français aujourd'hui ?
4 En quoi leur situation est-elle différente de celle d'Ali (texte 3, p. 47 - 49). ?
5 Qui sont les moutons dont parle M. Demoura (L. 1 - 2) ? Et qui sont les autres ? Que veut dire M. Demoura par «10 % de déchets » (L. 8) ?
6 Quels sont les droits que M. Demoura réclame ? D'après vous, quels droits faudrait-il accorder aux immigrés ? Pourquoi et sous quelles conditions ?

6 « Excusez-moi d'être là ! »

1 **angoissé,e** –> l'*angoisse* (la peur, l'inquiétude)
2 **fragile** ≠ solide
3 **un repère** Anhaltspunkt
4 **une fuite** *ici:* Verlust
5 **une disparité** ≠ une harmonie
6 **entamer qc** enlever une partie de qc
7 **juguler qc** arrêter le développement de qc
8 **bon an mal an** en moyenne
9 **un malaise** Unwohlsein
10 **subsister** rester

1 La France de 1995 se dit angoissée[1] et fragile[2], en pleine crise d'identité. Exclusions, chômage, insécurité, perte de repères[3], fuite[4] des valeurs, croissance des disparités[5], mal de vivre ... La liste des symptômes, cent fois répétée décrit une vraie pathologie collective : La France est déprimée.
Pourtant les Français ont un niveau de vie moyen qui supporte bien la comparaison avec celui de leurs voisins, ils sont convenablement éduqués, équipés, protégés ... Mais c'est le contrat social qui est entamé[6]. La population immigrée s'est stabilisée, l'immigration clandestine a été jugulée[7] et l'assimilation se fait, bon an mal an[8]. Mais le malaise[9] subsiste[10] dans les esprits.

11 **honnête** intègre, loyal
12 **un refus** une réponse négative
13 **un CV** un curriculum vitae (Lebenslauf)
14 **braquer qc** *pop* s'attaquer à qc (avec une arme)
15 **un otage** Geisel
16 **violer** vergewaltigen
17 **un assassin** Mörder
18 **jeter (qc) en pâture** zum Fraß vorwerfen.

2 *« Excusez-moi de vivre. »* Excusez-moi d'avoir 48 ans, 3 enfants, et 2 petits-enfants. D'avoir travaillé depuis vingt-huit ans. De n'avoir aucun diplôme. D'avoir toujours voulu m'en sortir. D'avoir toujours été honnête[11]. D'avoir eu des refus[12] lorsque j'envoyais des CV[13], à 45 ans, aux entreprises. D'avoir créé une société, d'avoir donc voulu créer des emplois depuis trois ans. De n'avoir jamais braqué[14] une banque. De n'avoir jamais pris des otages[15]. De n'avoir jamais fait des attentats. De ne pas avoir violé[16] mes filles. De considérer les banques commes des assassins[17]. D'avoir cru aux promesses des divers gouvernements disant aider les créateurs d'entreprises, donc d'emplois. D'être pro-Français. De rechercher du travail. De coûter 2599 F par mois à la société, n'ayant pas le droit au chômage, puisque j'ai voulu créer des emplois. D'être jeté en pâture[18] à la justice. D'avoir des craintes pour l'avenir de mes enfants et petits-enfants. De ne plus rien avoir. D'avoir envie de gueuler.

(M. G., Champigny-sur-Marne)

1 Dominique Simonnet, *L'Express,* 12 janvier 1995 (texte abrégé) ;
2 Courrier des lecteurs, *L'Evénement du jeudi,* 24 juin 1993.

1 Dites en quoi consiste la « thèse » de l'auteur de l'article de *l'Express*. Qu'en pensez-vous ?
2 Les symptômes constatés en France pourraient-ils aussi s'appliquer à l'Allemagne ? Qu'est-ce qui fonctionne différemment dans votre pays ? Diriez-vous que l'Allemagne est déprimée ? Pourquoi (pas) ?
3 Reconstituez en quelques phrases, la vie professionnelle de l'auteur du 2e texte.
4 Qu'est-ce qu'il reproche aux hommes politiques et / ou à la société ?
5 Pourquoi est-ce que ce chômeur s'adresse à ce magazine ? Pourquoi choisit-il cette forme d'expression ? Qu'est-ce qu'on pourrait en conclure quant à son état d'âme ?

7 SDF à vingt ans

Décrivez la photo ci-contre. Imaginez les pensées que cette jeune fille peut avoir au moment où elle est photographiée.

Quand j'étais gamine[1], souvent je me demandais ce que je ferais une fois grande. Comme toutes les petites filles, je voulais devenir maîtresse d'école, ensuite artiste, chanteuse. Jamais je n'avais pensé que je pourrais être SDF. Je m'appelle Perréal Lydia.

Je suis née le 23 juillet 1973 à Tours. Dans une famille où les problèmes existaient bien avant que je naisse.

J'ai vingt ans, je suis une femme, et j'ai été SDF. Ce qui veut dire Sans Domicile Fixe. Trois initiales[2] gravées[3] dans ma mémoire.

Comment oublier que pendant une année de sa vie l'on a fait partie des sans-abri ? Un an, quand on en a cinquante, ce n'est pas grand-chose, à la limite du presque rien, mais quand on a vingt ans c'est beaucoup.

C'est drôle, quand je regarde les jeunes de mon âge, ceux qui ont des parents, de la thune[4] et des maisons, j'ai l'impression qu'on ne se ressemble pas. On parle la même langue, on vit dans la même ville, on porte des jeans, on écoute la même musique, on prend le même métro, mais on est différents. Comme si on habitait à des milliers de kilomètres les uns des autres. Leur vie à eux, c'est une vraie vie. Pleine de joie, de délires[5], de bêtises. Leurs seules angoisses, c'est de savoir s'ils pourront aller en boîte vendredi soir, au ski l'hiver prochain, s'ils réussiront à leurs examens et surtout leurs histoires d'amour avec des jeunes qui leur ressemblent. Ils ne sont confrontés à rien et surtout pas à la survie. Ni au manque d'amour.

La vie des SDF est une course après la vie et après l'argent. Comment boire un café ? Comment prendre le métro ? Comment manger et survivre quand on ne possède[6] que le minimum, lorsque l'on n'a pas un franc devant soi, lorsque la volonté[7] fout le camp[8] et la santé aussi ?

Il faut lutter à chaque instant contre les humiliations[9], les faux discours, les agressions. Lutter contre des milliers de détails qui, accumulés[10] les uns aux autres, finissent par rendre la vie invivable[11]. On est sans cesse tentés[12] par les paradis artificiels comme la drogue et l'alcool, par la prostitution, et harcelés[13] par ces maladies physiques et psychologiques que l'on ramasse en cours de route. Des maladies dues à l'épuisement[14], à l'alcoolisme, au froid, aux carences[15] alimentaires[16] : les baisses de tension, les vertiges, ou les scléroses, les parasites, et d'autres maladies plus graves comme la tuberculose.

En général, les gens, la télévision et les journaux s'apitoient[17] sur les SDF en hiver parce qu'il fait froid et que cela les touche, les émeut[18], les culpabilise[19]. Parce que eux aussi ont froid et que, pour une fois, ils partagent un de nos malheurs … Comme s'il y avait une saison pour être SDF, nous on est à la mode en hiver. Mais quand on est sans-abri, la rue c'est toute l'année. Douze mois sur douze. L'été aussi. Et l'été, c'est presque plus dur. Comme tout ferme, il faut vraiment se débrouiller seul.

1 **une gamine** *fam* une petite fille
2 **une initiale** la première lettre d'un nom
3 **graver** (ein)meißeln
4 **la thune** *pop* l'argent
5 **le délire** *ici:* l'enthousiasme

6 **posséder** avoir (besitzen)
7 **la volonté** le fait de vouloir qc
8 **foutre le camp** *fam* s'en aller
9 **une humiliation** Erniedrigung
10 **accumuler** anhäufen
11 **invivable** ≠ vivable (–> vivre)
12 **tenter qn** jdn in Versuchung führen
13 **harceler qn** poursuivre et provoquer qn
14 **l'épuisement** *m* la fatigue extrême
15 **une carence** un manque (de qc)
16 **alimentaire** –> les *aliments* (la nourriture)
17 **s'apitoyer sur qn** jdn bemitleiden (–> la pitié)
18 **émouvoir** toucher, rendre ému (–> une émotion)
19 **culpabiliser qn** jdm Schuldgefühle verursachen

20 **davantage** plus, en plus
21 **la dèche** *pop* la pauvreté
22 **fouiller** wühlen
23 **une poubelle** Mülleimer
24 **faire la manche** betteln
25 **renoncer à qc** ≠ vouloir qc
26 **s'en sortir** sich heraushelfen
27 **névrotique** neurotisch
28 **une rupture** Bruch
29 **cocu,e** trompé(e) par sa femme (ou par son mari)
30 **un aboutissement** *m* un résultat

On est alors obligé d'accomplir ces gestes qui nous enfoncent davantage[20] dans notre dèche[21] parce qu'à chaque fois on y laisse un peu de notre dignité : fouiller[22] dans les poubelles[23], faire la manche[24]. S'y habituer c'est déjà renoncer[25] à s'en sortir[26]. C'est une évidence dont peu de gens se rendent compte.

Pour en arriver là il faut déjà être un peu SDF dans sa tête. Être psychologiquement fragile, marqué par un passé lourd, névrotique[27], être en rupture[28] avec sa famille ou la société. Ou avec les deux. On ne devient pas SDF par hasard. C'est faux de croire qu'il suffit d'être cocu[29] ou chômeur pour se retrouver à la rue. SDF, c'est un aboutissement[30], et ça a commencé dans nos têtes, il y a très longtemps.

Lydia Perréal, *J'ai vingt ans et je couche dehors,* (texte abrégé).

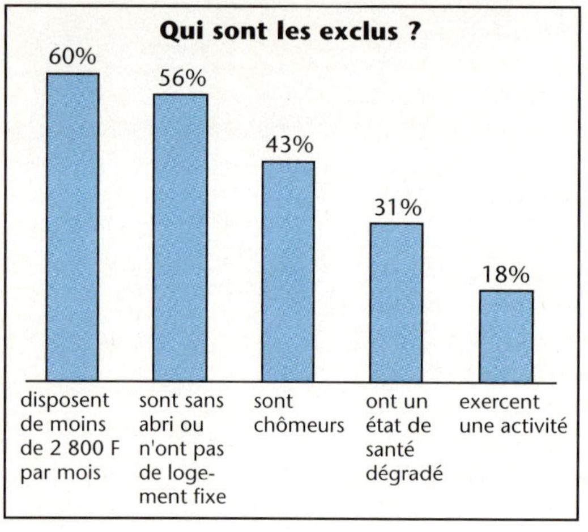

Les pauvres ne sont pas toujours ceux que l'on croit

D'après un rapport fondé sur une enquête du Credoc auprès de 754 personnes en situation de pauvreté, les pauvres ne forment pas un « un peuple à part[31] ». Les réseaux[32] familiaux ou associatifs[33], les multiples actions sont autant de liens, certes fragiles, mais réels avec la société. Une majorité de la population interrogée souhaite s'en sortir et assurer[34] un avenir meilleur à ses enfants. Le rapport propose ainsi l'adoption d'une loi d'orientation contre la pauvreté, préconisant[35] une action en matière d'éducation, de santé, de logement et de connaissance des droits juridiques.

Frédérique Guénot, *Info Matin,* 12 juillet 1995.

31 **à part** à l'écart, séparé
32 **un réseau** Netz (v. Personen)
33 **associatif, -ive** *ici:* auf Vereinsebene
34 **assurer** *ici:* garantir
35 **préconiser** conseiller vivement

1 Faites le résumé du texte de Lydia Perréal. (Voir les conseils donnés p. 17).
2 A votre avis, de quels problèmes concrets peut-il s'agir aux lignes 6-7 ?
3 Quels sont, pour Lydia Perréal, les « milliers de détails » qui rendent la vie quotidienne des SDF particulièrement pénible ? Quels sont les dangers qui menacent les SDF ?
4 Expliquez ce que Lydia veut dire aux lignes 53 - 56.
5 Les propositions dont parle l'article d'*Info Matin* (ci-dessus) vous semblent-elles efficaces pour résoudre les problèmes des pauvres en général et des SDF en particulier ? Justifiez votre opinion.

8 Quand les chômeurs disent : ça suffit

Utilisez un dictionnaire unilingue pour comprendre les mots du texte dont vous ne retrouvez pas le sens d'une autre manière.

1 Roland G., 47 ans, a six années de chômage derrière lui. Sa bataille pour l'emploi, il la mène en connaissance de cause. Roland passe la moitié de son temps à « chercher un boulot », décide pourtant de se rendre utile. Il anime ainsi une maison de quartier, organise le rattrapage scolaire de collégiens en difficulté et initie des jeunes à l'informatique …

Le miracle s'est produit un jour, après qu'il eut répondu à une annonce pour un concours des Postes ouvert à tous les Français de moins de 45 ans. « *J'en avais 43. A l'ANPE, on m'avait affirmé que j étais trop vieux … Depuis, je travaille aux guichets et je gagne trois fois moins que si j'étais resté dans ma filière d'origine (l'informatique), mais j'ai la garantie de l'emploi.* »

2 Jean-Claude P., tour à tour cadre, chômeur, sans domicile fixe, a décidé d'agir. Après avoir créé l'Association européenne pour le Développement de l'Emploi, il a décidé de se porter candidat dans le 20ᵉ arrondissement de Paris lors des prochaines législatives. Hors de tout parti politique, mais en tant que « *représentant des chômeurs* ». « *Soudain, j'ai eu l'idée de me présenter pour parler d'eux, de nous, de tous ceux qui galèrent.* »

3 A Caen, douze chômeurs ont choisi de se réinsérer en mettant sur pied une action humanitaire : envoyer trois camions de nourriture à Saint-Petersbourg. Complètement farfelu ? Pas du tout. « *Ce n'était pas un stage, mais un vrai travail* », racontent-ils. Et à l'issue de ce qui aurait pu n'être qu'une simple balade, Rémi, père de quatre enfants, inactif depuis dix ans, a passé son permis poids lourd. Jacques a postulé pour un poste dans le contrôle technique automobile. Olivier va devenir moniteur d'auto-école …

4 A Marne-la-Vallée, c'est Anthony D., 55 ans, qui met son expérience de « cadre-informaticien-demandeur d'emploi » au service des autres, plus jeunes, et qui peuvent encore espérer … Dans le Nord, à Roost-Warendin, on ne sait plus qui a eu l'idée de créer une ferme pédagogique. Mais ici, des chômeurs aux multiples savoirs apprennent aux enfants ce qu'ils savent. Et développent, du même coup, leurs compétences.

5 Marie-France, 45 ans, secrétaire de direction, a été licenciée il y a quelques mois. Depuis … rien. Seulement une même réponse de la part d'éventuels employeurs parisiens : « *Vous habitez trop loin, vous n'aurez pas la disponibilité nécessaire …* » Marie-France ne baisse pas pour autant les bras. Elle veut faire partager leur chômage à tous les demandeurs d'emploi. Les réunir, les entretenir dans la volonté de toujours continuer à chercher. Signe encourageant, la mairie, les notables commencent à prêter une oreille attentive à sa démarche. Grâce à des gens comme elle, le chômeur est en train de prendre la parole.

Claude-François Jullien, *Le Nouvel Observateur,* 11 mars 1993 (extraits).

Les chômeurs prennent la parole : p. ex. en écrivant dans des magazines spécialisés qu'ils vendent eux-mêmes dans la rue.

Pour rédiger une demande d'emploi (ou de stage)

1 Votre lettre doit être écrite à la main.
2 Pour commencer la lettre, suivez les conseils donnés à la page 38 (N° 1 à 3).
3 Dites *où* vous avez trouvé l'offre d'emploi ou (s'il n'y a pas eu d'annonce) pour quelle raison vous vous adressez à cet employeur (p. ex. : *Je recherche une entreprise de … qui embauche des stagiaires pour … / J'aimerais faire un stage en entreprise dans le domaine de …)*
4 Si on vous l'a demandé : mentionnez que vous joignez votre CV (voir page suivante) à la lettre.
5 Indiquez le temps où vous serez disponible et renseignez-vous sur les conditions d'embauche.
6 Remerciez d'avance et terminez par une formule de politesse habituelle (voir page 38).

1 Qu'est-ce que les personnes mentionnées dans les textes ci-dessus ont en commun ?
2 a) Quelles sont les différentes « réponses » qu'elles ont trouvées à leurs problèmes ?
b) En quoi ces réponses constituent-elles de vraies solutions au phénomène du chômage ?
3 En quoi la réaction de ces personnes est-elle différente de celle qui est exprimée dans l'article du *Lampadaire* (page 50) ?
4 Si l'un de vos amis était au chômage, qu'est-ce que vous lui conseilleriez de faire pour qu'il s'en sorte ?
5 Imaginez que vous vouliez faire un stage dans l'un des 31 parcs régionaux de France. Il n'y a pas eu d'annonce d'offre d'emploi dans le journal, mais vous avez entendu dire que ces parcs embauchaient quelquefois des jeunes pendant les vacances d'été. Ecrivez au responsable du personnel de l'un de ces parcs pour poser votre candidature. Suivez les conseils donnés ci-contre.

Le curriculum vitae

A quoi ça sert ?

Curriculum vitae signifie « déroulement de la vie ». C'est une feuille qu'on ajoute à sa demande d'emploi, de stage, de bourse, etc. Le « CV » sert à se présenter et à influencer favorablement l'employeur ou la personne qui doit choisir parmi plusieurs candidats.

Comment s'y prendre ?

pour composer un CV « à la française »:

0 Commencez par quelques informations sur votre personne :
Prénom et nom (en majuscules), adresse actuelle, téléphone, âge et situation familiale.

1 Dans la rubrique Formation,
- indiquez le *titre* exact et l' *année* de vos diplômes (commencez par la formation générale et ne mentionnez alors que le diplôme le plus élevé) ;
- indiquez dans cette rubrique les *stages* qui ont directement servi à votre formation.

2 Dans la rubrique Expérience professionnelle,
- *si vous avez déjà travaillé* : mentionnez vos emplois précédents ;
- *si vous n'avez pas encore eu d'emploi fixe* :
mentionnez les stages, les travaux temporaires, les emplois de vacances, etc. ;
- indiquez toujours le *lieu* de travail (mais pas le nom de l'employeur), ainsi que les *année*s de début et de fin d'emploi (pour un travail de moins d'un an : la durée, en mois ou en semaines).

3 Dans la rubrique Divers,
- indiquez vos connaissances en *langues vivantes* (lu / parlé / écrit) (citez vos séjours linguistiques dans un pays étranger) ;
- si vous avez le permis de conduire ou des connaissances spéciales qui peuvent être *utiles* pour l'emploi concerné (p. ex. l'utilisation d'un ordinateur), signalez-les également ;
- mentionnez vos *loisirs* s'ils sortent un peu de l'ordinaire (ne mentionnez pas la télé !) mais ne citez vos *sports* préférés que si vous êtes vraiment actif.

pour rédiger et présenter votre CV :
- Utilisez le style nominal, ne faites *pas* de phrases.
- Tapez votre CV à la machine à écrire ou sur ordinateur.
- Soignez la présentation : faites des marges, laissez de la place avant et après les titres, etc.
- Ne dépassez pas une page.

(Voir le modèle de la page suivante.)

N'oubliez pas :

- Le CV est accompagné d'une courte lettre manuscrite dans laquelle vous écrivez que vous êtes candidat au poste proposé (par l'annonce parue dans tel journal de telle date) et, le plus souvent, d'une photo.
- Ne retenez dans votre CV que les éléments qui vous présentent de manière favorable et essayez d'attirer l'attention du lecteur sur vos « points forts ».
- La quantité ne remplace pas la qualité : Evitez les banalités et soyez bref !

Modèle :

Petra KLEINSCHMIDT
Heidberg 58
D - 22548 Hamburg
① Tel. 0049 - 40 - 11 511
19 ans, célibataire

1 Formation

② – Baccalauréat (Abitur), option langues vivantes, en 1997.
③ – Stage de dactylographie de deux semaines en 1995.

2 Expérience professionnelle

④ – 1994 : Stage de quatre semaines dans un foyer pour handicapés physiques de Hambourg.
⑤ – 1996 : Monitrice de colonie de vacances à Büsum (Allemagne) durant cinq semaines.

3 Divers

⑥ – Français lu, écrit et parlé couramment ; anglais lu et écrit. Séjour linguistique de quatre semaines à Nantes, en 1995.
– Connaissances élémentaires en traitement de texte sur ordinateur (Word).
– Loisirs : tennis (participation aux championnats régionaux juniors de 1996), planche à voile, musique (membre de l'orchestre du lycée jusque 1997).
⑦

Remarques (voir, ci-dessus, les numéros en marge du CV) *:*

1 Pour téléphoner de France en Allemagne, on fait le 0049 et on laisse tomber le 0 de l'indicatif local.
2 On ne mentionne pas le *Mittlere Reife* quand on a déjà son baccalauréat.
3 Ce stage sert directement à la formation : Il peut être mentionné dans la rubrique 1.
4 Ce stage ne sert pas directement à la formation : Il peut être mentionné dans la rubrique 2.
5 On n'indique pas les dates exactes, mais seulement l'année et la durée (en mois ou en semaines).
6 Il ne faut pas exagérer (cela se vérifie facilement...), mais on ne doit pas être trop modeste non plus !
7 Petra pourrait aussi mentionner qu'elle a son permis de conduire, qu'elle s'intéresse particulièrement à la défense de l'environnement ou à l'art moderne, si cela peut intéresser l'employeur potentiel ... mais cela dépend un peu du genre de poste pour lequel elle pose sa candidature.

A vous !

1 Imaginez que vous vouliez, juste après le bac, devenir pour quelques mois moniteur ou monitrice de colonies de vacances en France (ou « gentil organisateur » au Club Méd). Rédigez votre curriculum.
2 Imaginez que dans dix ans, après avoir déjà eu plusieurs emplois différents, vous posiez votre candidature pour un poste intéressant en France. Rédigez un curriculum vitae aussi réaliste que possible.

9 Si on rentrait à la maison …

Lisez les statistiques ci-dessous et dites ce que vous en pensez.
A votre avis, faut-il demander aux femmes de rentrer chez elles ? Pourquoi (pas) ?

> 42 % des Françaises aimeraient pouvoir vivre sans travailler ;
> 50 % accepteraient d'être totalement dépendantes financièrement d'un homme ;
> 63 % disent n'être pas choquées que le gouvernement incite les femmes à revenir au foyer.
> (*100 % française*, Lattès, Paris 1994).

Si les femmes rentraient à la maison, cela ne changerait pas la face d'un monde qui a su les endiguer[1]. Certes, les bouchers devraient tailler leur bavette[2] tout en tenant le tiroir-caisse et les boulangers courir du magasin au pétrin[3]. Mais les préfets, les professeurs d'université, les grands patrons ne ressentiraient pas un grand vide …

Les médecins, les avocats, les dentistes subiraient[4] moins de concurrence. Les magistrats[5] prendraient leurs aises[6]. Les policiers recouvreraient[7] leur virilité[8] collective. Quant aux cadres, en perdant 30 % de leurs confrères, ils retrouveraient le goût des blagues[9] cochonnes[10] et des réunions tard le soir, débarrassés de l'éprouvant[11] sentiment de culpabilité [12] que leur infligent[13] les maniaques[14] du bracelet-montre.

Les chefs, peut-être, auraient le blues[15]. Amputés de 12 % des leurs, ils verraient leurs troupes fondre et seraient condamnés à se préparer le café eux-mêmes. On installerait des machines, mais qui filtrerait les communications ? 2 % des secrétaires sont des exceptions culturelles : des hommes. Les ténors politiques seraient privés d'attachée de presse, les PDG de « dircom[16] », les académiciens d'alibi, et les aigris[17] de bouc émissaire[18]. Quand ils s'ennuieraient trop, nos mâles pourraient toujours fantasmer sur une possible reconversion[19] en danseur du Lido, un plumet[20] au derrière. Mais plus question de tomber malades : qui les soignerait ? 92 % des infirmières auraient rendu leur blouse[21] blanche. Et là, franchement, il n'y aurait plus de quoi rire.

J.R., *Le Point,* 23 février 1995.

1 **endiguer** eindämmen
2 **une bavette** *ici:* Fleischstück (Teil vom Rind)
tailler une bavette *fam* einen Plausch halten
3 **un pétrin** Backtrog
4 **subir qc** erleiden
5 **un magistrat** un juge
6 **prendre son aise** es sich gemütlich machen
7 **recouvrer** *ici:* retrouver
8 **la virilité** ≠ la féminité
9 **une blague** Witz
10 **cochon,ne** schmutzig
11 **éprouvant,e** fatigant, lourd
12 **la culpabilité** –> coupable
13 **infliger qc à qn** faire subir
14 **un maniaque** qn qui a une idée fixe
15 **avoir le blues** être déprimé
16 **un dircom** *fam* un directeur de la communication
17 **aigri,e** verbittert
18 **un bouc émissaire** Sündenbock
19 **une reconversion** Umwandlung
20 **un plumet au derrière** mit Federn am Hintern *(Anspielung auf den Lido)*
21 **rendre son tablier / sa blouse** den Dienst quittieren

1 Traduisez le texte en allemand.
2 a) Caractérisez le ton général de cet article et relevez les passages que vous trouvez amusants.
b) Dites quelles figures de style ont été employées et quel effet elles produisent dans leur contexte (pour les figures de style, voir p. 43).
3 Imaginez les conséquences (réelles) que le retour de toutes les femmes au foyer pourrait avoir sur la vie économique et sociale d'un pays civilisé. Rédigez un texte de « social-fiction ».
4 Comparez les deux dessins de Plantu, ci-contre, et dites de qui ou de quoi le dessinateur se moque.

10 Faire face aux réalités

Quand j'étais jeune, j'étais heureuse. Quand j'étais jeune fille, j'étais loin de m'imaginer ce que c'était que d'avoir des enfants. C'est drôle un homme, ça vous plante ça dans le ventre comme ça te planterait des graines[1], et encore un peu ça ne te les arroserait[2] même pas, c'est encore toi, pauvre bonne femme, qui doit te faire tout le reste toute seule, tu fais lever et tu récoltes[3] et c'est encore normal, tout sur les bras et t'as pas à te plaindre, si tu te plains tu pourrais encore te prendre une ratatouille[4]. Voilà notre pain quotidien à nous les femmes. Mon mari, c'est un cavaleur[5], toujours à droite et à gauche, jamais là où je l'attends ! Pas représentant[6], peintre en bâtiment, toujours des déplacements[7] à faire, comme si il y avait pas de maisons à peindre dans la région. A quoi ça sert tout ça pour ramener le minimum vital[8] en fin de mois. Du café au lait ! Rendez compte ! Du café au lait que je donne aux enfants en fin de mois quand je n'ai pas de nouvelles de mon mari ! Du café au lait ! Le soir, au début, les gosses ne voulaient pas entendre parler de café au lait avec des tartines passées sur la gazinière[9] pour qu'elles soient plus croustillantes[10], comme les biscottes[11]. Aujourd'hui, c'est tout ce qu'ils aiment les gosses, pas question de leur faire autre chose à manger, surtout le grand. C'est qu'il ne serait pas content le môme[12] si tu lui faisais un bifteck ! N'empêche que le café au lait, ce n'est peut-être pas ce qu'il y a de mieux pour des enfants en pleine croissance. Mon mari dit que c'est parce que je ne suis pas organisée, que ça n'arriverait pas si je savais équilibrer mon budget[13]. Je voudrais bien le voir, équilibrer un budget avec le prix de la vie qui n'arrête pas de monter à la verticale ! Et les vêtements ? Est-ce qu'il sait ce que ça coûte des vêtements ? C'est que ça coûte cher à habiller des gosses, ça ne s'habille pas avec des feuilles mortes[14], les gosses ! Et quand tu réussis à les habiller, à trouver le bon vêtement, le plus beau dans le moins cher, ça te revient de l'école avec le pantalon troué ou la chemise déchirée. Avec mon plus grand, je n'arrête pas de raccommoder[15]; un bagarreur[16]; avec lui, pas le temps de retirer le fil de l'aiguille[17] ! Tu raccommodes et tu raccommodes, quand tu ne jettes pas à la poubelle ! A cet âge, ça ne se tient pas comme un cierge[18], un gosse, on ne peut pas se relâcher[19], tu te relâches, tu es foutue. La pression[20], maintenir la pression, voilà la solution, une torgnole[21] là où il faut et quand il faut, et des fois même quand il ne faut pas, voilà le bon remède ! Un dur, mon fils, le portrait craché[22] de son père, ou je le dresse maintenant ou il prendra le même chemin. Hier, il est revenu de l'école avec du stylo sur le front et une griffe[23] au travers du visage, et une dent abîmée[24]; je lui ai demandé qui avait fait ça, il a dit que c'était pas grave, qu'il avait juste glissé[25] sur une peau de banane dans la cour de récréation. Je te lui ai retourné une de ces torgnoles; chez nous, on ne peut pas se permettre d'être malade, on ne peut pas se permettre d'aller voir le docteur. La maladie, c'est pas fait pour les pauvres. La maladie, ça coûte trop cher ; pas de dépense inutile ! Je fais ça dans son intérêt au grand, pour plus tard, pour lui rendre service, pour quand ce sera un homme et qu'il devra faire face aux réalités, et pour faire face aux réalités, faut savoir ce que c'est que les réalités, je le prépare à les affronter[26], c'est mon rôle de mère.

1 **une graine** Samenkorn
2 **arroser qc** verser de l'eau sur qc
3 **récolter** ernten
4 **une ratatouille** *ici: pop* Prügel
5 **un cavaleur** *fam* Frauenaufreißer
6 **un représentant** Vertreter
7 **un déplacement** *ici:* Arbeit auswärts
8 **vital,e** nécessaire pour vivre

9 **une gazinière** Gasherd
10 **croustillant,e** knusprig
11 **une biscotte** Zwieback
12 **un,e môme** *fam* un enfant

13 **équilibrer son budget** haushalten
14 **mort,e** *ici:* welk
15 **raccommoder** flicken
16 **un bagarreur** qn qui aime se battre
17 **une aiguille** Nadel
18 **un cierge** (Kirchen)Kerze
19 **se relâcher** nachgeben
20 **la pression** Druck
21 **une torgnole** *pop* Ohrfeige
22 **le portrait craché de qn** *fam* identique à qn
23 **une griffe** *ici:* Kratzer
24 **abîmé,e** beschädigt
25 **glisser** (aus)rutschen
26 **affronter (qc/qn)** faire face à

En 1968 : 5,5 millions de femmes sans travail ; en 1990 : 3,3 millions. En 1990, 30 % des femmes de 20 à 59 ans sont en permanence à la maison, contre 60 % en 1968.
(*100 % française*, Lattès, Paris 1994).

Jean-Louis Bourdon, *Scènes de la misère ordinaire*, Flammarion, Paris 1989.

1 Dans quel milieu vit la famille dépeinte par Jean-Louis Bourdon ? En quoi consiste la « misère ordinaire » illustrée par cet extrait ?
2 Décrivez les relations qui existent entre la femme et son mari.
3 a) Comment la mère élève-t-elle ses enfants ? Pourquoi ?
   b) De quoi la mère a-t-elle peur, en ce qui concerne ses enfants ?
4 Rédigez l'un des dialogues suivants (en respectant la « manière de parler » des personnages) :
   a) Le fils aîné se plaint de sa vie de famille à un camarade de classe et lui explique ce qu'il compte faire plus tard pour s'en sortir.
   b) Un jour, la mère, qui a eu une journée particulièrement fatigante, en a « ras le bol ». Quand son mari rentre à la maison, le soir, elle lui fait toutes sortes de reproches. Une dispute suit.

11 Paroles de femmes

1 Décrivez la photo ci-contre.
   A votre avis, de quelle époque date-t-elle ?
2 Les femmes ou les jeunes filles que vous connaissez sont-elles « émancipées » ?
   L'« émancipation » de la femme, pour vous, qu'est-ce que cela signifie, concrètement ?

1 Camille, étudiante :

Je ne crois pas qu'en France les femmes aient perdu leurs acquis[1]. J'ai l'impression que professionnellement, j'ai autant de chances qu'un homme de réussir. Mais on n'a guère avancé sur le plan de la représentation politique des femmes, on est les avant-derniers de la CEE. Je suis pour la parité[2] hommes-femmes aux élections : un homme candidat, une femme suppléante[3], et vice versa[4] !

2 Mourka, 26 ans, graphiste :

Nous, le féminisme, on a grandi dedans. On a même vécu dans une communauté[5] féminine avec deux copines de ma mère et leurs mômes. Les femmes comme ma mère étaient très excessives. C'était normal. Avant le mouvement féministe, elles étaient écrasées[6], humiliées[7]. Maintenant, c'est fini l'exploitation[8] des femmes par les hommes. Nos droits sont acquis, non ? Alors, le discours anti-hommes, nous on n'en veut plus. Moi, je trouve ça horrible les nanas[9] qui voulaient vivre sans les hommes. En revanche[10], j'aimerais rencontrer un mec[11], un vrai. Pas un à qui il faut payer sa place au cinéma ou qu'il faut materner[12]. J'ai vraiment l'impression qu'on leur fait peur maintenant.

1 **un acquis** *m* Errungenschaft
2 **la parité** l'égalité
3 **suppléant,e** stellvertretend
4 **vice versa** inversement
5 **une communauté** Wohngemeinschaft
6 **écraser** *ici:* unterdrücken
7 **humilier qn** erniedrigen
8 **l'exploitation** *f* Ausbeutung
9 **une nana** *fam* jeune femme
10 **en revanche** au contraire
11 **un mec** *fam* un homme
12 **materner qn** bemuttern

3 Anne-Christine, 34 ans, prof de lycée et conseillère municipale :

J'ai été élevée dans la mixité[13], dans un monde où je n'ai jamais été confrontée au sexisme. Mais, dans ma vie de mère et d'épouse, le monde tout à coup est devenu masculin. Il suffit de regarder ce qui se passe en France : le droit à l'avortement[14] est remis en cause, et avec violence, la parité professionnelle est inexistante, l'allocation maternelle[15] nous

13 **la mixité** Koedukation
14 **l'avortement** *m* Abtreibung
15 **l'allocation maternelle** Mutterschaftsgeld

signifie que nous ferions mieux de retourner dans nos foyers, le discours sur le temps partiel[16] s'adresse uniquement à nous comme pour nous rendre coupables du chômage. Le retour de l'ordre « normal » nous est tombé dessus comme une massue[17].

4 Marie-Lise, psychologue :
Le discours féministe se justifiait à son époque, mais est fini aujourd'hui. Certaines revendications[18] étaient intéressantes. Je refuse de gommer[19] les différences entre hommes et femmes. On peut constater ce qui ne va pas pour les femmes sans être féministe. C'est un combat[20] individuel, dans le couple, dans la famille, sur la façon dont on conçoit[21] son rôle de femme et de mère.

5 Sylviane, 45 ans, chef d'entreprise :
Je ne me suis jamais sentie féministe. J'ai eu le parcours[22] typique d'une femme de 68 : j'ai quitté mon mari pour qui je travaillais. Sans rien dans les poches mais avec mes deux enfants sous le bras. J'ai toujours dû prouver quelque chose parce que, dans les affaires, on ne pardonne rien à une femme. Et vivre avec ça, c'était sans doute ma façon à moi d'être féministe. Pourtant, je ne me suis jamais posée en rivale des hommes. Comme si un chef d'entreprise devait être asexué ! Celles qui, dans les années 80, surfaient[23] sur la vague Superwoman y ont cru ! C'était faux ...

6 Hélène, 57 ans, monteuse de films:
Moi, personnellement, je pense que j'ai eu une vie assez autonome, très autonome sur le plan de ma carrière, enfin de mon métier, de ma profession et sur le plan de l'argent. Mais je ne me situe pas comme féministe militante, en tout cas, je pense que ma vie prouve que je ne l'ai été que relativement. Pour moi, être féministe, ça signifie surtout avoir une indépendance professionnelle et financière, mais ça ne signifie rien sur le plan des rapports avec un homme ; moi, je les ai toujours pensés sur un plan d'égalité mais pas de compétition.

L'Evénement du Jeudi, 23 novembre 1995 (2, 3, 5) ;
Marie-France, juin 1993 (1, 4) ;
Pierre Bourdieu (éd), *La misère du monde,* Le Seuil, Paris 1993 (6).
Statistiques d'origines diverses publiées dans *100 % française,* Lattès, Paris 1994 (7).

16 **le temps partiel** *ici:* Teilzeitarbeit
17 **une massue** Holzkeule
18 **une revendication** Forderung
19 **gommer** effacer
20 **un combat** une lutte
21 **concevoir qc** *ici:* se représenter qc
22 **le parcours** *ici:* la carrière
23 **surfer** [sœRfe] (auf der Welle) reiten

5 % des sénateurs français sont des femmes.
6 % des députés français sont des femmes (7).

58 % des Françaises imaginent l'homme idéal comme celui qui dit « *je t'aime* » tous les jours ;
74 % l'imaginent comme celui qui fait la surprise de les inviter au restaurant ;
49 % le voient comme celui qui descend de voiture pour leur ouvrir la portière (7).

22 % des patrons français sont des femmes ;
42 % des Françaises se sentent défavorisées par rapport aux hommes ;
35 % de moins : c'est la différence globale de salaire des femmes cadres par rapport aux cadres masculins.
46 % des femmes avouent qu'elles usent de leurs charmes dans la vie professionnelle ;
82 % des mères célibataires (ou divorcées) travaillent (7).

53 % des Françaises estiment qu'une femme peut réussir sa vie même sans avoir d'enfants ;
82 % estiment qu'elle peut parfaitement réussir sa vie sans vivre en couple ;
91 % des femmes se disent heureuses (7).

1 a) Qu'est-ce que les différentes femmes interviewées pensent du féminisme et comment se situent-elles elles-mêmes par rapport à ce mouvement ?
b) Comment voient-elles (ou souhaitent-elles) leurs rapports personnels avec les hommes ?
2 Analysez les résultats des différents sondages que vous trouvez dans les cases ci-contre. Quelles affirmations des femmes interviewées ces résultats confirment-ils, lesquelles semblent-ils contredire ?
3 Le féminisme tel qu'on le considère souvent en Allemagne correspond-il plus particulièrement à la vision de l'une des Françaises interviewées ? Justifiez votre choix.
4 Vous-même, que pensez-vous du féminisme et des rapports entre hommes et femmes dans la société actuelle ?
(Pour les filles) : Rédigez une prise de position à la manière de celle des six femmes interviewées.
(Pour les garçons) : Rédigez une « charte » qui définit les droits et les devoirs respectifs de l'homme et de la femme de demain.

12 Choisir sa vie

1 Retrouvez les noms de femmes célèbres pour leur courage, pour les actions qu'elles ont menées ou pour toute autre raison.
2 Présentez l'une de ces femmes dans un texte bref formulé à la 1ère personne du singulier.

Florence Arthaud, navigatrice[1] française, est la première femme ayant remporté, en 1990, la « Route du Rhum », une régate transatlantique en solitaire qui relie Saint Malo à la Guadeloupe, soit 7200 km de course en haute mer.

1 **une navigatrice** Seglerin
2 **râler** *fam* protester (meckern)
3 **récupérer** *ici:* für sich ausnutzen
4 **embêter** *fam* ennuyer
5 **s'effacer** *ici:* faire un pas en arrière

Depuis que je suis rentrée, j'entends dire parfois que ma victoire fait râler[2] les mecs. Je n'y crois pas. Les navigateurs savent bien que je ne me suis jamais sentie inférieure à eux. Je n'ai jamais pensé que je ne gagnais pas parce que j'étais une femme. Je savais simplement que je n'étais pas encore assez forte.

En revanche, ça ne me gêne pas que les femmes en général, et les féministes en particulier, récupèrent[3] ma victoire pour la transformer en une sorte de revanche. Au fond, je trouve ça normal.

Mais vous savez, il n'y a pas besoin de courage pour faire ce que je fais. Parce que c'est ce que j'aime. Le courage ..., je crois que beaucoup de femmes en ont bien plus que moi pour aller tous les jours au bureau faire un métier qui les embête[4] et s'occuper ensuite de leurs enfants.

Je dois avouer que le féminisme ne m'a jamais touché. Je vis en dehors de tout ça. J'aime bien que les hommes soient galants avec moi, qu'ils m'invitent au restaurant, qu'ils portent mes bagages, qu'ils s'effacent[5] pour me laisser passer.

Je sais que ça paraît fou, mais je suis pour la femme au foyer. Elever des enfants me paraît être le boulot le plus merveilleux et le plus difficile de tous. Que l'homme rapporte l'argent de la famille ne me choque pas du tout.

Ce qui me choque, en revanche, ce sont ces femmes qui revendiquent[6] leur indépendance à tout bout de champ[7]. Pour moi, il faut choisir sa vie, avant d'exiger quoi que ce soit.

C'est absurde, toutes ces femmes qui veulent à tout prix travailler, gagner le SMIC[8] ou à peine plus, tout ça pour exister vis-à-vis de leur mec. Pendant ce temps-là, leurs enfants sont élevés par des étrangers. Et à qui fera-t-on croire que la plupart des jobs de femmes sont enrichissants[9] ? En revanche, je ne comprends pas que les inégalités de salaire puissent subsister[10].

Moi, j'ai construit ma liberté. A 19 ans, j'ai pris la mer. J'ai décidé de gérer[11] ma vie comme je l'entendais[12]. Je n'ai laissé personne d'autre le faire à ma place. J'ai sans cesse surveillé[13] mon cap, pour ne jamais dévier[14]. Résultat, j'ai toujours gagné ma vie sans avoir l'impression de travailler. Il me semble qu'il faut commencer par là. C'est un choix solitaire ? Et alors ?

Je vis dans un univers de mecs. J'ai besoin d'avoir de temps en temps des femmes autour de moi. Pour papoter[15], parler chiffons[16] et boutiques, critiquer les autres filles, bref, tenir ces discussions de gonzesses[17] qui horripilent[18] tant les mecs.

Dans les relations de couple, les garçons sont tellement maladroits[19]. Ils se rendent toujours compte trop tard que ça ne va plus, que la passion est partie, qu'il n'y a même plus de tendresse, plus de gestes et finalement plus d'amour. J'ai l'impression que les hommes ne sont pas aptes[20] à comprendre les besoins des femmes au moment où il le faudrait.

Je suis vieux jeu[21]. Ça me choque qu'on divorce facilement. Je sais bien que dans toute vie de couple le quotidien pèse d'un poids terrible. Tout le monde sait ça. Et pour moi, l'amour, c'est la folie, la passion. Je préfère vivre seule plutôt que dans une relation qui s'effrite[22].

A 19 ans, j'ai quitté ma famille en claquant la porte. J'ai coupé tout lien avec mes parents. Et puis, petit à petit, je les ai renoués[23]. Ça n'a pas été facile du tout. Un jour, j'ai réalisé que l'amour paternel et maternel était peut-être le seul véritable amour. Et que nous risquions de le gâcher[24]. Alors j'ai voulu revoir mes parents. Uniquement pour profiter de cet amour.

Je sais aujourd'hui que le plus difficile dans un amour, quel qu'il soit, c'est de construire une relation d'égalité. Peu d'hommes et de femmes parviennent à établir autre chose que des rapports de force. Alors qu'il ne faudrait inventer, jour après jour, que des rapports de séduction[25].

Propos recueillis par Olivier Pérétié, *Le Nouvel Observateur*, 6 décembre 1990.

6 **revendiquer** exiger (-> une revendication)
7 **à tout bout de champ** *fam* continuellement
8 **le SMIC** salaire minimum de croissance (gesetzl. Mindestlohn)
9 **enrichissant,e** nutzbringend (-> riche)
10 **subsister** rester, exister encore
11 **gérer** administrer (verwalten); *ici:* gestalten
12 **entendre** *ici:* vouloir
13 **surveiller son cap** den Kurs überwachen
14 **dévier** vom rechten Weg abkommen
15 **papoter** *fam* plappern
16 **parler chiffons** über Kleidung und Mode reden
17 **une gonzesse** *pop* une femme
18 **horripiler** énerver
19 **maladroit,e** ungeschickt
20 **apte à** capable de
21 **vieux jeu** altmodisch
22 **s'effriter** se détruire peu à peu
23 **nouer des liens** *(m)* établir des rapports
24 **gâcher** verderben, vertun
25 **la séduction** Reiz, Verlockung

1 Quels sont les thèmes abordés par Florence Arthaud ?
2 Comment se définit-elle par rapport au féminisme ?
3 a) Quel genre de relation Florence Arthaud entretient-elle avec les hommes ? Quel rôle leur donne-t-elle ?
  b) Comment qualifier ce genre d'attitude ?
4 Florence Arthaud affirme que pour « construire une relation d'égalité [...], il ne faudrait inventer, jour après jour, que des rapports de séduction » (L. 56 - 58). Rédigez un commentaire personnel sur ce sujet. (Suivez les conseils donnés à la page 22.)

Chapitre 4

L'Histoire

une mémoire vivante

1 Présence de l'Histoire : le Louvre

1 **l'attrait** *m* –> attirer
2 **exercer** ausüben
3 **sanglant,e** –> le sang
4 **mouvementé,e** très agité, troublé
5 **un témoin** qn qui a vu ou entendu qc
6 **l'origine** *f* le début
7 **une forteresse** Festung

Face aux légions de touristes qui chaque jour défilent dans les rues de la capitale, on oublie parfois que les grands monuments parisiens, en dehors de l'attrait[1] qu'ils exercent[2] sur le visiteur, sont là pour rappeler aux Français leur déjà longue histoire : un passé souvent glorieux, sanglant[3] parfois, mouvementé[4] toujours. Parmi ces « lieux de mémoire », et plus encore que tout autre monument, le Louvre a été pendant huit siècles témoin[5] de l'histoire de France, comme l'illustre l'architecture de ses différents bâtiments.
A l'origine[6] forteresse[7] construite pour protéger Paris contre les attaques des Anglais, le Louvre s'est peu à peu transformé en résidence royale, jusqu'à ce que Louis XIV s'installe à Versailles. Ce n'est qu'à partir de la Révolution que le château est devenu un musée d'art, que de nombreux chefs d'Etat, de Napoléon Ier à François Mitterrand, ont successivement agrandi pour en faire le « Grand Louvre » que l'on connaît aujourd'hui.

Les 60 000 mètres carrés du musée abritent[8] plus de 300 000 œuvres d'art, dont environ 6000 peintures qui, lorsqu'elles ne proviennent pas des collections royales, ont souvent été saisies[9] sous la Révolution ou rapportées de l'étranger lors[10] des campagnes[11] napoléoniennes. Là aussi, l'Histoire reste présente ...

8 **abriter** –> un abri
9 **saisir** *ici:* beschlagnahmen
10 **lors de** pendant
11 **une campagne** *ici:* une expédition militaire

Charles VII –> (peint par Jean Fouquet vers 1445)

C'est grâce à une jeune paysanne de 16 ans que Charles VII a réussi à affirmer[12] son autorité comme Roi de France. Qui était cette jeune fille ?

12 **affirmer** *ici:* montrer clairement
13 **poursuivre** *ici:* continuer
14 **une bataille** Schlacht
15 **remporter** obtenir

Louis XIV (peint par Hyacinthe Rigaud en 1701) –>

Ce portrait du « Roi-Soleil » a éte peint pour être offert à son petit-fils, le roi d'Espagne, mais Louis XIV et sa Cour le trouvèrent si beau qu'on le garda finalement à Versailles.

Napoléon Ier à Eylau –> (peint par Antoine-Jean Gros en 1808)

Empereur des Français depuis 1804, Napoléon Ier poursuit[13] une politique d'expansion qui l'oppose régulièrement à tous ses voisins européens. Ce tableau du champ de bataille[14] d'Eylau (Pologne), où Napoléon a difficilement remporté[15] la victoire contre les Russes et les Prussiens en 1807, donne des guerres napoléoniennes une image aussi dramatique que glorieuse.

16 **allégorique** –> une *allégorie* (le fait de représenter une idée abstraite par des symboles)
17 **un combat** une lutte
18 **tenter** essayer
19 **renverser qn** *ici:* chasser qn de son poste
20 **une tentative** –> tenter (de)
21 **toutefois** cependant
22 **parvenir à** arriver à

La Liberté guidant le peuple (tableau peint par Eugène Delacroix en 1830)

Cette œuvre allégorique[16] représentant le combat[17] du peuple pour la liberté a pris pour thème un sujet d'actualité : les trois journées de la « révolution de juillet 1830 », pendant lesquelles le peuple parisien a tenté[18] de renverser[19] Charles X pour rétablir la République. Cette tentative[20] déstabilise le pouvoir sans toutefois[21] parvenir[22] à son but : la IIe République ne sera proclamée qu'en 1848.

1 Comparez le portrait de Louis XIV avec celui de Charles VII. Qu'est-ce que vous constatez ?
2 a) Décrivez les personnages qu'on voit au premier plan du tableau de Delacroix et dites ce qu'ils représentent.
b) Qui ou qu'est-ce qu'on voit au second, puis à l'arrière-plan ?
3 Au premier plan de ce tableau, la composition évoque une pyramide. Retrouvez-la et dites ce que cette composition met en évidence.
Comment formuleriez-vous le « message » du peintre ?
4 Préparez l'un des exposés suivants. (Pour la préparation d'un exposé oral, voir les conseils des pages suivantes.) Pour trouver des informations sur les sujets proposés, vous pouvez consulter des livres d'histoire, des dictionnaires encyclopédiques, des atlas historiques ou vous faire aider de votre prof d'histoire.
a) Renseignez-vous sur Charles VII, Jeanne d'Arc et leur époque.
Présentez la situation de la France au début du XVe siècle et l'évolution du pays peu après. Dites pourquoi on peut considérer que le règne de Charles VII a fortement contribué à la « naissance » de l'Etat français.
b) Présentez Louis XIV et le rôle qu'il a joué. Mettez en évidence 1. la conception qu'il avait de ses fonctions, 2. ce qu'il a fait pour développer et consolider l'Etat français et 3. les conséquences de son règne pour l'Europe.
c) Présentez Napoléon Ier et son « œuvre ».
Dites pourquoi on le voit généralement sous une perspective différente en France et en Allemagne.
d) De 1789 à 1871, en moins d'un siècle, la France a vécu quatre révolutions : 1789, 1830, 1848 et 1871. Récapitulez-en les faits les plus importants, puis dites ce que ces différents mouvements révolutionnaires ont apporté en ce qui concerne le développement de la démocratie en France.

L'exposé oral

A quoi ça sert ?

L'exposé oral sert à transmettre des informations ou des idées sur un sujet précis à un public. Un exposé oral permet à celui qui le fait d'apprendre plusieurs choses :
– comment identifier, rassembler, puis structurer ce qui est *important* à savoir sur le sujet qu'on traite ;
– comment transmettre *efficacement* ces informations au public ; entre autres, pour un exposé en français :
– comment s'exprimer *clairement* par oral en français.

I Comment s'y prendre pour *préparer* un exposé oral en français ?

1 Le contenu :
– Rédigez vos notes directement *en français*.
– *Groupez* vos notes sur des feuilles séparées.
Inscrivez les *citations* que vous voulez utiliser en bas de chaque feuille.
– Donnez à chaque groupe d'informations un titre qui les résume.
A partir de ces titres, faites le *plan* de votre exposé (voir aussi les conseils donnés à la page 31).

2 Les médias :
– Prévoyez si possible des éléments *visuels* (cartes, graphiques, dessins, photos, extraits de vidéos) ou *auditifs* (cassettes, p. ex.) pour illustrer votre exposé.
– Pensez à vous procurer le *matériel* nécessaire pour présenter ces éléments visuels et auditifs (affiche, projecteur, rétroprojecteur, magnétoscope, etc.).

3 L'aide-mémoire :
– Reprenez votre plan et complétez-le point par point par des *mots-clés,* quelques *citations* ou autres notes très courtes. Ne recopiez pas les détails, essayez de ne pas dépasser 2 ou 3 pages.
– Là où vous voulez utilisez du *matériel* visuel ou auditif, notez-le.
– *Soulignez* ou marquez avec de la couleur ce qui est particulièrement important.
– Formulez en quelques phrases l' *introduction* de votre exposé ainsi que votre *conclusion.*

4 La « répétition générale »:
– A partir des notes de votre aide-mémoire, *formulez* votre exposé par oral, le plus simplement possible (utilisez surtout le présent).
– Vérifiez que votre aide-mémoire suffit pour vous souvenir de *toutes* les informations importantes.
– Contrôlez le *temps* que vous avez pris.
– Si nécessaire, modifiez votre plan et votre aide-mémoire.
Recopiez votre plan définitif sur un transparent ou sur une feuille à distribuer à vos camarades.

A vous !

Si vous devez, par exemple, préparer l'exposé 4 a) de la page 66 :
1 *Rassemblez* toutes les informations que vous pouvez trouver
a) sur la situation de la France de 1400 à 1420; b) sur Charles VII ; c) sur Jeanne d'Arc.
2 Lisez ces informations (à l'aide d'un dictionnaire), *choisissez* celles qui vous paraissent les plus importantes. Reformulez ces informations de la manière la plus simple possible. *Par exemple,* reformulez les informations données dans les phrases suivantes (tirées du *Petit Larousse illustré*) en utilisant des mots simples, en faisant des phrases courtes au présent et en laissant tomber les détails les moins importants.

a) La situation se détériore de nouveau sous Charles VI, le roi fou (1380 - 1422) : la monarchie ne peut résister à l'alliance du duché de Bourgogne et de l'Angleterre et, après la défaite d'Azincourt (1415), le traité de Troyes (1420) rend l'Angleterre maîtresse du pays.
b) Fille de modestes paysans, très pieuse, à 13 ans Jeanne d'Arc entendit des voix qui l'engageaient à délivrer la France, ravagée par l'invasion anglaise.
c) Le « Roi de Bourges » reçut le secours de Jeanne d'Arc, et les victoires de cette dernière, qui le fit sacrer à Reims (1429), ébranlèrent la domination anglaise et, même après qu'elle fut brûlée, l'impulsion donnée ne se ralentit pas.

3 Parmi vos informations, quelles sont celles qui pourraient servir de *citations* ?
Groupez les autres informations – dans leur version simplifiée – sur des feuilles séparées.
4 Faites un *plan* d'exposé (avec introduction, développement en plusieurs parties et conclusion).
5 Recherchez des *éléments visuels* (ou auditifs) qui pourraient illustrer votre exposé.
De quelle manière les présenterez-vous ?
6 Rédigez un *aide-mémoire* d'environ deux pages. Evitez les phrases complètes. Présentez votre aide-mémoire d'une manière claire et « visuelle »: soulignez ou marquez les points les plus importants, p. ex.

II Comment s'y prendre pour *présenter* votre exposé oral en classe ?

1 Juste <u>avant</u> l'exposé :
– Assurez-vous que tous les papiers et le matériel dont vous avez besoin sont bien là.
– Restez calme ! Si vous avez un peu peur, c'est tout à fait normal : c'est le « trac ». Mais si vous êtes bien préparé, cela va passer.

2 Au <u>début</u> de l'exposé :
– Formulez le *sujet* de votre exposé puis nommez les *parties principales* de votre plan. Présentez votre plan sur transparent ou distribuez-en des copies.
– Demandez à vos camarades de prendre des *notes* pendant l'exposé et de poser des *questions* après.

3 <u>Pendant</u> l'exposé :
– *Regardez* votre « public » aussi souvent que possible.
– *Parlez* lentement, d'une voix claire et forte. Faites des *pauses* !
– Exprimez-vous dans un français aussi *simple* que possible. Quand vous employez une expression difficile à comprendre, inscrivez-la au tableau et expliquez-la.
– Marquez bien la *transition* d'une idée ou d'une partie de votre exposé à une autre, p. ex.: quand une nouvelle partie commence, dites-le et montrez-le sur votre plan sur transparent.
– *Répétez* les idées ou formules vraiment importantes pour les souligner … mais pas trop souvent.

N'oubliez pas …

– qu'un exposé dans une langue étrangère est toujours plus difficile à comprendre que dans sa langue maternelle.
– qu'il est souvent plus difficile de retenir une information présentée oralement qu'une information qu'on lit.
– qu'il est souvent plus facile de comprendre quelqu'un quand il s'exprime librement que quand il lit un papier.

DONC :

- Parlez *lentement.*
- Exprimez-vous *simplement.*
- Soyez *clair.*
- *Visualisez* vos idées.
- *Ne lisez pas* vos papiers.

ET SURTOUT :
- *Préparez-vous* bien !

2 Mille ans d'Histoire : les grands moments

Après la divison de l'Empire de Charlemagne (843), fondation, à l'ouest, d'un « royaume des Francs » par Hugues Capet (987).
Agrandissement progressif des territoires du roi à partir de l'Ile-de-France (la région parisienne).
Pendant tout le Moyen âge, grande influence culturelle de la France en Europe (poésie des troubadours, grandes cathédrales gothiques).

Par l'Edit de Nantes (1598), qui autorise la liberté de religion, Henri IV met fin aux guerres entre catholiques et huguenots.

Les philosophes des « Lumières » (Diderot, Montesquieu, Voltaire, Rousseau) critiquent la société et le régime politique.
Crise de la monarchie absolue et crise financière mènent à la **Révolution** de 1789.

1848 : **IIe République**
puis, à partir de 1852 :
Second Empire (Napoléon III).

Défaite dans la guerre contre la Prusse (1871).
Début de la **IIIe République.**
Agrandissement de l'empire colonial en Afrique et en Asie.

Première Guerre mondiale (1914 - 1918). La France, pourtant vainqueur, en sort affaiblie. Rapprochement provisoire avec l'Allemagne.

Seconde Guerre mondiale (1939 - 1945). Occupation de la France par l'Allemagne : collaboration, Résistance, libération.

Début de la **IVe République** (1946).
Guerre d'Indochine,
puis Guerre d'Algérie.
Début de la construction européenne.

Fondation de la **Ve République** par de Gaulle (1958).
Décolonisation en Afrique.
Réconciliation avec l'Allemagne.
Engagement européen.

(Pour plus de détails, voir aussi le schéma de la page 84.)

LE MOYEN ÂGE
L'ABSOLUTISME
LES LUMIÈRES
LA RÉVOLUTION
L'EMPIRE
VERS LA RÉPUBLIQUE
LA RÉPUBLIQUE FRANÇAISE

1000
1400
1500
1600
1700
1800
1850
1900
1950
2000

3 Louis XIV ou la grandeur de la France

C'était à Jonzac, en mai 1963. De Gaulle, visiteur méthodique de nos provinces, parcourait[1] les Charentes. Dans son petit discours de bienvenue, le maire raconta que le jeune Louis XIV, en route pour Saint-Jean-de-Luz où il devait rencontrer sa fiancée[2], avait fait halte dans le château qui sert aujourd'hui d'hôtel de ville ; sur la table qu'on nous montrait, il avait dévoré[3] deux perdreaux[4].

Le général appréciait ces rappels : à travers eux, il sentait monter vers lui l'histoire de France. L'occasion était bonne de le sonder sur le « Grand Roi ». Après le repas, je l'entrepris[5], avec ce rien[6] de provocation qu'il fallait pour le décider à parler : « *Quel dommage*[7], hasardai[8]-je, *que Louis XIV ne soit pas resté le jeune homme désireux de bien faire, qu'il était quand il se fiançait avec l'infante*[9] *d'Espagne ! Bien vite, il n'a plus pensé qu'à parader*[10], *à guerroyer*[11], *à accentuer l'absolutisme et la centralisation pour les besoins de la parade et de la guerre.* »

De Gaulle ne manifesta ni surprise, ni agacement[12]. Il passa un moment à remuer sa cuillère dans sa tasse de café sans répondre. Puis il me dit avec sérénité[13] : « *Vous êtes bien sévère. C'est la mode, aujourd'hui, de dire cela. Ce n'est pas mon sentiment. Louis XIV a donné de la dignité*[14] *à la fonction royale. La grandeur de la France et de l'État était son souci constant.* »

Le général tenait le règne de Louis XIV pour un grand règne. Il approuvait Louis XIV d'avoir accentué la centralisation, réduit les libertés provinciales, municipales, parlementaires[15]. Or[16], il me semblait que cette politique avait saigné[17] la France à blanc[18].

Pour la quasi-totalité des historiens étrangers – du manuel[19] scolaire à la recherche la plus spécialisée – Louis XIV n'avait d'autre grand dessein[20] que de faire ployer[21] le genou[22] aux princes et aux nations. Que montraient les médailles frappées à la gloire d'un Louis le Grand accoutré[23] en empereur romain, les statues équestres[24], les fresques qui couvrent les galeries et les plafonds[25] de Versailles ? Des souverains courbés[26] devant le Roi-Soleil. Il ne faisait respecter la France qu'en la faisant haïr[27].

De Gaulle voulait la faire respecter en la faisant aimer. Il s'était formé une tout autre idée de la *grandeur :* la grandeur morale du rayonnement[28] pacifique, de l'aide à la libération des hommes et des peuples. Comment pouvait-il donc cautionner[29] le contraire ?

Bien sûr, il ne se trompait pas, lorsqu'il plaidait pour Louis XIV les circonstances atténuantes[30]. L'absolutisme, la révocation[31] de l'Edit de Nantes, furent dictés au roi par l'esprit du temps. Seulement, de Gaulle avait été nourri des images du « Grand Siècle » et du « Grand Roi », que tous les historiens français, à la suite de Voltaire, ont, jusqu'à une époque toute récente[32], inculquées[33] aux Français. L'historiographie officielle de la République avait même renforcé ces idées reçues[34] : la monarchie centralisatrice préfigurait l'État jacobin[35]. Ces mythes font partie de notre culture elle-même.

Or il s'agit, largement, d'une illusion d'optique. Pendant longtemps, l'histoire de France a été une histoire parisienne – centralisée elle aussi. Seuls apportaient leurs témoignages, ou écrivaient leurs Mémoires, ceux qui formaient les « élites », attirées par la cour et la ville. La culture, diffusée par la capitale, en perpétuait le monopole.

1 **parcourir (un lieu)** aller dans ses différentes parties
2 **la fiancée** Verlobte
3 **dévorer** manger avec grand appétit
4 **un perdreau** junges Rebhuhn
5 **entreprendre qn** commencer à parler à qn (de qc)
6 **un rien de** un petit peu de
7 **quel dommage (que)** schade (dass)
8 **hasarder** oser
9 **l'infante** *f* la fille du roi (d'Espagne)
10 **parader** vouloir attirer l'admiration
11 **guerroyer** faire la guerre
12 **un agacement** un énervement
13 **la sérénité** le calme
14 **la dignité** Würde (–> digne)
15 **parlementaire** –> le *Parlement (ici*: ancien tribunal royal)
16 **or** pourtant
17 **saigner qn** faire couler le sang de qn
18 **saigner à blanc** aussaugen
19 **un manuel** Lehrbuch
20 **un dessein** *litt* un but, une intention
21 **ployer** (sich) beugen
22 **le genou** das Knie
23 **accoutré,e** habillé (d'une façon bizarre)
24 **(une statue) équestre** qui représente qn à cheval
25 **un plafond** (Zimmer)Decke
26 **courbé,e** gebeugt
27 **haïr** détester
28 **le rayonnement** *ici:* l'influence
29 **cautionner** bürgen für
30 **les circonstances atténuantes** mildernde Umstände
31 **une révocation** Aufhebung
32 **récent,e** qui existe depuis peu de temps
33 **inculquer** eintrichtern
34 **une idée reçue** un cliché
35 **jacobin,e** –> les *Jacobins* (partisans de la centralisation, sous la Révolution)

Ce que nous apprennent les historiens d'aujourd'hui sur le règne de Louis XIV n'en fait rien d'exceptionnel : ce seraient plutôt la Hollande, l'Angleterre, la Suisse, la Suède, qui, vers la même époque, feraient exception. Louis XIV paraissait celui qui avait établi la France sur des sommets, dont elle ne devait plus redescendre que par des « accidents » de l'Histoire, telles la « saignée[36] » de 1914–1918 et la défaite de 1940. Or, si la France n'est aujourd'hui qu'une « nation moyenne », c'est par l'effet d'un implacable[37] *déclin relatif* – par rapport à quelques autres pays. De ce déclin, étalé[38] sur trois siècles, le « Grand Siècle » n'est que l'éblouissant[39] début.

Sous Richelieu[40], la France était devenue la première puissance de la chrétienté. Quand Louis XIV choisira pour devise *Nec pluribus impar[41]*, il ne fera que souligner une évidence. Trois cents ans plus tard, à la mi-temps[42] du XXe siècle, que restait-il de cette supériorité ? La prédominance en Europe ? Elle pouvait être revendiquée[43] sur l'autre rive[44] de la Manche depuis 1814, ou de l'autre côté du Rhin depuis 1870. La prédominance mondiale ? Elle avait traversé l'Atlantique ou s'était repliée[45] vers l'Oural. Pourtant, cet effacement[46] est loin d'être évident. Un pays peut rayonner longtemps après que la source de son prospérité s'est tarie[47], comme une étoile éteinte[48] dont la lumière parvient toujours. L'Europe du XVIIIe siècle porte l'empreinte[49] de la France. Jusqu'à la Révolution, aucune autre nation européenne, Russie comprise, n'est aussi peuplée. Le français supplante[50] le latin comme langue internationale. La France est de taille[51] à tenir tête à tous les pays d'Europe réunis. Leur énorme avance, les Français ne vont la perdre que peu à peu, comme un capital qui se met à fondre[52].

36 **une saignée** Aderlass (–> saigner qn)
37 **implacable** sévère, dur, sans pitié
38 **étalé,e (sur qc)** qui couvre (qc); *ici:* verteilt
39 **éblouissant,e** fascinant

40 **Richelieu** ministre principal de Louis XIII de 1624 à 1642
41 **nec pluribus impar** *latin* supérieur à tous les autres
42 **mi** à moitié, à demi
43 **revendiquer** exiger
44 **la rive** Ufer, Küste
45 **se replier** se retirer
46 **un effacement** *ici*: Verblassen
47 **se tarir** arrêter de couler
48 **éteint,e** *ici*: mort
49 **une empreinte** une marque

50 **supplanter** remplacer
51 **de taille à** *(+inf)* capable de
52 **fondre** schmelzen

Alain Peyrefitte, *Le Mal français,* Librairie Plon, Paris 1976 (texte abrégé).

1. Pourquoi Charles de Gaulle considérait-il l'époque de Louis XIV comme « un grand règne » ? Quels sont les mots qui illustrent le mieux son opinion ?
2. L'auteur, qui a été ministre sous de Gaulle, ne voit pas Louis XIV de la même manière. En quoi les points de vue sont-ils différents et comment l'auteur explique-t-il ces différences ?
3. En quoi le rôle joué par la France depuis le règne de Louis XIV peut-il paraître contradictoire ? Quelle explication l'auteur propose-t-il ?
4. Expliquez les lignes 62 à 65.
5. Regardez la caricature ci-contre, parue dans le journal satirique *Le Canard enchaîné* vers 1965. Qui y est représenté et comment ? A votre avis, qu'est-ce que le dessinateur a voulu exprimer ?

4 1789 - Naissance de la France moderne

1 Pour vous, avec lequel des mots suivants « révolution » rime-t-il le plus facilement ? Justifiez votre choix.
oppression, exécutions, déclarations, bonnes intentions, abolition, conciliation, libération, institutions, nation, commémoration.

2 Que savez-vous des causes, des événements importants et des personnages qui ont été les principaux « acteurs » de la Révolution de 1789 ?

Extraits de la **Déclaration des Droits de l'Homme :**

Article Premier.
Les hommes naissent et demeurent libres et égaux en droits. Les distinctions sociales ne peuvent être fondées que sur l'utilité commune.

Art. 2.
Le but de toute association politique est la conservation des droits naturels et imprescriptibles de l'homme. Ces droits sont la liberté, la propriété, la sûreté et la résistance à l'oppression.

Art. 3.
Le principe de toute souveraineté réside essentiellement dans la nation.

La France est née il y a longtemps, mais la France moderne, celle qui nous est la plus familière[1] et la plus indispensable[2], date de 1789. Le fait qu'il n'y ait que des citoyens[3] égaux entre eux, et non d'une part, des membres du tiers état[4], de l'autre, des privilégiés, voilà une différence qui suffirait à marquer l'importance de 1789, date de l'abolition[5] des privilèges. Tout comme la souveraineté de la nation ou la liberté garantie par l'obéissance[6] à la loi, le contrôle du pouvoir par les représentants élus ... Et bien d'autres aspects, plus concrets encore.

Ainsi des départements. C'est en 1789 que les anciennes provinces ont été supprimées[7] au profit des départements, qui sont la structure la plus connue de notre espace géographique et de notre vie administrative. C'est le type même de choses devenues si banales que l'on oublie qu'elles ont été révolutionnaires à leur origine.

D'autre part, le fait que la France actuelle soit définie par 1789 est une réalité officiellement consacrée. Le drapeau national à trois couleurs, créé en 1789 comme chacun sait, n'existait pas sous l'Ancien Régime[8]. L'hymne national, « La Marseillaise », a été composé en 1792. La fête nationale du 14 Juillet, date choisie et célébrée[9] pour la première fois comme fête nationale en 1880, se réfère explicitement à la prise de la Bastille. Nous sommes l'État et la société d'après 89.

On peut se demander, dans ces conditions, pourquoi la commémoration[10] de la Révolution française se heurte[11] à des hésitations, et même, parfois, à des hostilités[12] déclarées. Pourquoi cela ? Aujourd'hui, beaucoup de gens ne retiennent de la Révolution que le fait qu'elle a été le point de départ d'une guerre civile et qu'elle a constitué un changement non seulement rapide mais aussi violent.

Les pouvoirs publics qui nous invitent à fêter la Révolution de 1789 nous convient[13] à en célébrer le bilan et non à glorifier la guerre civile. Faut-il donner une preuve de cette intention ? Le bicentenaire[14] est intitulé explicitement « Mission de commémoration de la Révolution de 1789 et de la Déclaration des droits de l'homme et du citoyen. »

On ne saurait plus clairement mettre l'accent sur l'année 1789, année fondamentale, décisive, éprise[15] de conciliation[16], et sur la Déclaration des droits, qui est son acte le plus pacifique[17] et le moins contestable[18]. C'est à partir de 1789, sur la base des principes de 1789, et notamment[19] de la Déclaration des droits de l'homme et du citoyen, que notre peuple a progressivement appris et assimilé l'idée qu'il valait mieux vivre selon la loi que selon l'arbitraire[20], qu'il valait mieux délibérer[21] que se battre ... Si les phases sanglantes de la Révolution sont critiquées aujourd'hui, c'est bien sur la base d'une culture humaniste que la Révolution a non pas créée mais explicitée, proclamée et popularisée avec le temps.

1 **familier, -ère** *ici*: bien connu
2 **indispensable** nécessaire
3 **un citoyen** un habitant d'une République (avec les droits civils et politiques)
4 **le tiers état** l'ensemble des paysans, ouvriers et bourgeois (Dritter Stand)
5 **l'abolition** *f* l'annulation
6 **l'obéissance** *f* Gehorsam (–> obéir)
7 **supprimer qc** mettre fin à qc
8 **l'Ancien Régime** l'époque d'avant 1789
9 **célébrer** fêter
10 **la commémoration (d'un événement)** la fête du souvenir
11 **se heurter à** *ici*: rencontrer (un obstacle)
12 **l'hostilité** *f* Feindseligkeit
13 **convier** inviter
14 **le bicentenaire** la fête du 200e anniversaire

15 **épris,e de** pris de passion pour
16 **la conciliation** Aussöhnung
17 **pacifique** ≠ violent
18 **contestable** qu'on peut *contester* (bestreiten)
19 **notamment** en particulier
20 **l'arbitraire** *m* Willkür
21 **délibérer** discuter

La « Déclaration des droits » ou le début d'une ère nouvelle (gravure de Niquet le Jeune).

Cela peut sembler paradoxal, mais c'est ainsi. C'est au nom de cet humanisme libéral, puis républicain, et de l'adoucissement[22] général des mœurs[23] que nous sommes de plus en plus sévères à l'égard[24] des cruautés[25] d'autrefois.

Si la Révolution de 1789 a assez vite tourné à la guerre civile, à qui la faute ? Les enfants qu'on gronde lorsqu'ils se disputent répondent : « *C'est pas de ma faute ! C'est lui qui a commencé !* » Dans notre affaire, qui donc « a commencé » ? Il me semble tout de même historiquement vrai d'affirmer que les constituants[26], en 1789, étaient tout à fait satisfaits de leur révolution sociale et juridique obtenue par voie pacifique. Ils s'en seraient volontiers[27] tenus[28] là. La Révolution de 1789 n'était pas programmée pour devenir celle de 1792 ou de 1793. Ce que 1789 annonçait, c'est une monarchie constitutionnelle. Et si Louis XVI avait joué le jeu, ni Danton, ni Robespierre, ni Marat ne seraient arrivés au pouvoir.

Cette violence qui a eu lieu, chacun aujourd'hui la déplore[29]. Mais il ne faut pas se tromper sur la première responsabilité. La Révolution, globalement considérée, a été violente parce qu'elle s'est heurtée tout de suite à une contre-révolution.

Un jugement[30] correct sur la Révolution française suppose[31] une information correcte. Certes[32], il y a toujours eu beaucoup de livres permettant d'apprendre la Révolution dans tous ses détails et il y en a de plus en plus ces derniers temps. Mais où est l'essentiel ? L'essentiel est qu'il y a eu une guerre civile parce que tous les principes de 1789 n'ont pas fait immédiatement l'unanimité[33]. Ces principes sont l'égalité des droits, le règne

22 **l'adoucissement** *m* Milderung (–> doux)
23 **les mœurs** *f* les habitudes et règles de vie
24 **à l'égard de** en ce qui concerne
25 **la cruauté** –> *cruel* (méchant, dur)
26 **les constituants** *m* les députés (de 1789 à 1791)
27 **volontiers** avec plaisir
28 **s'en tenir là** s'arrêter, ne rien ajouter
29 **déplorer** regretter vivement

30 **un jugement** une opinion
31 **supposer** *ici:* avoir pour condition
32 **certes** *litt* bien sûr
33 **l'unanimité** *f* le fait que tout le monde soit d'accord

de la loi, la souveraineté du peuple, le contrôle du pouvoir par une institution, etc. Tout cela paraît juste et presque naturel à tous ; mais ce programme qui réunit maintenant la quasi-unanimité des Français, n'en rassemblait même pas la moitié en 1789, peut-être moins. Et c'est pourtant cette petite moitié-là qui avait raison. C'est son impulsion[34] que notre sentiment public ratifie[35] aujourd'hui.

Maurice Agulhon, *Géo,* décembre 1988 (texte abrégé).

34 **une impulsion** une force qui fait agir
35 **ratifier** approuver, confirmer

1 a) Exprimez d'une autre façon les mots en italiques :
Le fait (...) est une réalité *officiellement consacrée* (L. 15).
La Révolution de 1789 *n'était pas programmée* pour devenir celle de 1792 ou de 1793. (L. 52 - 53).
b) Mettez la phrase suivante à l'actif :
L'hymne national a été composé en 1792 (L. 17).
c) Transformez l'interrogation indirecte en interrogation directe :
On peut se demander pourquoi la commémoration de la Révolution française se heurte à des hésitations (L. 21 - 22).
d) Dans la phrase des lignes 27 à 28, remplacez le pronom adverbial par le nom auquel il se rapporte.
e) Remplacez le participe présent par une autre construction :
Il y a toujours eu beaucoup de livres permettant d'apprendre la Révolution (L. 61 - 62).
2 Traduisez les lignes 60 à 71.
3 Récapitulez les raisons mentionnées par l'auteur pour démontrer que la France moderne date de 1789.
4 Pourquoi la Déclaration des Droits de l'Homme est-elle l'acte « le moins contestable » de 1789 ? Référez-vous aux premiers articles de cette Déclaration (p. 72).
5 Décrivez la gravure de la page précédente. Retrouvez les détails qui symbolisent le « passé » et ceux qui symbolisent le nouveau « présent » de l'époque.
6 a) En quoi la Révolution de 1792-1793 était-elle différente de celle de 1789 ?
b) Beaucoup de gens reprochent à la Révolution française cette évolution. Qu'en pense l'auteur ?
7 Regardez les dessins de Wolinski, ci-dessous, et dites quels apports de la Révolution ils illustrent.
8 Pour les historiens et beaucoup d'autres personnes, la Révolution française a une importance non seulement nationale mais aussi universelle. Quels sont ou pourraient être leurs arguments ?
9 *« Il n'y a pas de progrès sans révolution. »* Discutez cette affirmation.

Si la Révolution n'avait pas eu lieu ...

5 Ma patrie ... ?

Lisez les définitions des mots *patrie* et *nation,* que vous trouverez ci-dessous dans la marge, et dites quelle différence il y a entre ces deux notions. Si possible, comparez ces définitions avec celles qui sont données dans d'autres dictionnaires unilingues.

Après l'exécution du roi Louis XVI en 1793, des milliers de paysans catholiques et royalistes de Bretagne et de Vendée prennent les armes contre le gouvernement révolutionnaire. Ce n'est qu'après de longues luttes sanglantes que les troupes républicaines envoyées par Paris remportent la victoire sur les royalistes. Le souvenir de cette guerre civile est encore très vivant dans l'Ouest de la France.

Dans les derniers jours de mai 1793, un des bataillons parisiens amenés en Bretagne par Santerre fouillait le redoutable bois de la Saudraie. On n'était pas plus de trois cents, car le bataillon était décimé par cette rude guerre. Une embuscade était probable. Trente grenadiers, détachés en éclaireurs et commandés par un sergent, marchaient en avant à une assez grande distance du gros de la troupe. Tout à coup les soldats se firent signe. Il semblait qu'on venait de voir un mouvement dans les feuilles.

[Les soldats découvrent alors une jeune femme avec trois petits enfants, dont le plus jeune n'a que dix-huit mois. La femme et les enfants n'ont rien mangé depuis quelques jours.]

– On leur donnera à manger, cria le sergent, et à toi aussi. Mais ce n'est pas tout ça. Quelles sont tes opinions politiques ?
La femme regarda le sergent et ne répondit pas.
– Entends-tu ma question ?
Elle balbutia :
– J'ai été mise au couvent toute jeune, mais je me suis mariée, je ne suis pas religieuse. Les sœurs m'ont appris à parler français. On a mis le feu au village. Nous nous sommes sauvés si vite que je n'ai pas eu le temps de mettre mes souliers.
– Je te demande quelles sont tes opinions politiques ?
– Je ne sais pas ça.
Le sergent poursuivit :
– C'est qu'il y a des espionnes. Ça se fusille, les espionnes. Voyons. Parle. Tu n'es pas bohémienne ? Quelle est ta patrie ?
Elle continua de le regarder comme ne comprenant pas. Le sergent répéta :
– Quelle est ta patrie ?
– Je ne sais pas, dit-elle.
– Comment, tu ne sais pas quel est ton pays ?
– Ah ! mon pays. Si fait.
– Eh bien, quel est ton pays ?
La femme répondit :
– C'est la métairie de Siscoignard, dans la paroisse d'Azé.
Ce fut le tour du sergent d'être stupéfait. Il demeura un moment pensif, puis il reprit :
– Tu dis ?
– Siscoignard.
– Ce n'est pas une patrie, ça.
– C'est mon pays.

Utilisez un dictionnaire unilingue pour comprendre les mots du texte dont vous n'arrivez pas à retrouver le sens d'une autre manière.

Patrie
Pays où l'on est né ou auquel on appartient comme citoyen, et pour lequel on a un attachement affectif.

Nation
Ensemble des êtres humains vivant dans un même territoire, ayant une communauté d'origine, d'histoire, de culture, de traditions, parfois de langue, et constituant une communauté politique.

(extraits du Grand dictionnaire encyclopédique Larousse)

Pays
1 Territoire habité par une collectivité et constituant une réalité géographique dénommée ; nation.
2 Petite ville ; village.

(extrait du Petit Robert)

Et la femme, après un instant de réflexion, ajouta :

– Je comprends, monsieur. Vous êtes de France, moi je suis de Bretagne.
– Eh bien ?
– Ce n'est pas le même pays.
– Mais c'est la même patrie ! cria le sergent.

La femme se borna à répondre :

– Je suis de Siscoignard.

Victor Hugo,
Quatre-vingt-treize,
1874 (texte abrégé).

1 Récapitulez ce qui se passe dans cette scène.
Décrivez la situation et caractérisez la femme ainsi que le sergent.
2 Relisez les lignes 10 à 14. Quelle conclusion peut-on en tirer en ce qui concerne la situation de la Bretagne (et de la France) vers 1793 ?
3 Relisez la case-info « nation » et dites à quels problèmes la formation de la nation française a été confrontée, à cette époque de l'Histoire.

6 Une seule langue pour la nation

1 On peut assurer sans exagération qu'au moins six millions de Français, surtout dans les campagnes, ignorent la langue nationale ; qu'un nombre égal est à peu près incapable de soutenir[1] une conversation suivie[2] ; qu'en dernier résultat, le nombre de ceux qui la parlent purement[3] n'excède[4] pas trois millions ; et probablement le nombre de ceux qui l'écrivent correctement est encore moindre[5].

Ainsi, avec trente patois[6] différents, nous sommes encore, pour le langage, à la tour de Babel, tandis que pour la liberté nous formons l'avant-garde des nations.

Quoiqu'il y ait possibilité de diminuer le nombre des idiomes[7] reçus[8] en Europe, l'état politique du globe bannit l'espérance de ramener les peuples à une langue commune. Mais au moins on peut uniformer le langage d'une grande nation, de manière que tous les citoyens qui la composent puissent sans obstacle[9] se communiquer leurs pensées. Cette entreprise, qui ne fut pleinement exécutée chez aucun peuple, est digne[10] du peuple français, qui centralise toutes les branches de l'organisation sociale, et qui doit être jaloux[11] de consacrer[12] au plus tôt, dans une République une et indivisible, l'usage unique[13] et invariable de la langue et de la liberté.

Tous les membres du souverain[14] sont admissibles[15] à toutes les places. Cet état de choses nous présente l'alternative suivante : Si ces places sont occupées par des hommes incapables de s'énoncer[16], d'écrire correctement dans la langue nationale, les droits des citoyens seront-ils bien garantis par des actes dont la rédaction présentera l'impropriété[17] des termes[18], l'imprécision des idées, en un mot, tous les symptômes de l'ignorance ! Si au contraire cette ignorance exclut[19] des places, bientôt renaîtra cette aristocratie qui jadis[20] employait le patois pour montrer son affabilité[21] protectrice à ceux qu'on appelait insolemment[22] *les petites gens*. Bientôt la société sera réinfectée de gens *comme il faut*[23] ; et, par le fait, entre deux classes séparées s'établira[24] une sorte de hiérarchie. Ainsi l'ignorance de la langue compromettrait le bonheur social, ou détruirait l'égalité.

1 **soutenir** *ici:* participer à
2 **suivi,e** *ici:* cohérent
3 **purement** *ici:* sans faire de fautes
4 **excéder** être supérieur à
5 **moindre** inférieur, plus petit
6 **un patois** un parler régional ou local
7 **un idiome** une langue
8 **reçu,e** *ici*: reconnu (comme langue)
9 **un obstacle** une difficulté
10 **digne** würdig
11 **jaloux, -se de** *ici:* sehr darauf bedacht sein (etw. zu tun)
12 **consacrer** *ici:* rendre durable (–> la consécration)
13 **unique** seul; *ici*: exclusif
14 **le souverain** *ici*: *vx* le peuple
15 **admissible à** zugelassen zu
16 **s'énoncer** s'exprimer
17 **l'impropriété** *f* le fait de ne pas convenir (–> propre)
18 **un terme** un mot, une expression
19 **exclure** ausschließen
20 **jadis** autrefois
21 **l'affabilité** *f* Leutseligkeit
22 **insolent,e** qui manque de respect
23 **les gens comme il faut** die feinen Leute
24 **s'établir** s'installer

2 La Révolution est en fait la révolution de la bourgeoisie qui a besoin d'une France « une et indivisible », pour commercer et échanger sans barrières linguistiques. Et sans doute[25] a-t-elle alors intérêt à tuer les minorités. Des motivations extra-économiques ont probablement joué également un rôle dans la formation de cette volonté d'une France une et indivisible. Le contexte international d'abord. Le jacobinisme[26] naît des périls[27] extérieurs et des menaces étrangères. L'unité nationale apparaît alors comme le ferment[28] d'une meilleure résistance à l'ennemi[29]. Enfin, il importe[30] de se souvenir de la formule du conventionnel[31] Barrère : *L'obscurantisme[32] parle bas-breton, la bêtise parle basque.* Autrement dit, la Révolution bourgeoise a besoin d'une France linguistiquement unifiée pour la propagation de ses idées : on ne fait pas une révolution culturelle avec trente-cinq parlers.

25 **sans doute** probablement
26 **le jacobinisme** la politique centralisatrice
27 **un péril** un danger
28 **un ferment** *ici*: Antrieb
29 **un ennemi** ≠ un ami
30 **il importe** il est important
31 **un conventionnel** un député (de 1793 à 1794)
32 **l'obscurantisme** *m* Verdummung

1 Abbé Grégoire, *Rapport à la Convention nationale,* 1794;
2 Roger Siffer, *Alsace / Elsass,* Lattès, 1979 (textes abrégés).

1 a) Pourquoi Grégoire compare-t-il la situation en France à la tour de Babel ?
  b) En quoi sa remarque des lignes 7 à 9 peut-elle paraître contradictoire ?
2 a) Récapitulez les arguments avancés par Grégoire en faveur d'une langue nationale unique. Cette argumentation vous paraît-elle acceptable ?
  b) A partir de ce premier texte, comment pourrait-on définir la « nation française »?
3 Qu'est-ce qui, parmi ce qui inquiète Grégoire en 1794, est encore actuel de nos jours ?
4 Comment définit-on la *nation,* en Allemagne ? Comparez cette définition avec celle que l'on pourrait attribuer à Grégoire *(voir 2b).*
5 a) Qu'est-ce que Siffer entend par « tuer les minorités » (L. 34) ?
  b) De quelles minorités peut-il s'agir ? Que savez-vous sur leur situation actuelle ?
6 Comparez les raisons que donne Siffer pour expliquer la volonté des révolutionnaires d'unifier la langue à celles de Grégoire. Que constatez-vous ?
7 Le texte de l'Alsacien Siffer est-il (comme celui de Grégoire) un plaidoyer pour l'unification de la langue ? Sinon, quel pourrait être le but recherché par son auteur ?

7 La Ve République

1 De quand date la Ière République ? Et les suivantes ? Savez-vous quels sont les événements qui sont à l'origine de leur début ou de leur fin ?
2 Regardez l'affiche ci-contre. Savez-vous pourquoi elle a été rédigée à Londres ? Dans quelle mesure constitue-t-elle un « symbole » ?

Charles de Gaulle
(1890 - 1970)

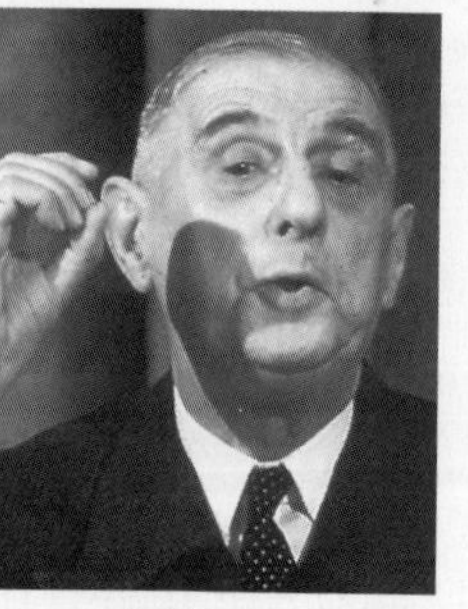

En 1940, alors que la France est occupée par l'Allemagne, le général de Gaulle refuse la capitulation et lance son appel à la résistance.
La guerre terminée, il devient le chef du premier gouvernement de la France libérée, mais démissionne peu après.
On le rappelle au pouvoir en 1958 pour qu'il mette fin à la crise occasionnée par la guerre d'Algérie. Il établit alors une nouvelle Constitution, qui crée la Ve République, et il en devient le premier Président (1959 - 1969).

En septembre 1958, par référendum, la France se dote[1] d'une nouvelle constitution. La Ve République – « la République gaullienne » – est née. « *Sur ce sujet dont tout dépend* , a écrit le Général, *j'ai fixé l'essentiel* ». Avec cette constitution taillée[2] à sa mesure, il entend restaurer l'autorité de l'Etat.

Lorsqu'en 1945 de Gaulle se voit confier[3] les rênes[4] du gouvernement, la France est à la tête d'un immense empire colonial. Empire que, au Maghreb, en Asie, en Océanie, des territoires soumis[5] à sa loi composent : une mosaïque de peuples. Vingt-cinq ans plus tard, tout s'est effacé[6] au vent de l'indépendance.

Le Général a rêvé d'une formule associant les anciennes colonies à la France dans une sorte de « Communauté ». Mais il a dû se rendre à l'évidence[7] : elle était irréalisable. En revanche, la plupart des colonisés d'hier ont adhéré[8] à la dernière phase de son œuvre décolonisatrice : la Coopération. Un système dans lequel la France les aide à se développer. Ainsi, le Général, « *passant outre*[9] *aux regrets du passé* », a-t-il mis, sans trop de secousses[10], les anciens pays sous tutelle[11] sur la voie[12] de l'avenir. L'Algérie ? En 1958, le conflit, qui depuis quatre ans oppose de plus en plus une partie de l'armée et les ultras aux tenants[13] de l'Indépendance, pousse le pays vers la guerre civile. Un mal « *qui ronge*[14] *comme un cancer*[15] », constate le Général. Dès 1944, il convenait[16] que la présence de la France en Algérie était « une erreur », car « *nous n'avons pas su assimiler son peuple, ni permettre son épanouissement*[17]. »

1 **se doter de qc** se donner qc
2 **taillé,e à sa mesure** maßgeschneidert
3 **se voir confier qc** obtenir la responsabilité de qc
4 **les rênes** *f* Zügel
5 **soumis,e à** sous l'autorité de
6 **s'effacer** disparaître peu à peu
7 **se rendre à l'évidence** accepter la réalité
8 **adhérer à qc** *ici*: donner son accord à qc
9 **passer outre à qc** ne pas respecter qc
10 **une secousse** un choc
11 **la tutelle** *ici*: le contrôle
12 **une voie** un chemin
13 **un tenant (de qc)** un défenseur, un partisan de qc
14 **ronger** *ici*: détruire peu à peu
15 **le cancer** Krebs
16 **convenir** *ici*: accepter, reconnaître
17 **l'épanouissement** *m* Entfaltung

Alors, pourquoi n'avoir pas tout de suite « annoncé la couleur » sur son intention de laisser les Algériens disposer de leur destin[18] ? Le Général a répondu : *« Si j'avais dit, en juin 1958, que je voulais donner l'indépendance à l'Algérie, j'aurais été renversé le soir même et je n'aurais rien pu faire. »*

Pour parvenir[19] à ses fins[20], de Gaulle, que certains taxeront[21] de duplicité[22], fera front au soulèvement[23] des « pieds-noirs[24] » lors des « barricades d'Alger » (janvier 1960), au putsch d'un « *quarteron*[25] » de généraux (avril 1962), à la lutte des combattants[26] de l'Organisation Armée Secrète (OAS). Il échappera à quatorze tentatives[27] d'assassinat[28] pour rendre la paix et l'ordre au « *cher et vieux pays* ».

L'Europe du Général, « *l'Europe des patries* », n'a d'avenir que si elle repose[29] sur un solide socle franco-allemand. Aussi, la réconciliation des ennemis d'hier est-elle menée de main de maître. En 1958, il invite, chez lui, à Colombey, le chancelier Adenauer pour une « explication historique ». Naît entre les deux hommes une profonde amitié. *« Le plus grand mariage de l'Europe »*, écrit la presse anglo-saxonne. On les voit unir leurs prières[30] à Reims pour que *« des deux côtés du Rhin les œuvres de l'amitié remplacent les malheurs de la guerre »*. L'Allemagne fait un triomphe au Général en 1962 : 500 000 Allemands agitant[31] 500 000 drapeaux tricolores célèbrent « *le plus grand fait des temps modernes* ».

« La France n'est réellement elle-même qu'au premier rang » mais il n'y a *« pas de France sans épée*[32] *»*. Celui qui préconisait[33] naguère[34] l'emploi des blindés[35] dote le pays de l'arme atomique qui, seule, peut garantir sa sécurité et son indépendance. Dotée de l'arme suprême, la France peut se retirer de l'Organisation Atlantique (OTAN) dans laquelle elle était intégrée – mais sans que l'alliance avec celle-ci soit rompue (1960). Un Etat qui s'allie à plus fort que lui voit son pouvoir politique investi[36] par la puissance de l'autre. Devant André Malraux[37], le Général résume ainsi sa philosophie : *« Mon seul rival, c'est Tintin*[38]*. Nous sommes les petits qui ne se laissent*[39] *pas avoir par les grands »*.

France-Informations, Ministère des Affaires étrangères, Paris 1990 (texte abrégé).

18 **le destin** Schicksal
19 **parvenir** arriver
20 **une fin** *ici:* un but
21 **taxer (qn de qc)** accuser
22 **la duplicité** Doppelzüngigkeit
23 **un soulèvement** une révolte
24 **un pied-noir** un Français (blanc) installé en Algérie avant la guerre
25 **un quarteron** kleiner Haufen
26 **un combattant** qn qui lutte (-> se battre)
27 **une tentative** -> *tenter* (essayer)
28 **un assassinat** le fait de tuer qn volontairement
29 **reposer sur** être fondé sur

30 **une prière** -> prier
31 **agiter qc** faire des mouvements avec qc

32 **une épée** Schwert
33 **préconiser** conseiller vivement
34 **naguère** *litt* il y a peu de temps
35 **un blindé** Panzer
36 **investi,e** *ici*: umzingelt
37 **André Malraux** écrivain, ancien ministre de la Culture (1901-1976)
38 **Tintin** héros de BD (Tim)
39 **se laisser avoir** sich hereinlegen lassen

1 Quels changements de Gaulle a-t-il apportés à la France et quels sont les buts politiques qui les ont motivés ?
2 a) Expliquez la comparaison du Général de Gaulle avec Tintin (L. 53 - 54).
b) Il existe dans la littérature et les bandes dessinées franco-belges un certain nombre de *« petits qui ne se laissent pas avoir par les grands »*. Citez au moins un exemple autre que Tintin et dites ce que vous savez à ce sujet.
3 Décrivez le dessin de Fritz Behrend, ci-contre. Quels personnages reconnaissez-vous? Que représentent-ils ?

8 J'm'en fous d'la France

Ecoutez la chanson. A quel genre de musique ou à quelle époque vous fait-elle penser ? Dites en une ou deux phrases ce dont il y est question.

Refrain J'm'en fous[1] d'la France
On m'a menti
On a profité d'mon enfance
Pour me faire croire à une patrie

1 J'demande à voir la liberté
La liberté qui était marquée
Sur le portail[2] de mon école
Liberté de chanter
Mais attention, sorti de l'atelier
Liberté de voir
Les conneries[3] débitées[4] dans France foire[5]
Liberté de penser
La même chose que la majorité -> *Refrain*

2 J'demande à voir l'égalité
L'égalité qu'était gravée
Sur le fronton[6] de la mairie
Égaux ta femme et toi
Mais pas la paie[7] de fin de mois
Égaux toi et ton fils
Quand il aura fait son service
Égaux les hommes et toi
Mais s'ils sont plus grands, t'as pas le choix -> *Refrain*

3 J'voudrais voir la fraternité[8]
La fraternité racontée
Dans le linteau[9] de cette église
Fraternel dans les mœurs[10]
Mais en tenant compte[11] de la couleur
Fraternel avec celui
Qu'a pu apprendre à dire merci
Fraternel, on est tous frères
Mais à la guerre comme à la guerre[12]

Refrain : J'm'en fous d'la France
On m'a menti
On a profité d'mon enfance
Pour me faire croire à des conneries

1 **je m'en fous** *pop* (das) ist mir wurscht
2 **le portail** la porte principale
3 **une connerie** *pop* stupidité
4 **débiter** *ici:* dire (une série de stupidités)
5 **la foire** *ici: fam* le désordre
6 **le fronton** Giebel(seite)
7 **la paie** le salaire (->payer)
8 **la fraternité** ->le frère
9 **un linteau** Türsturz
10 **les mœurs** *f* les habitudes et règles de vie
11 **tenir compte de** berücksichtigen
12 **à la guerre comme à la guerre** das geht halt nicht anders

Chanson de Marianne Sergent interprétée par Maxime Le Forestier, Editions Coïncidences, Paris 1973.

1 a) Retrouvez, dans chaque couplet, le ou les mots qui sont répétés plusieurs fois. Qu'est-ce que vous constatez?
b) Quel lieu Le Forestier met-il en rapport avec chacun de ces mots ? Qu'est-ce que ces différents lieux représentent ?
c) Les trois couplets sont construits exactement sur le même modèle. Mettez ce modèle en évidence.
2 a) A quel journal français (et à quelle sorte de presse) l'auteur fait-il allusion à la ligne 11 ?
b) Expliquez les autres exemples donnés par l'auteur dans chaque couplet.
3 Expliquez le refrain et justifiez le changement effectué par Le Forestier dans le dernier vers.
4 Ecrivez un texte dans lequel vous récapitulez le contenu de la chanson avant d'expliquer la position de son auteur. Dites aussi ce que vous pensez de son attitude. (Voir les conseils donnés à la page 31.)

9 Mai 68 : encore la révolution ?

1 1968 a été une année mouvementée, pas seulement en France. Que savez-vous des événements importants qui ont eu lieu cette année-là dans d'autres pays ?
2 On parle encore de la « génération de 68 ». De qui ou de quoi est-il question ?

Comme toutes les grandes journées de l'histoire de France, mai 68 se sera joué avec la rigueur[1] des grands classiques : trois actes, trois personnages.
Premier acte : les barricades au Quartier Latin[2].
Deuxième acte : le drapeau rouge dans les usines occupées par les grévistes.
Troisième acte : des élections générales, quinze mois seulement après le début de la troisième législature de la Ve République.
Pendant ce très long mois de mai 68, trois hommes ont tenu entre leurs mains les fils[3] de la geste[4] qui s'est jouée entre la rue Gay Lussac, les ateliers de Billancourt[5] et, pour finir, les bureaux de vote dans la France entière à la fin du mois de juin.
Celui qui a gagné parut longtemps le plus menacé : Charles de Gaulle. Il a gardé un long silence avant de reprendre la main[6].
« Vous savez, depuis quelque chose comme trente ans que j'ai affaire à l'Histoire, il m'est arrivé, quelquefois, de me demander si je ne devais pas la quitter. Le 29 mai, je me suis interrogé moi-même et je me suis senti consolidé dans ma résolution par la volonté des Français. »
Le détonateur[7] de l'explosion de mai 68 s'appelle Daniel Cohn-Bendit *(ci-contre)*. Un rouquin[8] de 24 ans, étudiant en sociologie à Nanterre, c'est le fils d'émigrés allemands et c'est lui qui, au printemps 68, avec 142 « enragés[9] » a planté le premier drapeau rouge. C'était le 22 mars 1968, une date encore anonyme qui va très vite devenir un mouvement révolutionnaire, puis le symbole d'un nouveau style politique : la contestation par la violence.
« Nous disons que l'État est partie prenante[10] de l'antagonisme[11] de classes, que l'État représente une classe. La bourgeoisie cherche à préserver une partie des étudiants, futurs cadres de la société. Le pouvoir possède la radio et la télévision, et un parlement à sa main. Nous allons nous expliquer directement dans la rue, nous allons pratiquer une politique de démocratie directe. »
Le troisième homme de mai 68 est probablement le plus discret : Georges Séguy, secrétaire général de la puissante CGT[12]. C'est un communiste de la nouvelle génération. Il conduira la grève avec la lucidité[13] d'un PDG : la grève dans l'usine pour mieux endiguer[14] l'aventure dans la rue.
Tout a commencé par la fermeture de la faculté[15] des lettres[16] de Nanterre. Le doyen[17], c'est un libéral. Il s'appelle Pierre Grappin, c'est un ancien déporté que les « enragés » ont traité de nazi. Pour tenir un meeting anti-impérialiste à Nanterre, Cohn-Bendit et les « enragés » expulsent[18] un professeur. Pierre Grappin alors décide de fermer la faculté. C'est le 3 mai 68. Nanterre fermée, l'agitation gagne la Sorbonne[19] où le recteur Jean Roche va prendre la même décision qu'à Nanterre : suspension des cours et fermeture de la vieille faculté. Pour disperser[20] les étudiants qui se sont rassemblés dans la cour de la Sorbonne ce vendredi-là, le recteur Roche appelle la police. L'entrée des gendarmes mobiles dans la cour va provoquer la première explosion de colère. Et bientôt, aux portes de la Sorbonne, la première bataille[21], les premiers pavés[22], les premières grenades, la première barricade.

1 **la rigueur** *ici:* la précision, l'exactitude
2 **le Quartier Latin** le quartier des étudiants
3 **un fil** Faden
4 **une geste** Heldengedicht
5 **Billancourt** une ville de la banlieue parisienne; *ici:* les usines Renault
6 **(reprendre) la main** *ici:* le contrôle

7 **un détonateur** un mécanisme qui provoque une explosion
8 **un rouquin** Rothaariger
9 **un enragé** un fanatique (-> la rage)
10 **être partie prenante** participer à qc pour en profiter
11 **l'antagonisme** *f* l'opposition, le conflit
12 **la CGT** Conféderation Générale du Travail (syndicat communiste)
13 **la lucidité** le fait de voir les choses clairement
14 **endiguer** eindämmen
15 **une faculté** Fakultät, Fachbereich
16 **les lettres** *ici:* Geisteswissenschaften
17 **le doyen** *ici:* le directeur d'une faculté
18 **expulser** faire sortir
19 **la Sorbonne** la plus vieille université de Paris
20 **disperser** faire partir (un groupe)

21 **une bataille** Schlacht
22 **un pavé** Pflasterstein

La France abasourdie[23] par les premières émeutes ne reconnaît plus ses enfants. Le grand chambardement[24] de Nanterre et de la Sorbonne devient

insensiblement une révolution. En l'absence du Premier ministre, Georges Pompidou, qui se trouve en Iran, le gouvernement paraît plus décidé à négocier[25] l'avenir qu'à désamorcer[26] le présent. Dans la soirée du 8 mai pourtant, enfin, un fait nouveau au Palais Bourbon[27]. Alain Peyrefitte [le ministre de l'Éducation nationale] amorce[28] la désescalade[29]. « *Si ces conditions paraissent réunies, la reprise des cours à la faculté des lettres de Paris-Sorbonne et à la faculté des lettres de Nanterre pourrait intervenir*[30] *dès que les doyens concernés le jugeront*[31] *possible, c'est-à-dire, je l'espère, pour commencer dès demain après-midi. Si l'ordre est rétabli, tout est possible ; si l'ordre n'est pas rétabli, rien n'est possible.* »
On peut donc espérer à ce moment-là que l'atmosphère va se détendre. Il n'en est rien. La Sorbonne n'est pas ouverte, et pendant les 48 heures qui vont suivre, la température va encore monter.
Vendredi 10 mai, ce sera le grand soir. C'est la grande nuit des barricades de la rue Gay Lussac. Au cours de cette longue nuit de la rue Gay-Lussac, la France a découvert qu'elle était au bord de la guerre civile. Les syndicats lancent[32] la grève générale pour lundi suivant, ce sera le 13 mai, les partis de gauche annoncent qu'ils vont déposer une nouvelle motion de censure[33]. Et fait rarissime dans les annales de la Ve République : On a réveillé de Gaulle en pleine nuit. De Kaboul, le Premier ministre, Georges Pompidou, s'est fait tenir par téléphone au courant des événements de la nuit. Il rentre à Paris dans la soirée et dès son retour, samedi 11 mai, il prend la parole à la télévision : « *J'ai décidé que la Sorbonne serait librement rouverte à partir de lundi. A partir de lundi également, la Cour d'appel*[34] *pourra, conformément à la loi, statuer*[35] *sur les demandes de libération des étudiants condamnés.* » L'allocution[36] du Premier ministre fait plutôt bonne impression. Les promesses, d'ailleurs, seront tenues : les étudiants emprisonnés seront libérés 48 heures plus tard, le lundi 13 mai, jour de la grève générale. En lançant cette grève générale, la CGT et Georges Séguy donnent un coup de semonce[37] au gouvernement, bien sûr, mais aussi un avertissement[38] aux romantiques du Quartier Latin. Incident révélateur[39] : Daniel Cohn-Bendit sera pris à partie[40] par les militants de la CGT quand, au moment où le défilé du 13 mai va se disperser place Denfert-Rochereau, il cherchera à entraîner[41] la foule vers l'Elysée[42].
Bien des Français ont encore du mal à comprendre ce qui s'est passé. Après la bataille vient le temps de la réflexion, vient le temps de l'explication. Jean-Paul Sartre qui prêchait déjà la contestation – vous savez que c'est le mot à la mode en mai 68 – donc, Jean-Paul Sartre, qui déjà il y a 20 ans à l'ombre de St. Germain-des-Prés était le prophète, Jean-Paul Sartre, toujours sur RTL, démonte le mécanisme de la révolution de mai 68 : « *La vérité, c'est que la violence est la seule chose qui reste, quel que soit le régime, aux étudiants qui sont jeunes, qui pensent qu'ils ne sont pas encore*

23 **abasourdi,e** choqué
24 **un chambardement** un bouleversement, un désordre total
25 **négocier qc** verhandeln über
26 **désamorcer** entschärfen
27 **le Palais Bourbon** le bâtiment de l'Assemblée nationale
28 **amorcer** commencer à réaliser
29 **la désescalade** allmähliche Entspannung
30 **intervenir** *ici*: avoir lieu
31 **juger** *ici*: croire
32 **lancer qc** *ici*: décider de (faire) qc
33 **une motion de censure** Misstrauensantrag
34 **la Cour d'appel** Appellationsgericht
35 **statuer sur** décider de
36 **une allocution** un discours
37 **un coup de semonce** Warnschuss
38 **un avertissement** Wink, Warnung
39 **révélateur, -trice (de qc)** qui montre clairement qc
40 **prendre qn à partie** l'attaquer
41 **entraîner** *ici*: mitreißen
42 **l'Elysée** *m* le palais du président de la République

entrés dans le système que leur ont fait leurs pères et qui ne veulent pas y entrer. Autrement dit, ils ne veulent pas de concessions, ils ne veulent pas qu'on aménage[43] *les choses, qu'on leur donne satisfaction sur une petite revendication*[44]*, pour en fait les coincer et leur faire prendre la filière, et leur faire être, comme vous le disiez, dans trente ans, ce vieux bonhomme usé qui est leur père. »*

43 **aménager qc** umgestalten, anpassen
44 **une revendication** Forderung (–> revendiquer)

Et dans la rue, les étudiants vont bientôt être rejoints[45] par d'autres jeunes, des ouvriers. Les drapeaux rouges vont maintenant éclater[46] dans les usines. De Gaulle se tait toujours. Va-t-il rester, va-t-il partir ?
16h30, jeudi 30 mai : De Gaulle parle. C'est un coup de tonnerre[47].

45 **rejoindre** *ici*: se joindre à
46 **éclater** *ici*: apparaître tout à coup
47 **un coup de tonnerre** Donner-, Paukenschlag

« Françaises, Français !
Étant le détenteur[48] *de la légitimité nationale et républicaine, j'ai envisagé depuis 24 heures toutes les éventualités sans exception qui me permettraient de la maintenir. J'ai pris mes résolutions*[49]*. Dans les circonstances présentes, je ne me retirerai pas. J'ai un mandat du peuple, je le remplirai*[50]*. Je ne changerai pas le Premier ministre, dont la valeur, la solidité, la capacité méritent l'hommage*[51] *de tous. Il me proposera les changements qui lui paraîtront utiles dans la composition du gouvernement. Je dissous aujourd'hui l'Assemblée nationale. (…)*

48 **le détenteur** Inhaber, Sachwalter
49 **une résolution** une décision énergique
50 **remplir** *ici*: exercer, réaliser
51 **un hommage** Huldigung

Quant aux élections législatives, elles auront lieu dans les délais prévus par la Constitution, à moins[52] *qu'on n'entende*[53] *bâillonner*[54] *le peuple français tout entier en l'empêchant de s'exprimer en même temps qu'on l'empêche de vivre par les mêmes moyens qu'on empêche les étudiants d'étudier, les enseignants d'enseigner, les travailleurs de travailler. En tout cas, partout et tout de suite, il faut que s'organise l'action civique*[55]*! La France, en effet, est menacée de dictature. (…)*

52 **à moins que (… ne)** es sei denn, dass
53 **entendre** *ici:* vouloir
54 **bâillonner** knebeln
55 **civique** staatsbürgerlich

Eh bien, non ! La République n'abdiquera[56] *pas. Le peuple se ressaisira. Le progrès, l'indépendance et la paix l'emporteront*[57] *avec la liberté.*
Vive la République ! Vive la France ! »

56 **abdiquer** capituler
57 **l'emporter** avoir la victoire

En quatre minutes et trente secondes, la situation s'est complètement retournée. Le parti du silence va se réveiller et descendre à son tour dans la rue. Dans l'hémicycle[58] du Palais Bourbon, les députés gaullistes sortent leurs écharpes[59] tricolores. Ils n'ont qu'un pas à faire pour rejoindre la place de la Concorde où la foule va manifester, pour la première fois, pour de Gaulle. Ils seront ce soir-là des centaines de milliers, un million même. Après les barricades, après la kermesse[60] rouge, c'est la soirée tricolore.

58 **un hémicycle** *ici:* une salle en forme de demi-cercle
59 **une écharpe** Schärpe
60 **une kermesse** une fête populaire (Kirmes)

Extraits de : *Les journées de Mai 68 par les journalistes de RTL*
(présentation de Jean-Pierre Farkas)

1 a) Relevez les personnes et les groupes qui participent aux « événements de mai », les moyens qu'ils mettent en œuvre et les lieux où ils agissent. Représentez-les sous forme de schéma ou de tableau.
   b) Faites le résumé du texte. (Voir les conseils donnés à la page 17).
2 D'après ce reportage, quelles sont les raisons de la révolte des étudiants ?
3 Face aux événements de mai, en quoi les réactions du gouvernement sont-elles différentes de celles du président de la République ?
4 Quels sont les facteurs qui ont finalement contribué à la défaite des étudiants ?
5 *« C'est la soirée tricolore »* (L. 129). En quoi cette expression illustre-t-elle le retournement de la situation ?
6 Ecoutez ou lisez encore une fois la chanson de Maxime le Forestier. A la lumière de ce que vous avez appris sur mai 1968, dites pourquoi le chanteur est souvent considéré comme un « soixante-huitard ».
7 D'après Jean-Paul Sartre, les étudiants ne voulaient pas qu'on leur fasse *« être dans trente ans ce vieux bonhomme usé qui est leur père »* (L. 99 - 100). Expliquez cette affirmation et dites si ce problème existe encore pour les jeunes aujourd'hui. Rédigez un commentaire personnel. (Voir les conseils donnés à la page 22.)
8 Mai 68 a eu des effets durables sur la société. A votre avis, lesquels ?

1958

Charles de Gaulle

- Constitution de la Ve République
- Décolonisation
- Création de la force de frappe
  (le nucléaire au service de la Défense nationale)
- Réconciliation franco-allemande
- Développement de la construction européenne
- Création d'un service de télévision contrôlé par l'Etat

1965

1969

Georges Pompidou

- Elargissement de la Communauté Européenne
- Essor industriel (nucléaire civil, Airbus)
- Soutien à la culture moderne (Centre Beaubourg)

1974

Valéry Giscard d'Estaing

- Majorité et droit de vote à 18 ans
- Légalisation de l'avortement
- Suppression de la censure dans les médias
- Intensification de la coopération franco-allemande
- Renforcement des institutions européennes (Parlement européen)

1981

François Mitterrand

- Abolition de la peine de mort
- Mesures sociales (semaine de 39 heures, retraite à 60 ans)
- Libéralisation de l'audiovisuel
  (radios libres, privatisation de la télévision)
- Nationalisation (puis reprivatisation) de grandes sociétés
  (banques,industrie)
- Décentralisation de l'administration
- Développement, en collaboration avec l'Allemagne,
  de l'Union Européenne
- « Grands travaux » (Arche de la Défense, Opéra Bastille,
  Grand Louvre, nouvelle Bibliothèque nationale, etc.)

1988

1995

Jacques Chirac

10 Une certaine idée de la France

Utilisez un dictionnaire unilingue pour comprendre les mots du texte dont vous n'arrivez pas à retrouver le sens d'une autre manière.

Lors des élections présidentielles de 1981, la revue L'Appel a posé aux candidats la question suivante : « Quelle idée vous faites-vous de la France ? » Voici les réponses des candidats Mitterrand (élu Président à ces élections, puis en 1988) et Chirac (battu en 1981 mais élu Président en 1995).

1 *Jacques Chirac, Rassemblement Pour la République (RPR) :*
« La France est pour moi un pays d'exception, un sol que des générations d'hommes et de femmes ont courageusement façonné à leur mesure. Ce sont des villes et des villages dont les murs portent témoignage de l'intelligence, de la sensibilité, du génie d'un peuple.
La France, c'est une tradition d'universalité et de présence au monde qui remonte bien loin dans notre histoire et qui a trouvé son plein épanouissement il y a deux siècles. La France est un pays qui assume une responsabilité particulière parmi les nations. Elle est la patrie des droits de l'homme. Elle proclame le droit des peuples à disposer d'eux-mêmes. Elle est, sur la bouche des hommes qu'on bâillonne, le nom de liberté. Le Général de Gaulle nous a donné une certaine idée de la France. Dans cette idée, je mets indépendance et dignité, liberté et sécurité, générosité et solidarité. »

2 *François Mitterrand, Parti Socialiste (PS) :*
« La France a ses racines profondes dans l'histoire de l'humanité. Je ne l'imagine pas séparée de son passé. Mais elle ne vit que vraiment qu'en s'identifiant aux combats et à l'espérance de son peuple, le nôtre. La tradition de la France, c'est d'être une terre d'asile et de démocratie, c'est de parler haut et fort au nom de la liberté et du droit des peuples, c'est un idéal de justice. Je crois aux grandes idées, aux grands projets dans lesquels la France s'est toujours reconnue. La France n'est grande que lorsqu'elle croit en elle-même, c'est l'élan national qu'il faut lui donner. »

Extraits de *L'Appel,* avril 1981.

1 Quelles sont les ressemblances et les différences dans les réponses des candidats Jacques Chirac et François Mitterrand ?
2 En quoi ces réponses reflètent-elles l'orientation politique des deux candidats ?
3 Traduisez le texte de Jacques Chirac. (Voir les conseils donnés à la page 35.)
4 Regardez le schéma de la page précédente.
a) Dans quels domaines peut-on parler d'une continuité pour la Ve République ? Où trouve-t-on des ruptures ?
b) D'après l'écrivain et journaliste Jacques Julliard, chacun des quatre premiers présidents de la Ve République a joué un rôle particulier pour la France : restaurateur de l'Etat, modernisateur de l'économie, libérateur des mœurs, homme de la synthèse nationale. Dans quelle mesure les informations données dans le schéma confirment-elles cette thèse ?

11 A la recherche de la grandeur passée

La « Grande Nation », pour vous, qu'est-ce que cela veut dire ? D'après vous, en quoi consiste, aujourd'hui, la véritable « spécificité » française ?

Pendant des siècles, la culture française a inspiré, influencé, et même marqué l'histoire de nombreux pays de ce monde. Réelle ou supposée, la suprématie[1] de la culture française n'était pas uniquement basée sur la littérature, les arts ou la politique, mais plutôt sur ce que l'on pourrait appeler une certaine philosophie de la vie. Aujourd'hui, dans un monde sujet[2] à des tranformations toujours plus rapides, toujours plus radicales, que reste-t-il de cette « grandeur »?

Le prestige de notre pays dans le monde – s'il en garde – ne tient pas à la vitesse de nos TGV, aux performances[3] des moteurs Renault en formule 1, ou à notre armement nucléaire. Si la France dispose encore d'un certain capital de sympathie à travers[4] les continents, c'est que son passé témoigne[5] en faveur[6] d'une autre gloire. Il existe, si l'on veut, un mythe de la France, une image idéale de notre pays qui rend tout le monde exigeant[7] à son égard[8].

Ce mythe de la France est complexe. Les étrangers n'admirent pas tous la même chose dans notre musée national. Les uns ont magnifié[9] la patrie de Jeanne d'Arc et de Saint Louis, la « France très chrétienne ». Les autres ont rendu hommage[10] à « la terre de la Révolution », la patrie de l'émancipation humaine, celle qui avait planté fièrement à ses frontières, au lendemain de 1789 : « *Ici commence le pays de la liberté* ». Kant nous dit qu'il pleura en apprenant la proclamation de la République.

Nous touchons là sans doute à la raison majeure[11] du rayonnement français, qui fut le génie universaliste[12] de ses révolutionnaires, de ses écri-

1 **la suprématie** la situation dominante
2 **sujet à qc** etw. unterworfen
3 **une performance** un (bon) résultat
4 **à travers qc** *ici*: partout sur
5 **témoigner** Zeugnis ablegen
6 **en faveur de** pour, au profit de
7 **exigeant,e** anspruchsvoll
8 **à l'égard de** en ce qui concerne
9 **magnifier** idéaliser
10 **rendre hommage à** würdigen

11 **majeur,e** *ici:* principal
12 **universaliste** qui s'adresse à tous les hommes

vains, de ses artistes, de ses savants[13]. Il est bien vrai qu'il existe une suffisance[14] française, dont l'universalisme pourrait être la traduction : ils se jugent[15] si bien qu'ils se prennent pour l'étalon[16] de l'humanité. Et par bien des aspects, la France a été souvent l'« étalon » du monde. On l'a imitée, on lui a demandé son secours, et les créateurs de tous les pays sont venus vivre chez elle, car elle était leur seconde patrie.

Mais depuis 1940, la France n'est plus la France. N'est plus ce qu'elle était. Je pense au changement de mentalité. Le choc a été si rude que les générations qui l'ont subi[17] ne s'en sont jamais remises[18]. C'est alors que s'est élaboré[19], développé, ancré[20] dans nos têtes, un redoutable[21] complexe d'infériorité. Notre pays n'avait pas été à la hauteur de ses principes et de ses ambitions.

Une dizaine d'années plus tard, quand la construction européenne fut décidée, la France fut obsédée[22] par l'Allemagne, le « miracle allemand », la production allemande, le commerce allemand, auprès de quoi nous étions « nuls ».

Je ne dirais pas que le primat[23] de l'économie, dont nous avons à pâtir[24] dans tous les domaines, ne résulte que du complexe d'infériorité né de 1940. Il est vrai que nous ne sommes pas les seuls à nous être lancés[25] dans la course à la productivité … Mais, justement, peut-être attendait-on des Français quelque chose de plus que ce mimétisme[26] endiablé[27]. Si le mythe de la France a une fonction, c'est de rappeler aux hommes de notre temps qu'ils ne vivent pas seulement de performances et de bénéfices[28].

Si la France démissionne de son rôle historique – qui a été de parler et d'agir pour l'émancipation de l'humanité – et ne voit pas d'autre horizon que de se banaliser dans la course économique, je crains que l'Europe en construction ne soit rien d'autre que la promesse d'un hyper-hypermarché, où nous brillerons peut-être encore par nos bordeaux et nos pont-l'évêque[29], mais d'où sera banni le souffle de l'esprit.

Que du moins ceux qui gouvernent, administrent, dirigent, décident, enseignent, éduquent, instruisent[30], informent, ne perdent pas de vue que la grandeur d'un pays ne se mesure pas à l'aune[31] unique de ses biens matériels, et que la France – ou le mythe de la France, comme on voudra – c'est aussi une âme[32].

13 **un savant** un scientifique
14 **la suffisance** Dünkel
15 **se juger** se considérer, se trouver
16 **un étalon** *ici*: un modèle
17 **subir** erleiden
18 **se remettre (de qc)** redevenir comme avant (qc)
19 **s'élaborer** se former
20 **s'ancrer** se fixer
21 **redoutable** terrible
22 **être obsédé,e par qc** avoir qc comme idée fixe
23 **le primat** la priorité absolue
24 **pâtir** souffrir
25 **se lancer** s'engager
26 **le mimétisme** le fait d'imiter ce qui nous entoure
27 **endiablé,e** sauvage, excessif
28 **un bénéfice** un profit financier
29 **un pont-l'évêque** un fromage
30 **instruire qn** développer le savoir de qn
31 **à l'aune** *f* **de qc** mit etw als Maßstab
32 **l'âme** *f* Seele

Michel Winock, *L'Evénement du jeudi*, 28 décembre 1995 (texte abrégé).

1 Relevez tout ce qui, d'après l'auteur, explique l'importance de la France dans le passé.
2 Qu'est-ce qui a mis fin à la grandeur passée de la France ? Quelles ont été les conséquences pour le pays et ses habitants ?
3 En quoi, d'après ce texte, la mentalité des Français peut-elle paraître contradictoire ?
4 D'après Michel Winock, comment la France peut-elle retrouver sa « grandeur » ? Quelle vocation historique l'auteur voit-il pour le pays à l'avenir ?

Chapitre 5

La politique

pouvoirs et devoirs

1 Liberté, égalité, fraternité

Extraits de la Constitution :

PRÉAMBULE

Le peuple français proclame solennellement[1] son attachement aux droits de l'homme et aux principes de la souveraineté nationale tels qu'ils ont été définis par la *Déclaration* de 1789, confirmée et complétée par le préambule de la Constitution de 1946.

1 **solennel,le** [sɔlanɛl] feierlich

ARTICLE 2

La France est une République indivisible, laïque[2], démocratique et sociale. Elle assure l'égalité devant la loi de tous les citoyens sans distinction d'origine, de race ou de religion. Elle respecte toutes les croyances[3].
L'emblème national est le drapeau tricolore, bleu, blanc, rouge.
L'hymne national est *La Marseillaise*.
La devise de la République est *Liberté, Égalité, Fraternité*.
Son principe est : gouvernement du peuple, par le peuple et pour le peuple.

2 **laïc, laïque** indépendant de toute religion
3 **une croyance** une religion

ARTICLE 3

La souveraineté nationale appartient au peuple qui l'excerce[4] par ses représentants et par la voie[5] du référendum.

4 **exercer** ausüben
5 **par la voie de** mittels

1 Savez-vous par qui, quand et dans quel but la *Marseillaise* a été écrite et composée ?
2 A l'aide d'un dictionnaire unilingue, traduisez-en le début *(ci-contre)*.
3 Contrairement à la Constitution française, la Loi Fondamentale allemande n'a pas prévu de référendum comme moyen de décision politique. Quels sont les avantages et quels pourraient être les inconvénients du référendum ?

La Marseillaise *(début)*

Allons enfants de la patrie,
Le jour de gloire est arrivé !
Contre nous de la tyrannie,
L'étendard sanglant est levé. *(bis)*
Entendez-vous, dans nos campagnes,
Mugir ces féroces soldats ?
Ils viennent jusque dans vos bras
Égorger vos fils, vos compagnes.

Refrain :
Aux armes, citoyens !
Formez vos bataillons !
Marchez, marchez,
Qu'un sang impur
Abreuve nos sillons.

2 Les institutions de la Ve République

Depuis 1978, tous les Français et Françaises âgés de 18 ans ou plus ont le droit (et le devoir civique !) de voter. Pour cela, il faut s'inscrire sur les listes électorales. Les ressortissants[1] de l'Union Européenne habitant en France ont le droit de participer aux élections municipales. Les autres étrangers vivant en France n'ont aucun droit de vote.

1 **un ressortissant** Staatsangehöriger (–> sortir)

Au niveau de / du	*les citoyens élisent*	*qui est présidé(e) par*	*lors des élections*	*tous les*
la commune	le Conseil municipal	le maire	*municipales*	6 ans
département	le Conseil général	le président du Conseil général	*cantonales*	6 ans
la région	le Conseil régional	le président du Conseil régional	*régionales*	6 ans
la Nation	l'Assemblée nationale	le président de l'Assemblée nationale	*législatives*	4 ans
	le président de la République		*présidentielles*	7 ans
	(Le Sénat est élu pour 9 ans par les « grands électeurs » : tous les députés, tous les conseillers régionaux et généraux, ainsi que les délégués des conseillers municipaux.)			

Jacques Chirac, président de la République (1995 - ...)

1 **un suffrage** une élection, un vote
2 **un scrutin** un vote
3 **un ambassadeur** Botschafter
4 **un missile** Rakete

3 Le président de la République

Le président de la République est élu au suffrage[1] universel direct pour sept ans, après un scrutin[2] majoritaire à deux tours. C'est la Constitution, rédigée en 1958 à l'initiative du général de Gaulle et modifiée par la suite, qui définit les nombreux pouvoirs du président de la République. Voici les principaux d'entre eux.

1 Il dirige la politique étrangère

Le Président dirige personnellement la politique étrangère de la France. Il nomme les ambassadeurs[3] français dans toutes les capitales du monde. Il signe aussi les traités de paix avec les pays étrangers. Il représente la France dans le monde. Le Président reçoit aussi les chefs d'État étrangers au palais de l'Élysée.

2 Il est le chef des armées

Le Président est le chef des armées. En cas de conflit, il se rend dans une salle située dans les sous-sols de l'Élysée. De là, il donne ses instructions aux armées, et il commande l'envoi des missiles[4]. En cas de crise grave, il peut décider d'utiliser l'arme nucléaire.

3 Il nomme le Premier ministre

Le Président oriente la politique de la France. Il définit des priorités, mais il ne gouverne pas lui-même. Il ne règle pas les problèmes personellement. Il nomme le Premier ministre et choisit les autres ministres, en accord avec le Premier ministre.

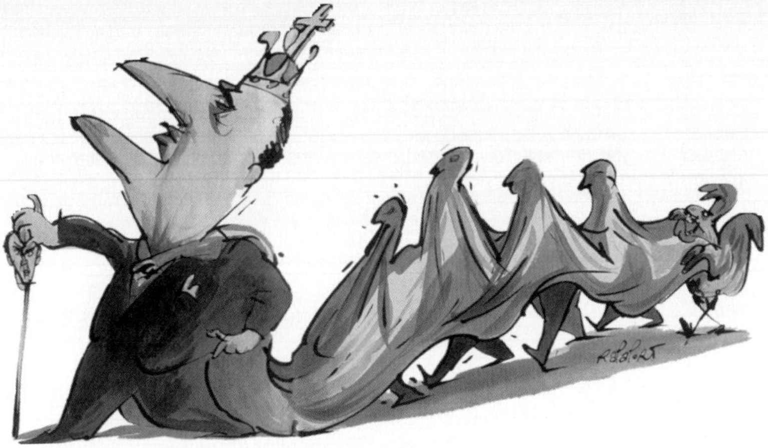

4 Il préside le Conseil des ministres

Chaque mercredi, le Président réunit les ministres au palais de l'Élysée pour le traditionnel Conseil des ministres. Au Conseil des ministres, on prend les décisions les plus importantes. Les ministres proposent, à tour de rôle[5], des projets de lois. Le Président donne son avis sur tout. Quand il est d'accord, le texte est approuvé, puis transmis[6] aux députés et aux sénateurs qui vont l'examiner et le voter ou le rejeter[7].

5 **à tour de rôle** l'un après l'autre
6 **transmettre** donner, passer
7 **rejeter** *ici*: ≠ accepter

5 Il peut dissoudre[8] l'Assemblée nationale

Le Président dispose d'une « arme » redoutable[9] contre les députés de l'Assemblée nationale : s'il n'est pas d'accord avec les députés, le Président peut dissoudre l'Assemblée et demander aux Français d'élire de nouveaux députés. S'il a dissout l'Assemblée, il doit attendre un an minimum avant d'avoir le droit de recommencer.

8 **dissoudre** auflösen
9 **redoutable** terrible

6 Il a tous les pouvoirs en cas de crise grave

En France, les pouvoirs sont partagés entre trois groupes de personnes : le Président et le Gouvernement, qui préparent les lois ; les députés et les sénateurs, qui discutent et votent les lois ; les juges, qui punissent ceux qui ne respectent pas les lois.

Ce système permet d'éviter qu'un seul homme décide de tout. Pourtant, l'article 16 de la Constitution permet au Président, exceptionnellement, d'étendre[10] ses pouvoirs en cas de crise grave. Le Président Charles de Gaulle a utilisé une fois cette possibilité, en avril 1961, pendant la guerre d'Algérie. Il a cumulé[11] tous les pouvoirs pendant cinq mois.

10 **étendre** *ici*: renforcer
11 **cumuler** avoir (plusieurs choses) en même temps

7 Il a le droit de grâce

Le Président peut réduire une partie ou la totalité de la peine d'un condamné. C'est le « droit de grâce[12] ». Il remet en liberté des personnes condamnées à de courtes peines[13], et qui n'ont pas commis[14] de fautes graves. (La peine de mort a été abolie[15], en France, en 1981).

12 **une grâce** *ici*: une amnistie
13 **une peine** *ici*: Strafe
14 **commettre** faire
15 **abolir** annuler, supprimer

Okapi, 1er février 1993.

1 a) Récapitulez les pouvoirs du président de la République.
b) Comment pourrait-on expliquer le grand nombre de ses fonctions ?
2 Dites à quelles personnes ou à quelles institutions les sept pouvoirs mentionnés sont accordés en Allemagne.
3 On a souvent dit que le président de la République française avait les pouvoirs d'un roi (et se comportait parfois comme s'il en était un ...)
a) A votre avis, qu'est-ce qui pourrait justifier cette affirmation ?
b) Qu'est-ce qui pourrait la contredire ?

4 Le maire du village

Que savez-vous des activités du maire d'une petite commune ou d'un village allemand (ou français) ?

La politique ne se fait pas qu'à Paris, tout en haut de l'échelle. Partout en France, jusque dans les campagnes les plus reculées[1], des femmes et des hommes « comme vous et moi » se dévouent[2] chaque jour pour gérer[3] au quotidien les problèmes des moyennes et petites communes. A ce niveau, la politique est souvent moins spectaculaire, mais pas toujours moins épuisante[4] …

« *Putain*[5] *! encore un …* » Là, le maire, il a sursauté. Son menton s'est allongé[6], de grosses gouttes[7] de sueur[8] ont perlé sur son front. Puis, après avoir raccroché le téléphone, il a lâché[9] d'une voix blanche[10] : « *Un évadé*[11] *de plus aux Mimosas.* »

C'est la maison de retraite. Flambant[12] neuve. Pleine nature, vue sur la vallée. Bref, tout pour plaire. Sauf, apparemment, aux pensionnaires. Quatre « fuyards[13] » déjà, depuis l'ouverture, il y a quelques mois. Avec, chaque fois, le même scénario : les gendarmes, qui arrivent, les pompiers, qui suivent, l'hélicoptère, qui survole, les bénévoles[14], qui se réunissent sur le champ pour participer aux recherches. Et le maire, qui assume[15]. Comme toujours.

Et dire que, il y a … trop longtemps, quand il avait fini par céder[16] aux sollicitations[17] pressantes (et amicales), son père lui avait dit : « *Tu n'auras pas grand-chose à faire : il n'y a presque plus de mariages au village.* »

Au lendemain de son triomphe électoral, alors qu'il sacrifiait[18] à la sacro-sainte pétanque de 18 heures, il avait claironné[19] devant tous ceux qui s'approchaient : « *Attention ! élection ou pas, pas question de venir m'emmerder*[20] *quand je joue aux boules.* » Pauvre fou ! Des boules, il n'en a plus touché une depuis des années.

Pas le temps. Plus le temps. Victime des lourdeurs administratives et des circulaires[21] préfectorales. Mort au champ d'honneur des budgets de fonctionnement et des réunions intercommunales. Tout ça parce que, comme les autres, il « y a pris goût », parce qu'il a tenu à respecter la fonction, parce qu'il aime le village, tout bêtement. Or que fait-on, dans la France des années 90, quand on est maire de son village et qu'on l'aime ? On l'empêche de mourir. On retient ses habitants. On attire le touriste. Alors, le maire, il a commencé par « créer un climat », comme il dit. En restaurant les maisons du centre du village. Une à une. Et après ? Après, c'était beau. Mais il n'y avait toujours rien. Le seul café du village venait de fermer : « *A moins de 10 kilomètres des grandes surfaces*[22]*, tous les commerces se plantent*[23]*. Même le bistrot, c'est dire.* » Alors le maire, toujours lui, toujours seul, a trouvé un lieu : le « château », une ruine rachetée 50 000 francs. Puis un cuisinier. Puis des subventions. Le malheur, c'est que cela risque de ne pas suffire. Car des subventions, il en faudra aussi pour la station d'épuration[24], pour le stade « *promis aux jeunes* ».

Un tel homme ne mérite-t-il pas l'estime de ses concitoyens ? Il en est convaincu. Ses concitoyens, un peu moins. Surtout depuis qu'il a rendu public son projet de nouvelle mairie. « *Cette fois, il est fou* », a titré la feuille que les « opposants » ont réussi à sortir pour critiquer sa gestion[25]. « *Quand tu es maire, si tu ne fais rien, tu es un con, mais tu es brave. Si tu*

1 **reculé,e** *ici:* isolé
2 **se dévouer** sich aufopfern
3 **gérer** administrer
4 **épuisant,e** très fatigant
5 **putain** ! *pop* verflixt!
6 **s'allonger** devenir plus long
7 **une goutte** Tropfen
8 **la sueur** Schweiß
9 **lâcher** *ici:* dire
10 **(une voix) blanche** *ici:* faible (klanglos)
11 **un évadé** qn qui a pris la fuite
12 **flambant neuf, -ve** tout nouveau
13 **un fuyard** qn qui est en fuite
14 **(un,e) bénévole** (qn) qui travaille sans toucher de l'argent
15 **assumer qc** avoir la responsabilité de qc
16 **céder** ≠ résister
17 **une sollicitation** une demande, un appel
18 **sacrifier à qc** sich etw unterwerfen
19 **claironner** *ici:* annoncer
20 **emmerder** *pop* déranger
21 **une circulaire** Rundbrief

22 **une grande surface** un hypermarché
23 **se planter** *fam* ≠ réussir

24 **une station d'épuration** Kläranlage

25 **la gestion** l'administration (-> gérer)

travailles, tu es un salaud[26]. » Or comme lui a beaucoup travaillé … La liste de ceux qui ne lui adressent plus la parole s'allonge. Tous ces bricoleurs[27] du dimanche à qui il a essayé de faire comprendre que repeindre sa façade en vermillon[28] dans un village restauré … Ceux qui sont devenus hystériques parce qu'il a mis une semaine pour découvrir la fuite[29] qui avait privé[30] le village d'eau en plein mois d'août. *« Etre maire aujourd'hui, ça fait beaucoup perdre au niveau de la convivialité*[31] », explique-t-il, fataliste. Le regard est lourd. *« Le pouvoir, ça use. »*

Jacques Espérandieu, *L'Express,* 20 mai 1993 (texte abrégé).

26 **un salaud** *pop* ≠ un brave type
27 **un bricoleur** Bastler
28 **vermillon** couleur rouge vif
29 **une fuite** *ici:* Leck
30 **priver qn de qc** ≠ (permettre de) donner qc à qn
31 **la convivialité** le plaisir d'être avec les autres

1 Traduisez le texte de la ligne 36 jusqu'à la fin.
(Pour la traduction, voir les conseils donnés à la page 35.)
2 Relevez les informations principales et les mots-clés de chaque paragraphe puis résumez le texte. (Pour le résumé, voir aussi la page 17.)
3 Caractérisez le maire.
4 a) *« Si tu ne fais rien, tu es un con, mais tu es brave. Si tu travailles, tu es un salaud. »* (L. 39 - 40). Expliquez ce que le maire veut dire, dans ce contexte.
b) Rédigez un commentaire dans lequel vous prendrez position pour ou contre cette affirmation. Si possible, référez-vous à votre expérience personnelle. (Pour le commentaire, voir les conseils donnés à la page 22.)

La mairie d'Arcachon, dans le département de la Gironde.

5 Les Français et la politique : le divorce ?

(1) *D'une manière générale, diriez-vous qu'en France les hommes politiques sont dans la majorité des cas ...*

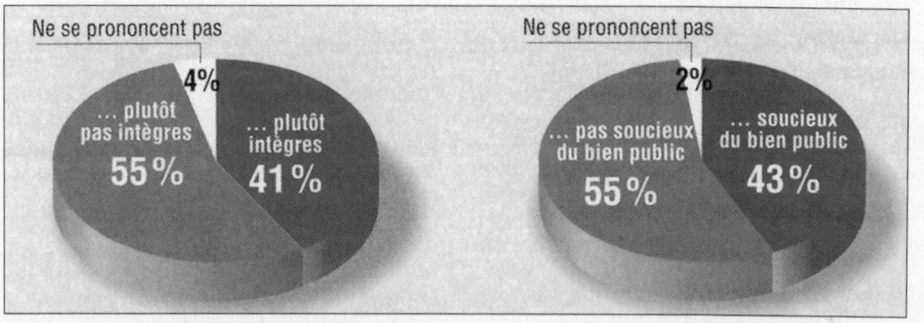

Si les Français condamnent très majoritairement le manque de vertu des hommes politiques, les plus sévères sont les jeunes, les ouvriers et les employés, ainsi que les électeurs de gauche. Près des deux tiers de ces derniers jugent en effet que leurs élus ne sont pas intègres et guère soucieux du bien public.

Les jeunes et la vie publique

En tête des non-inscrits ...
(% de non-inscrits sur les listes électorales) (2)

18–24 ans	25,7
25–35	13,6
35–49	6,5
50–64	1,5

... et des abstentionnistes (3)
57 % des électeurs de 18–24 ans
(46,5 % pour l'ensemble des électeurs).

(4) **La corruption est partout ...**

Dans chacun des secteurs suivants, avez-vous le sentiment que la corruption est ...

(en %)	*très fréquente ou occasionnelle*	*rare ou exceptionnelle*	*sans opinion*
parmi les parlementaires	71	18	11
parmi les élus locaux	66	25	9
dans la fonction publique	66	26	8
dans les entreprises	69	22	9
parmi les journalistes	53	36	11

... mais pas plus importante qu'avant

Pensez-vous qu'en France ...

il y a de plus en plus de corruption	28
il n'y en a pas plus, mais on en parle davantage	53
il y en a plutôt moins	15
Sans opinion	4

(5) **Sévères, mais pacifiques**

Dans un autre sondage effectué pour le magazine *Globe-Hebdo*, les jeunes se prononcent pour des réformes, mais contre la violence :

Sources :
1 *L'Evénement du jeudi* ,19 octobre 1995;
2 Enquête ISL, 1993; 3 Sondage BVA avant les élections européennes de juin 1994;
4 *L'Express*, 8 décembre 1994;
5 *Globe-Hebdo*, 30 mars 1994.

Pour améliorer les choses comme vous le souhaitez, pensez-vous que, dans les années qui viennent, il faudra plutôt ... ?

Procéder par des réformes	67
Ou bien faire une révolution	31
Ne se prononcent pas	2

Dans la situation actuelle, pour défendre vos intérêts, le recours à la violence vous semble-t-il ... ?

Tout à fait acceptable	1
Plutôt acceptable	11
Plutôt pas acceptable	21
Pas du tout acceptable	67

1 Quels arguments est-ce que vous opposeriez à un jeune auquel la violence semble « plutôt acceptable » pour atteindre des buts politiques ?
2 Rédigez un texte de 10 à 20 lignes qui réponde à la question posée par le titre : Y a-t-il « divorce » entre les citoyens et la politique ? Chaque fois que c'est possible, appuyez vos arguments sur les extraits de statistiques et de sondages reproduits ci-dessus. (Pour bien rédiger un texte, voir les conseils donnés à la page 31.)

6 Le terrorisme ou la politique du pire

Quelques actes terroristes commis en France au cours des dernières décennies[1] :

- Tentative d'assassinat du chef de l'Etat (de Gaulle),
  le 22 août 1962, au Petit-Clamart, par des nationalistes français.
- Attentats visant la population juive :
  Le 3 octobre 1980, un attentat devant la synagogue de la rue Copernic, à Paris, fait 4 morts et 30 blessés.
  Le 9 août 1982, une fusillade dans un restaurant juif, rue des Rosiers à Paris, fait 6 morts et 22 blessés.
- Actions terroristes d'extrême-gauche :
  Le 17 novembre 1986, Georges Besse, PDG[2] de Renault, est assassiné par le groupe Action Directe, responsable de nombreux autres attentats dans les années 80.
- Actions de protestation de la part de groupes séparatistes :
  Plus de 400 attentats à l'explosif commis en Corse et au Pays basque par des groupes séparatistes corses et basques, le plus souvent contre des personnes ou des institutions représentant l'Etat français.
- Vague d'explosions mises sur le compte des intégristes islamistes :
  Le 25 juillet 1995, une bombe explose dans le RER[3] et fait 9 morts et une centaine de blessés.
  Le 17 août 1995, une autre bombe explose Place de l'Etoile : 17 blessés.
  Le 19 octobre 1995, une nouvelle explosion dans le RER fait 29 blessés.

Le texte suivant a été écrit par l'ancien ministre de la Justice Robert Badinter à la suite des attentats « islamistes » de juillet et août 1995.

Le terrorisme ciblé[4] est criminel. Le terrorisme aveugle est atroce[5]. Par terrorisme ciblé j'entends[6] celui qui vise une personne déterminée, choisie pour ses fonctions ou comme symbole. C'est le terrorisme classique du XIXe siècle, celui des nihilistes[7] russes visant le tsar Alexandre II, celui de la Main noire serbe assassinant l'archiduc[8] François-Ferdinand à Sarajevo en juin 1914 ! C'est aussi le terrorisme contemporain des Brigades rouges enlevant et tuant Aldo Moro, celui de la bande à Baader exécutant le patron des patrons allemands, celui d'Action directe abattant[9] Georges Besse, le président de Renault.

De tels crimes suscitent[10] dans les cœurs pitié et colère. Pitié pour les victimes assassinées au nom d'une idéologie. Colère de voir le criminel se déguiser[11] en justicier et la démocratie outragée[12].

Plus révoltant encore est le terrorisme aveugle. Il ne s'agit pas alors d'abattre celui qu'on a érigé[13] en ennemi au nom de principes autoproclamés[14]. La victime n'est pas désignée par un décret arbitraire[15]. C'est le hasard, les circonstances qui décideront du sort[16] de celui qui, ce jour-là, en ce lieu, se trouvera déchiqueté[17] par l'engin[18] meurtrier[19]. Au moment de l'explosion, le terroriste aura déjà quitté les lieux. C'est à distance qu'il apprendra le résultat de son crime, le nombre de morts, celui des blessés et des invalides à vie. C'est à la télévision qu'il regardera les survivants et écoutera les témoins épouvantés[20] et les autorités navrées[21]. L'intensité des souffrances causées à tant d'êtres humains donne la mesure de l'atrocité du crime et de l'inhumanité du terroriste, elle appelle à s'interroger sur la logique délirante[22] de ses motivations.

Car le terroriste, par un paradoxe insoutenable[23], invoque[24] toujours une justification morale à ses crimes. Il tue au nom d'une idéologie et se veut le combattant d'une juste cause. L'attentat aveugle[25] qu'il commet est, il le promet, acte de vengeance[26]. Et son insensibilité au moment de l'action se nourrit d'une argumentation dont il faut déceler[27] les sources et dégager les finalités[28] pour mieux le combattre.

1 **une décennie** 10 ans
2 **le PDG** le président-directeur général
3 **le RER** Regionalschnellbahn
4 **ciblé,e** qui a une *cible* (un but) précise
5 **atroce** barbare, cruel
6 **entendre** *ici:* comprendre
7 **un nihiliste** qn qui refuse toute valeur morale
8 **un archiduc** Erzherzog
9 **abattre qn** tuer qn
10 **susciter** faire naître
11 **se déguiser** mettre les vêtements de qn d'autre
12 **outrager** offenser
13 **ériger qn en qc** jdn zu etw. hochstilisieren
14 **autoproclamé,e** selbst ernannt
15 **arbitraire** willkürlich
16 **le sort** le destin (Schicksal)
17 **déchiqueter** déchirer
18 **un engin** *ici*: une bombe
19 **meurtrier, -ère** qui tue
20 **épouvanté,e** qui a (eu) très peur
21 **navré,e** très triste
22 **délirant,e** fou (–> le délire)
23 **insoutenable** qu'on ne peut pas *soutenir* (supporter)
24 **invoquer qc** faire appel à qc
25 **(un) aveugle** (qn) qui ne peut rien voir
26 **la vengeance** le fait de se *venger* (rächen)
27 **déceler** montrer, découvrir
28 **la finalité** le but

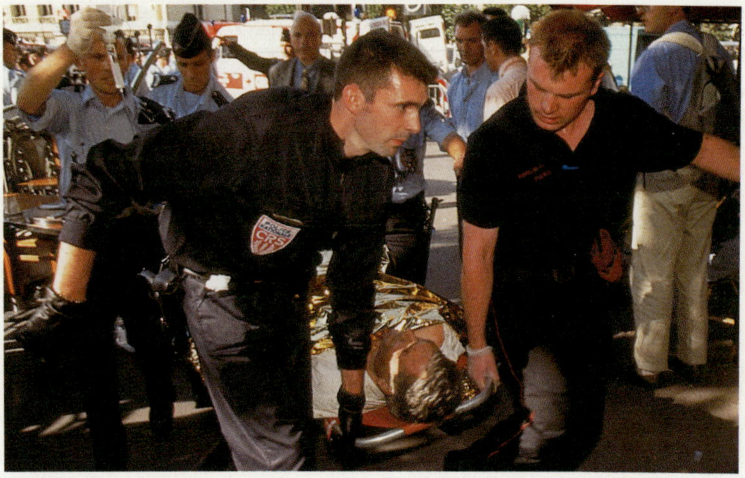

Après un attentat à la bombe, le 25 juillet 1995 à Paris.

29 **dissimuler** cacher
30 **la revendication** *ici:* la volonté de porter la responsabilité (de qc)
31 **faire défaut** *m* manquer

Or, s'agissant du terrorisme qui nous frappe si cruellement en France, non seulement ses auteurs mais leurs motivations demeurent dissimulés[29]. S'agissant de l'ETA espagnol, de l'IRA irlandaise ou du Hamas palestinien, la revendication[30] suit immédiatement l'action. L'une et l'autre s'inscrivent dans des conflits déterminés, dont les éléments politiques sont connus. En revanche, dans le cas des attentats commis à Paris, le silence paraît la règle. Les motivations proclamées ou les revendications formulées font ici défaut[31]. Le mystère renforce la terreur. Les démocraties, en revanche, ont toujours conduit leur lutte contre le terrorisme avec succès lorsque les citoyens savaient qui les menaçait et pourquoi. A cet égard, la confiance que la nation tout entière fait à ceux qui ont la responsabilité de son sort appelle, de leur part, la plus grande clarté possible compatible avec les exigences de la lutte contre le terrorisme.

Robert Badinter, *Le Nouvel Observateur*, 24 août 1995 (texte abrégé).

1 Relevez les informations principales du texte de Robert Badinter, puis faites le plan du texte.
2 Pourquoi les attentats aveugles sont-ils particulièrement inhumains ?
3 D'après vous, comment des Etats démocratiques peuvent-ils, de nos jours, lutter contre le terrorisme ? (Travaillez en groupes.)

7 Assassins ou justiciers ?

La scène se passe dans un appartement parisien. Trois terroristes islamistes, Ahmed, Djemal et Nadia, s'apprêtent[3] à commettre un nouvel attentat. L'Organisation à laquelle ils appartiennent a pris pour cible une école maternelle. Ce choix les divise.

1 **un assassin** qn qui tue volontairement
2 **un justicier** qn qui rend la justice (Rächer)
3 **s'apprêter** se préparer
4 **(tirer) à bout portant** de très près

NADIA : Pourrais-tu, toi, Ahmed, les yeux ouverts tirer à bout portant[4] sur un enfant ?
AHMED : Je le pourrais si l'Organisation le commandait.
NADIA : Pourquoi fermes-tu les yeux ?
AHMED : Moi ? j'ai fermé les yeux ?
NADIA : Oui.

AHMED : Alors, c'était pour mieux imaginer la scène et répondre en connaissance de cause.

NADIA : Ouvre les yeux et comprends que l'Organisation perdra ses pouvoirs et son influence si elle continue de tolérer que des enfants soient broyés[5] par nos bombes.

AHMED : Je n'ai pas assez de cœur pour ces niaiseries[6]. Quand nous nous déciderons à oublier les enfants, ce jour-là, nous serons les maîtres du monde et la révolution triomphera.

NADIA : Ce jour-là, la révolution sera haïe[7] de l'humanité entière.

AHMED : Qu'importe si nous l'aimons assez fort pour imposer le Coran à l'humanité entière et la sauver d'elle-même et de son impiété[8].

NADIA : Et si l'humanité entière rejette la révolution ? Et si le peuple entier, pour qui tu luttes, refuse que ses enfants soient tués ? Faudra-t-il le frapper aussi ?

AHMED : Oui, s'il le faut, et jusqu'à ce qu'il comprenne. Moi aussi j'aime le peuple.

NADIA : L'amour n'a pas ce visage.

AHMED : Qui le dit ?

NADIA : Moi, Nadia.

AHMED : Tu es une femme et tu as une idée malheureuse de l'amour.

NADIA : Mais j'ai une idée juste de ce qu'est la honte.

DJEMAL *(sortant de son silence)* : Ahmed, tout le monde t'aime et te respecte dans notre banlieue. Mais, quelles que soient tes raisons, je ne puis te laisser dire que tout est permis. Nos pères sont morts pendant les guerres de libération[9] pour qu'on sache que tout n'est pas permis.

AHMED : Rien n'est défendu de ce qui peut servir notre cause.

DJEMAL : Il s'agit de savoir si, tout à l'heure, nous lancerons des bombes contre ces enfants.

AHMED : Des enfants ! Vous n'avez que ce mot à la bouche. Il y avait déjà des enfants quand nous avons lancé la bombe, l'autre jour, dans le métro, et vous n'avez rien dit ! Ne comprenez-vous donc rien ? Il n'y a pas de limites. La vérité est que vous ne croyez plus à la révolution.

DJEMAL : Ahmed, j'ai honte de nous depuis la mort de Khaled[10]. Je ne te laisserai pas continuer. J'ai accepté de tuer pour renverser[11] le régime de Satan. Mais derrière ce que tu dis je vois s'annoncer un autre despotisme qui, s'il s'installe jamais, fera de moi un assassin alors que j'essaie d'être un justicier ...

Alain Rollat, *Le Monde,* 9 octobre 1995
(adaptation très libre d'une scène du deuxième acte des *Justes,*
d'Albert Camus, 1949).

5 **broyer** écraser; *ici:* tuer
6 **une niaiserie** une bêtise
7 **haïr** ≠ aimer (–> la haine)
8 **l'impiété** *f* ≠ le respect de la religion

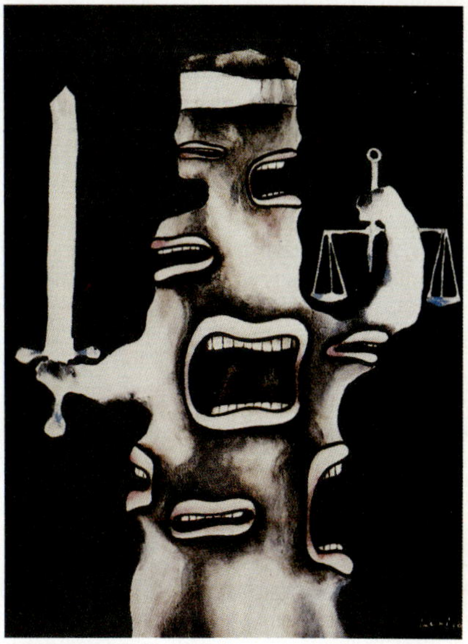

Dans quelle mesure cette affiche de Jan Lenica pourrait-elle illustrer le texte de Rollat ?

9 **les guerres de libération** *ici:* la guerre d'Algérie (1954-1962)
10 **Khaled** Khaled Kelkal, terroriste islamiste tué en septembre 1995
11 **renverser** *ici*: éliminer, détruire

1 Récapitulez les prises de position des trois terroristes et dites en quoi Ahmed s'oppose aux deux autres.
2 Expliquez la phrase de Nadia que « l'amour n'a pas ce visage » (L. 23).
3 a) « Je ne puis te laisser dire que tout est permis » (L. 29 - 30). Expliquez cette phrase dans son contexte.
b) Rédigez un commentaire autour de cette déclaration de Djemal. Développez votre argumentation à partir d'événements réels tirés de l'actualité politique ou de l'histoire. (Voir aussi les conseils donnés à la page 22.)
4 a) Lisez le premier acte des *Justes,* d'Albert Camus, puis résumez-le ou préparez un exposé oral sur la situation qu'il met en scène. (Pour l'exposé oral, voir les conseils donnés à la page 67 ; pour le résumé, voir page 17.)
b) Lisez le deuxième acte de cette pièce et comparez le texte du *Monde* au texte original de Camus. Quels parallèles et quelles différences constatez-vous ?
5 Peut-on considérer Djemal et Ahmed, les « terroristes du métro », comme des « Justes »? (Voir aussi le texte de Robert Badinter, pages 95 - 96.) Prenez position et discutez du sujet.

8 Les mains sales

Cette pièce de Jean-Paul Sartre se déroule[1] en Illyrie, un Etat imaginaire situé entre l'Allemagne et la Russie, alors que ces deux pays sont en guerre l'un contre l'autre. Hoederer, le chef du Parti Prolétarien, propose de conclure[2] un accord avec ses adversaires politiques afin de sauver des vies humaines … mais aussi d'assurer à long terme l'influence de son parti. Hugo, son secrétaire, est choqué par ces méthodes.

HUGO : Hoederer, je … je sais mieux que vous ce que c'est que le mensonge ; chez mon père tout le monde se mentait, tout le monde me mentait. Je ne respire que depuis mon entrée au Parti. Pour la première fois j'ai vu des hommes qui ne mentaient pas aux autres hommes. Chacun pouvait avoir confiance en tous et tous en chacun, le militant le plus humble[3] avait le sentiment que les ordres des dirigeants lui révélaient[4] sa volonté profonde, et s'il y avait un coup dur, on savait pourquoi on acceptait de mourir. Vous n'allez pas …

HOEDERER : Mais de quoi parles-tu ?

HUGO : De notre Parti.

HOEDERER : De notre Parti ? Mais on y a toujours un peu menti. Comme partout ailleurs. Et toi, Hugo, tu es sûr que tu ne t'es jamais menti, que tu n'as jamais menti, que tu ne mens pas à cette minute même ?

HUGO : Je n'ai jamais menti aux camarades. Je … A quoi ça sert de lutter pour la libération des hommes, si on les méprise[5] assez pour leur bourrer le crâne[6] ?

HOEDERER : Je mentirai quand il faudra et je ne méprise personne. Le mensonge, ce n'est pas moi qui l'ai inventé : il est né dans une société divisée en classes et chacun de nous l'a hérité[7] en naissant. Ce n'est pas en refusant de mentir que nous abolirons[8] le mensonge : c'est en usant de tous les moyens pour supprimer[9] les classes.

HUGO : Tous les moyens ne sont pas bons.

HOEDERER : Tous les moyens sont bons quand ils sont efficaces.

HUGO : Alors, de quel droit condamnez-vous la politique du Régent ? Il a déclaré la guerre à l'URSS parce que c'était le moyen le plus efficace de sauvegarder[10] l'indépendance nationale.

HOEDERER : Est-ce que tu t'imagines que je la condamne ? Il a fait ce que n'importe[11] quel type de sa caste aurait fait à sa place. Nous ne luttons ni contre des hommes ni contre une politique mais contre la classe qui produit cette politique et ces hommes.

HUGO : Et le meilleur moyen que vous ayez trouvé pour lutter contre elle, c'est de lui offrir de partager le pouvoir avec vous ?

HOEDERER : Parfaitement. Aujourd'hui, c'est le meilleur moyen. *(Un temps.)* Comme tu tiens à ta pureté[12], mon petit gars ! Comme tu as peur de te salir les mains. Eh bien, reste pur ! A qui cela servira-t-il et pourquoi viens-tu parmi nous ? La pureté, c'est une idée de fakir et de moine[13]. Vous autres, les intellectuels, les anarchistes bourgeois, vous en tirez prétexte[14] pour ne rien faire. Ne rien faire, rester immobile, serrer les coudes[15] contre le corps, porter des gants. Moi j'ai les mains sales. Jusqu'aux coudes[16]. Je les ai plongées[17] dans la merde et dans le sang. Et puis après ? Est-ce que tu t'imagines qu'on peut gouverner innocemment ?

HUGO : On s'apercevra peut-être un jour que je n'ai pas peur du sang.

HOEDERER : Parbleu[18] : des gants rouges, c'est élégant. C'est le reste qui te fait peur. C'est ce qui pue[19] à ton petit nez d'aristocrate.

1 **se dérouler** se passer
2 **conclure** *ici*: signer
3 **humble** simple, pauvre
4 **révéler** montrer, faire comprendre
5 **mépriser qn** ≠ respecter qn
6 **bourrer le crâne à qn** raconter des mensonges à qn
7 **hériter** erben
8 **abolir** annuler
9 **supprimer** faire disparaître
10 **sauvegarder** sauver, assurer
11 **n'importe quel,le** jede(r) andere(r)
12 **la pureté** –> pur; *ici*: l'honnêteté, l'intégrité
13 **un moine** Mönch
14 **un prétexte** une fausse raison (Vorwand)
15 **serrer les coudes …** *ici*: ne rien faire
16 **un coude** Ellbogen
17 **plonger qc** hineintauchen
18 **parbleu** *vx* bien sûr
19 **puer** *fam* sentir mauvais

Jean-Paul Sartre,
Les mains sales,
Editions Gallimard, Paris, 1948.

1 a) En quoi consistent les positions des deux protagonistes et en quoi s'opposent-elles ?
b) Comparez-les avec celles d'Ahmed et de Djemal dans le texte d'Alain Rollat ou celles de Stepan et Kaliayev dans *Les Justes* de Camus. Quelles ressemblances et quelles différences voyez-vous ?

2 A votre avis, est-il possible de « gouverner innocemment »? (L. 40) Discutez du problème à la lumière d'exemples pris hors du texte.

3 Expliquez et commentez la phrase de Hoederer : « *Le mensonge est né dans une société divisée en classes et chacun de nous l'a hérité en naissant.* » (L. 16 - 18)

4 a) Hugo peut être considéré comme un représentant du communisme « pur et dur ». Rédigez sous sa plume un manifeste dans lequel il décrit l'homme de demain ainsi que la société idéale.
b) Cette société et cet homme idéal existent-ils déjà quelque part dans le monde ? Ont-ils une chance de voir le jour à l'avenir ? Justifiez votre opinion.

9 Du PCF à l'écologie

« Je suis né il y a 45 ans à La Mothe-Achard, en Vendée, dans une famille chrétienne. Très tôt, mes parents m'ont enseigné la foi et le refus de l'injustice. C'est tout naturellement, alors que j'étais cuisinier dans un lycée catholique de Nantes, que je me suis engagé dans les rangs de la Jeunesse ouvrière chrétienne, la JOC.

Moi, je marche au feeling. Marx et tout ça, c'est intéressant mais il a fait son temps. Et puis, on ne m'embrigade[1] pas ! Si j'ai adhéré[2] au PCF en 1977, c'était pour la justice.

A la cellule[3] du Parti de Saint-Brévin, on était une équipe de copains. Ça débattait[4] dur. Il y en a qui ne voulaient pas voter Mitterrand en 1981. Le communisme, c'est une religion laïque. Et puis, je n'avais pas un tempérament à avaler des couleuvres[5]. La Tchécoslovaquie, la Pologne, j'avais accepté. Mais l'Afghanistan, ça ne passait pas ! En 1982, je ne pouvais plus supporter la langue de bois[6] ... Je suis parti. Pendant plusieurs années, j'ai choisi de réfléchir, de méditer. Puis, je me suis dit que je n'allais pas rester à regarder le monde tourner sans rien faire.

Tout enfant, mes parents m'ont appris à ne pas m'occuper que de ma petite personne. J'étais toujours syndiqué à la CFDT[7]. Je me suis intéressé à l'écologie politique. J'avais dépassé le stade de la lutte des classes et ma réflexion se portait sur l'évolution de la planète. C'était l'époque de Tchernobyl. J'ai toujours aimé la nature ... En 1987, je me suis engagé chez les Verts. En 1988, j'ai été candidat aux cantonales[8] dans mon secteur. Il y a de tout, chez les écolos, des gens sincères[9], des gens corporatistes[10]. A mes yeux, un peu trop de petits chefs et de carriéristes[11]. A Saint-Père-en-Retz, aux cantonales, j'ai fait le meilleur score[12] de la Loire-Atlantique : 7 %. Mais la ligne politique des Verts n'était pas très claire. Et puis, je m'ennuyais un peu. Trop d'énergie gaspillée[13], trop d'intellectualisme. J'ai pris mes distances, tout en restant sympathisant. Moi, ce que j'aime, c'est le terrain[14]. J'ai beaucoup bossé[15] la question de l'eau. Je travaille à temps partiel, je m'éclaire[16] au solaire, je cultive mes légumes bio, je travaille sur les déchets. J'ai adhéré à Greenpeace. Je fais des choses, ici, avec des copains. Vous savez, tant qu'on ne sait rien faire soi-même, on est dépendant du système ... »

Dominique Potier (propos recueillis par Alain Besson),
Ouest-France, hors série, janvier 1995.

1 **embrigader qn** eingliedern (-> une brigade)
2 **adhérer à** devenir membre de
3 **une cellule** un groupe local (du PCF)
4 **débattre** discuter
5 **une couleuvre** Blindschleiche; *ici:* **avaler des couleuvres** Kröten schlucken
6 **la langue de bois** polit. Phrasendrescherei

7 **la CFDT** un syndicat de tendance gauche modérée

8 **les cantonales** *ici*: les élections cantonales
9 **sincère** franc, honnête
10 **corporatiste** *ici:* nur auf die Interessen der eigenen Gruppe bedacht
11 **(un) carriériste** (qn) qui veut faire carrière
12 **un score** un résultat
13 **gaspiller** ≠ économiser
14 **le terrain** *ici:* tout ce qui est concret
15 **bosser** *fam* travailler; *ici:* étudier
16 **s'éclairer à qc** tirer la lumière qu'on utilise de qc

Action de Greenpeace, à La Hague, pour protester contre le dépôt de déchets nucléaires étrangers en Normandie.

1 Reconstituez les différentes étapes du parcours « politico-social » de Dominique Potier. Pour chaque étape, dites ce qui l'a attiré et ce qui l'a repoussé.
2 Qu'est-ce que Dominique Potier reproche aux Verts, concrètement ?
3 Expliquez et commentez la phrase : *« Tant qu'on ne sait rien faire soi-même, on est dépendant du système »* (L. 32 - 33).

Les principaux partis de gauche

1 Le Parti socialiste (PS)

1905 Fondation de la Section française de l'Internationale ouvrière (SFIO).
1969 Le parti change de nom et devient le Parti socialiste.
1971 François Mitterrand est élu Premier secrétaire du parti.
1981 Mitterrand est élu président de la République (le PS est alors le parti le plus important); il est réélu en 1988.
1993 Aux élections législatives, le PS obtient moins de 20% des voix.
1995 Aux présidentielles, le candidat du PS est battu par Jacques Chirac.

2 Le Parti communiste français (PCF)

1920 Création du parti par un groupe d'anciens membres de la SFIO.
1945 Le PC, qui a joué un rôle important pendant la Résistance, est alors le plus grand parti français.
Il participe à plusieurs gouvernements, dont celui du général de Gaulle après la Libération et celui de Pierre Mauroy en 1981.
1995 Le PCF qui, depuis 1945, était resté fidèle à l'(ex-)URSS, a perdu beaucoup de ses électeurs (8,7 % au premier tour des élections présidentielles, contre plus de 20 % dans les années 70).

3 Les Verts

Depuis le départ d'Antoine Waechter en 1993 (voir le texte suivant), on a tendance à considérer les Verts français comme un parti de gauche.

(Pour les partis de droite, voir page 104.)

10 Les Verts

Que savez-vous du programme politique des *Grünen* en Allemagne et de leurs succès électoraux ?

1 Un mouvement divisé

1984 : Fusion, sous le nom *Les Verts* , de plusieurs mouvements écologistes. Antoine Waechter, qui en est alors le porte-parole[1] le plus influent, engage le parti dans la ligne « ni-ni » (ni droite, ni gauche).
Vers la fin des années 80, les écolos remportent un certain succès électoral à l'échelon[2] municipal et européen. Waechter n'obtient pourtant que 3,78 % des voix aux présidentielles de 1988. Cette même année, l'écologiste Brice Lalonde devient secrétaire d'Etat à l'Environnement (puis ministre, en 1991).
1990 : Brice Lalonde fonde *Génération Ecologie.*
1993 : Dominique Voynet prend la tête des *Verts* et engage un tournant à gauche. Antoine Waechter quitte alors le parti et fonde le *Mouvement écologiste indépendant.*
1995 : Aux élections présidentielles, Dominique Voynet, seule candidate écologiste, obtient à peine plus de 3 % des voix au premier tour. (Waechter et Lalonde, d'abord candidats, s'étaient retirés pour ne pas affaiblir[3] Voynet, mieux placée dans les sondages.)

1 **un porte-parole** qn qui s'exprime au nom d'une organisation
2 **un échelon** un niveau
3 **affaiblir** –> faible

2 Demandez le programme ...

Extraits du programme des Verts (cité dans *Le Nouvel Observateur* du 20 avril 1995) :

Chômage
- Passage immédiat aux 35 heures sans perte de salaire
- Relance du logement social
- Développement des services publics : augmentation du nombre des infirmières, des enseignants, multiplication par trois du nombre de crèches[4]

4 **une crèche** (Kinder)Krippe

Politique nucléaire
- Arrêt immédiat de la construction de nouvelles centrales nucléaires
- Sortie commune du nucléaire des pays européens
- Abandon[5] de l'armement nucléaire
- Développement des énergies renouvelables[6]

5 **l'abandon** *m* –> abandonner
6 **renouvelable** qu'on peut *renouveler* (erneuern); *ici:* Alternativ-

Politique européenne
- Construire l'Europe des régions
- Droit de vote pour les immigrés en France et en Europe

Lisez les informations données ci-dessus sur l'histoire et le programme des écologistes en France et dites quelles sont les différences et les ressemblances qu'il y a entre eux et le mouvement des *Grünen* en Allemagne.

11 Les écolos en perte de vitesse

Avec 3,36 % des voix en métropole, Dominique Voynet perd près d'un demi-point et quelque 150 000 voix par rapport au résultat de M. Waechter en 1988.

Alors que l'ancien porte-parole était parvenu à « *régionaliser* » le vote écologiste, principalement en Alsace, mais aussi dans la région Rhône-Alpes, en Franche-Comté, en Lorraine et en Bretagne, Mme Voynet ne réussit à franchir la barre[1] des 5 % que dans un seul département, le sien, celui du Jura. Le vote écologiste recule[2] non seulement en pourcentage, mais également en voix, dans une série de départements où les groupes locaux passent[3] pourtant pour être actifs. C'est même dans le Nord-Pas-de-Calais, dont le conseil régional est présidé par Marie-Christine Blandin (Verts), que Mme Voynet obtient son plus mauvais résultat (2,30 %).

Quelles que soient les « *nuisances*[4] » provoquées par les candidatures de Brice Lalonde et d'Antoine Waechter, il est manifeste qu'il n'y a pas de corrélation entre la présence de militants sur le terrain et le résultat de l'élection présidentielle. Il est vrai que les uns s'activent souvent sur des dossiers ayant trait[5] à la protection de l'environnement, à l'énergie ou aux transports, tandis que la candidate a principalement tenu un discours globalisant[6], portant sur l'exclusion[7], la réduction du temps de travail ou les rapports Nord-Sud.

Les électeurs, notamment les « *déçus du mitterrandisme* », qui s'étaient volontiers portés sur le vote écologiste aux élections régionales de 1992 n'ont pas perçu[8] l'utilité de renouveler un tel vote dès lors[9] qu'il s'agissait de choisir le président de la République. Les écologistes sont-ils donc condamnés à n'exister qu'aux élections municipales ? Après la déception causée par le resultat des élections législatives de 1993, l'échec complet des élections européennes de 1994, les querelles persistantes[10] des principaux animateurs de l'écologie politique, ce nouvel objectif n'est même plus assuré.

Un autre enseignement a trait à l'addition du « rouge » et du « vert ». Les renforts[11] de voix venues de l'extrême-gauche et des dissidents communistes ont vraisemblablement fait fuir une partie de l'électorat écologiste modéré. Or il s'agit là de la nouvelle stratégie des Verts. En choisissant de s'engager dans la voie de la recomposition avec la gauche dite « *alternative* » plutôt que de chercher à « *écologiser* » de l'intérieur la gauche traditionelle, les Verts n'ont peut-être pas soupçonné[12] à quel point la route serait longue.

1 **franchir la barre de** passer au-dessus de
2 **reculer** ≠ avancer
3 **passer pour** den Ruf haben

4 **une nuisance** Belästigung (–> nuire) *ici:* Behinderung

5 **avoir trait à** se rapporter à
6 **globaliser** généraliser
7 **l'exclusion** *f* *ici:* le fait d'*exclure* (ausschließen) qn de la société

8 **percevoir** *ici:* sentir, comprendre
9 **dès lors que** quand

10 **persister** durer, rester
11 **un renfort** *ici:* un supplément
12 **soupçonner (qc)** *ici:* se douter (de qc)

Jean-Louis Saux,
Le Monde, Dossiers et Documents,
mai 1995.

Le « barrage » du scrutin majoritaire

Le scrutin *majoritaire* à deux tours est le mode d'élection le plus souvent utilisé en France. Selon ce système, seul le candidat qui a obtenu la majorité relative des voix dans sa circonscription (canton, commune ou arrondissement) est élu. Un parti qui obtient en moyenne 20 % des voix mais dont aucun candidat n'a la majorité dans sa circonscription n'a droit à aucun siège dans l'assemblée élue (avec le système *proportionnel,* ce parti obtiendrait alors 20 % des sièges).
Le scrutin majoritaire est donc favorable aux grands partis, qui forment des blocs plus stables que des coalitions comportant un grand nombre de petits partis. (Une coalition stable dans les assemblées législatives facilite l'action à long terme de l'exécutif.)
Le succès relatif des Verts aux élections des assemblées régionales et du Parlement européen s'explique, entre autres, par le fait que les membres de ces assemblées sont élus au scrutin proportionnel.

1 Récapitulez les raisons de « l'échec » de Dominique Voynet aux élections présidentielles.
2 Pourquoi les Verts ont-ils obtenu de meilleurs résultats aux élections régionales et municipales ? (Voir aussi l'encadré sur le « scrutin majoritaire », page précédente.)

12 « Oui, nous votons Le Pen. »

1 Elle est française, Anita. Née il y a 47 ans à Roubaix, ville de filatures[1], elle a commencé à travailler dans le textile à 14 ans, et a décidé qu'elle ne supportait plus les Arabes au début des années 80. « *Il y a quinze ans, j'ai commencé à en avoir vraiment marre,* raconte Anita. *Les Français étaient licenciés et on gardait les Maghrébins, parce qu'ils étaient moins chers et qu'on avait peur qu'ils deviennent délinquants. Dans les rues, c'était comme à l'usine : on ne voyait qu'eux. Dans les pharmacies, pareil : ils achetaient sans arrêt des médicaments pour les envoyer dans leur pays.* »
Anita est donc partie. Fille de militants communistes, elle a frappé à la porte du Front. Les dirigeants locaux du FN se sont méfiés de cette ex-rouge qui avait, disait-on, milité à la CGT[2] … Anita les a rassurés. Elle est une vraie : « *Le Front est le seul parti qui parle aux Français. Le seul qui ose aller dans les quartiers colonisés. Les autres, on ne les voit qu'au moment des élections. L'UDF et le RPR aiment les Français, mais ils ont la trouille*[3] *de nous défendre …* »
Anita est nostalgique d'une France disparue en même temps que les filatures fermaient : « *Plus de foire*[4] *ou de carnaval, ne restent que la délinquance et les boutiques chinoises. Et les Arabes, partout, partout !* »

2 Michel Lefebvre, 75 ans, est le frère de l'évêque intégriste qui défia[5] la papauté[6]. Il habite à Tourcoing dans un hôtel particulier[7] du XVIIIe siècle, qui raconte, par son entrée monumentale et son jardin entouré d'arbres, ce que fut le vieux Tourcoing au temps de sa richesse. Signe des temps : il y a plusieurs années, il a dû louer les étages supérieurs de son hôtel à des étudiants. Ancien chef d'entreprise, dans la confection comme tant de familles de Tourcoing, il adhère au RPR en 1980, un parti dont il possède toujours la carte. Pourtant, lors d'un meeting de Jean-Marie Le Pen à Lille, il est séduit[8] par un homme pour qui il votera désormais. « *Il parlait très bien de l'immigration et de la défense de notre civilisation gréco-romaine, qui me préoccupe depuis des années.* » Deux aspects du discours lepéniste ont conquis[9] Michel Lefebvre : le choc « *insupportable* » de deux civilisations « *qui ne peuvent se mélanger* » ; la charge[10] contre Maastricht et la Commission européenne, « *tout aussi insupportable ! Des directives*[11] *de Bruxelles sont considérées comme juridiquement supérieures à des décisions nationales votées démocratiquement* ». Il a cherché « *en vain*[12] » au RPR des hommes politiques capables de s'opposer aux eurocrates qu'il déteste. Sans jamais en trouver. « *C'est une véritable dictature de gens sans nom.* » Les usines de sa ville ont fermé les unes après les autres. La sienne a subi[13] le même sort en 1983. « *L'Europe* », accuse-t-il.

L'Evénement du jeudi, 21 septembre 1995.

1 **une filature** Spinnerei
2 **la CGT** un syndicat français de tendance communiste
3 **la trouille** *pop* la peur
4 **une foire** Jahrmarkt
5 **défier** herausfordern
6 **la papauté** Papsttum; *ici:* le pape
7 **un hôtel particulier** la résidence de ville d'un noble (ou d'un riche)
8 **séduire (qn)** attirer, charmer
9 **conquérir** *ici*: convaincre, séduire
10 **une charge** *ici:* une attaque massive
11 **une directive** une instruction, un ordre
12 **en vain** sans succès
13 **subir** erleiden

Une rue du quartier de l'Alma, à Roubaix.

Lille-Roubaix-Tourcoing

Vaste agglomération urbaine de plus de 1,3 million d'habitants, dans la région Nord-Pas-de-Calais. Avec 15 % de chômeurs, cette vieille région industrielle a aujourd'hui un taux de chômage supérieur à la moyenne nationale, dû à la disparition presque totale de ses activités traditionnelles (charbon, sidérurgie, textile).
Les immigrés représentent un fort pourcentage de la population de ces villes, où ils forment parfois de véritables ghettos, comme par exemple à Roubaix, dans le quartier de l'Alma.
Le Front national est fortement implanté dans l'agglomération : Lors des élections présidentielles de 1995, Le Pen y a obtenu plus de 18 % des voix au premier tour, arrivant ainsi en seconde position derrière le candidat socialiste, mais devant Jacques Chirac.

1 Dites pour quelles raisons Michel Lefebvre et Anita adhèrent au Front National et quels reproches ils font aux partis traditionnels.
2 Lisez l'encadré ci-dessus et expliquez pourquoi le FN a obtenu de bons résultats dans la région Lille-Roubaix-Tourcoing.

Les partis de droite

1 Le Rassemblement pour la République (RPR)
1976 Fondation du parti, qui rassemble la plupart des membres de l'ancien RPF (créé par de Gaulle après la guerre). Le RPR se dit l'« héritier » des idées gaullistes, il est pour une France forte et indépendante sur le plan international. Président du parti : Jacques Chirac.
1974 Chirac Premier ministre pour deux ans sous Giscard d'Estaing.
1986 Il devient Premier ministre « de cohabitation » sous Mitterrand.
1993 Aux élections législatives, le RPR arrive en tête avec 20 % des voix.
1995 Jacques Chirac, candidat commun du RPR et de l'UDF, est élu président de la République.

2 L'Union pour la Démocratie française (l'UDF)
1978 Fondation de l'UDF pour soutenir Valéry Giscard d'Estaing, alors président de la République. L'Union regroupe plusieurs petits partis de la droite républicaine et libérale non gaulliste. Elle est « alliée » au RPR par différents accords.
1981 Aux élections présidentielles, Giscard, candidat commun de l'UDF et du RPR, est battu par François Mitterrand (PS).
1993 Aux élections législatives, l'UDF obtient 19 % des voix.

3 Un parti d'extrême-droite : Le Front national (FN)
1972 Fondation du FN par Jean-Marie Le Pen, son actuel président, et plusieurs autres personnalités d'extrême-droite.
1995 Elections présidentielles : Le Pen obtient 15 % des voix au 1er tour. Elections municipales : le FN n'a que 4 % des voix pour l'ensemble de la France, mais il réussit à arriver en tête dans plusieurs grandes villes.

(Pour les partis de gauche, voir page 100.)

13 Le Front : tout un programme ...

1 Savez-vous quand et pourquoi la plupart des travailleurs immigrés qui habitent aujourd'hui en Allemagne y sont venus ? Que savez-vous sur le rôle qu'ils jouent dans la vie économique du pays ?
2 Quels sont les critères d'après lesquels on peut accorder la nationalité allemande à un étranger ?
3 Que savez-vous du programme des partis d'extrême-droite allemands ?

1 Le départ des immigrés du tiers-monde

– Etablir dans tous les domaines la préférence nationale et européenne (logement, emploi, aide sociale)

– Organiser véritablement le retour des immigrés dans leurs pays d'origine, arrêter toute nouvelle immigration, contrôle très sévère de la filière[1] des réfugiés[2] politiques.

– Réforme du code[3] de la nationalité selon le « droit du sang ».

2 La peine de mort

Rétablissement de la peine de mort pour les assassins, les terroristes et les grands délinquants de drogue.

1 **une filière** Netz von Mittelspersonen
2 **un réfugié** Flüchtling
3 **le code** l'ensemble des lois
4 **le revenu** l'argent dont on dispose
5 **maternel,le** –> la mère
6 **le SMIC** salaire minimum de croissance (gesetzl. Mindestlohn)
7 **la suppression** –> supprimer
8 **un avortement** Abtreibung
9 **le tchador** islam. Kopftuch
10 **l'héritage** *m* –> *hériter* (erben)
11 **sauvage** *ici*: non contrôlé
12 **la dénonciation** Anprangerung; *ici*: une annulation
13 **l'approbation** *f* –> approuver, dire oui
14 **une rupture** Bruch

3 Le revenu maternel pour les mères françaises

- Revenu[4] maternel[5] équivalent au SMIC[6] pour toutes les mères de familles nombreuses à condition qu'elles soient françaises.
- Suppression[7] de la législation actuelle de l'avortement[8].

4 L'enseignement

- Respect du principe de neutralité dans l'enseignement public (interdiction absolue du port du tchador[9]).
- Meilleur enseignement de l'histoire, de l'héritage[10] culturel, de l'orthographe et de la grammaire, fondements d'une éducation vraiment nationale.

5 Pour l'Europe des patries

- Politique commune contre les importations sauvages[11] menaçant notre industrie et notre agriculture.
- Renégociation des traités européens et dénonciation[12] des accords de Schengen et Maastricht.

L'approbation[13] des accords de Schengen et de Maastricht est, à des degrés divers, responsable de l'incroyable situation actuelle où 7 millions d'immigrés vivent en France, menaçant ainsi à la fois notre identité nationale (rupture[14] de l'homogénéité ethnique européenne et religieuse chrétienne), notre souveraineté (existence de zones de « non-droit »), notre paix civile (ghettos ethniques dans les grandes villes), notre sécurité et l'activité professionnelle des Français.

(Extraits du programme électoral du Front national.)

1 Décrivez et commentez les trois affiches électorales du Front national, p. 105 et 106. Quels points du programme illustrent-elles ?
2 Qu'est-ce qui, dans le programme du FN, permet de dire qu'il s'agit d'un parti d'« extrême-droite »?
3 Expliquez ce qu'est le « droit du sang », réclamé par le FN, et dites en quoi il s'oppose au « droit du sol », qui est en usage en France.
4 Que pensez-vous de l'argument selon lequel il faudrait protéger « l'homogénéité ethnique » en Europe ?
5 Décrivez le dessin de Tignous, p. 105. En quoi consiste la critique qui y est exprimée ?
6 Imaginez qu'un ami français, séduit par le programme du Front national, vous annonce qu'il a l'intention de voter pour Le Pen.
Ecrivez-lui une lettre dans laquelle vous essayez de le faire changer d'avis. (Pour cela, argumentez contre les idées du programme du FN.)

14 Qu'est-ce qui fait monter Le Pen ?

Des journalistes du Nouvel Observateur ont demandé à Emmanuel Todd et à Pascal Perrineau, deux politologues français, comment on pourrait expliquer les raisons du succès électoral de Jean-Marie Le Pen.

1 EMMANUEL TODD : Les zones où Le Pen a augmenté son score de plus de 2 à 3 % sont celles où les milieux populaires sont largement majoritaires. C'est-à-dire les régions Nord et Nord-Est. Je crois donc qu'on peut interpréter cette poussée[1] du lepénisme comme un surcroît[2] d'incrustation[3] dans les milieux populaires. A l'origine, le vote Front national est parti de zones liées à l'immigration. Aujourd'hui, l'immigration reste un thème important, mais le vote Le Pen s'identifie de plus en plus à un phénomène de décomposition du tissu[4] social.

2 PASCAL PERRINEAU : L'opinion publique reste très préoccupée par les problèmes de l'immigration et de l'insécurité. En 1994, une enquête de la SOFRES[5] a montré que près d'un tiers des Français approuvaient les idées de Jean-Marie Le Pen sur l'immigration et l'insécurité. Aujourd'hui encore une partie de l'opinion est à la recherche de boucs émissaires[6] : l'immigré, le délinquant, mais aussi l'eurocrate, l'homme politique. Ces données de fond expliquent le maintien[7] à un haut niveau du vote lepéniste. D'autant[8] que les peurs sont relancées[9] par la conjoncture. Le problème de l'immigration est réactivé par l'Europe de Schengen – la chute des frontières crée une grande inquiétude – et par la crise algérienne, qui fait craindre la venue en France des démocrates algériens ayant de plus en plus de difficultés à vivre dans leur pays. La litanie des scandales ravive[10] l'hostilité à la classe politique : sur ce créneau[11] de la dénonciation des politiciens qui seraient tous corrompus, l'extrême-droite a quelques longueurs d'avance. Le discours de Le Pen, qui ne cesse de dénoncer depuis des années ce qu'il appelle « l'établissement », acquiert[12] une certaine crédibilité[13].

Le Nouvel Observateur,
27 avril 1995 (1) et 6 avril 1995 (2).

1 **la poussée** le succès
2 **un surcroît** une augmentation, un supplément
3 **l'incrustation** *f* Einnisten, Verankerung
4 **le tissu social** soziales Netz
5 **la SOFRES** [sɔfʀɛs] un institut de sondage
6 **un bouc émissaire** Sündenbock
7 **le maintien** maintenir (Aufrechterhaltung)
8 **d'autant que** zumal
9 **relancer** réactiver, remettre en marche
10 **raviver** faire revivre
11 **un créneau** un domaine précis
12 **acquérir** gagner, obtenir
13 **la crédibilité** Glaubwürdigkeit

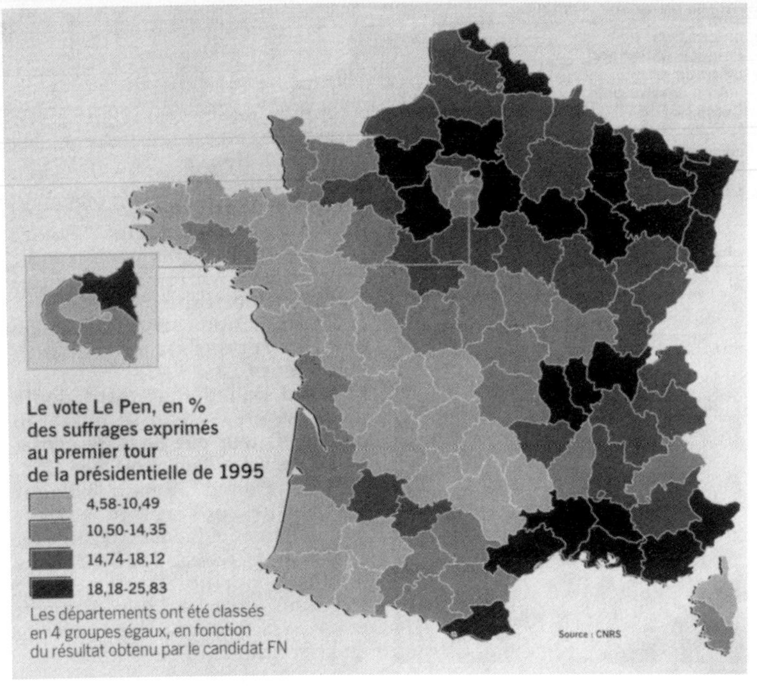

Aux élections présidentielles de 1995, Le Pen obtient le meilleur score de l'histoire du Front national : 15 % des voix au premier tour.
Il arrive en tête dans plusieurs départements : le Bas-Rhin (25,83 %), le Haut-Rhin (24,80 %), la Moselle (23,82 %), le Vaucluse (23,12 %), le Var (22,35 %), les Bouches-du-Rhône (21,43 %) et la Loire (21,08 %).
Il est également premier placé dans les villes de Tourcoing (26,99 %), Mulhouse (26,72 %), Toulon (23,98 %), Dreux (23,61 %), Avignon (23,36 %), Perpignan (22,83 %), Marseille (22,32 %) et Metz (17,05 %).

1 Regardez la carte ci-dessus et lisez la case-info, puis dites dans quel *genre* de région le Front national a le plus d'électeurs.
2 Récapitulez les problèmes politiques qui, sur le plan national et international, contribuent à faire monter Le Pen.
3 Quels changements peut-on constater chez les électeurs du Front national ?
4 Expliquez pourquoi les immigrés servent de boucs émissaires. Croyez-vous que les accusations portées soient justifiées ? Dites pourquoi (pas). Référez-vous aussi au texte d'Anita, page 103.
5 Décrivez la photo que vous voyez en bas de la page ci-contre. En quoi peut-elle paraître « bizarre » ?

15 Combattre les démagogues sur place

Si un chanteur ou un groupe que vous aimez soutenait ouvertement un parti d'extrême-droite (ou d'extrême-gauche), est-ce que vous boycotteriez ses concerts ou non ? Justifiez votre choix.

Après le succès du Front national aux élections municipales de 1995 dans plusieurs villes du Sud de la France, différents artistes ont décidé, en signe de protestation, d'annuler les concerts qu'ils devaient donner dans ces villes. La cantatrice[1] *Barbara Hendricks – une Noire américaine qui vit en France – a choisi une autre voie. Elle s'en explique dans une interview du magazine* Le Nouvel Observateur.

Le Nouvel Observateur : *Plusieurs élus du Vaucluse et le maire sortant*[2] *voulaient donner votre nom au nouveau collège d'Orange qui ouvrira en septembre. Le Front national ayant conquis la mairie, quelle est votre position ?*
Barbara Hendricks : J'ai été honorée de ce choix. Le lendemain des élections municipales, quelqu'un a laissé entendre que j'allais renoncer[3] et m'opposer au baptême[4] du collège. Or, je n'avais rien décidé du tout.

1 **une cantatrice** une chanteuse (d'opéra)
2 **le maire sortant** *ici*: l'ancien maire
3 **renoncer (à qc)** abandonner (qc)
4 **un baptême** Taufe

5 **adopter** *ici:* prendre
6 **une doléance** une plainte
7 **un germe** Keim
8 **une inclination** une tendance
9 **le rejet** –> rejeter
10 **la pression** Druck
11 **galoper** *ici:* courir

Ma position, en fin de compte, est celle que j'ai toujours adoptée[5] : si nous sommes artistes, soyons d'abord citoyens. Nous avons tous la même responsabilité civile, protéger certaines valeurs communes qui nous sont chères : la liberté, la démocratie. Faut-il rester, pour résister de l'intérieur, ou partir pour résister en exil ? J'ai choisi de rester. C'est mon choix personnel, et il n'est en rien dirigé contre le choix de quelqu'un d'autre.

– *Concrètement, comment pouvez-vous agir ?*

– Par le dialogue. Ce n'est pas de Paris ou de Bruxelles que la solution viendra. Il faut aller là-bas, écouter les gens, entendre leurs doléances[6], comprendre leur colère, chercher les causes réelles du mal qui gagne ces populations. Oui, nous avons tous en nous le germe[7] du racisme et de l'intolérance, toujours prêt à s'exprimer. Certains utilisent cette inclination[8] pour servir leurs ambitions personnelles. Ces démagogues, il faut les combattre sur place.

– *Et à Orange ?*

– Le fait d'aller là-bas, en disant aux gens : « *Je suis solidaire de votre résistance* », ce peut être plus important que la fuite ou le rejet[9]. J'aime mieux discuter avec les élèves de ce collège, que les laisser croire dans une idéologie négative. Boycotter peut être un moyen de pression[10] efficace, une manifestation de l'honneur tout à fait respectable, dans un pays en guerre notamment. Mais ce peut être aussi une fuite. On laisse galoper[11] un enfant bien portant ; on n'abandonne pas un enfant malade.

Propos recueillis par Ivan A. Alexandre,
Le Nouvel Observateur, 29 juin 1995 (texte abrégé).

1 Dites quel changement politique a eu lieu à Orange.
2 a) D'après Barbara Hendricks, un artiste a-t-il un rôle à jouer dans la vie politique ? Si oui, lequel ?
   b) Comment veut-elle combattre le FN ?
3 Dans le magazine *L'Evénement du jeudi* du 23 novembre 1995, le sociologue Pierre-André Taguieff distingue sept « stratégies anti-Front national » (récapitulées ci-dessous). Dites en quoi ces différentes stratégies vous semblent – ou non – efficaces.
   1 *La « diabolisation »:* Le FN est un parti de fascistes, proche des nazis. C'est pourquoi Le Pen doit être écrasé politiquement.
   2 *Le silence :* Moins on parle de Le Pen, moins on fait de publicité pour le FN.
   3 *L'imitation :* On banalise les thèmes du FN en les reprenant dans le programme des autres partis politiques pour y attirer les électeurs de Le Pen.
   4 *L'alliance :* On propose au FN des alliances électorales (surtout à l'échelon municipal) à condition qu'il « se modère ».
   5 *Le « front républicain »:* Tous les autres partis se déclarent prêts à des alliances électorales locales entre eux pour barrer la route aux candidats du Front national.
   6 *La lutte intellectuelle :* On prouve que chacun des arguments du FN est raciste et/ou stupide.
   7 *L'action sur les causes sociales :* On combat les problèmes socio-économiques qui ont permis la montée du FN.

Chapitre 6

La France et les autres

Allemagne, Europe, Francophonie

1 Heu-reux !

1 **un chauffard** un mauvais conducteur
grossier, -ère ≠ poli

2 **assister qn** *ici:* aider qn financièrement
sectaire intolérant, fanatique
un goinfre qn qui mange trop
un branleur *fam* qn qui ne fait rien d'utile

3 **un cancre** un élève paresseux

4 **impeccable** *ici:* parfait
courtois,e très poli, aimable
culotté,e qui a de l'audace (frech, dreist)
décliner *ici:* baisser, s'affaiblir

5 **jalousé,e** envié (beneidet)
donner sa langue au chat ne plus chercher la réponse

Wolinski,
Les Français me font rire, 1988.

1 a) Quels clichés se rapportant aux Français retrouvez-vous dans les dessins de Wolinski, ci-dessus ?
b) Parmi ces clichés, quels sont ceux que vous approuvez spontanément ? Pouvez-vous expliquer pourquoi ?
c) Y en a-t-il d'autres qui vous surprennent ou qui vous paraissent contraires à ce que vous pensez des Français ?
2 Comment comprenez-vous la dernière phrase : « *Le bonheur, c'est un métier* » ?

2 « Excusez-moi d'être français. »

Excusez-moi d'être français. C'est une mauvaise habitude que j'ai prise depuis que j'ai vu le jour et dont je n'ai jamais réussi à me corriger.
Je sais ce qu'elle peut avoir de fâcheux[1]. Les journaux britanniques, et d'autres aussi, se chargent[2] régulièrement de me le rappeler : je suis égoïste, vaniteux[3], servile[4], cocardier[5], incivique[6], inapte[7] aux grandes affaires, hargneux[8], indiscipliné, bavard[9], intempérant[10], je ne sors de chez moi que pour courir après la gloire, qui me fuit, houspiller[11] le gouvernement ou promener mon chien; je dévore[12] les grenouilles[13], et mes hontes en même temps, car j'appartiens au peuple le plus rossé[14] et souvent le plus déculotté[15] de la terre. Excusez-moi.
Il est arrivé souvent, il arrive encore qu'un individu quelconque, mais pauvre – la précision est importante – se sente des points communs avec moi, Français, qui crois bien n'en avoir avec personne. Il est né sous d'autres étoiles, sous un autre climat, dans une autre culture, une autre religion ; ses chevaux sont des zèbres, ses chats des panthères, ses platanes des palmiers[16] ; ses souvenirs ne sont pas mes souvenirs, la colonisation française n'a jamais planté son drapeau chez lui, et pourtant on l'entend, subitement pris de folie, crier « Vive la France ».
Voilà un bien grand mystère. Pourquoi cet homme, qui la plupart du temps ne parle pas ma langue, n'a pas lu mes auteurs, ne connaît pas mieux mon histoire que je ne la sais moi-même, lance-t-il au vent de la mer ou des montagnes ce cri qui ressemble à un appel ?

André Frossard, *Excusez-moi d'être Français,* Librairie Fayard, Paris 1992 (texte abrégé).

1 **fâcheux, -euse** désagréable
2 **se charger de** s'occuper de
3 **vaniteux, -euse** eitel
4 **servile** unterwürfig
5 **cocardier, -ière** chauvinistisch
6 **incivique** *vx* qui manque de *civisme* (staatsbürg. Gesinnung)
7 **inapte** incapable
8 **hargneux, -euse** zänkisch
9 **bavard,e** qui aime parler
10 **intempérant,e** excessif
11 **houspiller** attaquer
12 **dévorer** manger avidement (verschlingen)
13 **une grenouille** Frosch
14 **rosser** battre violemment
15 **déculotter** *ici: fam* adopter une attitude servile
16 **un palmier** Palme

Comment les Allemands voient la France

1. Quelle est pour vous l'image qui représente le mieux la France ?

	(en %)*
Un pays de monuments, de châteaux et de curiosités	67
Un pays de vacances	60
Un pays où il fait bon vivre	48
Un berceau[17] de la culture européenne …	32
Un concurrent important sur le plan économique en Europe	29
Un pays qui n'a pas encore surmonté[18] son passé de grande nation	20
Un pays où l'indépendance régionale est importante	16
Un pays riche et stable	13
Un ennemi traditionnel de l'Allemagne	10
Un pays qui vit en harmonie sociale et politique	7

2. Vous sentez-vous proche ou éloigné des Français en ce qui concerne :

	proche	assez distant	ne se prononce pas
La manière de travailler	15	82	3
La culture (l'éducation)	34	62	4
La façon de se distraire	32	64	4
Le tempérament	29	68	3
Le système politique	20	76	4
Les habitudes culinaires[19]	33	64	3
Le comportement	29	67	4

17 **un berceau** Wiege
18 **surmonter** überwinden
19 **culinaire** –> la cuisine

3. Quelles sont, pour vous, les personnalités du passé ou du présent qui symbolisent le mieux la France ? (en %)*

Napoléon Bonaparte	72
Charles de Gaulle	62
Christian Dior	44
Brigitte Bardot	43
Louis XIV (le Roi-Soleil)	40
Edith Piaf	31
Paul Bocuse	22
Marie Curie	14
Victor Hugo	14
Yannick Noah	9

Enquête réalisée pour *Holiday* (Burda) en 1989 par Sample GmbH Institute auprès de 1000 personnes représentant la population d'Allemagne de l'Ouest et parue dans *Géo* en mai 1989. (*Total supérieur en raison des réponses multiples)

1 a) Pour quelles raisons l'auteur de ce texte s'excuse-t-il d'être français ?
b) S'agit-il vraiment d'excuses ? Dites pourquoi (pas).
2 a) Qui pourrait être cet « individu » qui envie les Français (L. 11) ? A votre avis, pourquoi est-il « important » qu'il soit pauvre ?
b) Répondez à la question posée par Frossard à la fin de cet extrait.
3 Comparez les caractéristiques attribuées aux Français avec les résultats du sondage publié dans le magazine *Géo*. Qu'est-ce que vous constatez ?
4 a) Sur quelles « réalités » les réponses aux deux premières questions du sondage sont-elles basées ?
b) Quels clichés ces sondages semblent-ils confirmer ?
5 a) A quels domaines les personnes citées en réponse à la 3e question appartiennent-elles ? Que représentent ces personnes ?
b) Quels autres noms ajouteriez-vous à cette liste ?

3 Le bonheur d'être français

Voilà un bon bout de temps déjà que nous avons renoncé à être mieux que les autres. Longtemps, c'était parole d'Evangile[1], nous avons été plus gais, plus charmants, plus cultivés, plus intelligents, et surtout meilleurs amants que ces misérables, dans le vaste monde, qui n'avaient pas le bonheur d'être français. C'était l'époque où tout Français en voyage à l'étranger était la coqueluche[2] des beaux esprits et des cœurs sensibles qui aspiraient[3] à autre chose. La gloire de Pasteur[4] et de Victor Hugo, de Brigitte Bardot et de Sarah Bernhardt[5] s'étendait au bout du monde. Les petites femmes de Paris et le Collège de France[6] régnaient sur les cinq continents. D'une façon ou d'une autre, nos académies étaient incomparables.

C'est fini. Nous avons renoncé au bonheur d'être français.

On chante en américain, on se nourrit à la chinoise, on envie les Allemands qui ont le génie de l'organisation et les Japonais qui ont celui de l'imitation, on admire les Anglais pour leur sens de la patrie.

On finirait par raser[7] les murs à l'idée d'être français. On attend que ce soient les autres qui nous disent que la France ce n'est pas plus mal qu'ailleurs : il n'y a plus que les étrangers pour avoir l'audace[8] de nous souffler à l'oreille[9] que nous avons bien de la chance de vivre quelque part entre la Bretagne et l'Alsace, entre les Flandres et la Provence.

Pourtant, s'il y a un endroit sur cette planète où il est encore possible de vivre, sans trop de honte ni de ridicule, c'est peut-être bien chez nous. Depuis un peu plus de mille ans, à travers guerres civiles et guerres de religion, parmi les guillotines et les tribunaux d'exception, malgré les querelles[10] de famille sur les avantages acquis[11] ou les accents circonflexes, nous avons fini par mettre au point quelque chose d'assez rare dans le monde d'aujourd'hui : une sorte d'art de vivre fondé sur la tolérance.

Cessons donc de donner raison au mot cruel[12] de Cocteau[13] : « *Un Français, c'est un Italien de mauvaise humeur*[14]. » Répétons-nous plutôt, un vieux dicton[15] allemand qui n'a pas trop perdu, malgré tant de malheurs, de son actualité : « *Heureux comme Dieu en France.* »

Jean d'Ormesson, *L'Express*, 28 septembre 1995 (texte abrégé).

1 **être parole d'Evangile** être indiscutable
2 **être la coqueluche de qn** *fam* être admiré par qn
3 **aspirer à qc** souhaiter vivement qc
4 **Louis Pasteur** (1822-1895) chimiste et biologiste
5 **Sarah Bernhardt** (1844-1923) actrice de théâtre
6 **le Collège de France** un institut d'enseignement supérieur et de recherche
7 **raser les murs** essayer de ne pas se faire remarquer
8 **l'audace** *f* Kühnheit
9 **souffler qc à l'oreille** dire qc discrètement
10 **une querelle** une dispute
11 **acquis,e** *ici*: unumstößlich
12 **cruel, -le** méchant, dur
13 **Jean Cocteau** (1889-1963) écrivain
14 **l'humeur** *f* Laune
15 **un dicton** Spruch, Sprichwort

1 Retrouvez le plan du texte et donnez un titre à ses différentes parties.
2 a) Sur quoi était basée la réputation de la France dans le passé ?
b) Qu'est-ce qui a changé entretemps, d'après d'Ormesson ?
3 A quels « événements » l'auteur fait-il allusion aux lignes 22 à 24 ?
4 Qu'est-ce qui, malgré tout, rend la vie en France agréable, pour l'auteur ?
5 La tolérance, une vertu « française »? Choisissez l'une des citations suivantes, expliquez-la, puis prenez position en apportant des exemples concrets.
a) *La tolérance est la vertu du faible.* (Marquis de Sade, 1797)
b) *Il n'y a rien au monde d'intolérant comme l'homme sensible.* (Stendhal, 1824)
c) *Tolérer, c'est offenser.* (Goethe)

4 L'ennemi

Récapitulez ce que vous savez de l'époque de l'occupation allemande en France, pendant la Seconde Guerre mondiale.

Un jour, un soldat allemand vint à la pharmacie se faire panser[2] sa main brûlée. Nous étions seuls tous deux dans la pharmacie. Je lui pansais sa main comme on m'avait appris, dans la haine. L'ennemi remercia.
Il revint. Mon père était là et me demanda de m'en occuper.
Je pansais sa main une nouvelle fois en présence de mon père. Je ne levais pas les yeux sur lui, comme on m'avait appris.
Cependant, le soir de ce jour, une lassitude[3] particulière me vint de la guerre. Je le dis à mon père. Il ne me répondit pas.
Je jouai du piano. Puis nous avons éteint. Il m'a demandé de fermer des volets[4].
Sur la place, un jeune Allemand à la main pansée était adossé à un arbre. Je le reconnus dans le noir à cause de la tache[5] blanche que faisait sa main dans l'ombre. Ce fut mon père qui referma la fenêtre. Je sus qu'un homme m'avait écouté jouer du piano pour la première fois de ma vie.
Cet homme revint le lendemain. Alors je vis son visage. Comment m'en empêcher[6] encore ? Mon père vint vers nous. Il m'écarta[7] et annonça à cet ennemi que sa main ne nécessitait[8] plus aucun soin[9].
Le lendemain de ce jour était un dimanche. Il pleuvait. J'allais à la ferme de Ezy. Je m'arrêtai, comme d'habitude, sous un peuplier[10], le long de la rivière. L'ennemi arriva peu après moi sous ce même peuplier. Il était également à bicyclette. Sa main était guérie[11].
Il ne partait pas. La pluie tombait, drue[12]. Puis le soleil arriva, dans la pluie. Il cessa de me regarder, il sourit, et il m'a demandé de remarquer comment parfois le soleil et la pluie pouvaient être ensemble, l'été.
Je n'ai rien dit. Quand même j'ai regardé la pluie.
Il m'a dit alors qu'il m'avait suivie jusque-là. Qu'il ne partirait pas.
Je suis repartie. Il m'a suivie.
Un mois durant[13], il m'a suivie. Je ne me suis plus arrêtée le long de la rivière. Jamais. Mais il y était posté[14] là, chaque dimanche. Comment ignorer qu'il était là pour moi.
Je n'en dis rien à mon père.
Je me mis à rêver à un ennemi, la nuit, le jour.
Et dans mes rêves l'immoralité et la morale se mélangèrent de façon telle que l'une ne fut bientôt plus discernable[15] de l'autre. J'eus vingt ans.

1 **un ennemi** ≠ un ami
2 **panser** verbinden
3 **la lassitude** une grande fatigue
4 **un volet** Fensterladen
5 **une tache** Fleck
6 **empêcher** (ver)hindern
7 **écarter** repousser, éloigner
8 **nécessiter** rendre nécessaire
9 **le soin** -> soigner
10 **un peuplier** Pappel
11 **guérir** heilen
12 **dru,e** dicht; *ici:* fortement
13 **durant** pendant
14 **se poster** se placer
15 **discernable** qu'on peut distinguer

Un soir, faubourg[16] St-..., alors que je tournais une rue, quelqu'un me saisit par les épaules. Je ne l'avais pas vu arriver. C'était la nuit, huit heures et demie du soir, en juillet. C'était l'ennemi.

On s'est rencontrés dans les bois. Dans les granges[17]. Dans les ruines. Et puis, dans des chambres.

Un jour, une lettre anonyme arrivait à mon père. La débâcle[18] commençait. Nous étions en juillet 1944. J'ai nié[19].

C'est encore sous les peupliers qui bordent la rivière qu'il m'a annoncé son départ. Il partait le lendemain matin pour Paris, en camion. Il était heureux parce que c'était la fin de la guerre. Il me parla de la Bavière où je devais le retrouver. Où nous devions nous marier.

J'avais laissé un mot à mon père. Je lui disais que la lettre anonyme avait dit vrai : que j'aimais un soldat allemand depuis six mois. Que je voulais le suivre en Allemagne.

Déjà, à Nevers, la Résistance côtoyait[20] l'ennemi. Il n'y avait plus de police. Ma mère revint.

Il partait le lendemain. Il était entendu[21] qu'il me prendrait dans son camion, sous des bâches[22] de camouflage[23]. Nous nous imaginions que nous pourrions ne plus nous quitter jamais.

Nous devions nous retrouver à midi, sur le quai de la Loire. Lorsque je suis arrivée, à midi, sur le quai de la Loire, il n'était pas encore tout à fait mort. On avait tiré[24] d'un jardin du quai.

16 **le faubourg** Vorstadt
17 **une grange** Scheune
18 **une débâcle** une défaite totale
19 **nier qc** dire que qc n'est pas vrai
20 **côtoyer qn** être en contact avec qn
21 **entendu,e** *ici:* convenu (abgemacht)
22 **une bâche** Plane
23 **le camouflage** Tarnung
24 **tirer** schießen

Marguerite Duras, *Hiroshima mon amour,*
Editions Gallimard, Paris 1960 (texte abrégé).

Scène du film tourné par Alain Resnais en 1958, d'après le roman de Marguerite Duras.

1 a) Faites le résumé du texte. (Voir les conseils donnés à la page 17.)
   b) Relevez dans ce passage tout ce qui permet d'identifier le contexte historique du récit.
2 Comment naît et se développe l'amour entre les deux jeunes gens ? Montrez que ce développement est aussi visible sur le plan de la langue.
3 Quelle est la fonction du père dans cette histoire ? Qui ou qu'est-ce qu'il y représente ?
4 Peut-on trahir sa patrie par amour pour quelqu'un ?
  Dites ce qui pour vous aurait la priorité : la patrie ou l'amour de l'autre ? Justifiez votre réponse.
5 Juste après la Libération, beaucoup de Françaises ayant eu des contacts avec les Allemands ont eu la tête rasée par la population. Comment peut-on expliquer ce geste ? Personnellement, qu'en pensez-vous ?
6 Ecrivez une autre fin à cette histoire. Commencez à la ligne 54 : « *Lorsque je suis arrivée sur le quai de la Loire, ...* ».

5 La Bête en peine

Connaissez-vous le conte *Die Schöne und das Biest* ? Racontez-le (en français).

Pendant l'Occupation, un officier allemand loge chez un vieil homme et chez sa nièce, qui lui opposent un silence absolu. C'est donc par monologues que l'officier, un homme cultivé parlant bien le français, communique chaque jour avec ses hôtes.

« Il y a un très joli conte[2] pour les enfants, que j'ai lu, que vous avez lu, que tout le monde a lu. Je ne sais si le titre est le même dans les deux pays. Chez moi, il s'appelle : *Das Tier und die Schöne*, – la Belle et la Bête. Pauvre Belle ! La Bête la tient à merci[3], impuissante et prisonnière, elle lui impose[4] à toute heure du jour son implacable[5] et pesante présence ... La Belle est fière, digne[6], elle s'est faite dure ... Mais la Bête vaut mieux qu'elle ne semble. Oh ! elle n'est pas très dégrossie[7] ! Elle est maladroite[8], brutale, elle paraît bien rustre[9] auprès de la Belle si fine ! ... Mais elle a du cœur, oui, elle a une âme qui aspire[10] à s'élever. Si la Belle voulait ! ... La Belle met longtemps à vouloir. Pourtant, peu à peu, elle découvre au fond des yeux du geôlier[11] haï[12] une lueur[13], un reflet[14] où peuvent se lire la prière et l'amour. Elle sent moins la patte pesante, moins les chaînes de sa prison ... Elle cesse de haïr, cette constance la touche, elle tend la main ... Aussitôt la Bête se transforme, le sortilège[15] qui la maintenait[16] dans ce pelage[17] barbare est dissipé[18] : c'est maintenant un chevalier[19] très beau et très pur, délicat et cultivé, que chaque baiser de la Belle pare[20] de qualités toujours plus rayonnantes ... Leur union détermine[21] un bonheur sublime[22]. Leurs enfants, qui additionnent et mêlent[23] les dons[24] de leurs parents, sont les plus beaux que la terre ait portés ...

N'aimiez-vous pas ce conte ? Moi je l'aimais toujours. Je le relisais sans cesse. Il me faisait pleurer. J'aimais surtout la Bête, parce que je comprenais sa peine. Encore aujourd'hui, je suis ému[25] quand j'en parle. »

Il se tut, respira avec force, et s'inclina :

« Je vous souhaite une bonne nuit. »

Vercors, *Le silence de la mer* (écrit en 1942), Editions Albin Michel, Paris 1951.

1 **la peine** *ici*: la souffrance
2 **un conte** *ici:* Märchen
3 **à (la) merci (de qn)** dans un état de dépendance complète
4 **imposer qc à qn** obliger qn à supporter qc
5 **implacable** *ici*: unvermeidlich
6 **digne** würdig
7 **dégrossi,e** raffiné, civilisé
8 **maladroit,e** ungeschickt
9 **rustre** grob, roh
10 **aspirer à qc** souhaiter vivement qc
11 **un geôlier** le garde d'une prison
12 **haïr** ≠ aimer
13 **une lueur** une faible lumière; *ici:* Glanz
14 **un reflet** Widerschein
15 **un sortilège** (böser) Zauber
16 **maintenir** *ici*: tenir prisonnier
17 **le pelage** Fell
18 **se dissiper** disparaître
19 **un chevalier** Ritter
20 **parer qn de qc** jdn mit etw schmücken
21 **déterminer** *ici*: être la cause de
22 **sublime** erhaben
23 **mêler** mélanger
24 **un don** *ici*: un talent
25 **ému,e** gerührt (-> émouvoir)

Une scène du film La Belle et la Bête, *de Jean Cocteau (1946).*

1 Formez des noms à partir des verbes ou des adjectifs suivants :
   a) *fière, digne, dur, maladroit, brutale, barbare, délicat, cultivé ;*
   b) *découvrir, haïr, transformer, émouvoir.*
2 Résumez le texte ci-dessus. (Voir les conseils donnés page 17.)
3 Dites dans quel but l'officier mentionne le conte *La Belle et la Bête.*
4 a) Quels mots et expressions caractérisent la Belle, d'une part, la Bête, d'autre part ? Faites le portrait de ces deux personnages.
   b) Quels clichés ces portraits illustrent-ils ?
5 En quoi consiste « le merveilleux » de ce conte ?
6 Quels rapports pourrait-on faire entre ce conte et le texte de Marguerite Duras (pages 112 - 113) ?

6 L'amitié franco-allemande ou le salut de l'Europe

La France et l'Allemagne « piliers[1] de l'Europe »: il fallait, au XIXe siècle, beaucoup de clairvoyance[2] pour prévoir ce que l'on considère aujourd'hui comme une réalité politique et culturelle. Ecrivain engagé (il sera plus tard député), Victor Hugo, dès 1842, avait « vu » la nouvelle Europe.

1 La vieille Europe, cette citadelle que nous avons tâché[3] de reconstruire par la pensée est aujourd'hui à moitié démolie et trouée[4] de toutes parts de brèches[5] profondes. Que reste-t-il donc de ce vieux monde ? Qui est-ce qui est encore debout en Europe ? Deux nations seulement : la France et l'Allemagne. Eh bien, cela pourrait suffire. La France et l'Allemagne sont essentiellement l'Europe. L'Allemagne est le cœur ; la France est la tête. L'Allemagne et la France sont essentiellement la civilisation. L'Allemagne sent, la France pense. Le sentiment et la pensée, c'est tout l'homme civilisé. Il y a entre les deux peuples connexion intime, consanguinité[6] incontestable[7]. Ils sortent des mêmes sources ; ils ont lutté ensemble contre les romains ; ils sont frères dans le passé, frères dans le présent, frères dans l'avenir. Résumons. L'union de l'Allemagne et de la France, ce serait le salut[8] de l'Europe, la paix du monde.

1 **un pilier** Pfeiler
2 **la clairvoyance** Klar-, Weitsicht
3 **tâcher** essayer
4 **troué,e** plein de trous
5 **une brèche** Riss
6 **la consanguinité** Blutsverwandtschaft (-> le sang)
7 **incontestable** qu'on ne peut pas *contester* (bestreiten)
8 **le salut** *ici*: Wohl

2 Cinquante ans après la fin de la Seconde Guerre mondiale, trente-deux ans après le traité de l'Elysée et l'accolade[9] entre de Gaulle et Adenauer, il n'y a pas un Allemand, quelle que soit la génération à laquelle il appartient, qui ne considérerait pas l'amitié franco-allemande comme le plus grand et le plus précieux acquis[10] de l'après-guerre.
Ce n'est point pour des raisons sentimentales qu'ils font ce constat[11]. La réconciliation ? Elle était infiniment plus souhaitée avec le peuple russe, auquel on avait fait bien plus de mal en quatre ans de guerre. Pourtant, elle a aussi joué son rôle. Verdun, Oradour-sur-Glane, la Normandie : ce sont des noms qui font vibrer[12] toute une gamme[13] de fibres[14] entre la fierté, la honte et la nostalgie chez l'Allemand de la génération de la guerre. Heureusement que tout cela est fini, et pour de bon[15]. La France, voisin numéro un parmi les neuf qui nous entourent. La France, plus ancien ennemi. La France, concurrente sur les marchés mondiaux. Mais la France, amie chèrement acquise.
Cela dit, peut-on être amis entre peuples ? L'amitié est déjà une chose bien difficile entre individus, et lorsqu'on fait le compte au bout d'une vie, il reste bien peu de personnes auxquelles on voudrait attribuer[16] le titre précieux d'ami. Le compte doit être plus sévère encore pour un peuple. Des générations d'écrivains se sont répandus[17] sur les différences entre Français et Allemands. Elles sont patentes[18] et tenaces[19], et ce n'est pas le baiser d'amitié entre Charles et Konrad qui les a fait disparaître. Mais n'a-t-on pas dit aussi qu'elles sont complémentaires ?
Tâchons de faire le portrait-robot de l'un et de l'autre. Au risque de tomber dans les clichés que l'on s'efforce de combattre[20] depuis trente ans, le Français continue de voir dans l'Allemand un homme un peu lourdaud[21], simpliste[22], bien attaché[23] à son travail, convaincu[24] de l'efficacité du *made in Germany,* empli[25] d'un sentiment de supériorité sur tous ses

9 **une accolade** (feierlicher) Kuss
10 **un acquis** Errungenschaft
11 **un constat** -> constater
12 **faire vibrer** in Schwingung versetzen
13 **une gamme** *ici*: une série
14 **une fibre** Faser; *ici*: une sensibilité
15 **pour de bon** définitivement
16 **attribuer** erteilen, beimessen
17 **se répandre** *ici*: sich auslassen
18 **patent,e** évident
19 **tenace** zäh(lebig)
20 **combattre qc** lutter contre qc
21 **lourdaud,e** schwerfällig
22 **simpliste** qui cherche à tout simplifier
23 **être attaché,e à qc** aimer qc
24 **convaincu,e** sûr, certain (-> convaincre)
25 **empli,e** plein, rempli

concurrents, fier de son peuple, bon père de famille, mais trop discipliné pour laisser une place à la créativité, à l'improvisation et au bonheur de vivre, gros mangeur, par-dessus le marché[26], d'une cuisine qui manque totalement de fantaisie.

Il suffit de trouver la contre-valeur des qualités énumérées[27] pour faire le portrait-robot du Français. Léger, pas très sérieux, superficiel, aimable mais avec une pointe de soupçon[28], inventif, créatif, admirable artiste du savoir-vivre, totalement indiscipliné, aimant, avec un goût bizarre pour l'autoparalysie[29], le désordre et la grève, donc pas très fiable[30], travailleur assidu[31] mais toujours rouspétant[32], enfin redoutable amant et fin mangeur. Incompatibilité totale donc, car il est difficile de trouver différence de caractère plus grande entre deux groupes d'hommes. Le jugement n'a point changé en quatre décennies[33] d'échanges intenses, précédées d'épreuves[34] inouïes[35]. Mais une attirance mutuelle[36] est en même temps irréfutable[37]. Demandez à un jeune Allemand d'aujourd'hui vers quel pays il se sent le plus attiré, il vous répondra très vraisemblablement[38] : la France. Il y a fait plusieurs voyages, noué[39] des amitiés, organisé des échanges, peut-être conquis une petite amie, et si l'apprentissage du français à l'école était nul, il a appris suffisamment de mots pour pouvoir baragouiner[40] un bout de conversation.

En serait-il de même chez un Français ? Vu[41] la préférence que la France officielle attribue à tout ce qui est allemand – produits industriels, politique tarifaire, formation continue[42], relations patrons-syndicats, indépendance de la politique monétaire, décentralisation de l'Etat et de l'administration –, on est enclin[43] à répondre par la positive. Il est parfois pénible[44] aux oreilles d'un Allemand d'entendre comparer tout ce qui concerne la vie publique en France avec les performances[45] du voisin. Pénible et flatteur[46]. Autant[47] que cela ne risque pas de produire d'effets pervers pour les relations entre les deux pays, on peut s'en réjouir. Et se poser en douce[48] la question : un Français qui roule en Mercedes manifeste[49]-t-il une inclination[50] pour l'Allemagne ?

Venons-en aux choses sérieuses. La France et l'Allemagne restent les deux pays les plus importants de l'Union européenne. Les deux unis, tout peut réussir. Les deux désunis, tout va échouer[51]. Il reste tout à accomplir[52]. Un énorme travail est devant eux. Le nouveau président doit retrousser ses manches[53] et se mettre au boulot. L'union monétaire est pour demain à deux, à quatre, à sept ? On ne peut plus se cacher derrière les traînards[54] pour ne pas avancer. Tant pis si les autres doivent attendre quelques années derrière la porte.

La monnaie européenne commune n'est pas tout. Il faut d'urgence une politique étrangère et de défense commune. Là aussi, la France et l'Allemagne doivent assumer[55] le rôle pilote. Comme pour l'économie, la défense et la diplomatie sont devenues trop chères pour être supportées par un seul Etat européen, depuis longtemps. L'*eurodéfense* doit devenir le maître mot[56] dans les discussions entre Européens. Les peuples doivent en faire un terme[57] normal de leur réflexion sur la sécurité. Dans quelques années, nous aurons une armée européenne, capable non seulement de défendre l'espace sécurité européen mais d'intervenir, avec des éléments appropriés[58], là où l'humanité est menacée par un conflit.

26 **par-dessus le marché** *fam* en plus de tout
27 **énumérer** aufzählen
28 **une pointe de soupçon** un léger doute
29 **l'autoparalysie** *f* Selbstlähmung
30 **fiable** digne de confiance
31 **assidu,e** fleißig
32 **rouspéter** *fam* râler (schimpfen)

33 **une décennie** une période de dix ans
34 **une épreuve** (schwere) Prüfung
35 **inouï,e** extraordinaire
36 **mutuel,le** wechselseitig
37 **irréfutable** qu'on ne peut pas nier
38 **vraisemblable** probable
39 **nouer** (an)knüpfen
40 **baragouiner** parler mal (une langue)
41 **vu** *ici*: si on tient compte de
42 **la formation continue** Weiterbildung
43 **être enclin à** geneigt sein zu
44 **pénible** difficile ou désagréable
45 **une performance** Leistung
46 **flatteur, -se** schmeichelhaft
47 **(pour) autant que…** aussi longtemps que
48 **en douce** discrètement
49 **manifester** *ici*: montrer
50 **une inclination** Vorliebe
51 **échouer** ≠ réussir
52 **accomplir** faire, réaliser
53 **retrousser ses manches** die Ärmel aufkrempeln
54 **un traînard** qn qui avance lentement
55 **assumer qc** accepter la responsabilité de qc
56 **le maître mot** le mot le plus important
57 **un terme** *ici:* Abschluss
58 **approprié,e** bien adapté (adäquat)

La France va être le bon guide car elle dispose d'un énorme capital d'expérience sur le plan des interventions en théâtre extérieur[59]. La France et l'Allemagne – et, si elle le désire, l'Angleterre – doivent ériger[60] l'Europe en partenaire, et non plus en subordonné[61] des Etats-Unis, dans la défense de notre communauté de valeurs.
Nous sommes à l'heure de vérité. Vérité de la volonté européenne. Vérité de l'abandon de certaines souverainetés. Vérité de l'adieu au passé. Les Etats sont des monstres froids, disait de Gaulle. Il avait certes[62] raison pour son époque, et il était un enfant du XIXe siècle. Mais peut-on faire l'Europe avec des monstres froids ? Si la monstruosité[63] consiste à faire passer ses propres intérêts avant ceux de tous les autres, certes non. Etre dans une même barque exige[64] un minimum d'abnégation[65] et de solidarité. Mais de Gaulle a dit aussi qu'il faut faire l'Europe des patries. Voilà une notion à laquelle le chancelier Kohl adhère[66] complètement. A l'heure où les Allemands ont retrouvé, cinquante ans après la plus terrible défaite de leur histoire, leur vraie patrie, celle de Dresde et de Cologne, de Schwerin et de Munich, ils comprendront mieux la formule gaullienne. Jetons les monstres froids et gardons les patries. Et gardons nos différences. Ce serait mortellement ennuyeux si Français et Allemands mangeaient tous deux la même soupe.

1. Victor Hugo, *Le Rhin,* 1842;
2. Pierre Prier, *Le Figaro Magazine,* 7 octobre 1995 (textes abrégés).

59 **en théâtre extérieur** dans un autre pays
60 **ériger qc en** mettre qc au niveau de
61 **un subordonné** qn qui est aux –> *ordres* d'un autre
62 **certes** bien sûr
63 **la monstruosité** –> un monstre
64 **exiger** *ici*: rendre nécessaire
65 **l'abnégation** *f* ≠ l'égoïsme
66 **adhérer à** *ici:* être d'accord avec

1 a) Quel rôle Victor Hugo attribue-t-il à l'Allemagne et à la France en ce qui concerne l'avenir ?
  b) Pourquoi croit-il ces deux pays capables de construire cet avenir ?
2 Retrouvez le plan du texte de Pierre Prier et formulez pour chaque partie une phrase qui la résume.
3 Relevez dans le texte tous les éléments qui vous permettent de comprendre l'évolution des rapports franco-allemands depuis 1945. Dites ce que vous savez de ces événements.
4 Dressez la liste des clichés franco-allemands cités dans le second texte. Regroupez-les et dites en quoi ils illustrent a) une *incompatibilité* (L. 52) ou au contraire b) une *attirance mutuelle* (L. 55) des deux peuples.
5 Dans quels domaines l'Allemagne est-elle devenue une sorte de modèle pour la France ?
6 Quelles conditions doivent être réunies pour faciliter la construction d'une Europe unie ? Quelle part y tiendrait le couple franco-allemand ?
7 Que pensez-vous des propositions faites dans ce texte en ce qui concerne le futur système de défense européen ?
8 Jean Monnet, l'un des « pères » de l'Europe, disait : « *Nous ne coalisons pas des Etats, nous unissons des hommes* ». Expliquez et commentez cette phrase.
9 A la lumière du second texte, dites en quoi la « vision » de Victor Hugo (1er texte) était une véritable prévision et en quoi elle reste encore, pour le moment, une utopie.

7 L'Europe entre hier et demain

1 Le 8 mai 1995, peu avant de quitter ses fonctions de président de la République, François Mitterrand a tenu à prononcer à Berlin le discours de commémoration de la fin de la Seconde Guerre mondiale. En voici un extrait.

L'Europe s'est construite et reconstruite en un demi-siècle, sur tant de ruines, de désastres et de morts. Ce n'est pas simplement le résultat de la bonne volonté ou des bonnes intentions. C'est aussi parce que les générations précédentes ont supporté le poids de deux guerres mondiales. Je crois être parmi vous l'un des rares à avoir vécu cette guerre mondiale comme soldat. Et le 8 mai 1945, j'étais soldat à Paris.

Utilisez un dictionnaire unilingue pour comprendre les mots du texte dont vous ne retrouvez pas le sens d'une autre manière.

Cinquante ans plus tard, nous sommes à Berlin. Lorsque j'évoque le rôle qui est le mien aujourd'hui, je ne peux m'empêcher de songer aux extraordinaires efforts et aux grandes réussites menés par les politiques responsables de nos différents pays d'un côté et de l'autre. L'ennemi d'hier était l'ami d'aujourd'hui. Au fond, que s'était-il passé ? Je sais que le débat existe en Allemagne. Il ne peut pas ne pas exister. Est-ce une défaite que nous célébrons ? Est-ce une victoire ? Et quelle victoire ? C'est peut-être sans doute la victoire de la liberté sur l'oppression sans aucun doute. Mais c'est surtout à mes yeux, et c'est le seul message que je voudrais laisser, une victoire de l'Europe sur elle-même. Restons fidèles à nous-mêmes. Relions le passé et le futur et nous pourrons passer l'esprit en paix le témoin à ceux qui vont nous suivre.

2 Quel avenir pour l'Europe ? Le journaliste et politologue Alain Duhamel est interviewé pour le magazine Okapi.

OKAPI : *Aujourd'hui, la construction de l'Europe est-elle une bonne chose pour la France ?*

ALAIN DUHAMEL : L'Europe est une bénédiction pour la France, car elle va obliger les Français à se moderniser plus vite qu'ils ne l'auraient fait. L'Europe va aussi permettre à la France d'avoir de l'influence sur les pays voisins.

Vous savez, à l'époque de Louis XIV ou de Napoléon Bonaparte, et pendant des siècles, la France a été la première puissance européenne. Aujourd'hui, elle ne l'est plus, et ne peut plus l'être. A la place il y a l'Allemagne, demain la Russie ... Mais la France, ce vieux pays, a besoin d'exercer son influence, de convaincre les autres pays européens de prendre certaines décisions, que ce soit à propos des Droits de l'Homme, des relations avec les pays de l'Est, de la monnaie ...

– *Peut-on imaginer que demain, il n'y ait plus de Français, d'Anglais ou d'Allemands, mais seulement des Européens ?*

– Pas du tout ! Chaque pays a sa propre culture, sa propre histoire, sa propre langue, et personne ne peut oublier ses origines. Regardez, déjà, à l'intérieur d'un même pays : en France, les Bretons resteront toujours des Bretons, ce qui ne les empêche pas d'être français. En Belgique, les Flamands seront toujours des Flamands. Et cela n'empêche pas d'être aussi européen !

– *Comment voyez-vous l'avenir de ceux qui ont entre 10 et 15 ans aujourd'hui, et qui auront entre 20 et 25 ans en l'an 2000 ?*

– Dans dix ans, nous vivrons dans un monde très instable. Pourtant, les Français qui auront entre 20 et 25 ans en l'an 2000 auront aussi beaucoup de chance. Dans huit ou dix ans, en effet, le chômage aura diminué, notamment, car l'économie va mieux, et, dans quelques années, les jeunes seront donc moins nombreux à chercher du travail. Par ailleurs, en l'an 2000, l'Europe sera construite. Et elle sera peut-être la première puissance économique du monde. Cela, c'est une vraie chance.

Propos recueillis par Pascal Petit, *Okapi,* 15 mai 1992.

1 a) Comment François Mitterrand explique-t-il que l'Europe s'est enfin reconstruite ?
b) En quoi le choix de la ville de Berlin pour ce discours est-il symbolique ?
2 Quelle(s) interprétation(s) de la fin de la Seconde Guerre mondiale François Mitterrand donne-t-il ? Qu'en pensez-vous ?
3 Décrivez l'affiche représentée sur la page précédente et expliquez-en le « message ».
4 a) Donnez un antonyme des mots suivants :
une bénédiction (L. 21), chaque (L. 37), l'avenir (L. 43), diminué (L. 47).
b) Remplacez les mots en italiques par d'autres, en tenant compte du contexte :
Elle va *obliger* les Français ... (L. 22); La France a été la *première* puissance ... (L. 28);
Elle va *permettre* à la France de ... (L. 24); Les risques de guerre seront moindres, *notamment* en Europe (L. 48).
5 Récapitulez les idées qu'Alain Duhamel exprime sur la construction, les chances et l'avenir de l'Europe.
6 a) Que pensez-vous de cette vision de l'Europe ?
b) Qu'attendez-vous, personnellement, de l'Europe ? A votre avis, qu'est-ce qui devrait (et pourrait) encore être amélioré, concrètement ?

8 La francophonie, enjeu de civilisation

Voici une série de mots et d'expressions qui appartiennent au français parlé hors de France. Pouvez-vous deviner leur sens en français « de France » et dire de quel pays ou de quelle partie du monde ils proviennent ?
a) cadeauter, une essencerie, un ambianceur, une boyesse, faire la bouche ;
b) huitante, poutser, un cornet, un dévaloir, donner une bonne-main ;
c) octante, un pistolet, une carte-vue, une femme à journée, tomber faible ;
d) une tabagie, un mousse, un char, magasiner, peinturer, c'est pas pire.

1 Le terme de francophonie est apparu pour la première fois en 1880 sous la plume[1] du géographe français Onésime Reclus. En opposition à la mentalité coloniale des années 1880, il prenait pour critère de classement, non la position de domination ou de dépendance, mais la langue parlée dans le quotidien. La francophonie désigne[2] ainsi, dès l'origine, l'ensemble des espaces où se voit parlée la langue française.
Toutefois[3], la réalité de la francophonie est bien plus récente[4] et accompagne[5] le mouvement de décolonisation des années 1960. On doit à Léopold Sédar Senghor[6] d'avoir réintroduit cette notion et d'avoir mis l'accent sur le « merveilleux outil[7] » que constitue la langue française, commune à plusieurs dizaines de peuples dispersés[8] sur les cinq continents.
A sa suite, plusieurs hommes politiques s'emparèrent[9] du terme et travaillèrent à la constitution d'une communauté francophone. La création de l'agence de coopération culturelle et technique, en 1970, à Niamey au Niger, constitue une étape importante de ce processus.
La véritable institutionnalisation de la francophonie appartient néanmoins[10] aux années 1980, avec la première conférence des chefs d'Etat et de gouvernement des pays ayant en commun l'usage du français, qui réunit à Paris, au mois de février 1986, à l'invitation du Président François Mitterrand, les représentants d'une quarantaine de peuples.
Le mouvement est alors véritablement lancé[11], qui tend[12] à construire une « communauté solidaire » de peuples divers, différents par leurs situations politiques et économiques, et par leurs références culturelles, mais qui tous reconnaissent la pratique de la langue française, à la fois une et plurielle, et émancipée de son centre d'origine.

1 **une plume** Feder
2 **désigner** bezeichnen
3 **toutefois** cependant
4 **récent,e** ≠ vieux, ancien
5 **accompagner** aller avec
6 **L.S. Senghor** (*1906) poète et ancien Président du Sénégal
7 **un outil** Werkzeug
8 **disperser** verstreuen
9 **s'emparer de** prendre qc (à qn)
10 **néanmoins** cependant
11 **lancer** mettre en marche (ankurbeln)
12 **tendre à qc** avoir qc pour but

13 **déguisé,e** qui a mis les vêtements de qn d'autre
14 **poursuivre** continuer
15 **une voie** un chemin
16 **s'étoffer de** se compléter par
17 **un enjeu** Einsatz

La francophonie ne saurait en conséquence apparaître comme une entreprise déguisée[13] de domination culturelle elle est au contraire un espace ouvert d'échanges et de discussion où pays du Sud et pays du Nord peuvent dialoguer et construire un avenir ouvert.
Les Sommets de Québec et de Dakar, ensuite, ont poursuivi[14] sur cette voie[15], s'étoffant[16] de nouveaux États – on compte 44 délégations de pays francophones – et renforçant les projets communs, de façon à répondre à ce qu'est aujourd'hui devenue la francophonie : un enjeu[17] de civilisation.

18 **un prolongement** –> long
19 **initial,e** du début
20 **centenaire** qui a cent ans
21 **familier, -ère** *ici:* couramment utilisé
22 **inclure** einschließen

2 La francophonie regroupe, dans le prolongement[18] de la définition initiale[19], déjà centenaire[20], du géographe français Onésime Reclus, toutes les portions de la planète où le français est utilisé soit comme langue maternelle, soit comme langue familière[21]. La francophonie cesse là où le français est considéré comme une langue étrangère ordinaire, sinon il conviendrait d'y inclure[22] les millions de « parlant français » qui existent en Union soviétique, aux Etats-Unis, en Amérique du Sud, en Europe latine ou anglo-saxonne, etc.

23 **au sein de** au milieu de
24 **stricto sensu** *lat* au sens *étroit* (eng)
25 **une vocation** Berufung; *ici:* une forte tendance
26 **un idiome** une langue

Au sein[23] même de la francophonie stricto sensu[24], en dehors de la France, chaque pays ou presque maîtrise ou met en concurrence d'autres langues, les uns ayant vocation[25] néanmoins à généraliser l'emploi du français (Afrique noire), d'autres s'en satisfaisant comme idiome[26] de travail (Maghreb), d'identité (Liban) ou d'élite (Egypte).

Trois écrivains africains s'expriment sur le rôle du français en Afrique :

27 **un vecteur** *ici:* Transportmittel
28 **la portée** Reichweite
29 **assumer** *ici:* prendre en charge

3 Lamine Diakhaté (Sénégal) : La francophonie peut offrir, à nos traditions culturelles les plus solides, un vecteur[27] de portée[28] internationale, que nos langues, pour des raisons historiques et géographiques, ne sont pas en mesure d'assumer[29] pour le moment.

30 **particulier, -ère** spécial

4 Amadou Koné (Côte d'Ivoire) : Je n'ai pas fait d'étude particulière[30] qui me permette d'apprécier l'évolution du problème linguistique en Afrique. Cependant, je connais assez bien le problème en Côte d'Ivoire et je suis naturellement confronté au bilinguisme dans la pratique de l'écriture.

31 **s'imposer** sich durchsetzen
32 **reculer** ≠ avancer
33 **constituer** former
34 **une multitude** un très grand nombre
35 **tacite** implicite

Il me semble que si l'évolution linguistique est semblable dans la plupart des pays d'Afrique à celle de la Côte d'Ivoire, dans un siècle environ l'Afrique risque de devenir réellement une Afrique française. Car en Côte d'Ivoire, le français, la langue française très subtilement s'impose[31] presque naturellement en même temps que reculent[32] les langues nationales africaines. Peut-être est-ce la situation particulière de la Côte d'Ivoire qui explique cela : pays nouvellement constitué[33], multitudes[34] de langues ethniques d'égale importance etc. Toujours est-il que, aucune langue nationale n'arrivant à s'imposer, il y a un consensus tacite[35] sur la langue française, qui est de plus en plus parlée par tout le monde.

36 **dès lors** dans ces conditions
37 **un métis** qn dont les parents sont de races différentes
38 **un passage** *ici:* un texte
39 **la gentillesse** –> gentil

5 Léopold Sédar Senghor (Sénégal) : Mais on me posera la question : *« Pourquoi, dès lors[36], écrivez-vous en français ? »* Parce que nous sommes des métis[37] culturels, parce que, si nous sentons en nègres, nous nous exprimons en français, parce que le français est une langue à vocation universelle, que notre passage[38] s'adresse aussi aux Français de France et aux autres hommes, parce que le français est une langue « de gentillesse[39]

et d'honnêteté[40] ». Et puis le français nous a fait don[41] de ses mots abstraits – si rares dans nos langues maternelles –, où les larmes se font pierres précieuses. Chez nous, les mots sont naturellement nimbés[42] d'un halo[43] de sève[44] et de sang : les mots du français rayonnent de mille feux, comme des diamants. Des fusées[45] qui éclairent notre nuit.

40 **l'honnêteté** *f -> honnête* (anständig)
41 **un don** un cadeau
42 **nimbé,e de** *ici*: entouré de
43 **un halo** (Licht)Hof
44 **la sève** (Lebens)Saft
45 **une fusée** (Leucht)Rakete

1 *La francophonie de A à Z,* Ministère de la Francophonie, Paris 1990;
2 Jean-Pierre Péroncel-Hugoz, *Le Monde, Dossiers et Documents,* septembre 1987;
3 *Parlez-vous français ?* Bureau d'Action Linguistique, Institut Français de Hambourg, mars 1991; 4 *Die Neueren Sprachen,* 3/4 1987 (© J. Riesz);
5 *Ethiopiques* (Postface), dans : *Œuvres poétiques,* © Editions du Seuil, Paris, 1990 (textes abrégés).

1 a) Comment la francophonie est-elle définie dans le premier texte ?
Qu'est-ce qui fait l'originalité de cette notion ?
b) Mettez en évidence les différentes « étapes » de la francophonie.
c) En quoi consiste la différence entre francophonie « au sens étroit » et francophonie « au sens large »?
2 Quelles fonctions la langue française peut-elle avoir dans les différents pays de la francophonie ?
3 Quelles peuvent être les « raisons historiques et géographiques » dont parle Diakhaté à la ligne 50 ?
4 a) Expliquez les images que Senghor a utilisées pour caractériser la langue française.
b) Quelles différences essentielles voit-il entre les langues africaines et le français ?
c) En quoi l'attitude de Senghor face au français est-elle différente de celle de Koné ?
5 *« La francophonie, un enjeu de civilisation ».*
Expliquez ce que cette affirmation (L. 34) signifie pour les pays concernés.

Une école en Afrique noire francophone.

9 Culture et camembert

La scène se passe à Yaoundé, au Cameroun. Les Atangana sont un couple moderne dont la femme, Colette, est pour un mode de vie « à la française ». Leur fils Jean-Pierre, dix ans, parle d'ailleurs comme « un vrai petit Parisien ».

COLETTE : C'est vrai que tu refuses de manger ton camembert, chéri ?

JEAN-PIERRE : J'aime pas le camembert !

COLETTE : La question n'est pas là ! Il ne s'agit pas d'aimer le camembert : il s'agit de le manger comme un bon petit garçon ! *(L'entraînant*[1] *de force vers la table)* Viens !

JEAN-PIERRE, *qui commence à pleurer.* J'aime pas le camembert !

COLETTE, *tendre mais ferme*[2], *le faisant asseoir.* Il faut le manger, chéri ! Apprends à manger le camembert pendant que tu es encore jeune ! C'est comme cela qu'on acquiert[3] du goût ! … Onambelé !

ONAMBELÉ, *se précipitant.* Madame ?

COLETTE : Apporte-nous un couvert[4] ! Apporte aussi la bouteille de Châteauneuf-du-Pape[5] que nous avons entamée[6] ! *(Onambelé obéit.)*

JEAN-PIERRE, *pleurant toujours.* J'veux pas manger de camembert !

COLETTE, *toujours tendre et ferme.* Il faut vouloir le manger, chéri ! C'est la culture !

JEAN-PIERRE, *têtu*[7]. J'veux pas manger de culture ! *(Tous les grands éclatent de rire. Puis Colette dit, pensive)*

COLETTE : Dis donc, Charlotte ! Pourquoi est-ce qu'il n'a pas de goût, cet enfant ? Dieu sait pourtant que je fais de mon mieux pour lui apprendre à vivre ! Le chauffeur va le déposer à l'école urbaine chaque matin pour éviter que les autres enfants ne lui parlent en langue vernaculaire[8]. J'ai déjà renvoyé trois ou quatre maîtres d'hôtel[9] parce qu'ils lui servaient des mangues[10], des ananas et d'autres fruits du pays au lieu de ne lui donner que des produits importés d'Europe, ou, à la rigueur[11], des fruits africains mis en conserve en Europe, et réimportés. Je ne l'autorise presque jamais à aller rendre visite à la famille de son père, parce que les gens de la brousse[12] ne boivent que de l'eau non filtrée. D'ailleurs, j'ai horreur des moustiques. Enfin, je fais tout ce qu'une Africaine moderne devrait faire pour éduquer son enfant, et il refuse de manger du camembert ! *(un autre soupir.)* Écoute, mon chéri ! Tu vas manger ton camembert !

JEAN-PIERRE, *criant.* Mais puisque je te dis que j'aime pas le camembert !

COLETTE, *doucement.* Je te répète qu'on ne te demande pas de l'aimer ! On te demande de le manger ! … Comme ceci, regarde ! *(Elle prend un peu de camembert et de pain, et commence à le manger.)* Je le mange ! Je le … *(Elle s'étrangle*[13] *un peu, et dit.)* Zut ! … Donne-moi un verre de vin, Onambelé ! *(Onambelé se hâte*[14] *d'obéir. Colette boit le vin et dit, après avoir un peu toussé*[15]*.)* Tu as vu ? *(Une autre gorgée*[16] *de vin, et elle ajoute.)* Tu crois que j'aime le camembert, moi ?

JEAN-PIERRE, *ingénument*[17]. Pourquoi tu le manges alors ?

1 **entraîner** *ici*: tirer
2 **ferme** décidé
3 **acquérir** erwerben
4 **un couvert** Gedeck
5 **le Châteauneuf-du-Pape** un vin rouge
6 **entamer** commencer (à boire)
7 **têtu,e** störrisch

8 **une langue vernaculaire** un dialecte
9 **un maître d'hôtel** *ici*: Hausdiener
10 **une mangue** Mango
11 **à la rigueur** à la limite
12 **la brousse** Busch
13 **s'étrangler** *ici*: sich verschlucken
14 **se hâter** se dépêcher
15 **tousser** husten
16 **une gorgée** Schluck
17 **ingénu,e** innocent (treuherzig)

Guillaume Oyono-Mbia,
Notre fille ne se mariera pas,
ORTF/DAEC, Paris 1971.

1 Formulez en quelques phrases le contenu de cette scène.
2 Quelle est « l'importance » du camembert dans ce texte ?
3 a) En quoi la fin de la scène est-elle amusante ? b) Répondez à la question posée par Jean-Pierre à la fin du texte.
4 a) Relevez tous les détails qui montrent que l'auteur se moque du personnage de Colette.
b) A votre avis, Oyono-Mbia est-il contre « le progrès » ou contre la « culture » française ? Qui ou qu'est-ce qu'il critique, à travers ce texte ?
5 Imposer sa (ou une) culture aux autres : Par quels arguments (bons ou mauvais) peut-on justifier ou condamner cet acte ? (Pensez aussi, par exemple, aux familles d'immigrés qui vivent en France ou en Allemagne.)

10 Dans la gueule du loup

Quelqu'un qui, même de loin, aurait pu m'observer au sein du petit monde familial, dans mes premières années d'existence, aurait sans doute prévu que je serais un écrivain, ou tout au moins un passionné de lettres, mais s'il s'était hasardé[3] à prévoir dans quelle langue j'écrirais, il aurait dit sans hésiter : *« en langue arabe, comme son père, comme sa mère, comme ses oncles, comme ses grands-parents »*. Il aurait dû avoir raison, car, autant[4] que je m'en souvienne, les premières harmonies des muses coulaient pour moi naturellement, de source maternelle.

Pourtant, quand j'eus sept ans, mon père prit la décision irrévocable[5] de me fourrer[6] sans plus tarder dans la « gueule du loup », c'est-à-dire à l'école française. Il le faisait le cœur serré[7] :

– Laisse l'arabe pour l'instant. Je ne veux pas que, comme moi, tu sois assis entre deux chaises. En temps normal, j'aurais pu être moi-même ton professeur de lettres, et ta mère aurait fait le reste. Mais où pourrait conduire une pareille éducation ? La langue française domine. Il te faudra la dominer, et laisser en arrière tout ce que nous t'avons inculqué[8] dans ta plus tendre enfance. Mais une fois passé maître dans la langue française, tu pourras sans danger revenir avec nous à ton point de départ.

Tel était à peu près le discours paternel[9].

Y croyait-il lui-même ?

Ma mère soupirait ; et lorsque je me plongeais[10] dans mes nouvelles études, que je faisais, seul, mes devoirs, je la voyais errer[11], ainsi qu'une âme[12] en peine … Et le drame se nouait[13].

Après de laborieux[14] et peu brillants débuts, je prenais goût rapidement à la langue étrangère, et puis, fort amoureux d'une sémillante[15] institutrice, j'allais jusqu'à rêver de résoudre, pour elle, à son insu[16], tous les problèmes proposés dans mon volume d'arithmétique !

Ma mère était trop fine[17] pour ne pas s'émouvoir[18] de l'infidélité qui lui fut ainsi faite. Et je la vois encore, toute froissée[19], m'arrachant[20] à mes livres – tu vas tomber malade ! – puis un soir, d'une voix candide[21], non sans tristesse, me disant : *« Puisque je ne dois plus te distraire[22] de ton autre monde, apprends-moi donc la langue française … »* Ainsi se referma le piège[23] des Temps modernes sur mes frêles[24] racines, et j'enrage[25] à présent de ma stupide fierté, le jour où, un journal français à la main, ma mère s'installa devant ma table de travail, lointaine comme jamais, pâle et silencieuse, comme si la petite main du cruel écolier lui faisait un devoir, puisqu'il était son fils, de s'imposer pour lui la camisole[26] du silence, et même de le suivre au bout de son effort et de sa solitude – dans la gueule du loup.

Jamais je n'ai cessé, même aux jours de succès près de l'institutrice, de ressentir au fond de moi cette seconde rupture[27] du lien ombilical[28], cet exil intérieur qui ne rapprochait plus l'écolier de sa mère que pour les arracher, chaque fois un peu plus, au murmure du sang, aux frémissements[29] réprobateurs[30] d'une langue bannie[31], secrètement, d'un même accord, aussitôt brisé[32] que conclu … Ainsi avais-je perdu tout à la fois ma mère et son langage, les seuls trésors inaliénables[33] – et pourtant aliénés !

Kateb Yacine, *Le Polygone étoilé,* © Éditions du Seuil, Paris 1994.

Ce texte, tiré d'un roman de l'écrivain algérien Kateb Yacine, est en grande partie autobiographique.

1 **la gueule** Maul
2 **un loup** Wolf - **dans la gueule du loup** in der Höhle des Löwen
3 **se hasarder** risquer
4 **autant que…** aussi longtemps que…
5 **irrévocable** définitif
6 **fourrer** *ici: fam* mettre
7 **serré,e** gedrückt
8 **inculquer (qc à qn)** enseigner
9 **paternel,le** –> le père
10 **se plonger** *ici*: sich vertiefen
11 **errer** umherirren
12 **une âme** Seele
13 **se nouer** *ici*: se préparer
14 **laborieux, -se** difficile
15 **sémillant,e** au tempérament vivant
16 **à l'insu de qn** sans que qn le sache
17 **fin,e** *ici*: feinfühlig
18 **s'émouvoir de** être touché par
19 **froissé,e** leicht gekränkt
20 **arrach**er **qn à qc** éloigner qn de qc (de force)
21 **candide** pur, innocent
22 **distraire (de qc)** ablenken
23 **un piège** Falle
24 **frêle** très fragile
25 **enrager** se mettre en colère
26 **une camisole** Zwangsjacke
27 **une rupture** Bruch
28 **le lien ombilical** Nabelschnur
29 **un frémissement** un léger tremblement
30 **réprobateur, -trice** qui montre son désaccord total
31 **banni,e** *ici*: interdit,e
32 **briser** casser, annuler
33 **inaliénable** unveräußerlich

1 Formulez en quelques phrases le contenu de ce passage.
2 a) Quel rôle jouent les parents de l'auteur en ce qui concerne l'apprentissage de la langue française ?
b) Plus généralement, pour quelles raisons des familles africaines font-elles apprendre le français à leurs enfants ?
3 Quels effets l'apprentissage du français a-t-il sur les rapports entre le fils et sa mère ?
4 Que signifie, d'après vous, le rapprochement qui est fait entre « l'école française » (L. 11) et « la gueule du loup » (L. 10) ?
5 L'auteur du texte écrit aujourd'hui couramment en français. Pourquoi s'en étonne-t-il lui-même ?

11 Canadians, Canadiens français ou Québécois ?

1 **un psaume** Psalm
2 **un descendant** Nachkomme
3 **un conquérant** Eroberer (–> la conquête)
4 **une option** *ici*: une tendance
5 **déposséder** enteignen
6 **une aspiration** un fort désir (–> aspirer à qc)
7 **un îlot** une petite île
8 **l'éradication** *f* Ausradieren
9 **les Acadiens** –> l'*Acadie* (ancienne région du Canada français)
10 **le Manitoba, l'Ontario** provinces du Canada

Au commencement, il y eut le Canada et les Canadiens. Les Canadiens étaient français d'origine et de langue et quelques-uns protestants, puisqu'on chantait des psaumes[1] à Québec et que des prêtres s'en plaignirent. Les Canadiens, en perdant leur pays, perdirent leur nom. Ils durent s'appeler Canadiens français. Certains utilisent familèrement le mot « Canayens » en opposition à « Canadians » qui, dans leur esprit, désigne les descendants[2] du conquérant[3] anglais.

Il y a donc aujourd'hui des Canadians, des Canadiens français et des Québécois. Ce dernier terme est le plus généralement employé par les Canadiens français du Québec quelles que soient leurs options[4] politiques, et en particulier par ceux qui ne veulent ni ne peuvent s'identifier au Canada actuel.

Le château Frontenac, symbole de la ville de Québec.

Le sentiment de beaucoup est que la conquête anglaise les a dépossédés[5] de leur pays et de leur nom et qu'il leur reste maintenant le Québec. Un territoire près de trois fois plus grand que la France mais surtout l'unique gouvernement en Amérique du Nord où ils sont majoritaires. Ils le considèrent comme leur gouvernement, seul capable de comprendre leurs aspirations[6] profondes et fort démocratiques, et seul garant de l'avenir de leur langue et de leur culture. Un îlot[7] de 6 millions de francophones entouré d'un océan de 270 millions d'anglophones !

Le Canada, lui, a hélas une longue histoire d'éradication[8] du français : déportation des Acadiens[9] après la conquête, interdiction du français au Manitoba[10] au siècle dernier où c'était pourtant la langue dominante, « Règlement 17 », en Ontario, qui refusait aux francophones des écoles publiques de langue française, etc. Le français hors du Québec est de plus en plus menacé : les minorités francophones y subissent[11] une assimilation irréversible[12]. Il faudrait, pour qu'il en soit autrement, que celles-ci jouissent[13] du respect et du traitement[14] dont la minorité anglophone du Québec est l'objet. On n'en est pas là.

11 **subir** erleiden
12 **irréversible** qu'on ne peut pas inverser
13 **jouir de** profiter de
14 **un traitement** –> traiter

Le Québec est donc le seul foyer[15] où puisse s'épanouir[16] un peuple qui a une langue, une culture, des institutions et des législations différentes des autres peuples du Canada. Pour les Québécois, il ne s'agit plus de survie. Celle-ci leur parait acquise[17] dans la mesure où est assuré l'avenir du Québec et de sa société moderne, dynamique, tolérante, ouverte sur le monde, respectueuse de ses minorités (anglophone, autochtones[18] et autres) et démocratique jusque dans ses aspirations nationales.

Aujourd'hui, l'enjeu pour le gouvernement du Québec est d'être maître des politiques et des moyens appropriés et nécessaires pour garantir le développement et l'épanouissement[19], en français, selon son génie propre, de ce peuple distinct[20]. Le sentiment dominant chez beaucoup de Québécois est qu'ils ne doivent s'en remettre[21] à aucun autre.

Ceci explique la crise constitutionnelle canadienne qui dure depuis une dizaine d'années. Les gouvernements québécois successifs n'ont pas voulu signer la nouvelle Constitution canadienne parce qu'ils ont jugé[22] qu'elle ne reconnaissait pas assez clairement l'identité québécoise et ne donnait pas au Québec les moyens qu'il juge indispensables[23] à son avenir en tant que société distincte.

Le parti québécois (indépendantiste), qui dans les récents sondages a une nette[24] avance sur les libéraux, ne propose rien de moins qu'une déclaration de souveraineté suivie d'une négociation[25] en vue d'un marché commun.

Gérard Gautier, *Réforme,* 11 avril 1992 (texte abrégé).

15 **un foyer** Heim
16 **s'épanouir** se développer librement
17 **acquis,e** –> *acquérir* (erwerben)
18 **un autochtone** [otɔktɔn] Ureinwohner
19 **l'épanouissement** *m* –> s'épanouir
20 **distinct,e** séparé, différent
21 **s'en remettre à qn** faire confiance à qn
22 **juger** *ici*: estimer, penser
23 **indispensable** absolument nécessaire
24 **net,te** *ici*: évident
25 **une négociation** Verhandlung

Non !
Pour la seconde fois de son histoire, le Québec a dit « non » à la souveraineté. Après l'échec de 1980, les indépendantistes québécois avaient cependant presque atteint leur but au référendum de 1995 (49,4 % de « oui » contre 50,6 % de « non »).
Le Québec reste donc canadien ... au moins jusqu'au prochain référendum.

Une manifestation indépendantiste peu avant le référendum de 1995.

1 Récapitulez l'histoire de la langue française au Canada.
2 Expliquez la différence entre les trois désignations possibles pour les habitants du Canada (L. 4 - 6).
3 a) Pourquoi est-il important pour le Québec d'être autonome face au reste du Canada ?
b) En quoi l'anglais représente-t-il une menace pour l'identité du Québec ?
4 Quelles pourraient être, d'après vous, les conséquences du résultat du référendum qui a eu lieu en novembre 1995 ?
5 La cohabitation de cultures différentes dans un même pays pose souvent des problèmes, pas seulement au Canada.
a) Donnez des exemples de pays dans lesquels une telle « cohabitation » a lieu.
b) Choisissez l'un de ces pays. Dites de quelle manière se présentent les conflits entre les cultures et à quoi ceux-ci sont dûs. Y a-t-il des solutions en vue ?

12 Le cœur de ma vie

Ecoutez d'abord la chanson sans lire le texte.
Que pensez-vous de la musique ? de l'interprétation ?
A votre avis, où vit le personnage qui s'exprime dans cette chanson ?
Dites en quelques mots de quoi parle le texte.

1 **malhabile** ungeschickt (≠ habile)
2 **se blesser** se faire mal (–> une blessure)
3 **les tours d'argent** *allusion aux grandes banques*
4 **malmener** maltraiter, brutaliser
5 **mener la danse** *ici*: commander

6 **fidèle** treu(herzig)
7 **se fondre à** verschmelzen mit
8 **la caresse** –> *caresser* (streicheln)
9 **le son** Klang (–> sonner)
10 **mordre** beißen

11 **déjouer** zum Scheitern bringen
12 **secouer** rütteln, schütteln

1 C'est la langue qui court
Dans les rues de ma ville
Comme une chanson d'amour
Au refrain malhabile[1]
Elle est fière et rebelle
Et se blesse[2] souvent
Sur les murs des gratte-ciel
Contre les tours d'argent[3]

2 Elle n'est pas toujours belle
On la malmène[4] un peu
C'est pas toujours facile
D'être seul au milieu
D'un continent immense
Où ils règlent le jeu
Où ils mènent la danse[5]
Où ils sont si nombreux

3 Elle n'est pas toujours belle
Mais vivante elle se bat
En mémoire fidèle[6]
De nos maux de nos voix
De nos éclats de rire
Et de colère aussi
C'est la langue de mon cœur
Et le cœur de ma vie

4 On la parle tout bas
Aux moments de tendresse
Elle a des mots si doux
Qu'ils se fondent[7] aux caresses[8]
Mais quand il faut crier
Qu'on est là qu'on existe
Elle a le son[9] qui mord[10]
Et les mots qui résistent

5 C'est une langue de France
Aux accents d'Amérique
Elle déjoue[11] le silence
A grands coups de musique
C'est la langue de mon cœur
Et le cœur de ma vie
Que jamais elle ne meure
Que jamais on ne l'oublie …

6 Il faut pour la défendre
La parler de son mieux
Il faut la faire entendre
Faut la secouer[12] un peu
Il faut la faire aimer
A ces gens près de nous
Qui se croient menacés
De nous savoir debout

7 Il faut la faire aimer
A ces gens de partout
Venus trouver chez nous
Un goût de liberté
Elle a les mots qu'il faut
Pour nommer le pays
Pour qu'on parle de lui
Qu'on le chante tout haut

8 C'est une langue de France
Aux accents d'Amérique
Elle déjoue le silence
A grands coups de musique
C'est la langue de mon cœur
Et le cœur de ma vie
Que jamais elle ne meure
Que jamais on ne l'oublie …

Michel Rivard,

1 De quelle langue s'agit-il dans cette chanson ?
Dans quel but Michel Rivard la chante-t-il ?
2 Qui se cache derrière le pronom « ils » dans la deuxième strophe,
et qui sont « ces gens », dans la sixième strophe ?
3 a) Comment le chanteur caractérise-t-il sa langue ?
b) Expliquez les deux derniers vers de la troisième strophe.
4 Qu'est-ce que le chanteur propose, concrètement, pour défendre sa langue ?
5 Décrivez la forme de cette chanson.
6 a) Qu'est-ce qui fait l'importance d'une langue, pour ceux qui la parlent ?
b) Pour vous, l'allemand est-il « important » ? Justifiez votre réponse.

Chapitre 7

Les médias en question

1 Cha Cha Médias

Y'a Kadhafi[1], l'Ayatollah[2],
les Philippines et l'Ouganda,
les stars, les scoops[3], les photos choc,
la Cicciolina[4] et Bébé Doc[5],
le krach[6], la crise économique,
les crimes des amants diaboliques,
la hausse du fuel[7] et du mazout[8],
le box-office[9], l'indice d'écoute.
Y'a la une[10] des magazines,
les faits divers et la routine,
la terre qui tremble à Mexico,
le but marqué par Monaco.

Refrain :
Cha Cha, Cha Cha Médias
chaud, chaud, nouveau, tout chaud.
Cha Cha, Cha Cha Médias,
chaud, chaud, tout chaud, tout chaud.

Y'a Platini[11], l'Iran, l'Irak,
les pronostics[12], le tac-o-tac[13],
la boxe, le foot, le moto-cross,
la coupe Davis[14] et France-Ecosse[15],
le nouveau machin[16] qui décoiffe[17]
le Tout-Paris[18], les rois du PAF[19],
les lolitas[20] qui grimpent[21] au Top[22],
les fiches-cuisines[23] et l'horoscope.
Y'a la une des magazines,
les faits divers et la routine,
les bus qui flambent[24] à Soweto[25],
le casse[26] du siècle à Chicago.

(Refrain)

Y'a la une des magazines,
les faits divers et la routine,
y'a Las Vegas et Macao[27],
des dictateurs les pieds dans l'eau.

Gilbert Laffaille, © Kotch Music/Sidonie 1988.

1 **Kadhafi** chef de l'Etat libyen
2 **un Ayatollah** chef religieux iranien; *ici:* Khomeyni, leader de la Révolution islamiste d'Iran
3 **un scoop** une information toute nouvelle et importante
4 **la Cicciolina** actrice de films porno élue au Parlement italien
5 **Bébé Doc** Jean-Claude Duvalier, ex-dictateur de Haïti
6 **un krach** [kʀak] une crise financière grave
7 **le fuel** [fjul] Dieseltreibstoff
8 **le mazout** Heizöl
9 **le box-office** Erfolgsquote eines Künstlers / einer Aufführung
10 **la une** la première page
11 **Michel Platini** footballeur français
12 **un pronostic** une prévision
13 **le tac-o-tac** un jeu
14 **la coupe Davis** un tournoi de tennis international
15 **France-Ecosse** *ici:* match de rugby entre la France et l'Ecosse
16 **un machin** *ici:* un gadget
17 **décoiffer (qn)** *ici:* avoir un grand succès (auprès de qn)
18 **le Tout-Paris** les gens les plus connus de Paris
19 **le PAF** le paysage audiovisuel français (Medienlandschaft)
20 **une lolita** une petite fille déjà très féminine
21 **grimper** monter
22 **le Top** *ici:* le Top 50 (die meistverkauften Musiktitel)
23 **une fiche cuisine** une recette
24 **flamber** brûler
25 **Soweto** banlieue pauvre de Johannesburg (en Afrique du Sud)
26 **un casse** *fam* Einbruch
27 **Macao** territoire portugais en Chine

2 Quelle radio, quelle presse ?

1 Lisez-vous quelquefois un journal ? Si non, dites pourquoi. Si oui, dites quel est le journal ou le magazine que vous préférez et expliquez votre préférence.
2 Quelles sont les stations de radio françaises dont vous connaissez le nom ? Avez-vous déjà écouté l'une d'entre elles ? Si oui, quel genre d'émission ?

1 Radio : La FM en tête

41 % des lycéens écoutent tous les jours les infos à la radio. C'est énorme. Mais quand on vous demande sur quelles stations vous vous branchez[2], on constate que la première des grandes radios nationales, *Europe 1*, n'arrive qu'en 6e position, loin derrière les trois « grandes » de la FM : NRJ la souveraine[3] avec 44 %, suivie par Skyrock (35 %) et Fun (29 %). Autrement dit, c'est la musique que vous choisissez, et pas les infos, que vous écoutez – sans doute[4] – par hasard[5]. *« La radio a connu trois générations d'auditeurs,* note Jean-François Barbier-Bouvet, sociologue et responsable des études à Bayard Presse : *d'abord, les plus âgés, pour qui radio = infos. Ceux-là ont découvert l'info par la radio, parce que la télé n'existait pas à l'époque. Ensuite, les adultes actifs, pour qui radio = infos du matin ; et enfin les jeunes pour qui radio = musique. »*
Hormis[6] les radios musicales, soulignons l'excellent score[7] de France Infos (12 %), la dernière-née des stations de Radio France, qui diffuse de l'information non-stop. *« Les jeunes sont attirés par le tempo rapide de la FM »*, commente Ivan Levaï, directeur de l'information à Radio France.

La radio d'abord

D'après un sondage effectué en 1993, les Français ont plutôt confiance dans ...

les radios locales	61 %
la radio	57 %
les journaux	39 %
la télévision	38 %
la publicité	20 %

2 Le succès de la presse quotidienne

Comment vous informez-vous ? Par la télévision bien sûr, la radio, mais aussi, et c'est là la surprise, par la presse écrite. Un lycéen sur quatre (26 %) lit régulièrement un quotidien national *(Le Figaro, Libération, Le Monde ...)*. La presse quotidienne régionale *(Sud-Ouest, l'Est Républicain, Ouest-France ...)* remporte[8] elle aussi un franc[9] succès (45 % d'entre vous la lisent au moins une fois par semaine). La moitié des lycéens, enfin, lit de temps en temps un hebdomadaire d'informations générales *(Le Nouvel Observateur, l'Express, le Point ...)*. Et dire qu'on pensait que les jeunes ne lisaient pas !
Surprise : les lycéens lisent plus les quotidiens régionaux que les quotidiens nationaux. Certes[10], ils sont plus nombreux (73 titres contre 8). Mais Jean-Pierre Spirlet, journaliste à *Sud-Ouest*, propose une autre explication : *« Le quotidien régional est plus complet que le national : il offre des informations locales, nationales, internationales, mais aussi des renseignements pratiques : les films et les concerts qui passent près de chez nous. »*

Phosphore, avril 1992 (textes abrégés).

1 la **FM** fréquence modulée / modulation de fréquence (UKW)
2 **se brancher sur** se mettre à participer à
3 **le/la souverain(e)** le roi, la reine; *ici:* la première
4 **sans doute** probablement
5 **par hasard** sans en avoir l'intention
6 **hormis** excepté, sauf
7 **le score** le résultat (en points)
8 **remporter** *ici:* obtenir
9 **franc, franche** *ici:* clair
10 **certes** bien sûr

1 Expliquez le résultat du sondage de la première case-info (page 129) en vous référant aussi au premier texte (L. 1 - 23).
2 Relevez les informations contenues dans les deux textes et rédigez des « Infos » sur la radio et la presse écrite en France.
3 a) Comment expliquez-vous la décision de certains pays, tels que la France, (mais aussi l'Irlande, p. ex.) de protéger la musique « nationale » à l'aide d'une loi (voir la case ci-contre) ? Que pensez-vous de cette décision ?
b) Comment faut-il comprendre, dans ce contexte, les affirmations suivantes (deux des réactions à cette loi) ?
« La meilleure protection du français, c'est le talent !»
« Tout système de quotas est, en soi, un aveu d'impuissance. »

> Depuis 1996, une loi oblige les stations de radio françaises à passer 40 % de chansons françaises, dont 20 % de « nouveaux talents ». Vivement critiquée par les stations musicales, la loi semble être bien accueillie par la plupart des Français. Elle a eu pour conséquence immédiate une montée considérable des ventes de productions françaises.

3 A quoi sert la télévision ?

1 Quelle place la télé occupe-t-elle dans votre vie de tous les jours ?
2 Quelles sont les chaînes ou les émissions que vous préférez ? Pourquoi ?

Journaliste très connu en France, Jean-Marie Cavada a occupé plusieurs postes importants dans le monde de la radio et de la télévision. Le texte suivant est extrait d'une interview donnée à Sophie Courcharrière pour le magazine Okapi.

SOPHIE COURCHARRIÈRE : *Vous connaissez bien la télévision. Qu'en pensez-vous vraiment ?*

JEAN-MARIE CAVADA : La télévision nous déverse[1] des images du monde entier, sans nous donner exactement le moyen de les comprendre, parce que tout va trop vite. Alors, il faut prendre du recul[2]. Il y a un bout[3] de vérité à la télévision, mais la vérité est aussi ailleurs, dans tout ce que l'on n'a pas eu le temps de dire, dans tout ce que nous choisissons de ne pas dire.

– *Y a-t-il des choses qui vous irritent[4] vraiment à la télévision ?*

– Prenez l'information : c'est frappant[5] ! Le soir des premiers grands massacres de Sarajevo, trois ou quatre journaux télévisés, en Europe, ont ouvert sur le tennis à Roland Garros[6]. Je n'ai rien contre le tournoi de Roland-Garros, mais ce n'est pas sa place d'être en tête d'un journal. Je sais très bien pourquoi on fait cela, on m'a appris à le faire aussi. On le fait pour « ouvrir » le journal sur une nouvelle heureuse. Moi, je trouve cela pernicieux[7].

– *La télévision est tout de même un outil fabuleux ...*

– Dans notre société, la télévision relie[8] des gens qui n'ont plus d'autres moyens de relation. Dans les banlieues, par exemple, on ne lit pratiquement plus, mais on est très au courant de tout, par le son et par l'image. Il faut donc que la télévision soit soigneusement[9] faite, dans le respect du téléspectateur. Je crois qu'un jour viendra où la télévision sera un instrument banal. Pour l'instant, c'est encore un instrument un peu fascinant. Les gens qui font la télévision aujourd'hui pensent que leur apparence[10] est plus importante que ce qu'ils ont à dire. La télévision ne doit pas être une scène où l'on devient une star ; c'est seulement un outil, un moyen d'aller ailleurs, comme la voiture, le chemin de fer, ou le bateau.

1 **déverser** *ici:* apporter en grande quantité
2 **prendre du recul** Abstand gewinnen
3 **un bout de** *fam* un peu de
4 **irriter** mettre en colère
5 **frappant,e** évident
6 **Roland Garros** stade de tennis, à Paris
7 **pernicieux, -se** dangereux (d'un point de vue moral)
8 **relier** *ici:* mettre en contact
9 **soigneusement** scrupuleusement, avec *soin*
10 **l'apparence** *f* l'aspect extérieur (–> paraître)

– *La télévision, on la regarde aujourd'hui en zappant*[11] ...

– Je trouve que la connaissance de l'actualité à coup de zapping est dangereuse. On ne comprend bien une chose qu'en l'approfondissant[12]. On ne peut pas se forger[13] des idées à l'aide d'à peu près[14]. C'est dangereux de surfer sur les choses. Je trouve qu'il vaut mieux voir moins de choses, et les voir sérieusement. Le zapping est un microbe, un virus que l'on met dans l'esprit des gens.

11 **zapper** passer rapidement d'une chaîne à une autre
12 **approfondir** examiner plus en détail
13 **forger** *ici:* former
14 **un à peu près** ≠ qc de précis

Okapi, 15 décembre 1992.

1 Qu'est-ce que Jean-Marie Cavada reproche à ceux qui font la télévision ?
2 *« La vérité est aussi dans (...) tout ce que nous choisissons de ne pas dire »* (L. 6 - 8).
En quoi consiste le problème auquel Jean-Marie Cavada fait allusion ?
3 Qu'est-ce qu'il critique dans le comportement des téléspectateurs ? Pourquoi formule-t-il cette critique ?
4 Quels sont, d'après Cavada, les avantages de la télé ? Pouvez-vous en citer d'autres ?
5 Etes-vous d'accord avec Cavada quand il affirme qu' *« un jour viendra où la télévision sera un instrument banal »* (L. 22 - 23) ?
6 A votre avis, la télévision a-t-elle amélioré ou, au contraire, détérioré la qualité de la vie ?
Rédigez un commentaire personnel en vous référant à des exemples concrets.
(Voir aussi les conseils donnés à la page 22.)

La télévision francophone en Allemagne

1 Avec le *câble,*
on a le choix entre deux chaînes publiques :
– *TV5,* la télévision internationale en langue française, qui retransmet depuis Paris des émissions presque toutes produites par les chaînes publiques de pays francophones : France 2 et France 3 (France), RTBF (Belgique), TSR (Suisse), SRC (Canada).
– *Arte,* la chaîne culturelle franco-allemande et européenne, qui émet depuis Strasbourg des émissions le plus souvent bilingues et sous-titrées.

2 Avec une *antenne parabolique,*
on peut capter en plus des chaînes privées françaises (telles que TF1, Canal plus et la Cinquième) ou luxembourgeoise (RTL).

4 La télévision en couleurs

Elle n'aurait pas été la première du village à l'avoir, la télévision en couleurs, mais pas la dernière non plus. Elle se trouvait dans le juste milieu et elle aimait ça.

Le monsieur de l'antenne était venu la veille et le livreur était là, le matin, pour installer le poste.

Elle avait choisi le grand modèle en couleurs, officiellement parce que sa vue baissait et secrètement parce qu'elle ne voulait pas être en reste[1] avec le charcutier et la charcutière qui en possédaient un semblable[2].

Le livreur brancha[3] l'antenne, régla l'image et lui montra comment elle devait opérer[4] pour mettre la télé en marche, pour doser le son, la luminosité[5] et la couleur.

Elle s'étonna : le monde n'avait donc pas une couleur unique, chacun pouvait à son goût le rougir, le pâlir[6] ou l'assombrir[7]. Elle allait s'en payer[8].

« Et voilà ! fit le livreur. *Si vous voulez bien signer ... »*

Elle signa, lui glissa une pièce[9] dans la main et le regarda s'en retourner vers son petit camion.

1 **être en reste avec qn** jdm etwas schuldig sein; *ici:* hinter jdm zurückbleiben
2 **semblable** identique
3 **brancher** *ici:* mettre le contact
4 **opérer** *ici:* agir
5 **la luminosité** le degré de lumière
6 **pâlir** rendre *pâle* (sans couleur)
7 **assombrir** rendre *sombre* (dunkel)
8 **s'en payer** *fam* prendre du plaisir
9 **une pièce** *ici:* Münze

Odette Froideveau se retrouva seule avec sa télévision. Au début, ce fut une idylle. Elle regarda tout, jour et soir, s'acheta des magazines, et toutes les têtes qu'elle voyait défiler lui devinrent vite familières[10]. Par jeu, elle fit un temps rougir les hommes politiques, elle assombrit les chanteuses, fit pâlir les speakerines, mais renonça[11] bientôt pour rester confortablement calée[12] dans son grand fauteuil, les jambes croisées[13] sur un tabouret, un demi-sourire béat[14] aux lèvres. Elle apprit à manger en regardant et se spécialisa même dans ces bricoles[15] que l'on peut croquer[16] sans détourner les yeux : elle tendait la main machinalement vers la boîte posée sur la petite table à gauche du fauteuil et se fourrait[17] dans la bouche les friandises[18].

Elle avait remarqué d'ailleurs que la télévision vantait[19] souvent ces friandises-là, et il lui arrivait parfois de croquer sans le voir un chocolat dont elle pouvait, au même instant, contempler[20] l'image magnifiée[21] sur l'écran.

Pour que ce hasard[22] miraculeux se reproduise le plus souvent possible, elle achetait tout ce dont on parlait à la télé et trouvait tout également fameux[23].

Elle était bien. Elle aimait la lueur[24] dont le poste baignait son salon, et dans les longues soirées d'hiver il lui semblait même parfois qu'il diffusait de la chaleur.

Elle avait d'abord regardé son poste en égoïste, presque secrètement, puis, dès qu'elle s'était sentie plus solide, dès qu'elle avait eu la certitude de connaître tout le monde, sur toutes les chaînes, elle s'était, elle aussi, mise à discuter avec les gens du village. Chaque matin, chez la charcutière, on commentait l'émission de la veille, on bavardait sur tel ou tel, sur le corsage[25] de la speakerine, sur la cravate du journaliste … On reprenait les thèmes des débats, on parlait des livres que l'on ne lirait jamais, on savait tout des marées noires[26], des surgénérateurs[27], des psychopathes et des femmes enceintes[28]. Elle s'était même décidée à commander à la buraliste[29], qui n'en revenait[30] pas, un *France-Soir* pour connaître la volupté[31] des indices d'écoute et le frisson[32] des taux[33] de satisfaction.

Le soir, lorsqu'elle allumait son poste et commençait à croquer ses friandises et avaler ses yaourts aux fruits, Odette pensait que tout le village faisait comme elle, et cela lui donnait chaud au cœur. Elle se calait un peu mieux dans son grand fauteuil, posait les pieds sur le tabouret devant elle, lissait[34] son tablier[35] sur ses cuisses[36], et regardait défiler, avec un demi-sourire de bonheur, les informations.

Un matin, Odette se trouva chez le charcutier en même temps que la grosse Claudine. Les deux femmes se détestaient et semblaient s'être composé pour toujours des itinéraires[37] et des horaires qui leur permettaient de s'éviter. Claudine, pour descendre sur la place, prenait le chemin du haut et faisait ses courses le soir. Odette passait par en bas et s'approvisionnait le matin. La plupart des gens du village avaient perdu mémoire du motif de leur querelle, mais tous la respectaient.

Ce matin-là donc, Claudine avait failli[38] à la règle et était descendue à la charcuterie alors qu'il n'était que dix heures et quart. Odette la vit à travers la devanture[39], mais, puisqu'elle était dans *ses* heures, elle décida de ne pas reculer et de faire valoir[40] publiquement son bon droit. Elle entra.

10 **familier, -ère** qu'on connaît bien
11 **renoncer** abandonner
12 **calé,e** *ici:* assis
13 **croiser** kreuzen
14 **béat,e** content et naïf
15 **une bricole** une petite chose
16 **croquer** beißen, knabbern
17 **fourrer** *ici:* mettre
18 **une friandise** Leckerei
19 **vanter qc** dire beaucoup de bien de qc
20 **contempler** regarder avec admiration
21 **magnifier** glorifier
22 **un hasard** Zufall
23 **fameux, -se** *ici:* remarquable
24 **une lueur** une lumière peu forte

25 **un corsage** un chemisier (Bluse)
26 **la marée noire** Ölpest
27 **un surgénérateur** schneller Brüter
28 **enceinte** qui attend un bébé
29 **un(e) buraliste** qn qui vend du tabac, des cigarettes, etc.
30 **ne pas en revenir** être très surpris
31 **une volupté** un grand plaisir
32 **un frisson** Erschauern
33 **un taux** une proportion
34 **lisser** rendre *lisse* (plat)
35 **un tablier** Schürze
36 **une cuisse** Schenkel
37 **un itinéraire** un chemin à suivre

38 **faillir à** ne pas respecter
39 **une devanture** Schaufenster
40 **valoir** gelten

Claudine lui tournait le dos et bavardait avec le charcutier.

« En tout cas, disait-elle, je suis bien d'accord avec le barbu[41] : il faut au moins conserver la guillotine pour ceux qui tuent des enfants. »

Odette comprit aussitôt qu'ils étaient en train de parler du débat de la veille[42] sur la peine de mort.

« Cette grosse Claudine a donc la télé !» pensa-t-elle.

« Enfin, ce que j'en dis, de toute façon, ils savent mieux que nous ce que nous avons à faire. Donnez-moi donc des cervelles[43] congelées[44]. »

Des cervelles congelées !

Odette avait l'intention d'en prendre, elle aussi, puisqu'ils avaient passé une publicité juste après le journal de la veille. La grosse Claudine regardait donc aussi les publicités.

Odette décida aussitôt d'acheter des côtelettes. A cet instant, Claudine se retourna et la vit.

Prise en faute[45], elle s'empêtra[46] les doigts dans son portemonnaie, bafouilla[47], ce qui n'était pas dans ses habitudes, fourra ses cervelles dans son cabas[48] et sortit.

Le passage était si étroit entre la banque réfrigérée[49] et le mur que, lorsque Claudine croisa[50] Odette, leurs ventres se touchèrent. Elles n'échangèrent même pas un regard.

« Donnez-moi deux côtelettes », fit Odette lorsque le carillon[51] de la porte eut tinté[52].

« Tout de suite, madame Froideveau », répondit gaiement le charcutier, trop content qu'il n'y ait pas eu d'esclandre[53] dans sa boutique.

Il prit l'échine[54] de porc et commença à tailler[55] les côtelettes.

« Alors, poursuivit[57]-il, vous avez vu le débat, hier ?

– Comme tout le monde ! » répliqua sèchement Odette. Il n'insista pas.

Au milieu de la place du village, elle s'arrêta pour penser. Il n'était pas question qu'elle parle de la même chose que la grosse Claudine.

En accrochant son imperméable[57] au porte-manteau derrière la porte d'entrée, elle ressentit un frisson dans le dos, comme si la fièvre était en train de s'installer en elle, comme si elle couvait[58] quelque chose.

Elle regarda ses côtelettes dorer dans la poêle[59]. Il n'était pas question qu'elle mange la même chose que la grosse Glaudine. Pas question.

Si elle se mettait à parler de la même chose que la grosse Claudine et à manger la même chose que la grosse Claudine, elle finirait par *devenir* la grosse Claudine. Et elle ne voulait à aucun prix être la grosse Claudine, *digérer*[60] comme la grosse Claudine …

Elle ne prit pas de dessert. Et puis, il n'y avait pas de raison que cela s'arrête à elle : si cela continuait, le village tout entier allait bientôt être la grosse Claudine, et puis le canton, le département, le pays tout entier et puis d'autres pays ensuite … Un seul homme allait parler dans le poste à une seule grosse Claudine … Le monde entier allait écouter comme Claudine, rire comme Claudine, penser comme Claudine, manger comme Claudine, à la même heure, au même instant …

Elle en oubliait la bouilloire[61] dans laquelle chauffait l'eau pour le café et qui chantait sur la gazinière[62]. Il lui semblait qu'il y avait là une tricherie[63] sur la vérité, une tricherie sur la liberté … Quelque chose de plus grave[64] que les coups de bâton, de plus grave que les violences, de plus inquiétant, de plus injuste.

41 **un barbu** –> une barbe
42 **la veille** le jour d'avant
43 **une cervelle** Hirn
44 **congelé,e** tiefgefroren
45 **prendre en faute** erwischen
46 **s'empêtrer** unbeholfen stochern
47 **bafouiller** stammeln
48 **un cabas** un sac (pour faire les courses)
49 **une banque réfrigérée** Tiefkühltruhe
50 **croiser qn** passer à côté de qn
51 **un carillon** Glockenspiel
52 **tinter** sonner
53 **un esclandre** une querelle violente
54 **l'échine** *(f)* **de porc** Schweinerücken
55 **tailler qc** couper qc (pour lui donner une forme)
56 **poursuivre** *ici:* continuer
57 **un imperméable** un vêtement qui protège de la pluie
58 **couver** ausbrüten
59 **une poêle** [pwal] Bratpfanne
60 **digérer** verdauen
61 **une bouilloire** Wasserkessel
62 **une gazinière** Gasherd
63 **une tricherie** –> tricher
64 **grave** important

Un nouveau frisson lui parcourut[65] le dos et elle se leva pour enfiler[66] une petite laine[67].

Ce jour-là, elle ne regarda pas « Aujourd'hui madame ». Son café avalé, elle se mit au lit pour réfléchir. Elle réfléchit effectivement une quinzaine de secondes, puis sombra[68] dans une sieste épaisse[69], suante[70] et agitée[71]. Lorsqu'elle se réveilla sur le coup de cinq heures, sa robe de chambre était entortillée[72] autour de ses jambes, ses cheveux étaient défaits[73], mais elle avait trouvé une solution, *sa* solution, son antidote[74] à la claudinification du village.

Puisqu'il était établi[75] une bonne fois pour toutes que l'on ne pouvait pas se passer de spectacle, elle allait, *seule,* offrir un spectacle chaque soir à une *seule* personne du village pour que, chaque matin, il y ait au moins quelqu'un qui parle d'autre chose que la grosse Claudine. Elle organisait la résistance !

Elle se leva d'un bond[76], retapa[77] son lit hâtivement[78] et se précipita[79] sur sa bibliothèque. Elle n'avait pas une seconde à perdre.

Le premier soir, elle récita une poésie de Victor Hugo à Mme Wasserman, le lendemain elle exécuta la recette du baba[80] au rhum devant Thérèse, l'institutrice, et pour le charcutier qui devait venir le jour suivant, pour ce gros charcutier qui se donnait des airs[81] de poète et ouvrait le col[82] de sa blouse[83] dès le printemps venu, elle allait faire une danse du ventre. Une danse du ventre pour le charcutier ! …

Paul Fournel, *Les grosses rêveuses,* © Editions du Seuil, Paris 1991.

65 **parcourir qc** aller le long de qc
66 **enfiler** mettre (un vêtement)
67 **une petite laine** *fam* un vêtement en laine
68 **sombrer** tomber, se perdre
69 **épais,se** *ici:* profond
70 **suer** schwitzen
71 **agité,e** ≠ calme, tranquille
72 **entortillé,e** umwickelt
73 **défait,e** *ici:* en désordre
74 **un antidote** Gegenmittel
75 **établir** *ici:* démontrer

76 **d'un bond** mit einem Satz
77 **retaper** *ici:* remettre en ordre
78 **hâtif, -ve** très rapide
79 **se précipiter sur** aller rapidement vers
80 **un baba (au rhum)** kleiner Rumnapfkuchen
81 **se donner des airs de …** sich als … geben
82 **un col** *ici:* Kragen
83 **une blouse** un vêtement de travail

1 La nouvelle de Paul Fournel suit un certain plan.
Retrouvez-en les différentes parties et formulez un titre pour chacune.
Ensuite, résumez le texte. (Voir les conseils donnés à la page 17.)
2 Quelle est l'origine et la signification de l'expression *« la claudinification du village »* (L. 125) ?
3 a) Que pensez-vous des activités imaginées par Odette Froideveau pour ses invité(e)s d'un soir ?
b) Qu'est-ce qu'Odette pourrait ensuite imaginer pour distraire le maire, le facteur, le boulanger, etc. ?
4 *« Les deux femmes se détestaient. […] La plupart des gens du village avaient perdu mémoire du motif de leur querelle »* (L. 57 - 62). Ecrivez un petit texte dans lequel vous raconterez comment Odette et Claudine en sont venues à se détester.

5 Médias : dérapages en série

1 C'est la révolution roumaine qui, la première, a déclenché[2] une avalanche[3] d'interrogations sur le rôle de l'information télévisée. La Cinq s'était directement branchée[4] sur la télévision roumaine dont elle retransmettait les images non-stop. C'était la première fois que nous vivions une révolution en direct.
Le 23 décembre 1989, les présentateurs annoncent que l'on a découvert 630 cadavres à Timisoara. En fait, il n'y avait jamais eu de charnier[5]. Les corps étaient ceux de 27 personnes exhumées[6] de la fosse[7] commune d'un cimetière[8] à Timisoara. Tout le monde avait été manipulé, sans exception. Seconde erreur : les médias annoncent entre 60 000 et 70 000 morts dans le pays. On se rendra compte après qu'il y en a eu moins de 1000. Pour Jean-Marie Charon, rédacteur en chef de la revue *Médiaspouvoirs,* une bonne part de ces dérapages s'explique par la logique de la concurrence : « *Une concurrence très forte amène les chaînes de télévision à privilégier les objectifs[9] commerciaux.* »

1 **un dérapage** Schleudern, Rutschen; *ici:* Entgleisung
2 **déclencher** causer, provoquer
3 **une avalanche** Lawine
4 **se brancher sur** se mettre en contact direct avec
5 **un charnier** un tas de cadavres
6 **exhumer** retirer de la terre
7 **une fosse commune** Massengrab
8 **un cimetière** un terrain où on met les morts en terre
9 **un objectif** un but

2 C'était une tradition : la presse en France ne démasquait pas la vie privée des hommes publics, respectant l'article 9 du code civil[10] : « *Chacun a droit au respect de sa vie privée.* »
Ce tabou est tombé avec la publication par *Paris-Match* de photographies de François Mitterrand en compagnie de Mazarine, sa fille naturelle[11], âgée aujourd'hui de vingt ans.
Le journaliste fait valoir[12] qu'il s'agissait d'un « secret de Polichinelle[13] », connu dans les milieux politiques et médiatiques. François Mitterrand avait lui-même avoué[14] l'existence de Mazarine dans un entretien confidentiel avec des journalistes en 1984 : « *Oui, j'ai une fille naturelle. Et alors ?* »
Ces révélations[15] ont suscité[16] l'indignation[17] de nombreux journalistes et de la classe politique. Le président de la Fédération nationale de la presse française, Jean Miot, a exprimé sa crainte que « *la profession tombe dans le caniveau[18] de la presse anglosaxonne* ».

10 **le code civil** Bürgerliches Gesetzbuch
11 **naturel,le** *ici*: né hors mariage
12 **faire valoir** *ici:* souligner
13 **un secret de Polichinelle** un « secret » connu de tous
14 **avouer qc** reconnaître qc comme vrai
15 **une révélation** Enthüllung
16 **susciter** causer, provoquer
17 **l'indignation** *f* la colère
18 **le caniveau** Gosse

3 Dans son édition de samedi, *le Parisien* a laissé une grande page blanche là où les journalistes avaient prévu de présenter l'émission de Patrick Sébastien, « Osons », diffusée le soir même sur TF 1. « *On ne joue pas avec le racisme* », « *La vulgarité a des limites* », « *Les heures de grande écoute nous imposent une certaine décence[19]* » ..., tout cela est vrai. Comme près de 10 millions de téléspectateurs, nous avons vu. Nous avons vu Sébastien grimé[20] en Le Pen chanter *Casser du Noir.* Vu le vrai leader du FN s'esclaffer[21] bruyamment[22]. Vu encore Sébastien se coucher sur le trottoir pour photographier sous les jupes des filles. Vu Gilbert Montagné[23] chanter *We are the Champions* avec une chorale d'handicapés[24]. Lu, le lendemain dans la presse, les responsables de TF 1 prendre la défense de l'animateur. Télé-nausée[25].

19 **la décence** Anstand
20 **grimer** schminken
21 **s'esclaffer** éclater de rire
22 **bruyant,e** qui fait du bruit
23 **Gilbert Montagné** un chanteur aveugle
24 **un handicapé** Behinderter
25 **la nausée** Brechreiz, Ekel

4 Après la guerre du Golfe, CNN[26] a lancé News Hound, une chaîne de télévision qui faisait appel aux possesseurs de caméscopes[27] pour diffuser leurs vidéos. Ted Turner, le patron de CNN, a décidé de généraliser l'utilisation des documents vidéo des amateurs, transformant la population en petits inspecteurs de la société civile[28].

26 **CNN** une chaîne de TV américaine
27 **un caméscope** une caméra vidéo portative
28 **la société civile** ≠ les institutions officielles

Et en France ?

22 août 1994, Mont-Saint-Michel. Une mère qui tente[29] de sauver sa fille tombée dans un trou d'eau se noie. Un touriste filme l'accident. France 2 passe trois plans, en évitant les scènes les plus macabres.

24 septembre 1994. Un Airbus de la compagnie roumaine Tarom manque[30] de s'écraser[31] près de l'aéroport d'Orly. Un témoin filme la scène. France 2 diffuse le document.

12 novembre 1994, Amiens, cité Faset. Un habitant filme l'intervention « musclée » des CRS[32] dans une soirée de jeunes. Toutes les chaînes retransmettent les images.

29 **tenter de** essayer de
30 **manquer de (faire qc)** avoir presque (fait qc)
31 **s'écraser** tomber et être détruit
32 **un CRS** un policier qui fait partie des Compagnies Républicaines de Sécurité

Arrestation d'un jeune délinquant par la police.

La société est en train de devenir hypertransparente : c'est la politique du « tout-dire » et du « tout-voir ». Les chaînes veulent jouer avec des systèmes privés qu'ils ne contrôlent pas. Or, en montrant les images d'amateurs, ce ne sont plus les professionnels qui font la télévision, mais le public.
C'est une nouvelle forme de délation[33] : une délation voyeuriste qui, en plus de dénoncer[34] les comportements, les donne à voir. Et, pour ça, on n'a pas besoin de professionnels qui respectent une certaine déontologie[35], mais de n'importe[36] qui. Cela débouche[37] sur ce que *Reporters sans frontières*[38] nomme « les médias de la haine[39] », car les images que l'on nous montre sont toujours hyperviolentes. En diffusant ces images, les journalistes se rendent complices du vidéo-amateur. A la différence du professionnel, il n'est soumis à aucun code de déontologie, il est donc prêt à tout.

33 **la délation** Denunziation
34 **dénoncer** *ici:* critiquer (publiquement)
35 **la déontologie** l'ensemble des règles « morales » d'une profession
36 **n'importe qui** irgendwer
37 **déboucher sur qc** avoir qc pour résultat
38 **Reporters sans frontières** une association internationale de journalistes
39 **la haine** ≠ l'amour (–> haïr)

1 Christine Jaulmes, *Phosphore,* octobre 1990 ;
2 Le Monde, *Dossiers et Documents,* mars1994 ;
3 Laurent Neumann, *L'Evénement du jeudi,* 28 septembre 1995 ;
4 Paul Virilio, *L'Evénement du jeudi,* 21 décembre 1995 (textes abrégés).

1 a) En tenant compte du contexte, exprimez plus simplement les parties de phrase en italiques : Jean Miot *a exprimé sa crainte* que la profession *tombe dans le caniveau* … (L. 28 - 29).
b) Mettez en relief l'expression en italiques : Une concurrence très forte amène les chaînes de télévision à privilégier *les objectifs commerciaux* (L. 15).
c) Dans la phrase suivante, remplacez le participe présent par une autre construction : La presse en France ne démasquait pas la vie privée des hommes politiques, respectant l'article 9 du code civil (L. 16 - 17).
d) Mettez la phrase suivante au discours indirect. (Commencez par *« Un journaliste a dit … ») « Les heures de grande écoute nous imposent une certaine décence »* (L. 33 - 34).
e) Mettez le passage en italiques au passif : Les chaînes veulent jouer avec des systèmes privés *qu'ils ne contrôlent pas* (L. 48 - 49).
f) Remplacez la partie de phrase en italiques par une autre construction : On n'a pas besoin de professionnels *qui respectent une certaine déontologie* (L. 53 - 55).

2 a) En quoi les faits mentionnés dans les quatre textes ci-dessus constituent-ils des « dérapages » dans l'utilisation des médias ?
b) Expliquez pourquoi « la logique de la concurrence » (L. 13 - 14) peut conduire à ces dérapages.

3 Formulez, à partir de votre réponse à la question 2a, quelques « règles de bonne conduite » qui devraient s'appliquer au travail des journalistes.

4 a) En quoi des documents vidéo faits par des amateurs peuvent-ils représenter un danger ?
b) L'utilisation de ces documents à la télévision peut-elle aussi avoir un côté positif ? Référez-vous, entre autres, aux trois exemples donnés au début du texte 4.

5 Quels sont les « médias de la haine » (L. 56) ? Donnez des exemples.

6 Règles de bonne conduite

1 Répondez vous-mêmes à la question du sondage ci-dessous, puis comparez votre réponse à celle des Français interrogés.

2 Y a-t-il d'autres choses dans les médias avec lesquelles vous n'êtes pas d'accord ? Si oui, dites lesquelles et justifiez votre choix.

Tout n'est pas permis

Sondage effectué en 1995 pour un magazine de télévision :
« Voici des choses que l'on voit ou que l'on entend parfois à la télévision. Personnellement, êtes-vous plutôt d'accord (toujours ou dans certains cas), ou pas du tout d'accord avec … ? »

	d'accord	*pas d'accord*	*sans opinion*
les films ou émissions érotiques	62 %	36 %	2 %
la pornographie	36 %	63 %	1 %
les gros mots	50 %	50 %	–
les gestes obscènes	22 %	77 %	1 %
les propos et attitudes misogynes[1]	24 %	73 %	3 %
les propos xénophobes ou racistes	16 %	82 %	2 %
les images de violence avant 22 h 30	15 %	82 %	3 %

1 **misogyne** qui est contre les femmes

Les deux cents journalistes de TF 1 ont accepté toute une série de règles de « bonne conduite déontologique[2] » qui ne constituent, selon leur direction, « ni un code[3] ni une charte, mais quelques principes qui s'imposent[4] à tout journaliste de la rédaction de TF 1 ». En voici les principales.

2 **déontologique** qui concerne les règles « morales » d'une profession
3 **un code** un ensemble de règles
4 **s'imposer à** être nécessaire
5 **un avertissement** un appel à l'attention
6 **préalable** (qui est) fait avant (qc)
7 **traumatiser** causer un choc émotionnel violent
8 **délimiter qc** fixer les limites de qc
9 **heurter** choquer
10 **la pudeur** Schamgefühl
11 **avoir trait à** se rapporter à
12 **expressément** ausdrücklich
13 **stipuler** mentionner
14 **recommander** conseiller
15 **aboutir à qc** avoir qc pour résultat
16 **la mise en cause** Infragestellung
17 **l'honnêteté** *f* Anständigkeit
18 **tant que** aussi longtemps que
19 **une précaution** une mesure de prudence
20 **confondre** ≠ distinguer
21 **la culpabilité** ≠ l'innocence (–> coupable)
22 **harceler** bedrängen
23 **un rapt** Entführung
24 **commettre** faire (qc de mal)
25 **au besoin** si nécessaire
26 **s'abstenir (de faire qc)** sich enthalten (etw. zu tun)

1 Le respect des sensibilités diverses des téléspectateurs passe par un avertissement[5] préalable[6] dans le cas de la diffusion d'une séquence qui pourrait choquer ou traumatiser[7] certains.
2 Il impose de limiter les images violentes aux seuls reportages dont la valeur d'exemple est prouvée par l'actualité.
3 Il oblige de refuser toute image à caractère pornographique et à délimiter[8] avec soin les reportages contenant des séquences pouvant heurter[9] la pudeur[10].
4 Il conduit à traiter avec le plus grand tact tous les sujets ayant trait[11] à l'enfance, en respectant la volonté des familles.
5 Les journalistes s'imposent de donner la parole de manière contradictoire aux différents protagonistes d'un dossier d'actualité. Dans le cas où l'un de ces protagonistes aura expressément[12] refusé de s'exprimer, le commentateur le stipulera[13] dans son reportage.
6 Il est recommandé[14] d'éviter la répétition inutile et injustifiée de séquences pouvant aboutir[15] à la mise en cause[16] de l'honnêteté[17] ou de l'honorabilité d'une personne ou d'une institution.
7 Tant[18] que la responsabilité d'une personne n'est pas prouvée par la justice, les plus grandes précautions[19] de langage doivent être utilisées pour qu'on ne confonde[20] pas mise en cause, mise en examen et culpabilité[21].
8 Le respect de la vie privée doit conduire à éviter de harceler[22] les proches d'une personne sous les feux de l'actualité.
9 Les journalistes ne diffusent pas de séquences réalisées en caméra cachée pouvant permettre l'identification d'une personne et d'un lieu privé.
10 Ils s'interdisent de filmer un événement où la présence des caméras favoriserait une action criminelle. Ils se refusent à filmer un crime annoncé par avance par un individu ou une organisation.
11 S'agissant d'un rapt[23] ou de tout autre crime commis[24] sur un enfant, les journalistes ne doivent agir qu'en fonction de l'intérêt de la famille, au besoin[25] après consultation des autorités.
12 Les journalistes s'abstiennent[26] de diffuser l'interview d'une personne parlant sous la contrainte.
13 Les images d'archives sont utilisées avec précaution. Quand leur diffusion peut créer une confusion, elles sont datées et citées comme telles.

Le Monde,
26 janvier 1994.

1 Faites une liste des expressions et mots-clés se rapportant aux principes que les journalistes de TF 1 veulent respecter. Comparez ces règles de conduite avec celles que vous avez formulées vous-mêmes (voir page 137, exercice 3). Que constatez-vous ?
2 Ce genre de règles de conduite est souvent formulé en *réaction* à des comportements réels. Choisissez trois de ces règles et, pour chacune d'entre elles, une situation concrète (et si possible réelle) dans laquelle les comportements ne correspondaient pas aux principes formulés ci-dessus. Dites ce qui s'est réellement passé et comment on aurait pu ou dû éviter les erreurs.

7 Les tentations du métier

1 Aujourd'hui, 50 % des Français doutent[1] de ce qu'ils lisent dans leur journal et ne sont qu'un tiers à croire à l'indépendance des journalistes … Classé il n'y a pas si longtemps aux premières places dans l'échelle[2] des professions, le métier de journaliste se retrouve, très symboliquement, dans les dernières, entre la prostituée et le député … Le discrédit[3] actuel résulte d'une série de « dérapages » dont la répétition a fini par trahir[4] le dérèglement d'une profession. L'ère[5] de la communication peut parfois se transformer en piège : toutes les entreprises se sont dotées[6] de professionnels de la communication chargés[7] de servir les journalistes. Et parfois de s'en servir. C'est au journaliste de savoir garder la distance qui lui évitera de se placer, même inconsciemment[8], « sous influence ». En faisant, par exemple, la différence entre le voyage de presse dont l'objet est la visite d'une nouvelle usine et l'invitation « personnelle » du maire de l'Alpe-d'Huez[9] à venir passer « seul ou en famille, un week-end ou quelques jours de vacances », pour découvrir « cette station en pleine expansion[10] ».

En plus de la difficulté réelle d'apprécier[11] au cas par cas la frontière entre l'acceptable et l'inacceptable, le respect quotidien des principes de l'indépendance présente un défaut majeur[12] : il coûte cher. La crise financière qui affecte[13] actuellement, en France, la presse écrite d'information générale la met en situation de vulnérabilité[14]. Mais l'honnêteté professionnelle due aux lecteurs reste du ressort[15] de chacun des médias. C'est à chaque journal – entreprise originale qui prétend faire le commerce[16] de la vérité – de présenter ses engagements déontologiques à ses lecteurs comme un argument commercial. Et de transformer sa conception de la vérité et l'usage qu'il en fait – sa crédibilité[17] – en argument de vente.

2 Messieurs les Juges, *l'Evénement du jeudi* plaide coupable, cent fois coupable. Oui, nous avons *« recelé[18] »* des documents *« provenant[19] de la violation[20] d'un secret professionnel »*. Oui, nous avons violé le « secret défense », notamment[21] en dévoilant[22] l'affaire Greenpeace[23]. Oui, nous avons détenu[24] – et détenons encore – des documents administratifs et bancaires confidentiels.

Je vous le dis tout net[25] : nous allons continuer. Parce que, même si on nous en dénie[26] le droit, nous considérons que c'est notre devoir. Que c'est la fonction d'un journal libre dans un pays démocratique. Si nous ne l'avions pas fait – et d'autres avec nous –, combien de scandales, combien d'abus[27], combien de crimes seraient restés cachés ?

Il est arrivé à *l'Evénement du jeudi* – rarement, heureusement – d'être condamné à juste titre. Parce que nous nous étions trompés. L'erreur est un risque que nous assumons[28], et nous en payons les conséquences. Il nous est aussi, souvent, arrivé de mettre au jour des faits dont la véracité[29] a été confirmée par la suite. Au risque de l'erreur, nous sommes des auxiliaires[30] de la vérité. Nous sommes, comme tous les citoyens, tenus[31] au respect du droit. Mais le droit d'accès[32] à cette vérité est, pour nous, le principal. C'est pourquoi nous sommes coupables et continuerons à l'être.

1 **douter de** qc ≠ croire qc
2 **une échelle** (Stufen)Leiter
3 **le discrédit** une baisse de confiance
4 **trahir qc** *ici:* montrer qc (qui était caché)
5 **une ère** une époque
6 **se doter de** *ici:* engager
7 **chargé,e de** responsable de
8 **inconsciemment** sans s'en apercevoir
9 **l'Alpe-d'Huez** station de sports d'hiver
10 **en expansion** en développement
11 **apprécier** *ici:* abschätzen
12 **majeur,e** *ici:* important
13 **affecter** toucher
14 **la vulnérabilité** Verwundbarkeit
15 **être du ressort** faire partie des responsabilités (de qn)
16 **faire le commerce de qc** vendre qc
17 **la crédibilité** -> *crédible* (qu'on peut croire)
18 **receler** garder et cacher
19 **provenir de** venir de
20 **la violation** Brechen (einer Regel)
21 **notamment** en particulier
22 **dévoiler** découvrir et montrer
23 **l'affaire Greenpeace** action des services secrets français contre Greenpeace, en 1985
24 **détenir** avoir, posséder
25 **net** *ici:* clairement
26 **dénier (un droit)** refuser de donner
27 **un abus** Missbrauch
28 **assumer qc** accepter la responsabilité de qc
29 **la véracité** le fait d'être vrai
30 **un,e auxiliaire** qn qui aide
31 **être tenu,e** être obligé
32 **un accès** Zugang

LE BOURRAGE DE CRÂNE VU PAR SINÉ

3 Et la télé ?

L'ÉVÉNEMENT DU JEUDI : *Pensez-vous que la télévision puisse menacer la démocratie ?*

ANNE SINCLAIR[33] : Oui, la télévision peut menacer la démocratie … De la même manière, la voiture peut se transformer en instrument de mort. Tout dépend de l'usage qu'on choisit d'en faire. On peut aussi bien affirmer que la télé est un outil[34] de démocratisation. Grâce à elle, personne ne peut plus ignorer ce qui s'est passé en Bosnie … En revanche, si son utilisation est dévoyée[35], si elle trahit[36] la vérité, alors oui, la télévision devient un outil très dangereux. L'essentiel ? Avoir conscience de la puissance de l'outil que nous avons entre les mains et l'utiliser de façon responsable.

33 **Anne Sinclair** animatrice d'émissions politiques à la TV
34 **un outil** Werkzeug
35 **dévoyer** faire sortir du bon chemin
36 **trahir** *ici:* ≠ respecter

1 Eric Conan, *L'Express,* 4 décembre 1992 (texte abrégé) ;
2 Albert du Roy, *L'Evénement du jeudi,* 6 avril 1995 (texte abrégé) ;
3 *L'Evénement* du jeudi, 14 avril 1994.

1 Décrivez et commentez le dessin de Siné, ci-dessus (les mots que vous ne connaissez pas sont des synonymes du français familier pour « mensonges »). A votre avis, qui ou qu'est-ce que le dessinateur critique ?
2 Pourquoi est-il parfois difficile, pour un journaliste, de garder son indépendance ?
3 Qu'est-ce que l'auteur du premier texte conseille aux médias en général et aux journalistes en particulier ?
4 a) En quoi le fait que le journaliste se retrouve en bas de l'échelle des professions – entre la prostituée et le député – est-il, pour Eric Conan, symbolique ?
b) Vous-même, comment jugez-vous le métier de journaliste ? Justifiez votre opinion.
5 Expliquez comment une crise financière peut mettre la presse d'information générale en « situation de vulnérabilité » (L. 21).
6 a) A votre avis, à quelle occasion le second texte (L. 28 - 47) a-t-il été écrit ?
b) Selon vous, un journaliste a-t-il le droit de se tromper ? Etes-vous d'accord avec la conclusion de l'auteur du second texte (L. 45 - 47) ?
7 Pourquoi et comment les médias peuvent-ils servir la démocratie ?

8 L'avenir a déjà commencé

1 Faites la liste des principales étapes de l'évolution des communications de masse dans le passé.
2 Que savez-vous d'Internet et des « autoroutes de l'information » ?

Depuis le coureur de Marathon mort d'épuisement[1] après 40 kilomètres de marche pour annoncer aux Athéniens leur victoire sur Darius le Grand jusqu'aux « surfeurs » du réseau[2] d'Internet, une seule obsession[3] : communiquer. Toujours plus vite, toujours davantage. En vingt-cinq siècles, la méthode a évolué, le contenu aussi ! Si bien qu'aujourd'hui les distances sont définitivement abolies[4] et les capacités[5] de stockage[6] quasiment indéfinies. Ne reste plus qu'à faire place aux autoroutes de l'information, ces voies très larges et rapides, ouvertes à la culture mondiale.
Internet est le plus célèbre de ces réseaux. Conçu il y a vingt-cinq ans sous la houlette[7] des militaires américains par des universitaires, il a été ouvert au public grâce à la mise au point de logiciels[8] d'accès d'une grande maniabilité[9]. Une trentaine de millions de personnes y sont aujourd'hui connectées à travers le monde pour communiquer entre elles et consulter d'innombrables services. Est-ce parce que son père, sénateur, avait en son temps œuvré[10] pour la modernisation des autoroutes (asphaltées) du pays qu'Al Gore[11] a décidé en 1992 de faire campagne au côté de Bill Clinton sur le thème des autoroutes de l'information ? Dans son esprit, il s'agit de créer des réseaux en fibres optiques capables de transporter des milliards de données[12] par seconde, afin que chacun puisse transmettre et recevoir des images animées[13] en trois dimensions. Cette idée doit aboutir[14] à la construction d'un monde virtuel[15] dans lequel les hommes auront la sensation[16] d'évoluer comme dans le réel. Elle a été reprise par tous les hommes politiques du monde occidental, qui y voient un moyen de revitaliser l'économie. Adieu l'asphalte et vive le cyberspace[17] !

Renaud de La Baume, *Géo,* janvier 1996 (texte abrégé).

1 **l'épuisement** *m* la fatigue extrême
2 **un réseau** Netz, Geflecht
3 **une obsession** une idée fixe
4 **abolir** annuler, supprimer
5 **la capacité** *ici:* la place nécessaire
6 **le stockage** Speichern
7 **sous la houlette** sous la direction
8 **un logiciel** Software
9 **la maniabilité** –> *maniable* (facile à utiliser)
10 **œuvrer** travailler
11 **Al Gore** vice-président des Etats-Unis
12 **les données** *f* *ici:* Daten
13 **animé,e** qui bouge
14 **aboutir à qc** münden in
15 **virtuel,le** visible, mais pas « réel »
16 **une sensation** une impression
17 **le cyberspace** *angl* un ensemble de mondes virtuels
18 **une grenouille** Frosch (nom donné aux Français par les Anglais)
19 **fourmiller** exister en grand nombre (–> une fourmi)
20 **force est de** *litt* il faut bien
21 **le patrimoine** *ici:* l'héritage (culturel) d'une collectivité

Lettre de Cybérie

Les pages francophones se multiplient sur le World Wide Web.
Le « coin des francophones et autres grenouilles[18] » (http ://www.cnam.fr/fr) fourmille[19] d'adresses précieuses pour netsurfer français.
Rien à voir avec les millions de pages produites outre-Atlantique. Force[20] est de constater que le patrimoine[21] français est encore bien peu défendu dans le cyberspace.

L'Evénement du jeudi, 11 janvier 1996.

1 Les médias sont en train de franchir une étape importante dans leur évolution.
Qu'est-ce qui, à l'avenir, sera différent dans le monde de la communication ?
2 Comment s'explique le succès des nouveaux moyens de communication ?
3 D'après vous, faudrait-il s'en servir davantage, p. ex. pour l'enseignement dans les écoles ? Quels avantages et quels inconvénients est-ce que cela pourrait présenter ?
4 A votre avis, Internet constitue-t-il une menace pour le français ? Justifiez votre opinion.

9 Voyages sur Internet

1 **cloué,e** *ici:* fixé
2 **un salon** *ici:* une grande exposition

Non, je n'imaginais pas que l'on puisse se perdre, assis sur une chaise, les yeux cloués[1] sur un écran d'ordinateur. Mon premier voyage sur les routes de l'information a débuté un jour de printemps dans la cité de San José, en Californie. Un salon[2] sur Internet attirait là des milliers d'Américains. A voir jeunes et moins jeunes, étudiants et ménagères se passionner pour ces excursions dans ce monde qui m'était alors inconnu, j'ai eu envie de tenter ma chance et j'ai envoyé mon premier courrier électronique à un ami français : « *Ça y est, je suis sur Internet !* » Mon quart d'heure d'exploration écoulé[3], j'ai dû abandonner la machine au suivant. Et attendre le lendemain pour trouver la réponse de mon ami sur la boîte aux lettres électronique provisoirement ouverte à mon intention : « *Bravo. Profites-en pour aller visiter la grotte de Vallon-Pont-d'Arc à l'adresse suivante : http ://dmf.culture.fr/culture/gvpda.htm.* »

3 **écoulé,e** passé

C'est là que les difficultés ont vraiment commencé. Où devais-je coller[4] ce charabia[5] d'adresse ? Fallait-il que je me rende d'abord en Ardèche ? Et puis, cette grotte paléolithique[6] n'était-elle pas fermée au public ? J'étais perdu. Un professionnel est venu m'aider. Il a tapé sur le clavier, cliqué sur l'écran et, miraculeusement, les mammouths, les rennes[7], les ours[8] gravés ou peints sur les parois[9] de la grotte récemment[10] découverte en France ont défilé sous mon regard émerveillé[11]. Le labyrinthe qui permet d'aller presque instantanément de Californie en Ardèche s'appelle le World Wide Web, littéralement[12] la « toile d'araignée[13] mondiale ».

4 **coller** *ici: fam* mettre
5 **le charabia** Kauderwelsch
6 **paléolithique** altsteinzeitlich

7 **un renne** Rentier
8 **un ours** Bär
9 **une paroi** un mur intérieur
10 **récemment** il y a peu de temps (–> récent)
11 **émerveillé,e** entzückt
12 **littéralement** wortwörtlich
13 **une toile d'araignée** Spinnennetz
14 **mu,e** *ici*: motivé

Je m'habitue peu à peu à ce nouveau monde où les distances géographiques et sociales sont annulées, où les cercles les plus fermés s'ouvrent et donnent naissance à de nouvelles communautés, mues[14] par un intérêt commun pour tel ou tel sujet. Des milliers de personnes, associations et entreprises y diffusent leur bonne parole. A l'instar[15] des médias classiques, il n'est donc pas étonnant d'y rencontrer tous les extrémistes (des nazis aux négationnistes[16]) de la planète. Avec son lot[17] de nouvelles plus ou moins récentes et pas toujours datées, Internet est sujet à caution[18]. A chacun de vérifier l'information en la croisant[19] avec d'autres sources. Car tout et son contraire coexistent. La recherche sur le mot « bombe » m'a livré un historique de la bombe d'Hiroshima, une présentation du film « Bomb Shelter » et des recettes de fabrication artisanale de dangereux pétards[20].

15 **à l'instar de** à la manière de
16 **un négationniste** qn qui prétend que l'Holocauste nazi n'a jamais existé
17 **un lot** une certaine quantité
18 **sujet à caution** suspect
19 **croiser** *ici:* comparer
20 **un pétard** *ici:* une petite bombe

Demander à l'outil informatique de faire preuve[21] de discernement[22] n'est pas encore à l'ordre du jour[23]. Mais il est toujours possible de s'adresser aux individus en chair et en os[24], dans des espaces de dialogue, les « forums ». Chacun peut s'y exprimer, à condition de respecter le thème du débat. Les habitués y reviennent comme on se rencontre au café, sûrs de trouver des partenaires pour discuter de David Bowie, de l'assassinat de John Fitzgerald Kennedy, de la situation en Bosnie ou des essais nucléaires, sujets de forums à la mode et aux noms aussi évocateurs que « Boycott du vin français », ou « Chirac is a french traitor ». Ces causeries[25] créent des liens. Et il n'est pas rare que les internautes se donnent rendez-vous à l'occasion de vacances ou de déplacements professionnels. De mes interruptions sur le réseau, je garde l'impression d'un univers à la fois complexe, hétéroclite, fou et sérieux. Calqué[26] sur le monde réel, il se

21 **faire preuve de** montrer
22 **le discernement** le sens critique
23 **(être) à l'ordre du jour** actuel
24 **en chair et en os** [ɔs] aus Fleisch und Blut

25 **une causerie** –> *causer* (parler)

26 **calqué sur qc** imitant exactement qc

compose en réalité de sous-ensembles, comparables à des continents aux noms barbares. Sur ces continents qui se chevauchent[27] parfois, on repère[28] des pays sans frontières et des villes qu'aucune carte n'indique encore. Au fil[29] des découvertes et des expériences, ce monde m'est devenu familier et même nécessaire. Une drogue presque. Ces voyages ont cela d'exceptionnel qu'ils se jouent[30] du temps et des distances. Ils offrent le plaisir d'un tour de la Terre en quatre-vingt-dix minutes, où, d'une même foulée[31], on peut passer du Tibet à l'Afrique du Sud, en passant par le Pérou.

J'y trouve désormais ma ration d'information quotidienne. Loin de la grande messe télévisée du 20 heures, je consulte en temps réel l'*Associated Press*, le *Financial Times* ou le quotidien mexicain *La Jornada*, en fonction de mon intérêt du moment. C'est moi qui décide quelle est l'information la plus importante. Quelle griserie[32] ! Je voyage à la vitesse de la lumière.

27 **se chevaucher** sich überlappen
28 **repérer** reconnaître
29 **au fil de** le long de
30 **se jouer (de qc)** se moquer
31 **une foulée** Schritt
32 **la griserie** Rausch

Dominique Hoeltgen, *Géo,* janvier 1996 (texte abrégé).

1 Quels sont, d'après le texte, les services proposés sur Internet ? En connaissez-vous d'autres ?
2 Expliquez la phrase : « *On repère des pays sans frontières et des villes qu'aucune carte n'indique encore.* » (L. 50 - 52)
3 Dans quelle mesure l'utilisation d'Internet peut-elle constituer une *drogue* ou une *griserie* (L. 53, L. 62) ?
4 On demande de plus en plus de « surveiller » l'Internet pour pouvoir, par exemple, y censurer la pornographie ou la propagande que certains utilisateurs y diffusent.
   a) Cherchez dans le texte des arguments *pour* une telle surveillance et récapitulez-les.
   b) Quels arguments *contre* la surveillance d'Internet pourrait-on leur opposer ?
   c) Rédigez un commentaire personnel dans lequel vous prenez position pour ou contre la surveillance et la censure d'Internet.

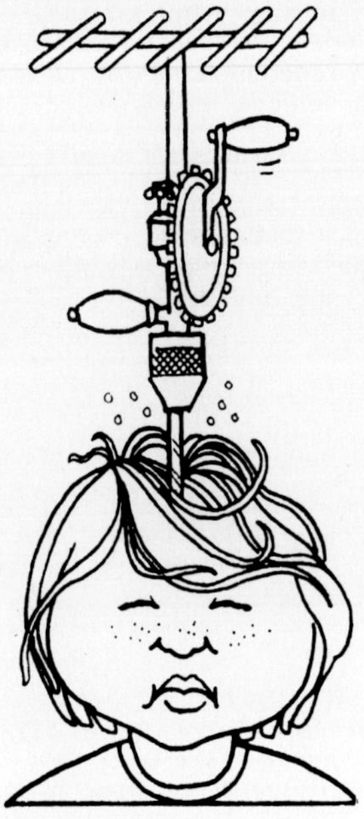

10 Attention, danger d'abondance !

Nous sommes en danger d'abondance[1] et le triomphe de l'écrit y participe. C'est une tragédie. L'excès d'information équivaut[2] au bruit. Le pouvoir politique dans notre pays l'a bien compris. La censure ne s'exerce pas par rétention[3] ou élimination, mais par profusion[4] : pour détruire une nouvelle, il suffit aujourd'hui d'en pousser une autre juste derrière. Ce qui s'est passé pendant la guerre du Golfe en est un exemple parfait. Mais on pourrait en évoquer d'autres, dans d'autres domaines. Lorsque toute la mémoire humaine sera sur un ordinateur, que se passera-t-il ? Une bibliographie de vingt titres est fort utile puisque vous en retenez finalement trois ouvrages, que vous lirez. Mais que faire d'une bibliographie de 10 000 titres obtenus en appuyant[5] sur le bouton d'un computer ? La jeter au panier[6] ! De même, la photocopie tue la lecture, donc la connaissance. Autrefois, j'allais en bibliothèque et je prenais des notes sur les livres qui m'intéressaient. Maintenant, je suis si content de rapporter chez moi ce réservoir de savoir que j'ai photocopié – parce que c'est facile – que je ne l'ouvre même plus. Tout le problème est donc d'arriver à filtrer cette surinformation, et de le faire dans l'instant car nous n'avons plus, pour opérer[7] ce filtrage, le temps de la réflexion dont nous disposions auparavant.

Umberto Eco, *Le Nouvel Observateur*, octobre 1991.

1 **l' abondance** *f* la grande quantité
2 **équivaloir à qc** avoir la même valeur que qc
3 **la rétention** –> *retenir* (für sich behalten)
4 **la profusion** la trop grande quantité
5 **appuyer** presser
6 **un panier** (Papier)Korb
7 **opérer** *ici:* réaliser

1 Quels exemples Umberto Eco donne-t-il pour illustrer sa thèse selon laquelle nous sommes « en danger d'abondance »? Expliquez son raisonnement.
2 Traduisez le texte (voir les conseils donnés à la page 35).
3 « *L'accès à tous et à tout est la façon postmoderne d'être seul et ignorant* ». Discutez cette affirmation d'Alain Schifres (parue dans *L'Express* du 8 février 1996) en tenant compte des réflexions d'Umberto Eco et de Dominique Hoeltgen (texte 9, pages 142 - 143).

Chapitre 8

Le plaisir de lire

une approche de la littérature

1 Rencontres manquées

– Bonjour.
– Bonjour.
– Pourriez-vous m'aider ?
– De quoi s'agit-il ?
– Vous connaissez *Le Parfum ?*
– Je me lave, moi, qu'est-ce que vous croyez !
– Je parlais de Patrick Süskind …
– Patrick qui ?
– Süskind.
– Inconnu au bataillon[1]. (1)

Lire v. t. (lat. *legere*)
1. Reconnaître les signes graphiques d'une langue, former mentalement ou à voix haute les sons que ces signes ou leurs combinaisons représentent et leur associer un sens.
2. Prendre connaissance du contenu d'un texte par la lecture. *(Le Petit Larousse)*

1 **inconnu,e au bataillon** *fam* tout à fait inconnu

2 **délicieux, -se** *ici:* charmant

Il y a des gens très bien qui ne lisent pas. Ils n'en sont pas moins délicieux[2] et humains pour cela.

Le verbe lire ne se conjugue pas à l'impératif. C'est comme le verbe aimer. On ne peut pas dire à un enfant ou à un jeune « lis » ou « aime ».

Le droit de ne pas lire, pour moi, c'est le respect des non-lecteurs. (2)

1 Justine Lévy, *Le rendez-vous,* Plon, Paris 1995 ;
2 Daniel Pennac, *Phosphore,* novembre 1992.

2 Il faut lire ! (I)

1 **un(e) gosse** *fam* un enfant
2 **une dissertation** Abhandlung, Erörterung
3 **une injonction** un ordre
4 **l'unanimité** *f* le fait que tout le monde soit d'accord
5 **une brute** un être primitif; *ici:* une personne sans esprit
6 **sectaire** intolérant (-> une secte)
7 **boulimique** qui mange des quantités énormes

Daniel Pennac

8 **antérieur,e** d'avant
9 **un(e) aïeul,e** *litt* Ahne
10 **s'évader** s'enfuir, s'échapper
11 **les fondements** *f* les bases
12 **B,TB,AB** bien, très bien, assez bien

« Le gosse[1] » a ça dans la tête. Pas une seconde, il ne remet le dogme en question. C'est du moins ce qui ressort clairement de sa dissertation[2] :

Sujet : *Que pensez-vous de cette injonction[3] de Gustave Flaubert à son amie Louise Colet :* « Lisez pour vivre ! »

Le gosse est d'accord avec Flaubert, le gosse et ses copains, et ses copines, tous d'accord : *« Flaubert avait raison ! »* Une unanimité[4] de trente-cinq copies : il faut lire, il faut lire pour vivre, et c'est même – cette absolue nécessité de la lecture – ce qui nous distingue de la bête, du barbare, de la brute[5] ignorante, du sectaire[6] hystérique, du dictateur triomphant, du matérialiste boulimique[7], il faut lire ! il faut lire !

- Pour apprendre.
- Pour réussir nos études.
- Pour nous informer.
- Pour savoir d'où l'on vient.
- Pour savoir que l'on est.
- Pour mieux connaître les autres.
- Pour savoir où l'on va.
- Pour conserver la mémoire du passé.
- Pour éclairer notre présent.
- Pour profiter des expériences antérieures[8].
- Pour ne pas refaire les bêtises de nos aïeux[9].
- Pour gagner du temps.
- Pour nous évader[10].
- Pour chercher un sens à la vie.
- Pour comprendre les fondements[11] de notre civilisation.
- Pour entretenir notre curiosité.
- Pour nous distraire.
- Pour nous cultiver.
- Pour communiquer.
- Pour exercer notre esprit critique.

Et le professeur d'approuver en marge : *« oui, oui, B, TB ! AB[12], exact, intéressant, en effet, très juste »*, et de se retenir pour ne pas s'écrier : *« Encore ! Encore ! »*

Et, bien qu'il connaisse le rôle joué par la télévision dans l'adolescence de Mathieu, de Leïla, de Brigitte, de Camel ou de Cédric, le professeur approuve encore, de tout le rouge de son stylo, lorsque Cédric, Camel, Brigitte, Leïla ou Mathieu affirment que la télé *(« pas d'abréviations[13] dans vos copies ! »)* est l'ennemie Numéro Un du livre – et même le cinéma si l'on y songe[14] bien – car l'un et l'autre supposent[15] la passivité la plus

13 **une abréviation** Abkürzung
14 **songer** *ici:* penser, réfléchir
15 **supposer** *ici*: implizieren

amorphe[16], là où lire relève[17] de l'acte responsable. *(TB !)* Ici, pourtant, le professeur pose son stylo, lève l'œil comme un élève en rêverie[18], et se demande – oh ! pour lui seul – si certains films, tout de même, ne lui ont pas laissé des souvenirs de livres.

Mais l'heure tourne. Il se remet à ses corrections. A quelques copies de là, les mots commencent à sautiller[19] sous ses yeux. Les arguments ont tendance à se répéter. L'énervement[20] le gagne. C'est un bréviaire[21] que lui récitent ses élèves : Il faut lire, il faut lire ! L'interminable litanie de la parole éducative[22] : *Il faut lire ...* quand chacune de leurs phrases prouve qu'ils ne lisent jamais !

16 **amorphe** sans forme, sans énergie
17 **relever de** être du domaine de
18 **la rêverie** –> le rêve
19 **sautiller** *ici:* verschwimmen
20 **l'énervement** –> *s'énerver:* (perdre patience)
21 **un bréviaire** un livre de prières
22 **la parole éducative** le « message » des éducateurs

Daniel Pennac, *Comme un roman,* Editions Gallimard, Paris 1992.

1 Retrouvez deux ou trois verbes qui récapitulent tous les arguments donnés par les élèves en faveur de la lecture : il faut lire pour ... et pour ...
2 En quoi la « parole éducative » (L. 48) s'oppose-t-elle à la réalité quotidienne ?
3 Quelle conséquence l'enseignant pourrait ou devrait-t-il tirer de ses observations, à votre avis ?

3 Souvenirs d'enfance

Quel est le premier livre que vous avez lu et dont vous pouvez vous souvenir ?
De quoi parlait-il ?
Est-ce que vous l'avez aimé ?
Pourquoi (pas) ?

1 Marie-Aude Murail, auteur de nombreux livres pour la jeunesse :

Quand j'étais adolescente, j'aimais tout lire. Tout et surtout n'importe quoi. Je veux dire, tout ce qui me tombait sous la main. Je n'avais aucun a priori[1], ça pouvait être *Pif Gadget*[2] comme ça pouvait être *Madame Bovary*[3] et, de la même façon, je regardais aussi bien les grandes dramatiques[4] que Zorro, et vraiment sans le moindre complexe. Je n'imaginais pas qu'il y avait une hiérarchie à faire là-dedans, et du moment que c'était du *plaisir,* c'était bien.

1 **un a priori** *lat* un choix fait d'avance
2 **Pif Gadget** un magazine pour enfants
3 **Madame Bovary** un roman de Flaubert
4 **une dramatique** une pièce de théâtre

2 Eric Ollivier, écrivain :

Dans mon enfance, dans le petit village où j'allais souvent, il y avait une librairie où j'entrais parfois pour le seul plaisir d'y respirer l'odeur si particulière des livres et du papier. Elle m'enivrait[5], et je restais dans un coin, regardant entrer et sortir les clients, des habitués pour la plupart. Je peux dire que j'ai été amené aux livres par le bout du nez ; l'odorat[6], après tout, n'est pas un mauvais chemin de la vocation[7].

5 **enivrer qn** rendre qn *ivre* (betrunken)
6 **l'odorat** *m* Geruchssinn
7 **la vocation** Berufung

3 Albert Camus, écrivain et philosophe (dans un livre autobiographique) :
La manière dont le livre était imprimé renseignait déjà le lecteur sur le plaisir qu'il allait en tirer. P. et J. n'aimaient pas les compositions[8] larges, mais les pages pleines de petits caractères[9] courant le long de lignes remplies à ras bord[10] de mots et de phrases, comme ces énormes plats rustiques[11] où l'on peut manger beaucoup et longtemps sans jamais les épuiser[12] et qui seuls peuvent apaiser[13] certains énormes appétits. Ils ne connaissaient rien et voulaient tout savoir. Il importait peu que le livre fût mal écrit et grossièrement[14] composé, pourvu[15] qu'il fût clairement écrit et plein de vie violente ; ces livres-là, et eux seuls, leur donnaient leur pâtée[16] de rêves, sur lesquels ils pouvaient ensuite dormir lourdement. Chaque livre, en outre, avait une odeur particulière selon le papier où il était imprimé, odeur fine, secrète, et chacune de ces odeurs, avant même que la lecture fût commencée, ravissait[17] Jacques dans un autre univers plein de promesses.

8 **la composition** *ici:* Typografie
9 **un caractère** *ici:* une lettre
10 **à ras bord** complètement remplie
11 **rustique** qui se rapporte à la campagne
12 **épuiser** *ici:* finir
13 **apaiser** calmer (-> la paix)
14 **grossier, -ère** ≠ fin, raffiné
15 **pourvu que** à condition que
16 **une pâtée** une grosse soupe qu'on donne aux chiens
17 **ravir** *ici:* entzücken

1 Marie-Aude Murail, *Trait d'Union,* octobre 1992; 2 Eric Ollivier, *Sur les chemins de France et puis un peu d'ailleurs,* Editions Denoël, Paris 1994;
3 Albert Camus, *Le premier homme,* Editions Gallimard, Paris 1994 (posthume).

1 Comparez les premières rencontres que les trois écrivains ont faites avec les livres : en quoi se ressemblent-elles ?
2 Pendant votre enfance, la lecture était-elle pour vous une source de plaisir ? Si ce n'était pas toujours le cas, dites pour quelles raisons.

4 Il faut lire ! (II)

Il faut lire, il faut lire ...
Et si, au lieu *d'exiger*[1] *la lecture* le professeur décidait soudain de *partager* son propre bonheur de lire ?
Le bonheur de lire ? Qu'est-ce c'est que ça, le bonheur de lire ?
Soit une classe adolescente, d'environ trente-cinq élèves. C'est le début de l'année. Ils ont échoué[2] ici.
Dans cette école-ci. Devant ce professeur-là.
« Echoué » est le mot. Epaves[3] abandonnées par la marée[4] scolaire.
C'est ainsi qu'ils se décrivent eux-mêmes dans la traditionnelle fiche de la rentrée :
Nom, prénom, date de naissance ...
Renseignements divers :
« J'ai toujours été nul en math ... ». « Les langues ne m'intéressent pas » ... « Je n'arrive pas à me concentrer » ... « Je ne suis pas bon pour écrire » ... « Il y a trop de vocabulaire dans les livres » (sic[5] ! Eh ! oui, sic !) ... *« Je ne comprends rien à la physique » ... « J'ai toujours eu zéro en orthographe » ... « En histoire, ça irait, mais je retiens*[6] *pas les dates » ... « Je crois que je ne travaille pas assez » ... « Je n'arrive pas à comprendre » ... « J'ai raté beaucoup de choses » ... « J'aimerais bien dessiner mais je suis pas trop doué*[7] *pour » ... « C'était trop dur pour moi » ... « Je n'ai pas de mémoire » ... « Je manque de bases » ... « Je n'ai pas d'idées » ... « J'ai pas les mots » ...*
Finis ...

1 **exiger** demander avec insistance
2 **échouer** 1. stranden, 2. scheitern
3 **une épave** Wrack
4 **la marée** Flut
5 **(sic!)** (wirklich so!)
6 **retenir qc** se rappeler (de) qc
7 **être doué,e** avoir du talent

C'est ainsi qu'ils se représentent.

Finis avant d'avoir commencé.

Bien sûr, ils forcent un peu le trait[8]. C'est le genre qui veut ça. La fiche individuelle, comme le journal intime[9], tient de l'autocritique : je suis paresseux, je suis bête, je suis nul, j'ai tout essayé, ne vous fatiguez pas, mon passé est sans avenir …

Bref, on ne s'aime pas.

Et, bien entendu, on n'aime pas lire. Trop de vocabulaire dans les livres. Trop de pages, aussi. Pour tout dire, trop de livres.

Non, décidément, on n'aime pas lire.

C'est du moins ce qu'indique la forêt des doigts levés quand le prof pose la question :

– Qui n'aime pas lire ?

Une certaine provocation, même, dans cette quasi-unanimité. Quant aux rares doigts qui ne se lèvent pas, c'est par indifférence résolue[10] à la question posée.

– Bon, dit le prof, puisque vous n'aimez pas lire … c'est moi qui vous lirai des livres.

Sans transition[11], il ouvre son cartable[12] et en sort un bouquin gros comme ça, un truc cubique[13], vraiment énorme, ce qu'on peut imaginer de plus impressionnant en matière[14] de livre.

– Vous y êtes ?

Ils n'en croient ni leurs yeux ni leurs oreilles. Ce type va leur lire *tout ça ?* Mais on va y passer l'année ! Perplexité … Une certaine tension[15], même … Ça n'existe pas, c'est un sacré[16] fainéant[17], ou il y a anguille sous roche[18].

Ils se regardent. Certains, à tout hasard[19], posent une feuille devant eux et mettent leurs stylos en batterie[20].

– Non, non, inutile de prendre des notes. Essayez d'écouter, c'est tout. Installez-vous confortablement, détendez-vous …

(Il en a de bonnes, lui … détendez-vous …)

La curiosité l'emportant[21], un élève finit tout de même par demander :

– Vous allez nous lire tout ce livre … *à haute voix ?*

– Je ne vois pas très bien comment tu pourrais m'entendre si je le lisais à voix basse …

Discrète rigolade[22]. Dans un murmure assez sonore[23] pour être entendu de tous, quelqu'un lâche :

– On a passé l'âge.

Préjugé communément[24] répandu … particulièrement chez ceux à qui l'on n'a jamais fait le vrai cadeau d'une lecture. Les autres savent qu'il n'y a pas d'âge pour ce genre de régal[25].

– Si dans dix minutes tu estimes[26] encore avoir passé l'âge, tu lèves le doigt et on passe à autre chose, d'accord ?

– Qu'est-ce que c'est, comme livre ? demande un élève, sur un ton qui en a vu d'autres.

– Un roman.

– Ça raconte quoi ?

– Difficile à dire avant de l'avoir lu. Bon, vous y êtes ? Fin des négociations[27]. On y va.

Ils y sont … sceptiques, mais ils y sont.

8 **forcer le trait** exagérer
9 **un journal intime** Tagebuch
10 **résolu,e** bien décidé
11 **une transition** Übergang
12 **un cartable** Schultasche
13 **cubique** –> un *cube* (Würfel, Kubus)
14 **en matière de …** in Sache …
15 **la tension** Spannung
16 **sacré,e** *ici:* verflucht
17 **un fainéant** qn qui aime ne rien faire
18 **il y a anguille sous roche** da ist irgendetwas faul
19 **à tout hasard** pour tous les cas
20 **mettre qc en batterie** *ici:* préparer qc
21 **l'emporter** être (le) plus fort
22 **une rigolade** *fam* le fait de rire
23 **sonore** *ici:* fort
24 **commun,e** *ici:* courant
25 **un régal** qc de très bon (Genuss)
26 **estimer** juger, penser
27 **une négociation** –> *négocier* (verhandeln)

– Chapitre Un :

« Au dix-huitième siècle vécut en France un homme qui compta parmi les personnages les plus géniaux et les plus abominables[28] de cette époque qui pourtant ne manqua pas de génies abominables … »

« A l'époque dont nous parlons, il régnait dans les villes une puanteur[29] à peine imaginable pour les modernes que nous sommes. Les rues puaient le fumier[30], les arrière-cours puaient l'urine, les cages d'escalier[31] puaient le bois moisi[32] et la crotte[33] de rat, les cuisines le chou pourri[34] et la graisse[35] de mouton ; les pièces d'habitation mal aérées puaient la poussière renfermée … Les gens puaient la sueur[36] et les vêtements non lavés ; leurs bouches puaient les dents gâtées[37], leurs estomacs puaient le jus d'oignon, et leurs corps, dès qu'ils n'étaient plus tout jeunes, puaient le vieux fromage et le lait aigre[38] et les tumeurs éruptives[39]. Les rivières puaient, les places puaient, les églises puaient, cela puait sous les ponts et dans les palais. Le paysan puait comme le prêtre, le compagnon[40] tout comme l'épouse de son maître artisan[41], la noblesse puait du haut jusqu'en bas, et le roi lui-même puait, il puait comme un fauve[42], et la reine comme une vieille chèvre[43], été comme hiver … »

Cher Monsieur Süskind, merci ! Jamais votre *Parfum* n'eut lecteurs plus enthousiastes que ces trente-cinq-là, si peu disposés[44] à vous lire.

– Qui c'est, ce Süskind ?

– Il est vivant ?

– Qu'est-ce qu'il a écrit d'autre ?

– C'est écrit en français, *Le Parfum ?* On dirait que c'est écrit en français. (Merci, merci, mesdames et messieurs de la traduction, merci !)

Et, les semaines passant …

– Formidable, *Chronique d'une mort annoncée !* Et *Cent ans de solitude,* monsieur, ça raconte quoi ?

– Oh ! Fante, monsieur, Fante ! *Mon chien Stupide !* C'est vrai que c'est vachement marrant[45] !

– *La Vie devant soi,* Ajar … enfin, Gary … Super !

– Il est vraiment trop, le Roald Dahl ! L'histoire de la femme qui tue son mec d'un coup de gigot[46] congelé[47] et qui fait bouffer[48] aux flics la pièce à conviction[49], ça m'a complètement éclaté[50] !

Soit, soit … les catégories critiques ne sont pas encore affinées[51] … mais ça viendra … laissons lire … ça viendra …

– Au fond, monsieur, *Le Vicomte pourfendu*[52], *Docteur Jekyll et Mister Hyde, Le Portrait de Dorian Gray,* ça traite un peu du même sujet, tous ces bouquins : le bien, le mal, le double, la conscience, la tentation[53], la morale sociale, toutes ces choses-là, non ?

– Si.

– Raskolnikov, on peut dire que c'est un personnage « romantique » ?

Vous voyez … ça vient.

Il ne s'est rien passé de miraculeux[54], pourtant. Le mérite[55] du professeur est à peu près nul dans cette affaire. C'est que le plaisir de lire était tout proche, séquestré[56] dans ces greniers[57] adolescents par une peur secrète : la peur (très, très ancienne) de ne pas *comprendre.*

On avait tout simplement oublié ce qu'était un livre, ce qu'il avait à offrir. On avait oublié, par exemple, qu'un roman *raconte d'abord une histoire.*

28 **abominable** horrible
29 **une puanteur** –> *puer* (*fam* sentir mauvais)
30 **le fumier** Mist
31 **une cage d'escalier** Treppenhaus
32 **moisir** verschimmeln
33 **la crotte** Kot
34 **pourrir** verrotten
35 **la graisse** Fett
36 **la sueur** Schweiß
37 **gâté,e** pourri
38 **aigre** sauer
39 **éruptif, -ve** mit Ausschlag
40 **un compagnon** Geselle
41 **un artisan** Handwerker
42 **un fauve** un animal sauvage
43 **une chèvre** Ziege
44 **être disposé,e à** être prêt à
45 **marrant,e** *fam* comique
46 **un gigot** Keule (v. Tier)
47 **congelé,e** tiefgefroren
48 **bouffer** *fam* manger
49 **la pièce à conviction** Beweisstück
50 **(s')éclater** *fam* (se) faire plaisir
51 **affiné,e** rendu plus fin
52 **pourfendu,e** coupé en deux
53 **la tentation** Versuchung
54 **miraculeux** –> un *miracle* (Wunder)
55 **le mérite** Verdienst (–> mériter)
56 **séquestrer** enfermer
57 **un grenier** (Korn)Speicher

On ne savait pas qu'un roman doit être lu comme un roman : étancher[58] *d'abord* notre soif de récit.

Avec la lecture publique du *Parfum,* on s'est trouvé devant Süskind : une histoire, certes, un beau récit, drôle et baroque, mais une *voix* aussi, celle de Süskind (plus tard, dans une dissertation, on appellera ça un « style »). Une histoire, oui, mais racontée par *quelqu'un.*

– Incroyable, ce début, monsieur : « les chambres puaient ... les gens puaient ... les rivières puaient, les places puaient, les églises puaient ... le roi puait ... » nous à qui on interdit les répétitions ! C'est beau, pourtant, hein ? C'est marrant, mais c'est beau aussi, non ?

Oui, le charme du style ajoute au bonheur du récit. La dernière page tournée, c'est l'écho de cette voix qui nous tient compagnie. Et puis, la voix de Süskind, même à travers le double filtre de la traduction et de la voix du prof, n'est pas celle de Márquez, « ça se remarque tout de suite ! », ou de Calvino. D'où cette impression étrange que, là où le stéréotype parle la même langue à tout le monde, Süskind, Márquez et Calvino, parlant leur langage propre, s'adressent à moi seul, ne racontent leur histoire que *pour moi* qui, déjà, ne confonds plus leurs voix et m'autorise[59] des préférences.

Tout cela est très joli, Süskind, Stevenson, Márquez, Dostoïevski, Fante, Chester Himes, Lagerlöf, Calvino, tous ces romans lus en vrac[60] et sans contrepartie[61], toutes ces histoires racontées, cet anarchique festin[62] de lecture pour le plaisir de la lecture ... mais le programme, bon Dieu, le *Programme !* Les semaines filent[63] et le programme n'est pas encore entamé[64]. Terreur de l'année qui coule, spectre[65] du programme inachevé[66] ...

Pas de panique, le programme sera *traité.*

Contrairement à ce qu'on imaginait, le professeur ne passera pas toute l'année à lire. Hélas ! Hélas ! A peine entame-t-il un roman à voix haute qu'on se précipite[67] en librairies pour s'offrir « la suite » avant le cours suivant. A peine raconte-t-il deux ou trois histoires « ...pas la fin m'sieur, ne racontez pas la fin ! » ... qu'on avale[68] les bouquins dont il les a tirées.

Mais qu'ont-ils donc, ces romans, pour être lus si vite ? Faciles à lire ? Qu'est-ce que ça veut dire « facile à lire » ? Facile à lire *La Légende de Gosta Berling ?* Facile à lire *Crime et Châtiment ?* Plus faciles que *L'Etranger,* que *Le Rouge et le Noir ?* Non, ils ont d'abord *qu'ils ne sont pas au programme,* qualité inestimable[69] pour les adolescents, prompts à qualifier de « chiante[70] » toute œuvre choisie par le « programme ». Il n'y est évidemment pour rien, le programme. (Rabelais, Montaigne, La Bruyère, Montesquieu, Verlaine, Flaubert, Camus, « chiants » ? Non mais sans blague[71] ...) Il n'y a que la *peur* pour rendre « chiants » les textes du programme. Peur de ne pas comprendre, peur de répondre à côté, peur de l'autre dressé au-dessus du texte, peur du français envisagé comme *matière* opaque[72] ; rien de tel pour brouiller[73] les lignes, pour noyer[74] le sens dans le lit de la phrase.

Le programme sera traité, donc, les techniques de dissertation, d'analyse de texte (jolies *grilles*[75] ô combien *méthodiques*), de commentaire composé, de résumé et de discussion pour bien faire entendre aux instances[76] compétentes, le jour des examens, que nous ne nous sommes pas contentés de lire pour nous distraire, mais que nous avons *compris,* aussi, que nous avons fourni le fameux *effort de comprendre.*

Les 5 auteurs préférés des 18-22 ans :

1 Stephen King
2 Milan Kundera
3 Albert Camus
4 Boris Vian
5 Jean-Paul Sartre

(d'après *Phosphore,* novembre 1992).

58 **étancher la soif** den Durst löschen
59 **autoriser** permettre
60 **en vrac** sans ordre
61 **une contrepartie** Gegenleistung
62 **un festin** un repas de fête
63 **filer** *ici*: se passer
64 **entamer** commencer, ouvrir
65 **un spectre** Gespenst
66 **achever** terminer
67 **se précipiter** sich stürzen
68 **avaler** manger
69 **inestimable** de très grande valeur
70 **chiant,e** *pop* ennuyeux
71 **sans blague** wohl nicht im Ernst
72 **opaque** ≠ transparent
73 **brouiller** verwischen
74 **noyer** *ici*: cacher
75 **une grille** *ici*: Raster
76 **une instance** (zuständige) Stelle

Je n'aime pas la littérature du XIXe siècle, Flaubert, Maupassant ... ça me fait trop penser à l'école.
(Stéphanie, 20 ans, étudiante)

Flaubert, Balzac et Stendhal, ce sont sans doute des bons auteurs, mais j'ai vite fait d'oublier ce genre de livres.
(Céline, 21 ans, étudiante)

J'ai adoré *L'écume des jours,* de Boris Vian, un bouquin vraiment génial. Mais *Le Rouge et le Noir,* c'était vraiment l'horreur !
(Jérémie, 19 ans, lycéen)

77 **se réconcilier (avec qn)** faire la paix
78 **une énigme** qc de mystérieux
79 **paralysant,e** lähmend

La question de savoir ce que nous avons « compris » (question finale) ne manque pas d'intérêt. Compris le texte ? oui, oui, bien sûr … mais compris surtout qu'une fois réconciliés[77] avec la lecture, le texte ayant perdu son statut d'*énigme*[78] paralysante[79], notre effort d'en saisir le sens devient un plaisir.

80 **un brin** un peu
81 **se faire valoir** se mettre en valeur
82 **un concours** Wettbewerb

Et nous avons compris autre chose, aussi. Avec un brin[80] d'amusement, nous avons compris « comment ça marche », compris l'art et la manière de « parler autour », de se faire valoir[81] sur le marché des examens et des concours[82]. Inutile de le cacher, c'est un des buts de l'opération. En matière d'examen et d'embauche, « comprendre », c'est comprendre ce qu'on attend de nous. Un texte « bien compris » est un texte intelligemment négocié.

83 **la scolarité** le temps passé à l'école
84 **relever de** dépendre de
85 **l'intelligence** *f* **de qc** la compréhension de qc
86 **dépourvu de** sans
87 **une aptitude** une capacité, un savoir-faire
88 **laissé,e pour compte** abandonné (par la société)

De ce point de vue, une scolarité[83] littéraire bien menée relève[84] autant de la stratégie que de la bonne intelligence[85] du texte. Et un « mauvais élève » est, plus souvent qu'on ne croit, un gamin tragiquement dépourvu[86] d'aptitudes[87] tactiques. Seulement, dans sa panique à ne pas fournir ce que nous attendons de lui, il se met bientôt à confondre scolarité et culture. Laissé pour compte[88] de l'école, il se croit très vite un paria de la lecture. Il se prive de livres sa vie durant pour n'avoir pas su en parler quand on le lui demandait.

C'est donc qu'il y a encore autre chose à « comprendre ».

Reste à « comprendre » que les livres n'ont pas été écrits pour que mon fils, ma fille, la jeunesse les commentent, mais pour que, *si le cœur leur en dit,* ils les lisent.

89 **un bachelier** qn qui a ou passe le bac
90 **le licencié** *ici*: –> une *licence* (diplôme universitaire)
91 **un agrégé** un professeur
92 **se révéler** se montrer, être
93 **une fin** *ici*: un but

Notre savoir, notre scolarité, notre carrière, notre vie sociale sont une chose. Notre intimité de lecteur, notre culture en sont une autre. Il est bel et bon de fabriquer des bacheliers[89], des licenciés[90] et des agrégés[91], la société en redemande, cela ne se discute pas … mais combien plus *essentiel* d'ouvrir à tous les pages de tous les livres.

Parler d'une œuvre à des adolescents, et exiger d'eux qu'ils en parlent, cela peut se révéler[92] très *utile,* mais ce n'est pas une fin en soi. La fin[93], c'est l'œuvre. L'œuvre entre leurs mains.

94 **bouleversant** erschütternd

Daniel Pennac, *Comme un roman,* Editions Gallimard, Paris 1992 (texte abrégé) ;
[*Le Parfum* de Patrick Süskind, traduit par B. Lortholary, a été publié chez Fayard.]
(Ci-dessous : affiche de J. Lenica pour une exposition de livres.)

Dès que j'ai un petit moment de libre, j'ouvre un livre. Je lis au moins un bouquin par semaine. Pour moi, c'est un vrai besoin, c'est comme manger, boire et dormir !
(Jérôme, 17 ans, lycéen)

Moi c'est surtout quand ça va mal que je lis. Quand j'ai des problèmes avec les autres ou que je suis mal dans ma tête. Lire, ça me permet d'échapper au quotidien.
(Anne-Lise, 17 ans, lycéenne)

Se reconnaître dans un livre, parce qu'un personnage vit quelque chose qu'on a vécu soi-même, c'est bouleversant[94]. On a vraiment l'impression que le livre s'adresse directement à vous, c'est génial !
(Séverine, 18 ans, lycéenne)

1 A votre avis, pourquoi les élèves se représentent-ils de manière aussi négative dans leurs fiches (L. 13 - 21) ? Qu'est-ce qui les « empêche » de lire ?
2 « *On a passé l'âge* » (L. 60) : Qu'est-ce que les élèves veulent dire par là ? A votre avis, la lecture est-elle une question d'âge ?
3 Selon vous, l'auteur exagère-t-il quand il affirme que « *la peur de ne pas comprendre empêche les gens de lire* »?
4 a) Qu'est-ce que Pennac, le prof de français, cherche avant tout à atteindre ?
b) Expliquez comment fonctionne sa méthode. De quel « genre » de littérature se sert-il, et pourquoi ?
5 Pour Pennac, à quoi servent le programme et le travail effectué en cours de français ? Quelle conséquence faut-il en tirer ?
6 Dans son livre, Pennac affirme également que chaque lecteur a ou devrait avoir 10 droits (voir ci-contre). Est-ce que ces droits vous semblent « naturels » ? Dans quelles situations avez-vous déjà eu l'envie d'en faire (davantage) usage ?
7 Parmi les livres que vous avez lus avec plaisir, choisissez-en un et présentez-le à vos camarades de la manière qui vous conviendra. (Vous pouvez, p.ex. résumer le livre par écrit ou par oral, ou bien en lire un passage – en français ou en allemand –, dire ce qui vous a particulièrement plu ou intéressé, ou encore en illustrer le contenu par un dessin, etc.)
8 Qu'est-ce que les illustrations de Lenica (page précédente) et de Serre (ci-dessous) vous inspirent ? Mettez-les en rapport avec le texte.

1. Le droit
de ne pas lire.
2. Le droit
de sauter des pages[95].
3. Le droit
de ne pas finir un livre.
4. Le droit
de relire.
5. Le droit
de lire n'importe quoi.
6. Le droit
au bovarysme[96].
7. Le droit
de lire n'importe où.
8. Le droit
de grappiller[97].
9. Le droit
de lire à voix haute.
10. Le droit
de nous taire.

95 **sauter des pages** ne pas lire ces pages
96 **le bovarysme** la tendance (de Mme Bovary) à prendre ses rêves romantiques pour la réalité
97 **grappiller** lire quelques phrases par-ci, par-là

5 Ecrire : pourquoi, comment

Pour vous, un texte « bien » écrit, qu'est-ce que c'est ?
Qu'est-ce que vous attendez d'un écrivain ?

1 Le lecteur, qui cherche uniquement dans un livre à satisfaire la tendance naturelle de son esprit, demande à l'écrivain de répondre à son goût prédominant, et il qualifie invariablement de remarquable ou de *bien écrit* l'ouvrage ou le passage qui plaît à son imagination idéaliste, gaie, grivoise[1], trise, rêveuse ou positive.
En somme, le public est composé de groupes nombreux qui nous crient :
– Consolez[2]-moi.
– Amusez-moi.
– Attristez-moi.
– Attendrissez[3]-moi.
– Faites-moi rêver.
– Faites-moi rire.
– Faites-moi frémir[4].
– Faites-moi pleurer.
– Faites-moi penser.
Seuls, quelques esprits d'élite demandent à l'artiste :
– Faites-moi quelque chose de beau, dans la forme qui vous conviendra le mieux, suivant votre tempérament.
L'artiste essaie, réussit ou échoue[5].

2 Pourquoi écrivez-vous ? A cette question Balzac a, je crois, répondu : pour être riche et célèbre. D'autres répondent au contraire : parce que c'est un acte nécessaire à mon équilibre psychique, et j'écrirais même si je ne devais pas être publié.
Ce sont les deux réponses extrêmes. Je dirai quant à moi : pour être lu. Je me considère comme un artisan en chambre façonnant[6] cet objet manufacturé[7], destiné à être mis sur le marché : un livre. Le livre est une création, et cette création comporte un premier et un second degré.
Au premier degré, j'invente une histoire et des personnages.
Au second degré, le lecteur s'en empare[8] et poursuit cette création pour la faire sienne.
Et comme toute création entraîne joie, il y a pour moi double joie : celle de créer et celle de susciter[9] une cocréation chez mes lecteurs. J'allume un feu en moi qui me donne chaleur et lumière. Mais aussi, je le répands[10], et j'observe les millions de petites flammes tremblantes sur toute la terre que font mes livres dans les esprits et dans les cœurs.

3 Au début de mon œuvre, j'avais Thomas Mann pour idéal ; aujourd'hui, c'est Kipling et London, Tenez, je vais vous donner un exemple précis qui n'aura pas besoin de commentaire. Dans *Vendredi ou les Limbes du Pacifique*, j'écrivais : « *Sur la plage, la yole et la pirogue[11] commençaient à s'émouvoir[12] inégalement des sollicitations[13] de la marée montante.* »
D'une telle phrase, il y a quinze ans, j'étais très fier. Eh bien, deux ans plus tard, je donnais *Vendredi ou la vie sauvage* et cette même phrase est devenue : « *Sur la plage, le canot et la pirogue commencent à tourner, atteints par les vagues de la marée montante.* »

1 **grivois,e** frivol
2 **consoler** trösten
3 **attendrir** toucher le cœur de qn
4 **frémir** trembler (intérieurement)
5 **échouer** ≠ réussir
6 **façonner** former
7 **manufacturé,e** fabriqué
8 **s'emparer de qc** prendre qc (par la force)
9 **susciter qc** causer qc
10 **répandre** ausbreiten
11 **une pirogue** une sorte de barque
12 **s'émouvoir** sich rühren
13 **une solliciation** une demande

Fini le charabia[14]. Voici mon vrai style destiné aux enfants de douze ans. Et tant mieux si ça plaît aux adultes. Le premier *Vendredi* était un brouillon[15], le second est le propre : j'ai simplifié un petit peu parce que j'ai trouvé que *Vendredi ou les Limbes du Pacifique,* c'était trop compliqué et même un peu vicieux[16], subtil, abstrait. Alors j'ai voulu faire quelque chose de plus plat, de plus limpide[17] ...

4 Mais alors eut lieu un incident[18] qui jeta un moment de trouble dans l'ordonnance rituelle. La sorcière[19] sortit tout à coup de la prostration[20] qui la tenait recroquevillée[21] et, bondissant[22] vers l'un des hommes, elle le désigna de son bras décharné[23], la bouche béante[24] pour vociférer[25] un flot[26] de malédictions[27] que Robinson ne pouvait entendre. Était-il possible que les cérémonies expiatoires[28] araucaniennes[29] fassent plus d'une victime ? Il y eut flottement[30] parmi les hommes.

5 C'est alors qu'eut lieu un rebondissement[31] sans doute inattendu dans ce genre de cérémonie. La sorcière qui était accroupie[32] sur le sol se releva tout à coup, courut vers l'un des hommes, et, tendant vers lui son bras maigre, elle ouvrit la bouche toute grande pour proférer[33] un flot de malédictions que Robinson devinait sans pouvoir les entendre. Ainsi, il y aurait une seconde victime ce jour-là ! Visiblement, les hommes hésitaient.

14 **le charabia** Kauderwelsch
15 **un brouillon** Erstentwurf
16 **vicieux, -se** lasterhaft
17 **limpide** clair
18 **un incident** Zwischenfall
19 **une sorcière** Hexe
20 **la prostration** Niedergeschlagenheit
21 **recroquevillé,e** zusammengekauert
22 **bondir** sauter
23 **décharné,e** très maigre
24 **béant,e** grand ouvert
25 **vociférer** crier fort
26 **un flot** Flut
27 **une malédiction** Fluch
28 **expiatoire** –> *expier (*sühnen, büßen)
29 **araucanien,ne** des Indiens (du Chili)
30 **un flottement** une hésitation
31 **un rebondissement** un coup de théâtre
32 **accroupi,e** à genoux
33 **proférer** dire à voix haute

1 Guy de Maupassant, Préface de *Pierre et Jean,* 1888 ;
2 Michel Tournier, *"Réponse"* dans : *Petites Proses,* Gallimard, Paris 1986 ;
3 Michel Tournier dans *L'Événement du jeudi,* 9 janvier 1986 ;
4 Michel Tournier, *Vendredi ou les Limbes du Pacifique,* Gallimard, Paris 1972 ;
5 Michel Tournier, *Vendredi ou la vie sauvage,* Gallimard, Paris 1973
(textes abrégés).

1 Quels sont les deux types de lecteurs que Maupassant distingue ?
2 Qu'est-ce qui peut pousser quelqu'un à écrire, d'après Tournier? Que pensez-vous de sa propre position ?
3 Expliquez dans quelle mesure le lecteur participe, lui aussi, à la « création » de l'œuvre littéraire.
4 Comparez les extraits des deux *Vendredi* (4 et 5). Quel est l'extrait le plus facile à comprendre ? Pourquoi ? Quel est celui qui vous plaît le plus ?
5 Si la « bonne » littérature consiste à « *faire quelque chose de beau* » (L. 17), un écrivain peut-il ou doit-il se forcer, comme Tournier, à écrire clairement et simplement ? Qu'en pensez-vous?

Chapitre 9

Peintures de société

le roman et autres textes narratifs

1 L'ébauche

1 **une ébauche** Entwurf
2 **glisser** *ici:* mettre

Midi était sonné. Claude travaillait à son tableau lorsqu'une main familière tapa rudement contre la porte. D'un mouvement instinctif, et dont il ne fut pas le maître, le peintre glissa[2] dans un carton la tête de Christine, d'après laquelle il retouchait sa grande figure de femme. Puis il se décida à ouvrir.

3 **volontaire** *ici:* qui exprime la volonté, l'énergie
4 **carré,e** *ici:* large
5 **encadré,e** eingerahmt
6 **un collier** *ici:* un (demi)rond

« Pierre ! cria-t-il. Déjà toi ? »
Pierre Sandoz, un ami d'enfance, était un garçon de vingt-deux ans, très brun, à la tête ronde et volontaire[3], au nez carré[4], aux yeux doux, dans un masque énergique, encadré[5] d'un collier[6] de barbe naissante.

« J'ai déjeuné plus tôt, répondit-il, j'ai voulu te donner une bonne séance[7] … Ah ! diable ! ça marche ! »
Il s'était planté[8] devant le tableau, et il ajouta tout de suite : « Tiens, tu changes le type de la femme ? »
Un long silence se fit, tous deux regardaient, immobiles. C'était une toile de cinq mètres sur trois, entièrement couverte, mais dont quelques morceaux à peine se dégageaient[9] de l'ébauche. Cette ébauche, jetée[10] d'un coup, avait une violence superbe, une ardente[11] vie de couleurs. Dans un trou de forêt, aux murs épais[12] de verdure[13], tombait une ondée[14] de soleil ; seule à gauche, une allée sombre[15] s'enfonçant[16] avec une tache[17] de lumière, très loin. Là, sur l'herbe, au milieu des végétations de juin, une femme était couchée, un bras sous la tête, enflant[18] la gorge[19] ; et elle souriait, sans regard, les paupières[20] closes[21], dans la pluie d'or qui la baignait. Au fond, deux autres petites femmes, une brune, une blonde, également nues, luttaient en riant, détachaient, parmi les verts des feuilles, deux adorables notes[22] de chair[23]. Et comme au premier plan le peintre avait eu besoin d'une opposition noire, il s'était bonnement[24] satisfait[25], en y asseyant un monsieur, vêtu d'un simple veston de velours. Ce monsieur tournait le dos, on ne voyait de lui que sa main gauche, sur laquelle il s'appuyait, dans l'herbe.
« Très belle d'indication[26], la femme ! reprit enfin Sandoz. Mais sapristi[27] ! tu auras joliment[28] du travail dans tout ça ! »
Claude, les yeux allumés sur son œuvre, eut un geste de confiance. « Bah ! j'ai le temps d'ici au Salon[29]. En six mois on en abat de la besogne[30] ! Cette fois, peut-être je finirai par me prouver[31] que je ne suis pas une brute[32]. »
Et il se mit à siffler[33] fortement, ravi[34] sans le dire de l'ébauche qu'il avait faite de la tête de Christine soulevé[35] par un de ces grands coups d'espoir, d'où il retombait plus rudement dans ses angoisses[36] d'artiste que la passion de la nature dévorait[37].
« Allons, pas de flâne[38] ! cria-t-il. Puisque tu es là, commençons. »

Emile Zola, *L'œuvre,* 1886.

7 **une séance** Sitzung; *ici:* Modellstehen
8 **se planter** se mettre
9 **se dégager** s. abheben von
10 **jeté,e** *ici:* fait rapidement
11 **ardent,e** brûlant
12 **épais,se** dicht
13 **la verdure** la végétation (-> vert)
14 **une ondée** une pluie de courte durée
15 **sombre** ≠ clair
16 **s'enfoncer** eindringen
17 **une tache** Fleck
18 **enfler** schwellen
19 **la gorge** *ici:* le buste
20 **la paupière** (Augen)Lid
21 **clos,e** fermé
22 **une note** *ici:* petite tache
23 **la chair** *ici:* la couleur de la peau
24 **bonnement** simplement
25 **se satisfaire** se contenter
26 **une indication** -> indiquer; *ici:* Ausdruck(skraft)
27 **sapristi** *fam* Donnerwetter!
28 **joliment** *ici:* beaucoup
29 **le Salon** une grande exposition de peinture
30 **abattre de la besogne** travailler beaucoup
31 **prouver** beweisen
32 **une brute** Rohling
33 **siffler** pfeifen
34 **ravi,e** très heureux
35 **soulevé,e** *ici:* porté
36 **une angoisse** une forte inquiétude
37 **dévorer** verschlingen
38 **la flâne** le fait de flâner, de perdre son temps

1 Décrivez le *Déjeuner sur l'herbe* de Manet (page précédente) et dites quelle impression il vous fait.
2 Quels éléments de ce tableau ont été repris par Zola dans son texte ? Quelles différences y a-t-il ?
3 a) Comment l'auteur fait-il le portrait de Pierre (du début du texte à la ligne 9) ?
b) En quoi cela correspond-il à l'expression de Flaubert qui exigeait que l'artiste devait « disséquer *(sezieren)* le moment »?
4 Qu'est-ce que la façon de s'exprimer de Pierre nous apprend sur ce qu'il pense du tableau ?
5 Dans le roman de Zola, le tableau de Claude, tout comme le *Déjeuner sur l'herbe* de Manet, ne sera pas accepté au Salon officiel, mais exposé à ce qu'on a appelé le « Salon des refusés ». La réaction des critiques et du public face à ce tableau est, dans le roman comme dans la réalité, très négative. A votre avis, pour quelles raisons principales ?

2 L'illusion du vrai

Contester[1] le droit d'un écrivain de faire une œuvre poétique ou une œuvre réaliste, c'est vouloir le forcer à modifier son tempérament, récuser[2] son originalité, ne pas lui permettre de se servir de l'œil et de l'intelligence que la nature lui a donnés.

Laissons-le libre de comprendre, d'observer, de concevoir[3] comme il lui plaira, pourvu[4] qu'il soit un artiste.

Le réaliste, s'il est un artiste, cherchera, non pas à nous montrer la photographie banale de la vie, mais à nous en donner la vision plus complète, plus saisissante[5], plus probante[6] que la réalité même.

Raconter tout serait impossible car il faudrait alors un volume[7] au moins par journée pour énumérer[8] les multitudes[9] d'incidents insignifiants[10] qui emplissent[11] notre existence.

Un choix s'impose[12] donc, ce qui est une première atteinte[13] à la théorie de toute la vérité.

La vie, en outre[14], est composée des choses les plus différentes, les plus imprévues, les plus contraires, les plus disparates[15] ; elle est brutale, sans suite, sans chaîne[16], pleine de catastrophes inexplicables, illogiques et contradictoires, qui doivent être classées au chapitre « faits divers[17] ».

Voilà pourquoi l'artiste, ayant choisi son thème, ne prendra dans cette vie encombrée[18] de hasards et de futilités[19] que les détails caractéristiques utiles à son sujet, et il rejettera[20] tout le reste, tout l'à-côté[21].

Le romancier, qui prétend[22] nous donner une image exacte de la vie, doit éviter avec soin[23] tout enchaînement[24] d'événements qui paraîtrait exceptionnel. Son but n'est point de nous raconter une histoire, de nous amuser ou de nous attendrir[25], mais de nous forcer à penser, à comprendre le sens profond et caché des événements. A force[26] d'avoir vu et médité il regarde l'univers, les choses, les faits et les hommes d'une certaine façon qui lui est propre[27] et qui résulte de l'ensemble de ses observations réfléchies. C'est cette vision personnelle du monde qu'il cherche à nous communiquer en la reproduisant dans un livre. Pour nous émouvoir[28], comme il l'a été lui-même par le spectacle de la vie, il doit la reproduire[29] devant nos yeux avec une scrupuleuse[30] ressemblance.

Faire vrai consiste à donner l'illusion complète du vrai, suivant la logique ordinaire des faits, et non à les transcrire[31] servilement[32] dans le pêle-mêle[33] de leur succession.

J'en conclus que les Réalistes de talent devraient s'appeler plutôt des illusionnistes.

Chacun de nous se fait donc simplement une illusion du monde, illusion poétique, sentimentale, joyeuse, mélancolique, sale ou lugubre[34] suivant sa nature. Et l'écrivain n'a d'autre mission[35] que de reproduire fidèlement cette illusion avec tous les procédés[36] d'art qu'il a appris et dont il peut disposer.

Guy de Maupassant, préface de *Pierre et Jean*, 1888.

1 **contester** mettre en question
2 **récuser** ne pas reconnaître
3 **concevoir** *ici:* créer
4 **pourvu que** à condition que
5 **saisissant,e** ergreifend
6 **probant,e** convaincant
7 **un volume** *ici:* (Buch)Band
8 **énumérer** aufzählen
9 **une multitude** un très grand nombre
10 **insignifiant,e** sans importance
11 **emplir** –> remplir (ausfüllen)
12 **s'imposer** être ou devenir nécessaire
13 **une atteinte à** Schlag gegen
14 **en outre** en plus de cela
15 **disparates** qui ne se ressemblent pas
16 **une chaîne** *ici:* un lien (Verbindung)
17 **un fait divers** une affaire sans importance
18 **encombré,e de** où il y a trop de
19 **une futilité** Lappalie
20 **rejeter** verwerfen
21 **un à-côté** qc qui est secondaire
22 **prétendre** *ici:* vouloir
23 **le soin** Sorgfalt
24 **un enchaînement** Verkettung (–> une chaîne)
25 **attendrir** rühren
26 **à force de (faire qc)** durch wiederholtes (Tun)
27 **propre à** caractéristique, spécifique de
28 **émouvoir** toucher, causer une émotion
29 **reproduire** représenter fidèlement
30 **scrupuleux, se** gewissenhaft
31 **transcrire** *ici:* reproduire
32 **servile** sklavisch
33 **un pêle-mêle** un désordre complet
34 **lugubre** ≠ gai, joyeux
35 **une mission** *ici:* un devoir
36 **un procédé** une technique

Un roman est un miroir[37] qui se promène sur une grande route. Tantôt il reflète[38] à vos yeux l'azur[39] des cieux, tantôt la fange[40] des bourbiers[41] de la route. Et l'homme qui porte le miroir dans sa hotte[42] sera par vous accusé d'être immoral ! Son miroir montre la fange, et vous accusez le miroir ! Accusez bien plutôt le grand chemin où est le bourbier, et plus encore l'inspecteur des routes qui laisse l'eau croupir[43] et le bourbier se former.

Stendhal, *Le Rouge et le Noir,* 1830.

37 **un miroir** Spiegel
38 **refléter** widerspiegeln
39 **l'azur** *m* la couleur bleue (du ciel)
40 **la fange** Schmutz, Dreck
41 **un bourbier** Schlammloch
42 **la hotte** (Rücken)Tragkorb
43 **croupir** faulig werden

1 Qu'est-ce que Maupassant réclame pour un écrivain ?
2 Quel est le but de l'art réaliste, d'après Maupassant ?
3 a) Pourquoi un écrivain, même réaliste, ne peut-il pas vraiment reproduire la réalité ?
b) Pourquoi Maupassant propose-t-il d'appeler les Réalistes des « illusionnistes »? Expliquez son raisonnement.
4 a) Quel rôle joue l'écrivain, pour Stendhal ?
b) Êtes-vous d'accord avec lui quand il laisse entendre qu'un romancier ne peut être immoral ? Justifiez votre opinion.
5 « *Les seules œuvres grandes et morales sont les œuvres de la vérité* ». Commentez cette affirmation de Zola.
6 « *Le roman n'est pas posé sur la réalité comme le couvercle sur une boîte. Il est une autre réalité qui gravite autour de la première et qui l'éclaire.* » Expliquez et commentez cette citation de Félicien Marceau (*Le roman en liberté,* 1977) en la comparant à ce que disent Stendhal et Maupassant. (Pour le commentaire, voir la page 22.)

3 A quoi rêvent les pauvres filles

Vivant au XIXe siècle, dans un temps de suffrage universel, de démocratie, de libéralisme, nous nous sommes demandé si ce qu'on appelle « les basses classes » n'avait pas droit au Roman.
Nous nous sommes demandé s'il y avait encore, pour l'écrivain et pour le lecteur, en ces années d'égalité où nous sommes, des classes indignes[1], des malheurs trop bas, des drames trop mal embouchés[2], des catastrophes d'une terreur trop peu noble. Il nous est venu la curiosité de savoir [...] si dans un pays sans caste et sans aristocratie légale, les misères des petits et des pauvres parleraient à l'intérêt[3], à l'émotion, à la pitié[4], aussi haut que les misères des grands et des riches ; si, en un mot, les larmes qu'on pleure en bas pourraient faire pleurer comme celles qu'on pleure en haut.

Edmond et Jules de Goncourt, préface de *Germinie Lacerteux,* 1864.

Elle a travaillé pendant douze heures. Elle a gagné quinze sous. Le soir, elle rentre à son taudis[5], le long des trottoirs blancs de gelée, grelottante[6] sous son mince[7] châle[8] noir, maigre et furtive[9], avec cette hâte[10] peureuse[11] des pauvres bêtes abandonnées.
Et, comme ses entrailles[12] crient famine[13], elle achète quelque reste de charcuterie à bas prix, qu'elle emporte à la main, plié[14] dans un lambeau[15] de journal. Puis, essoufflée[16], elle gravit[17] ses six étages.
En haut, le grenier[18] est désolé[19]. Un bout de chandelle[20] éclaire cette misère. Pas de feu. Le vent passe sous la porte, si aigu[21], qu'il effare[22] la flamme de la chandelle. Un lit, une table, une chaise. Il fait si froid que l'eau du pot à eau a gelé.
Elle se hâte[23] ; elle se réchauffera peut-être un peu dans le lit, sous le paquet de ses vêtements qu'elle entasse chaque soir à ses pieds. Vivement elle s'est assise devant la petite table ; elle a tiré un morceau de pain d'une armoire, elle mange sa charcuterie de cet air glouton[24] et indifférent des affamés[25]. Quand elle a soif, il lui faut casser la glace du pot à eau.

1 **indigne** unwürdig
2 **mal embouché** *ici:* grossier (derb, grob)
3 **l'intérêt** *m* –> intéresser
4 **la pitié** Mitleid
5 **un taudis** un logement très pauvre
6 **grelotter** trembler de froid
7 **mince** dünn
8 **un châle** Umschlagtuch
9 **furtif, -ve** rapide et discret
10 **la hâte** le fait d'aller vite
11 **peureux, -se** –> la peur
12 **les entrailles** *f ici:* le ventre
13 **crier famine** *f* avoir très faim
14 **plier** *ici:* envelopper
15 **un lambeau** *ici:* un morceau, un reste
16 **essoufflé,e** à bout de *souffle* (Atem)
17 **gravir** monter
18 **le grenier** *ici:* Dachkammer
19 **désolé,e** triste et vide
20 **une chandelle** Kerze
21 **aigu, aiguë** fort et froid (schneidend)
22 **effarer** faire très peur à; *ici:* faire trembler
23 **se hâter** –> la hâte
24 **glouton,ne** gierig
25 **affamé,e** qui a très faim

26 **retirer** *ici:* enlever
27 **un bonnet** Mütze
28 **vêtu,e** habillé
29 **bleuir** –> bleu (de froid)
30 **les lèvres** *f* Lippen
31 **exquis,e** délicieux, charmant
32 **pincer** zusammenkneifen
33 **morne** qui ne brille pas, triste
34 **rigide** starr
35 **menacer** (be)drohen
36 **le cerveau** Gehirn
37 **la graisse** –> gras, grasse
38 **achever** finir
39 **les Tuileries** ancien château royal, à Paris
40 **prodigieux, -se** extraordinaire
41 **un mets** *litt* une nourriture
42 **singulier, -ère** *ici:* bizarre
43 **davantage** plus (longtemps)
44 **une ceinture** Gürtel
45 **foncé,e** ≠ de couleur claire
46 **soutenir** empêcher de tomber
47 **un fouillis** Gewirr
48 **le tulle** Tüll

49 **bouillonnant,e** *ici:* wallend
51 **à lamé** *m* **d'argent** mit silbernen Fäden durchwirkt
52 **garnir** verzieren
53 **un corsage** un chemisier (Bluse)
54 **la martre zibeline** Zobelpelz
55 **le velours** Samt
56 **appliquer** *ici:* aufnähen
57 **une grecque** mäanderförmiges Ornament
58 **se renverser** *ici:* sich zurücklehnen
59 **songer** *ici:* penser, réfléchir
60 **la tentation** Versuchung
61 **un frisson** *ici:* Schauder(n)

C'est une enfant de dix-huit ans au plus. Pour avoir moins froid, elle n'a retiré[26] ni son châle ni son bonnet[27]. Elle mange chez elle toute vêtue[28], en cachant par moments ses mains que le vent bleuit[29]. Si elle pouvait sourire, elle serait charmante ; ses lèvres[30] délicates, ses yeux d'un gris tendre auraient une douceur exquise[31]. Mais la souffrance a pincé[32] sa bouche, et mis une dureté morne[33] dans son regard. Elle a le masque rigide[34] et menaçant[35] des misérables.

Elle regarde devant elle, vaguement, le cerveau[36] vide, mangeant comme un animal qui se dépêche. Puis ses yeux s'arrêtent sur le lambeau de journal, taché de graisse[37], qui lui sert d'assiette. Elle lit, elle oublie d'achever[38] son pain.

Il y a eu bal aux Tuileries[39], et elle apprend qu'on y a consommé une quantité prodigieuse[40] de vin et de mets[41] : neuf mille bouteilles de champagne, trois mille gâteaux, six cents kilogrammes de viande et le reste. Elle a un sourire singulier[42], elle se dit que ces gens doivent être bien gras. Mais elle est femme, elle s'arrête davantage[43] aux descriptions des toilettes. Elle lit :

« Mme de Metternich ; robe blanche, avec ceinture[44] violet foncé[45]. Une rivière de diamants soutenait[46] un adorable fouillis[47] de perles et de diamants. »

Sa face est devenue plus dure. Pourquoi les autres ont-elles des rivières de diamants, lorsqu'elle n'a pas une robe chaude à se mettre ? Elle continue :

« L'impératrice, en robe vert tendre recouverte d'une demi-jupe en tulle[48] bouillonnant[49] blanc, à lamé[50] d'argent[51], garnie[52] au bas et au corsage[53] de martre zibeline[54]. Dans les cheveux, des fleurs en boule de neige et un simple bandeau de diamants. Autour du cou, un velours[55] noir sur lequel est appliquée[56] une grecque[57] en diamants admirables. »

Toujours des diamants, et ici des diamants à enrichir cent familles. L'enfant ne lit plus. Elle s'est renversée[58] sur sa chaise, elle songe[59]. Des pensées mauvaises passent dans ses yeux gris. Elle ne sent plus le froid, elle est tout entière à la tentation[60] du mal.

Et quand elle s'éveille de son rêve, elle a un grand frisson[61], et jetant un regard autour de son taudis, elle murmure :

« A quoi bon ? – A quoi bon travailler ? Je veux des diamants. »

Demain elle en aura.

Emile Zola, *Contes et nouvelles,* Editions Gallimard, Paris 1976.

1 Comment les Goncourt justifient-ils le fait que le roman naturaliste s'occupe des « basses classes sociales » ?
2 Résumez le conte de Zola. (Suivez les conseils donnés à la page 17.)
3 Relevez tous les détails qui mettent en évidence la misère de la pauvre fille.
4 D'après vous, pourquoi Zola décrit-il son personnage avec tant de précisions ?
5 Transposez ce texte dans le monde d'aujourd'hui et faites le portrait de quelqu'un qui, comme la pauvre fille, rêve de « grandeurs » et de bonheur.
6 Dans le conte de Zola, on retrouve quelques éléments qui sont caractéristiques du roman naturaliste (p. ex. les thèmes : malheur du peuple, critique de la bourgeoisie, ou l'écriture : nombre des détails, vue des personnages « de l'intérieur »). Dans quels passages du texte retrouve-t-on de tels éléments ?

La repasseuse – pastel d'Edgar Degas, 1869.

Analyser et interpréter les romans

et autres textes narratifs (I)

A quoi ça sert ?

Les romans et autres textes narratifs ont été écrits pour illustrer un « message » plus ou moins concret que l'auteur cherche à communiquer, mais aussi pour plaire aux lecteurs, en fonction de critères qui varient d'une époque ou d'un auteur à l'autre. Pour bien comprendre le message, il faut analyser le texte (ou l'extrait qui en est disponible), c'est-à-dire en décrire les différents éléments, puis regrouper les résultats de cette analyse pour en donner une explication globale cohérente. Les principaux « éléments » sont : le narrateur, les personnages, l'action et le « hors-texte ».

I Comment s'y prendre pour identifier le narrateur ?

1 Recherchez – s'il y en a – les informations données sur sa « personne »:
Le narrateur a-t-il un nom ? un aspect physique ? un caractère propre ? etc.
2 Est-ce qu'il participe lui-même à l'action et communique directement avec les autres personnages, ou est-ce qu'au contraire il les observe « de l'extérieur ».
En parle-t-il à la 1ère ou à la 3e personne ?
3 Relevez ce qu'il sait des autres personnages et de l'action
(seulement ce qu'on voit de l'extérieur et ce que chacun sait ? ou bien des détails que seul un personnage du récit peut connaître ? des allusions concernant l'avenir ?).
4 Quelle est la forme de narration qui domine ? (Tout est-il raconté par le narrateur ? ou bien les personnages s'expriment-ils par eux-mêmes ? au style direct ? indirect ? au style indirect libre* ?)

1 Le *narrateur-personnage* ou *narrateur-témoin* (Ich-Erzähler)
- Il est un personnage du récit et peut participer à l'action.
- Il présente les faits sous la perspective individuelle de ce personnage :
  Il parle le plus souvent à la 1ère personne (je).
  Il ne sait des autres personnages et de leurs actions que ce qu'il a lui-même vu, entendu ou appris
- Il ne communique pas directement avec le lecteur.

2 Le *narrateur omniscient* (allwissender Erzähler)
- Il ne fait pas partie des personnages du récit et présente l'action « du dehors ».
- Il sait tout sur les faits présents et passés
  (et même futurs – même quand ils ont lieu en même temps dans des endroits différents).
- Il sait tout sur tous les personnages (leurs actions, leurs paroles et même leurs pensées secrètes).
  Pourtant, il les présente tous « du dehors » et en parle le plus souvent à la 3e personne.
- Il peut s'adresser directement au lecteur, pour lui faire part de ses commentaires, par exemple.

3 L*e narrateur effacé* (personaler Erzähler)
- Il peut se « mettre dans la peau » d'un personnage, mais il intervient aussi peu que possible et « laisse agir » les autres.
- Il utilise soit la 1ère, soit la 3e personne et peut combiner librement toutes les formes de narration, en particulier le discours direct, le discours indirect libre*, le monologue intérieur.

Attention : Il existe des formes « mixtes » et il arrive que le narrateur change de nature au cours du récit.

* *(voir page suivante)*

Le style indirect libre – Comparez :

Le style direct : Elle lui demanda : « *Dois-tu déjà partir ?*» Elle remarqua : « *Tu sembles bien pressé !*»
(Style assez « vivant », mais qui demande ici et là l'intervention du narrateur.)
Le style indirect : Elle lui demanda *s'il devait déjà partir* et remarqua *qu'il semblait bien pressé.*
(C'est le narrateur qui parle, créant une distance encore plus grande entre personnage et lecteur.)
Le style indirect libre : *Devait-il déjà partir ? Il semblait bien pressé !*
(Le narrateur s'efface, la distance entre personnage et lecteur est supprimée, le style reste vivant.)

A vous !

(Re)Lisez le texte *A quoi rêvent les pauvres filles*, de Zola, pages 159 - 160.

1 Le texte donne-t-il des informations concrètes sur la *personnalité* du narrateur ? Si oui, lesquelles ?
2 a) A quelle personne (1ère ou 3e) s'exprime le narrateur ?
  b) S'adresse-t-il directement à un personnage du récit ? Participe-t-il à l'action ? Pourquoi (pas) ?
3 Relevez dans le texte
  a) les détails qui, normalement, ne devraient être connus que de la pauvre fille ;
  b) les allusions au futur.
  De quel type de narrateur s'agit-il donc dans ce passage ?
4 Relevez les passages au discours direct. La pauvre fille a-t-elle souvent la parole ? Pourquoi (pas) ?
5 Montrez que le narrateur
  a) se permet de commenter les faits à l'adresse du lecteur ;
  b) n'est pas vraiment « objectif », même dans ses descriptions.
6 a) A votre avis, dans quel but Zola a-t-il choisi ce narrateur ?
  b) Qu'est-ce qui aurait changé, concrètement, s'il avait pris la jeune fille comme narratrice ?

II Comment s'y prendre pour caractériser les personnages ?

1 Relevez toutes les *informations explicites* données sur leur âge, leur apparence physique, leur caractère, leurs sentiments, leurs attitudes, leur milieu, etc.
2 Quand le narrateur ne décrit pas lui-même les personnages en détail, analysez leur comportement et leur manière de s'exprimer. A partir de cela, quelles *hypothèses* peut-on formuler sur leur caractère, leurs sentiments, etc. ?
3 S'agit-il de « caractères » (d'individus) ou de « types » (qui représentent une catégorie de personnes, une classe sociale, une attitude philosophique, etc.) ? A quoi le reconnaît-on ?
4 Peut-on noter une évolution des personnages entre le début et la fin du texte ?
  Si oui, dites en quoi ils ont changé.
5 Dans quelle mesure et de quelle manière les personnages participent-ils à l'action ?

A vous !

Revenez au texte d'Emile Zola, pages 159 - 160.

1 Relevez-y toutes les informations qui caractérisent la jeune fille de manière explicite.
2 Le narrateur parle peu des qualités intellectuelles ou du caractère de la jeune fille. A partir de son comportement et des indications du texte, formulez à ce sujet quelques hypothèses.
3 A votre avis, pourquoi le narrateur ne mentionne-t-il pas certains aspects individuels de la jeune fille dans sa description (son nom, par exemple) ? Qu'est-ce que cette jeune fille représente ?
4 Faites le portrait de cette fille en utilisant vos propres mots.
5 En dehors du personnage principal, quels autres personnages sont mentionnés dans le texte ?
  Quelle importance ont-ils ? En quoi leur description est-elle différente de celle de la jeune femme ?

4 Descente au centre de la terre

Etienne Lantier, le héros du roman Germinal*, d'Emile Zola, doit descendre pour la première fois dans une mine de charbon pour y travailler (voir ci-dessous, L. 36 - 77). Pour mieux pouvoir décrire cette scène, Zola était lui-même descendu dans un puits de mine et avait noté ses impressions dans l'un de ses carnets.*

La descente des mineurs dans un puits de mine au Creusot, en 1865 (gravure d'époque).

1 Gagné le puits[1], allé chercher la lampe, entré dans la berline[2]. Sensation de froid dans la vaste salle du clichage[3]. La descente commence. Au jour, quand on voit, sensation d'enfoncement[4], de fuite sous vous, par la disparition rapide des objets.
Puis une fois dans le noir, plus rien. Monte-t-on ? Descend-on ? Par moments, il semble qu'on monte. Il y a comme des immobilités, quand la cage[5] file[6] droit sans toucher aux guides[7]. Puis de légères secousses[8], un dansement[9] dans les guides, des heurts[10] (inquiétude). Cela a lieu surtout vers le milieu du puits, lorsque les deux cages se rencontrent ; et aussi à l'ouverture des galeries[11] supérieures, endroit où les guides cessent.
On ne voit absolument rien, pas même le cuvelage[12]. On ne voit pas les guides, lorsqu'on les éclaire avec une lampe, ils filent comme des rails[13]de chemin de fer : deux minutes au plus, pour descendre 476 mètres. Une minute pour monter.
La pluie commence à une certaine profondeur, d'abord faible, puis augmentant ; c'est un ruissellement[14] d'averse[15] qui s'accroît[16] jusqu'au fond, et dont on reçoit des éclaboussures[17].
Enfin, on est au fond, la cage s'arrête sur ses verrous[18]. On se sent fixé et on descend. La cage en fer, à bandes de tôle[19], est garnie[20] d'un treillage[21] à mailles[22] serrées[23], lorsqu'elle doit descendre des ouvriers, afin que ceux-ci ne puissent passer les membres.

1 **un puits** Schacht
2 **une berline** Lore, Förderwagen
3 **le clichage** Klischieren
4 **l'enfoncement** *m* –> *s'enfoncer* (einsinken)
5 **une cage** *ici:* Förderkorb
6 **filer** aller rapidement
7 **les guides** *m* *ici:* Führungsseile
8 **une secousse** un choc
9 **un dansement** *ici:* Schwanken
10 **un heurt** un choc assez fort
11 **une galerie** *ici:* Stollen
12 **le cuvelage** (Holz)Verschalung
13 **un rail** Schiene
14 **le ruissellement** le fait que l'eau coule
15 **une averse** Platzregen
16 **s'accroître** s'intensifier
17 **une éclaboussure** Spritzer
18 **un verrou** *ici:* Verriegelung
19 **une bande de tôle** Blecheinfassung
20 **garni,e** *ici:* entouré
21 **un treillage** Drahtgeflecht
22 **une maille** Masche
23 **serré,e** ≠ large

2 La cage, en effet, garnie de bandes de tôles et d'un grillage[24] à petites mailles, les attendait, d'aplomb[25] sur les verrous. Maheu, Zacharie, Leval, Catherine se glissèrent dans une berline de fond, et, comme ils devaient y tenir cinq, Étienne y entra à son tour ; mais les bonnes places étaient prises, il lui fallut se tasser[26] près de la jeune fille, dont un coude lui labourait[27] le ventre. Sa lampe l'embarrassait[28], on lui conseilla de l'accrocher à une boutonnière[29] de sa veste. Il n'entendit pas, la garda maladroitement[30] à la main. L'embarquement continuait, dessus et

24 **un grillage** Drahtzaun
25 **d'aplomb** en équilibre

26 **se tasser** *ici:* se presser
27 **labourer** qc *ici:* in etw bohren
28 **embarrasser** im Wege sein
29 **une boutonnière** Knopfloch
30 **maladroit,e** ≠ adroit, habile

31 **un enfournement** *ici:* Hineinpferchen
32 **le bétail** Vieh
33 **ébranler** erschüttern
34 **sombrer** (ver)sinken
35 **éprouver** ressentir
36 **un vertige** Schwindelgefühl
37 **anxieux,-se** inquiet
38 **les entrailles** le ventre
39 **franchir** traverser, passer
40 **la recette** *ici:* Ladestelle
41 **tournoyant,e** –> tourner
42 **la charpente** *ici:* Holzgerüst
43 **la fosse** Grube
44 **étourdi,e** wie betäubt
45 **la perception** Wahrnehmung
46 **(être) à l'aise** se sentir bien
47 **une trépidation** Erschütterung
48 **un madrier** Holzbohle
49 **une paroi** (Seiten)Wand
50 **coller** *ici:* presser
51 **le tassement** le fait d'être très serré
52 **un porion** Steiger
53 **le diamètre** Durchmesser
54 **filtrer** *ici:* passer, traverser
55 **au niveau** *ici:* auf Stollenhöhe
56 **le déluge** Sintflut
57 **la toiture** Bedachung
58 **un filet (d'eau)** Rinnsal
59 **tremper** durchnässen
60 **un éblouissement** *ici:* blendender Lichtschein
61 **une caverne** Höhle
62 **s'agiter** bouger beaucoup
63 **la lueur** une faible lumière
64 **un éclair** Blitz
65 **le néant** Nichts
66 **assourdissant,e** ohrenbetäubend
67 **les ténèbres** *f* le noir absolu
68 **égayer** rendre gai

dessous, un enfournement[31] confus de bétail[32]. On ne pouvait donc partir, que se passait-il ? Il lui semblait s'impatienter depuis de longues minutes. Enfin, une secousse l'ébranla[33], et tout sombra[34] ; les objets autour de lui s'envolèrent, tandis qu'il éprouvait[35] un vertige[36] anxieux[37] de chute, qui lui tirait les entrailles[38]. Cela durant tant qu'il fut au jour, franchissant[39] les deux étages des recettes[40], au milieu de la fuite tournoyante[41] des charpentes[42]. Puis tombé dans le noir de la fosse[43], il resta étourdi[44], n'ayant plus la perception[45] nette des sensations.

– Nous voilà partis, dit paisiblement Maheu. Tous étaient à l'aise[46]. Lui, par moments, se demandait s'il descendait ou s'il montait. Il y avait comme des immobilités, quand la cage filait droit, sans toucher aux guides ; et de brusques trépidations[47] se produisaient ensuite, une sorte de dansement dans les madriers[48], qui lui donnait la peur d'une catastrophe. Du reste, il ne pouvait distinguer les parois[49] du puits, derrière le grillage où il collait[50] sa face. Les lampes éclairaient mal le tassement[51] des corps, à ses pieds. Seule, la lampe à feu libre du porion[52], dans la berline voisine, brillait comme un phare.

– Celui-ci a quatre mètres de diamètre[53], continuait Maheu, pour l'instruire. Le cuvelage aurait bon besoin d'être refait, car l'eau filtre[54] de tous côtés … Tenez ! Nous arrivons au niveau[55], entendez-vous ?

Étienne se demandait justement quel était ce bruit d'averse. Quelques grosses gouttes avaient d'abord sonné sur le toit de la cage, comme au début d'une ondée ; et, maintenant, la pluie augmentait, ruisselait, se changeait en un véritable déluge[56]. Sans doute, la toiture[57] était trouée, car un filet[58] d'eau, coulant sur son épaule, le trempait[59] jusqu'à la chair. Le froid devenait glacial, on enfonçait dans une humidité noire, lorsqu'on traversa un rapide éblouissement[60], la vision d'une caverne[61] où des hommes s'agitaient[62], à la lueur[63] d'un éclair[64]. Déjà, on retombait au néant[65]. […] La pluie assourdissante[66] battait les ténèbres[67].

– Comme c'est profond ! murmura Étienne. Cette chute devait durer depuis des heures […] Lorsque la cage, enfin, s'arrêta au fond, à cinq cent cinquante quatre mètres, il s'étonna d'apprendre que la descente avait duré juste une minute. Mais le bruit des verrous qui se fixaient, la sensation sous lui cette solidité, l'égaya[68] brusquement …

1 Emile Zola, 1884, dans : *Carnets d'enquêtes,* Terre Humaine, Editions Plon, Paris 1991 ; 2 Emile Zola, *Germinal,* 1885.

1 Comparez l'extrait de Germinal aux notes que Zola a prises. Quels détails a-t-il a) repris sans changement ? b) modifiés ? c) ajoutés ?
2 a) Quel effet sur le lecteur ces modifications produisent-elles ?
  b) En quoi ce texte est-il conforme aux exigences de l'écriture naturaliste ?
3 Cette « descente au centre de la terre » ressemble à une descente en enfer: quels mots ou expressions pourraient y faire penser ?

5 Deux univers

1 La propriété des Grégoire, la Piolaine, se trouvait à deux kilomètres de Montsou, vers l'est, sur la route de Joiselle. C'était une grande maison carrée, sans style, bâtie au commencement du siècle dernier. Des vastes terres qui en dépendaient d'abord, il ne restait qu'une trentaine d'hectares, clos[1] de murs, d'un facile entretien[2]. On citait surtout le verger[3] et le potager[4], célèbres par leurs fruits et leurs légumes, les plus beaux du pays. D'ailleurs, le parc manquait, un petit bois en tenait lieu[5]. L'avenue de vieux tilleuls[6], une voûte[7] de feuillage[8] de trois cents mètres, plantée de la grille[9] au perron[10], était une des curiosités de cette plaine rase[11], où l'on comptait les grands arbres, de Marchiennes à Beaugnies.

Ce matin-là, les Grégoire s'étaient levés à huit heures. D'habitude, ils ne bougeaient guère[12] qu'une heure plus tard, dormant beaucoup, avec passion ; mais la tempête de la nuit les avait énervés. Et, pendant que son mari était allé voir tout de suite si le vent n'avait pas fait de dégâts[13], Mme Grégoire venait de descendre à la cuisine, en pantoufles et en peignoir[14] de flanelle. Courte, grasse, âgée déjà de cinquante-huit ans, elle gardait une grosse figure[15] poupine[16] et étonnée, sous la blancheur éclatante[17] de ses cheveux.

– Mélanie, dit-elle à la cuisinière, si vous faisiez la brioche[18] ce matin, puisque la pâte[19] est prête. Mademoiselle ne se lèvera pas avant une demi-heure, et elle en mangerait avec son chocolat ... Hein ! ce serait une surprise.

La cuisinière, vieille femme maigre qui les servait depuis trente ans, se mit à rire.

– Ça, c'est vrai, la surprise serait fameuse ... Mon fourneau[20] est allumé, le four[21] doit être chaud ; et puis, Honorine va m'aider un peu.

Honorine, une fille d'une vingtaine d'années, recueillie[22] enfant et élevée à la maison, servait maintenant de femme de chambre. Pour tout personnel, outre ces deux femmes, il n'y avait que le cocher[23], Francis, chargé des gros ouvrages[24]. Un jardinier et une jardinière s'occupaient des légumes, des fruits, des fleurs et de la basse-cour[25]. Et, comme le service était patriarcal, d'une douceur familière, ce petit monde vivait en bonne amitié.

Mme Grégoire, qui avait médité dans son lit la surprise de la brioche, resta pour voir mettre la pâte au four. La cuisine était immense, et on la devinait la pièce importante, à sa propreté extrême, à l'arsenal[26] des casseroles, des ustensiles[27], des pots qui l'emplissaient. Cela sentait bon la bonne nourriture. Des provisions[28] débordaient[29] des râteliers[30] et des armoires.

– Et qu'elle soit bien dorée, n'est-ce pas ? recommanda Mme Grégoire en passant dans la salle à manger.

Malgré le calorifère[31] qui chauffait toute la maison, un feu de houille[32] égayait cette salle. Du reste, il n'y avait aucun luxe : la grande table, les chaises, un buffet d'acajou[33] ; et, seuls, deux fauteuils profonds trahissaient[34] l'amour du bien-être[35], les longues digestions[36] heureuses. On n'allait jamais au salon, on demeurait là, en famille.

Justement, M. Grégoire rentrait, vêtu d'un gros veston de futaine[37], rose lui aussi pour ses soixante ans, avec de grands traits honnêtes et bons,

1 **clos,e** fermé; *ici:* entouré
2 **l'entretien** *m* Instandsetzung
3 **un verger** un terrain planté d'arbres fruitiers
4 **un potager** un jardin à légumes
5 **tenir lieu de** remplacer
6 **un tilleul** Linde
7 **une voûte** Gewölbe, Dach
8 **le feuillage** les feuilles des arbres
9 **une grille** *ici:* Eingangstor
10 **un perron** Freitreppe
11 **ras,e** plat
12 **guère** presque pas
13 **un dégât** Schaden
14 **un peignoir** Morgenmantel
15 **la figure** le visage
16 **poupin,e** –> une poupée
17 **éclatant,e** brillant
18 **une brioche** Hefegebäck
19 **la pâte** Teig
20 **un fourneau** Herd
21 **un four** Ofen
22 **recueillir** *ici:* aufnehmen
23 **un cocher** Kutscher
24 **l'ouvrage** *m* *ici:* le travail à faire
25 **la basse-cour** l'ensemble des poules
26 **un arsenal** *ici:* une grande quantité
27 **un ustensile** (Küchen)Gerät
28 **les provisions** *f* Vorräte
29 **déborder** überquellen von
30 **un râtelier** (Wand)Ständer
31 **un calorifère** Heizung(sanlage)
32 **de houille** Kohle-
33 **l'acajou** *m* Mahagoniholz
34 **trahir** verraten
35 **le bien-être** Wohlbefinden
36 **la digestion** Verdauung (sschläfchen)
37 **la futaine** Barchent

dans la neige de ses cheveux bouclés[38]. Il avait vu le cocher et le jardinier : aucun dégât important, rien qu'un tuyau de cheminée[39] abattu[40]. Chaque matin, il aimait à donner un coup d'œil à la Piolaine, qui n'était pas assez grande pour lui causer des soucis, et dont il tirait tous les bonheurs du propriétaire.

– Et Cécile ? demanda-t-il, elle ne se lève donc pas, aujourd'hui ?

– Je n'y comprends rien, répondit sa femme. Il me semblait l'avoir entendue remuer[41].

Le couvert était mis, trois bols sur la nappe blanche. On envoya Honorine voir ce que devenait mademoiselle. Mais elle redescendit aussitôt, retenant des rires, étouffant[42] sa voix, comme si elle eût parlé en haut, dans la chambre.

– Oh ! si monsieur et madame voyaient mademoiselle ! ... Elle dort, oh ! elle dort, ainsi qu'un Jésus ... On n'a pas idée de ça, c'est un plaisir à la regarder.

Le père et la mère échangeaient des regards attendris. Il dit en souriant :

– Viens-tu voir ?

– Cette pauvre mignonne ! murmura-t-elle. J'y vais.

Et ils montèrent ensemble. La chambre était la seule luxueuse de la maison, tendue[43] de soie[44] bleue, garnie[45] de meubles laqués[46], blancs à filets[47] bleus, un caprice d'enfant gâtée[48] satisfait par les parents. Dans les blancheurs vagues du lit, sous le demi-jour[49] qui tombait de l'écartement[50] d'un rideau, la jeune fille dormait, une joue appuyée[51] sur son bras nu. Elle n'était pas jolie, trop saine, trop bien portante[52], mûre[53] à dix-huit ans ; mais elle avait une chair superbe, une fraîcheur de lait, avec ses cheveux châtains[54], sa face ronde au petit nez volontaire[55], noyé[56] entre les joues. La couverture avait glissé, et elle respirait si doucement, que son haleine[57] ne soulevait même pas sa gorge[58] déjà lourde.

– Ce maudit[59] vent l'aura empêchée de fermer les yeux, dit la mère doucement.

Le père, d'un geste, lui imposa silence. Tous les deux se penchaient[60], regardaient avec adoration, dans sa nudité[61] de vierge[62], cette fille si longtemps désirée, qu'ils avaient eue sur le tard, lorsqu'ils ne l'espéraient plus. Ils la voyaient parfaite, point trop grasse, jamais assez bien nourrie. Et elle dormait toujours, sans les sentir près d'elle, leur visage contre le sien. Pourtant, une onde[63] légère troubla[64] sa face immobile. Ils tremblèrent qu'elle ne s'éveillât, ils s'en allèrent sur la pointe des pieds[65].

– Chut ! dit M. Grégoire à la porte. Si elle n'a pas dormi, il faut la laisser dormir.

– Tant qu'elle voudra, la mignonne, appuya[66] Mme Grégoire. Nous attendrons.

Ils descendirent, s'installèrent dans les fauteuils de la salle à manger ; tandis que les bonnes, riant du gros sommeil de mademoiselle, tenaient sans grogner[67] le chocolat sur le fourneau. Lui, avait pris un journal ; elle, tricotait[68] un grand couvre-pieds de laine. Il faisait très chaud, pas un bruit ne venait de la maison muette[69].

38 **bouclé,e** gelockt
39 **un tuyau de cheminée** Schornstein
40 **abattu,e** *ici:* tombé, cassé

41 **remuer** bouger un peu
42 **étouffer** *ici:* dämpfen

43 **tendu,e** *ici:* recouvert
44 **la soie** Seide
45 **garnir** *ici:* meubler (ausstatten)
46 **laqué,e** lackiert
47 **un filet** *ici:* une fine ligne
48 **gâté,e** *ici:* verhätschelt
49 **le demi-jour** Dämmerlicht
50 **l'écartement** *ici:* Spalt, Öffnung
51 **appuyé,e** *ici:* posé
52 **bien portant** en bonne santé et un petit peu trop gros
53 **mûr,e** reif
54 **châtain** dunkelblond
55 **volontaire** *ici:* énergique
56 **noyé,e** *ici:* enfoncé
57 **l'haleine** *f* Atem
58 **la gorge** *ici:* Brust
59 **maudit,e** verflucht
60 **se pencher** sich beugen über
61 **la nudité** –> nu
62 **une vierge** Jungfrau
63 **une onde** *ici:* Regung
64 **troubler** trüben, stören
65 **sur la pointe des pieds** auf den Fußspitzen
66 **appuyer** *ici:* bekräftigen

67 **grogner** murren
68 **tricoter** stricken
69 **muet,te** *ici:* silencieux

Maheu (Gérard Depardieu), dans le film que Claude Berri a tourné à partir du roman d'Emile Zola.

2 Au milieu des champs de blé[1] et de betteraves[2], le coron[3] des Deux-Cent-Quarante dormait sous la nuit noire. On distinguait vaguement les quatre immenses corps[4] de petites maisons adossées[5], des corps de caserne ou d'hôpital, géométriques, parallèles, que séparaient les trois larges avenues, divisées en jardins égaux. Et, sur le plateau désert, on entendait la seule plainte[6] des rafales[7], dans les treillages arrachés[8] des clôtures[9].
Chez les Maheu, au numéro 16 du deuxième corps, rien ne bougeait. Des ténèbres épaisses noyaient[10] l'unique chambre du premier étage, comme écrasant[11] de leur poids le sommeil des êtres que l'on sentait là, en tas, la bouche ouverte, assommés de fatigue[12]. Malgré le froid vif du dehors, l'air alourdi avait une chaleur vivante, cet étouffement[13] chaud des chambrées[14] les mieux tenues, qui sentent le bétail humain.
Quatre heures sonnèrent au coucou de la salle du rez-de-chaussée, rien encore ne remua, des haleines grêles[15] sifflaient, accompagnées de deux ronflements[16] sonores. Et, brusquement, ce fut Catherine qui se leva. Dans sa fatigue, elle avait, par habitude, compté les quatre coups du timbre[17], à travers le plancher, sans trouver la force de s'éveiller complètement. Puis, les jambes jetées hors des couvertures, elle tâtonna[18], frotta enfin une allumette et alluma la chandelle[19]. Mais elle restait assise, la tête si pesante, qu'elle se renversait[20] entre les deux épaules, cédant[21] au besoin invincible[22] de retomber sur le traversin[23].
Maintenant, la chandelle éclairait la chambre, carrée, à deux fenêtres, que trois lits emplissaient. Il y avait une armoire, une table, deux chaises de vieux noyer[24], dont le ton[25] fumeux tachait durement les murs, peints en jaune clair. Et rien d'autre, des hardes[26] pendues à des clous[27], une cruche[28] posée sur le carreau[29], près d'une terrine[30] rouge servant de cuvette[31]. Dans le lit de gauche, Zacharie, l'aîné, un garçon de vingt et un ans, était couché avec son frère Jeanlin, qui achevait sa onzième année ; dans celui de droite, deux mioches[32], Lénore et Henri, la première de six ans, le second de quatre, dormaient aux bras l'un de l'autre ; tandis que Catherine partageait le troisième lit avec sa sœur Alzire, si chétive[33] pour ses neuf ans, qu'elle ne l'aurait même pas sentie près d'elle, sans la bosse[34] de la petite infirme[35] qui lui enfonçait les côtes. La porte vitrée était

1 **le blé** Getreide
2 **une betterave** Rübe
3 **un coron** Bergarbeitersiedlung
4 **un corps** *ici:* un groupe de bâtiments
5 **adossées** *ici:* construites dos à dos
6 **une plainte** un cri de douleur
7 **une rafale** un coup de vent violent
8 **arracher** enlever violemment
9 **une clôture** Zaun
10 **noyer** recouvrir (inonder)
11 **écraser** erdrücken
12 **assommé,e de fatigue** todmüde
13 **un étouffement** un manque d'air frais
14 **une chambrée** les personnes qui occupent une chambre
15 **grêle** *ici:* faible
16 **un ronflement** Schnarchen
17 **le timbre** *ici:* le coucou
18 **tâtonner** herumtasten
19 **la chandelle** Kerze
20 **se renverser** *ici:* tomber
21 **céder** ≠ résister
22 **invincible** qu'on ne peut dominer
23 **un traversin** Schlummerrolle
24 **un noyer** Nussbaum
25 **le ton** *ici:* la couleur
26 **les hardes** *f* les vêtements pauvres
27 **un clou** Nagel
28 **une cruche** Krug
29 **le carreau** *ici:* le sol (Fliesenfußboden)
30 **une terrine** un pot de terre
31 **une cuvette** Waschschüssel
32 **un mioche** un jeune enfant
33 **chétif, -ve** ≠ robuste
34 **une bosse** *ici:* Buckel
35 **un,e infirme** Körperbehinderte(r)

36 **le palier** Treppenabsatz
37 **un boyau** Schlauch
38 **un berceau** un lit de bébé
39 **s'étirer** sich dehnen und strecken
40 **crisper** verkrampfen
41 **embroussailler** struppig herunterhängen auf
42 **la nuque** Nacken
43 **fluet,te** mince, faible
44 **un fourreau** un vêtement étroit
45 **tatouer** tätowieren
46 **délicat,e** *ici:* mince
47 **trancher sur** *ici:* se distinguer nettement de
48 **blême** très pâle
49 **gâté,e** *ici:* abîmé, rendu laid
50 **un bâillement** Gähnen
51 **chlorotique** bleichsüchtig
52 **les gencives** *f* Zahnfleisch
53 **brisé,e** *ici:* épuisé (erschöpft)
54 **enfler** *ici:* augmenter l'impression de (steigern, verstärken)
55 **un grognement** Brummen
56 **bégayer** stottern; *ici:* stammeln
57 **empâté,e** schwerfällig
58 **fainéant,e** paresseux
59 **gronder** schimpfen
60 **s'embarrasser** *ici:* durcheinander geraten
61 **s'éteindre** *ici:* s'arrêter
62 **un ronflement** Schnarchen
63 **anéanti,e** *ici:* entschwunden (–> le néant)
64 **vautré,e** allongé, couché
65 **mâcher** *ici:* prononcer indistinctement
66 **une injure** Schimpfwort
67 **prendre le parti de** se décider à
68 **se débattre** um sich schlagen
69 **dégingandé,e** schlottrig
70 **un poil de barbe** Barthaar
71 **anémique** blutarm
72 **la pudeur** Schamgefühl

ouverte, on apercevait le couloir du palier[36], l'espèce de boyau[37] où le père et la mère occupaient un quatrième lit, contre lequel ils avaient dû installer le berceau[38] de la dernière venue, Estelle, âgée de trois mois à peine.
Cependant, Catherine fit un effort désespéré. Elle s'étirait[39], elle crispait[40] ses deux mains dans ses cheveux roux, qui lui embroussaillaient[41] le front et la nuque[42]. Fluette[43] pour ses quinze ans, elle ne montrait de ses membres, hors du fourreau[44] étroit de sa chemise, que des pieds bleuis, comme tatoués[45] de charbon, et des bras délicats[46], dont la blancheur de lait tranchait[47] sur le teint blême[48] du visage, déjà gâté[49] par les continuels lavages au savon noir. Un dernier bâillement[50] ouvrit sa bouche un peu grande, aux dents superbes dans la pâleur chlorotique[51] des gencives[52] ; pendant que ses yeux gris pleuraient de sommeil combattu, avec une expression douloureuse et brisée[53], qui semblait enfler[54] de fatigue sa nudité entière.
Mais un grognement[55] arriva du palier, la voix de Maheu bégayait[56], empâtée[57] :
– Sacré nom ! il est l'heure … C'est toi qui allumes, Catherine ?
– Oui, père … Ça vient de sonner, en bas.
– Dépêche-toi donc, fainéante[58] ! Si tu avais moins dansé hier dimanche, tu nous aurais réveillés plus tôt … En voilà une vie de paresse !
Et il continua de gronder[59], mais le sommeil le reprit à son tour, ses reproches s'embarrassèrent[60], s'éteignirent[61] dans un nouveau ronflement[62].
La jeune fille, en chemise, pieds nus sur le carreau, allait et venait par la chambre. Comme elle passait devant le lit d'Henri et de Lénore, elle rejeta sur eux la couverture, qui avait glissé ; et ils ne s'éveillaient pas, anéantis[63] dans le gros sommeil de l'enfance. Alzire, les yeux ouverts, s'était retournée pour prendre la place chaude de sa grande sœur, sans prononcer un mot.
– Dis donc, Zacharie ! et toi, Jeanlin, dis donc ! répétait Catherine, debout devant les deux frères, qui restaient vautrés[64], le nez dans le traversin.
Elle dut saisir le grand par l'épaule et le secouer ; puis, tandis qu'il mâchait[65] des injures[66], elle prit le parti[67] de les découvrir, en arrachant le drap. Cela lui parut drôle, elle se mit à rire, lorsqu'elle vit les deux garçons se débattre[68], les jambes nues.
– C'est bête, lâche-moi ! grogna Zacharie de méchante humeur, quand il se fut assis. Je n'aime pas les farces … Dire, nom de Dieu ! qu'il faut se lever !
Il était maigre, dégingandé[69], la figure longue, salie de quelques rares poils de barbe[70], avec les cheveux jaunes et la pâleur anémique[71] de toute la famille. Sa chemise lui remontait au ventre, et il la baissa, non par pudeur[72], mais parce qu'il n'avait pas chaud.

Emile Zola, *Germinal,* 1885.

1 Résumez en quelques phrases la situation que Zola décrit dans ces deux extraits de *Germinal*.
2 Faites deux listes dans lesquelles vous rassemblerez et comparerez les indications du texte qui permettent de caractériser le milieu social a) des Grégoire, b) des Maheu.
(Commencez par l'emplacement, la grandeur et l'aspect des maisons, les indications horaires, etc.)
3 a) Suivez les conseils donnés à la page 162 et caractérisez les personnages mis en scène par Zola dans ces deux extraits de texte.
b) Quel effet ces descriptions produisent-elles ?
c) A votre avis, dans quel but Zola les a-t-il rédigées ?
4 Dans une lettre écrite en décembre 1885, Zola dit que *Germinal* est *« une œuvre de pitié, et non une œuvre de révolution »*. Commentez cette affirmation à la lumière de ces deux extraits du roman.

6 Massacre à la mine

La grève des mineurs d'Anzin, une commune du Nord, en 1884 (gravure d'époque).

Germinal, *suite – Lors d'une grève des mineurs qui protestent contre leurs bas salaires, la direction des mines appelle l'armée pour tenir à distance les manifestants. Après avoir essayé, sans succès, de mettre les soldats de son côté, la foule, excitée, commence à leur jeter des briques*[1].

Dès les premières briques lancées, le porion Richomme s'était planté entre les soldats et les mineurs. Il suppliait[2] les uns, il exhortait[3] les autres, insoucieux du péril[4], si désespéré que de grosses larmes lui coulaient des yeux. On n'entendait pas ses paroles au milieu du vacarme[5], on voyait seulement ses grosses moustaches grises qui tremblaient.

Mais la grêle des briques devenait plus drue[6], les hommes s'y mettaient à l'exemple des femmes.

Alors, la Maheude s'aperçut que Maheu demeurait en arrière. Il avait les mains vides, l'air sombre.

« Qu'est-ce que tu as, dis ? cria-t-elle. Est-ce que tu les lâches[7] ? Est-ce que tu vas laisser conduire tes camarades en prison ? … Ah ! si je n'avais pas cette enfant, tu verrais ! »

Estelle, qui s'était cramponnée[8] à son cou en hurlant, l'empêchait de se joindre à la Brûlé et aux autres. Et, comme son homme ne semblait pas entendre, elle lui poussa du pied des briques dans les jambes.

« Nom de Dieu ! veux-tu prendre ça ! Faut-il que je te crache[9] à la figure devant le monde, pour te donner du cœur ? »

Redevenu très rouge, il cassa des briques, il les jeta. Elle le cinglait[10], l'étourdissait[11], aboyait[12] derrière lui des paroles de mort, en étouffant sa fille sur sa gorge, dans ses bras crispés[13] ; et il avançait toujours, il se trouva en face des fusils.

Sous cette rafale[14] de pierres, la petite troupe disparaissait. Heureusement, elles tapaient[15] trop haut, le mur en était criblé[16]. Que faire ? L'idée de rentrer, de tourner le dos, empourpra[17] un instant le visage pâle du capitaine ; mais ce n'était même plus possible, on les écharperait[18] au moindre mouvement. Une brique venait de briser la visière[19] de son

1 **une brique** Backstein
2 **supplier qn** anflehen
3 **exhorter qn** ermahnen
4 **le péril** le danger
5 **un vacarme** un grand bruit
6 **dru,e** fort, violent
7 **lâcher qn** im Stich lassen
8 **se cramponner** sich festklammern
9 **cracher** spucken
10 **cingler** anpeitschen
11 **étourdir** betäuben
12 **aboyer** bellen
13 **crispé,e** verkrampft
14 **une rafale** Salve
15 **taper** *ici:* aufprallen
16 **criblé,e** übersät von
17 **empourprer** rendre *pourpre* (rouge)
18 **écharper** in Stücke reißen
19 **la visière** (Mützen)Schirm

Scène du film de Claude Berri : Etienne Lantier (Renaud), Maheu (Depardieu) et les grévistes face aux soldats.

20 **un képi** Soldatenmütze
21 **débridé,e** déchaîné
22 **embêter** *ici:* provoquer
23 **être sur le point de** nahe daran sein (etwas zu tun)
24 **étrangler** étouffer
25 **heurter** aufprallen auf
26 **un roulement** Wirbel

27 **un peloton** un groupe de soldats
28 **tirer** *ici:* schießen
29 **béant,e** *ici:* sprachlos
30 **le clairon** Horn
31 **la cessation** l'arrêt
32 **mitrailler** niederschießen
33 **éperdu,e** fou de désespoir
34 **s'affaisser** tomber

35 **foudroyer** plötzlich getroffen
36 **accourir** venir en courant
37 **bouffi,e de sommeil** schlaftrunken
38 **gambiller** mit den Beinen schlenkern
39 **étreindre** umfassen
40 **jeter bas** faire tomber
41 **la hanche** Hüfte
42 **râler** röcheln
43 **s'abattre** tomber
44 **craquant,e** krachend
45 **un fagot de bois** Bündel Holz
46 **bégayer** stottern
47 **le juron** Fluch
48 **le gargouillement** das Heraussprudeln
49 **balayer** *ici:* bestreichen
50 **faucher** niedermähen
51 **fracasser** schmettern

képi[20], des gouttes de sang coulaient de son front. Plusieurs de ses hommes étaient blessés ; et il les sentait hors d'eux, dans cet instinct débridé[21] de la défense personnelle, où l'on cesse d'obéir aux chefs. Est-ce qu'on se laisserait embêter[22] longtemps encore ? Trois fois, le capitaine fut sur le point[23] de commander le feu. Une angoisse l'étranglait[24], une lutte interminable de quelques secondes heurta[25] en lui des idées, des devoirs, toutes ses croyances d'homme et de soldat. La pluie des briques redoublait, et il ouvrait la bouche, il allait crier : Feu ! lorsque les fusils partirent d'eux-mêmes, trois coups d'abord, puis cinq, puis un roulement[26] de peloton[27], puis un coup tout seul, longtemps après, dans le grand silence.

Ce fut une stupeur. Ils avaient tiré[28], la foule béante[29] restait immobile, sans le croire encore. Mais des cris déchirants s'élevèrent, tandis que le clairon[30] sonnait la cessation[31] du feu. Et il y eut une panique folle, un galop de bétail mitraillé[32], une fuite éperdue[33] dans la boue.

Bébert et Lydie s'étaient affaissés[34] l'un sur l'autre, aux trois premiers coups, la petite frappée à la face, le petit troué au-dessous de l'épaule gauche. Elle, foudroyée[35], ne bougeait plus. Mais lui, remuait, la saisissait à pleins bras, dans les convulsions de l'agonie, comme s'il eût voulu la reprendre, ainsi qu'il l'avait prise, au fond de la cachette noire, où ils venaient de passer leur nuit dernière. Et Jeanlin, justement, qui accourait[36] enfin de Réquillart, bouffi de sommeil[37], gambillant[38] au milieu de la fumée, le regarda étreindre[39] sa petite femme, et mourir.

Les cinq autres coups avaient jeté bas[40] la Brûlé et le porion Richomme. Atteint dans le dos, au moment où il suppliait les camarades, il était tombé à genoux ; et, glissé sur une hanche[41], il râlait[42] par terre, les yeux pleins des larmes qu'il avait pleurées. La vieille, la gorge ouverte, s'était abattue[43] toute raide et craquante[44] comme un fagot de bois[45] sec, en bégayant[46] un dernier juron[47] dans le gargouillement[48] du sang.

Mais alors le feu de peloton balayait[49] le terrain, fauchait[50] à cent pas les groupes de curieux qui riaient de la bataille. Une balle entra dans la bouche de Mouquet, le renversa, fracassé[51], aux pieds de Zacharie et de Philomène, dont les deux mioches furent couverts de gouttes rouges. Au même instant, la Mouquette recevait deux balles dans le ventre. Elle avait vu les soldats épauler[52], elle s'était jetée, d'un mouvement instinctif de bonne fille, devant Catherine, en lui criant de prendre garde[53] ; et elle poussa un grand cri, elle s'étala[54] sur les reins[55], culbutée[56] par la secousse[57]. Etienne accourut, voulut la relever, l'emporter ; mais, d'un geste, elle disait qu'elle était finie. Puis, elle hoqueta[58], sans cesser de leur sourire à l'un et à l'autre, comme si elle était heureuse de les voir ensemble, maintenant qu'elle s'en allait.

Tout semblait terminé, l'ouragan[59] des balles s'était perdu très loin, jusque dans les façades du coron, lorsque le dernier coup partit, isolé, en retard.

Maheu, frappé[60] en plein cœur, vira[61] sur lui-même et tomba la face dans une flaque[62] d'eau, noire de charbon.

Stupide[63], la Maheude se baissa.

« Eh ! mon vieux, relève-toi. Ce n'est rien, dis ? »

Les mains gênées par Estelle, elle dut la mettre sous un bras, pour retourner la tête de son homme.

« Parle-donc ! ou as-tu mal ? »

Il avait les yeux vides, la bouche baveuse[64] d'une écume[65] sanglante. Elle comprit, il était mort. Alors, elle resta assise dans la crotte[66], sa fille sous le bras comme un paquet, regardant son vieux d'un air hébété[67].

La fosse était libre. De son geste nerveux, le capitaine avait retiré, puis remis son képi coupé par une pierre ; et il gardait sa raideur[68] blême devant le désastre de sa vie ; pendant que ses hommes, aux faces muettes, rechargeaient leurs armes.

Etienne n'avait pas été tué. Il attendait toujours, près de Catherine tombée de fatigue et d'angoisse, lorsqu'une voix vibrante le fit tressaillir[69]. C'était l'abbé Ranvier, qui revenait de dire sa messe, et qui, les deux bras en l'air, dans une fureur de prophète, appelait sur les assassins la colère de Dieu. Il annonçait l'ère de justice, la prochaine extermination de la bourgeoisie par le feu du ciel, puisqu'elle mettait le comble[70] à ses crimes en faisant massacrer les travailleurs et les deshérités[71] de ce monde.

Emile Zola, *Germinal*, 1885 (texte abrégé).

52 **épauler** anlegen
53 **prendre garde** faire attention
54 **s'étaler** fallen
55 **les reins** *m* Nieren; *ici:* Hintern
56 **culbuter** umwerfen
57 **la secousse** le choc
58 **hoqueter** schluchzen
59 **un ouragan** Orkan
60 **frappé,e** getroffen
61 **virer** *ici:* tourner
62 **une flaque** Pfütze
63 **stupide** *ici:* verdutzt
64 **baveux, -se** schmierig
65 **une écume** *ici:* Schleim
66 **la crotte** *ici:* la boue
67 **hébété,e** un peu stupide
68 **la raideur** Starrheit
69 **tressaillir** zusammenzucken
70 **le comble** Höhepunkt
71 **un déshérité** *ici:* un pauvre

1 Décrivez et interprétez la photo de la page 170.
2 Résumez le texte en suivant les conseils donnés à la page 17.
3 Qu'est-ce qui rend cet extrait de texte particulièrement dramatique ?

(Pour l'analyse détaillée de l'action et l'interprétation du texte, voir les pages suivantes.)

4 A votre avis, qui est responsable de ce massacre ? Justifiez votre point de vue.
5 Dans une lettre à A. Millaud, en 1872, Zola a écrit : *« Mon œuvre n'est pas une œuvre de parti et de propagande, elle est une œuvre de la vérité.»* De quelle vérité s'agit-il, d'après vous ? Est-elle toujours la même ?

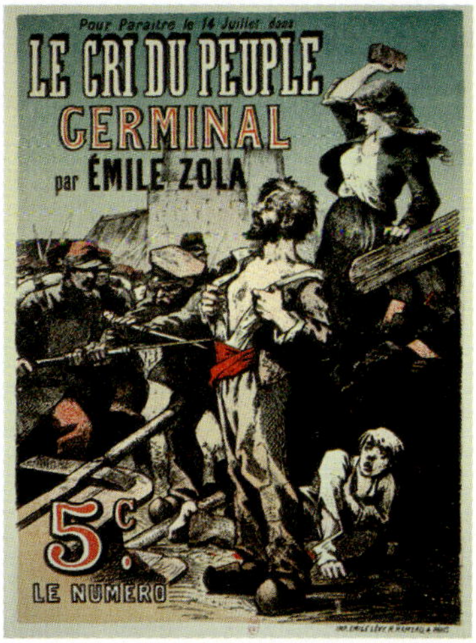

Avant de paraître sous forme de livre, le roman de Zola a d'abord été publié en feuilleton dans le journal.

Analyser et interpréter les romans

et autres textes narratifs (II)

Voir aussi *Analyser et interpréter les romans,* 1ère partie (le narrateur, les personnages), pages 161 - 162.

III Comment s'y prendre pour décrire l'action ?

1 Dites en quoi consiste l' *action principale* du texte ou de l'extrait concerné, puis répondez en quelques mots aux questions : Qui fait quoi, où, quand, comment et pourquoi ?
2 Y a-t-il des *actions secondaires* ? Si oui : dites en quelques phrases en quoi elles consistent. Quels rapports ont-elles avec l'action principale ? Quels rapports ont-elles les unes avec les autres ?
3 Examinez de plus près l'action principale.
  a) Dites comment elle *se déclenche.* (Si possible, examinez ce qui s'est passé juste avant.)
  b) De quelle manière évolue-t-elle ? Peut-on la diviser en différentes *phases* ? Si oui, comment ces phases sont-elles déclenchées et comment s'enchaînent-elles ?
  c) Montrez comment la tension monte. Retrouvez le *point culminant.*
  d) En quoi consiste le *dénouement* ? Comment est-il construit ou introduit ?
4 Les *personnages* sont-ils passifs ou font-ils eux-mêmes avancer l'action ? De quelle manière ?
5 Le *lieu* de l'action est-il seulement un arrière-plan ou bien joue-t-il un rôle particulier ? Lequel ?
6 Examinez les rapports entre le *temps de la narration* (Erzählzeit) et le *temps narré* (erzählte Zeit) : Par rapport à la durée des actions du récit, l'auteur cherche-t-il plutôt à ralentir le rythme de la narration (p.ex. en introduisant des descriptions ou des commentaires) ou, au contraire, à l'accélérer (p.ex. en « résumant » l'action ou en laissant tomber certains éléments) ? Pourquoi ? L'action suit-elle un ordre chronologique ou bien y a-t-il des retours en arrière ? des anticipations ?

A vous !

1. (Re)Lisez le texte *Massacre à la mine*, de Zola, pages 169 - 171 et dites en quelques mots où et quand la scène se passe, qui y fait quoi, comment et pourquoi.
2. Cet extrait de *Germinal* parle, entre autres,
  a) d'un conflit entre la Maheude et son mari Maheu (L. 8 - 21) ;
  b) du cas de conscience du capitaine (L. 30 - 34) ;
  c) du sacrifice de la Mouquette (L. 60 - 67) ;
  d) d'une histoire d'amour entre deux jeunes gens (L. 42 - 49).
  Tout cela fait-il partie de l'action principale ou s'agit-il d'actions secondaires ? Justifiez votre opinion.
3 a) Analysez l'action principale de cet extrait de texte : Quel est le geste qui est à l'origine du drame ?
  b) L'action est divisée en plusieurs phases, qui sont toutes introduites par des indications concernant les jets de briques ou les coups de feu. Retrouvez ces indications.
  c) A partir de ces indications, montrez que la violence est en progression. En dehors de cela, qu'est-ce qui contribue surtout à augmenter l'effet de tension ? Où est le point culminant du texte ?
  d) Qu'apprend-on dans le dénouement ? Quel « rôle » jouent les personnages qui y sont mentionnés ?
4 Plus généralement, quel rôle jouent, ici, le porion Richomme, Maheu, sa femme, et le capitaine ? Qui fait avancer l'action, et comment ? En quoi cela souligne-t-il encore l'effet dramatique ?
5 En quoi le lieu choisi est-il important ?
6 a) À la ligne 42, l'auteur interrompt la chronologie du récit. Pour quelle raison ?
  b) Comparez les passages des lignes 34 - 37 et des lignes 42 - 70 en ce qui concerne la relation entre temps narré et temps de la narration. Que constatez-vous ? Comment s'explique la différence ?

L'interprétation d'un texte littéraire est presque toujours subjective. Une synthèse est une « bonne » interprétation quand elle est *cohérente* et *justifiable* à partir du texte (et, si possible, du « hors-texte »).

IV Comment s'y prendre pour bien interpréter un texte narratif ?

1 Recherchez le *thème,* c'est-à-dire l'idée principale du texte.
2 Caractérisez les *personnages.* Y a-t-il des « bons » (avec lesquels le lecteur peut s'identifier) et des « mauvais »? Si les personnages principaux sont des « types », quelles catégories de personnes ou quelles idées représentent-ils ?
3 Identifiez le *narrateur.* Prend-il position explicitement pour ou contre certaines idées ? Et implicitement ? Comment, p. ex., parle-t-il des personnages qui représentent ces idées ? Quels sentiments cherche-t-il à faire naître à leur égard ? Le narrateur est-il « honnête » (ou ment-il) ?
4 Justifiez le choix du narrateur. L'auteur cherche-t-il surtout
   - à donner une vue d'ensemble ou bien une vue partielle ?
   - à créer une impression d'objectivité ou à présenter un point de vue personnel ?
   - à créer un effet de distance ou d'identification ?
   - à laisser ses lecteurs réfléchir librement ou à les convaincre ? à les manipuler ?
5 Analysez *l'action* : « confirme »-t-elle une attitude ou une pensée du narrateur ou d'un personnage ? L'auteur cherche-t-il à créer l'émotion chez le lecteur ? Quel genre d'émotion et dans quel but ?
6 Analysez *la langue et le style* de l'auteur et dites dans quelle mesure ils peuvent souligner ou au contraire relativiser vos hypothèses. (Voir les figures de style, page 43).
7 Faites la synthèse des réponses aux questions 1 à 6 et formulez provisoirement votre conclusion.
8 Comparez votre conclusion aux éléments du « hors-texte » qui vous sont connus ou que vous pouvez retrouver (voir ci-dessous), puis formulez définitivement le « message » de l'auteur.

A vous !

1 Formulez en une seule phrase l'idée générale du texte *Massacre à la mine.*
2 Que représentent les personnages mentionnés à la question 6 de la page précédente ?
3 Caractérisez le narrateur du texte (voir p. 161). Montrez qu'il prend position et dites pour qui.
4 A votre avis, dans quelle intention Zola a-t-il choisi ce type de narrateur ?
5 a) A qui l'action semble-t-elle « donner raison »?
   b) A votre avis, comment réagissent la plupart des lecteurs après la lecture de cet extrait ? Dans quel but Zola a-t-il voulu provoquer ce genre de réaction ?
6 A partir de quelques exemples pris dans le texte, montrez que la langue et le style permettent d'identifier la position du narrateur.
7 Rédigez un texte de synthèse : Qu'est-ce que Zola veut démontrer en écrivant ce texte et de quels moyens se sert-il pour y arriver ?
8 Renseignez-vous sur Zola, son œuvre, son époque (sur la situation des mineurs, p. ex.). Dans quelle mesure vos informations viennent-elles confirmer vos réponses ?

Le « hors-texte »

1 La *réalité historique* de l'époque du récit :
Il s'agit des événements qui ont pu inspirer l'auteur, mais aussi de toutes les manifestations de la vie économique, sociale, politique et culturelle de la région concernée.

2 La réalité historique de *l'époque de l'auteur,* quand elle est différente de celle du récit. (La *biographie* de l'auteur, tout ce qu'il a vécu jusque-là, est une partie de cette réalité.)

3 *L'œuvre* de l'auteur :
Les idées que l'auteur a développées dans d'autres publications peuvent servir à confirmer les hypothèses qui résultent de l'interprétation d'un texte.

4 Les *courants de pensée* contemporains :
En situant l'œuvre de l'auteur par rapport aux grandes tendances littéraires, philosophiques ou esthétiques de l'époque, il est parfois possible de préciser certaines hypothèses.

7 La Goutte d'Or

Dans ce roman de Michel Tournier, Idriss, un jeune Maghrébin, vient d'arriver à Paris. Son cousin Achour, lui, a déjà une longue « carrière professionnelle » en France.

Il avait été aussi toiletteur[2] de chiens, homme-sandwich[3] *(« Pour un timide comme moi, l'avantage c'est que tu passes complètement inaperçu. On peut même dire que tu deviens invisible. Eh oui ! Les passants, ils regardent le panneau[4] que tu portes sur tes épaules, toi, ils ne te voient même pas ! »)*, colleur[5] d'affiches[6], promeneur de vieilles dames *(« Il y en avait une vraiment gentille, tu sais. Je marchais lentement à son pas[7], en lui donnant le bras, comme un bon fils respectueux et tout. Et puis un jour patatras[8], on passe devant le square[9] de Jessaint, elle me dit : " N'entrons pas là, c'est plein de bougnoules[10] ! " Elle m'avait regardé ? »)*, artificier[11] *(« Pour les feux d'artifice du 13 juillet, il leur faut du monde, tu penses ! Mais alors ça, c'est vraiment l'emploi saisonnier ! »)*, maître-baigneur[12] dans une piscine *(« J'ai pu leur dissimuler[13] deux mois que je ne savais pas nager. Un record, non ? »)*, représentant de *Toutou,* la pâtée[14] des chiens de luxe *(« Le patron nous obligeait à ouvrir une boîte de* Toutou *en plein magasin et à en manger à grosses cuillerées avec des miams-miams[15] gourmands devant la clientèle. Après ça il fallait aller déjeuner ! »)*, laveur de carreaux[16], laveur de voitures, laveur de cadavres à la morgue[17] *(« C'est pas croyable ce que j'aurai pu laver dans ma vie ! L'ennui, c'est que ça te décourage de te laver toi-même. Les laveurs de quoi que ce soit sont toujours sales comme des cochons[18]. »)*. Pour l'heure, il avait décroché[19] à la mairie du XVIIIe une suppléance[20] de balayeur[21] de rue, et une brève démarche au bureau de la voirie[22] l'autorisa à s'adjoindre[23] l'aide de son cousin. Coiffé d'une casquette municipale et la poitrine barrée[24] par un ruban[25] écarlate[26], Idriss découvrit ainsi la vie parisienne sous son aspect le plus humble[27]. Il fut pris en amitié par un vétéran à moustache grise qui continuait de balayer par amour du métier, et qui lui apprit l'art de faire un bon balai avec des brindilles[28] vertes de bouleau[29] nouées[30] par une ronce[31] fendue[32]. Comme ils faisaient équipe, on leur avait confié un petit chariot[33] transportant un sac-poubelle[34] avec la pelle et le balai. Ils devaient non seulement glaner[35] les papiers gras et les crottes de chien sur les trottoirs et déblayer[36] les caniveaux[37], mais vider les dix-sept corbeilles[38] publiques du secteur dont ils avaient la charge. Idriss avait insisté auprès d'Achour pour qu'il lui laisse la clef cubique des prises[39] d'eau des caniveaux. Il aimait déclencher[40] le flot gargouillant[41] et veiller[42] sur son cours sans cesse contrarié[43] par des barrages d'immondices[44] ou les pneus des voitures en stationnement. Cela lui rappelait la surveillance, le désensablement[45] et l'ouverture des rus[46] d'irrigation[47] de la palmeraie[48] de Tabelbala. (1)

Comme Zola un siècle avant lui, l'écrivain Michel Tournier « va sur le terrain » avant de s'attaquer à un roman. Extraits de deux interviews :

– *Pourquoi ce titre, « La Goutte d'Or » ?*

– C'est d'abord la rue de la Goutte-d'Or, à Paris, qui est principalement habitée par des travailleurs immigrés. Savez-vous qu'à l'époque de Zola la rue de la Goutte-d'Or était déjà le fief[49] des travailleurs immigrés ? On

1 **une goutte** Tropfen
2 **un toiletteur** –> la toilette
3 **un homme-sandwich** Plakatträger
4 **un panneau** Schild
5 **un colleur** –> *coller* (kleben)
6 **une affiche** Plakat
7 **à son pas** à sa vitesse
8 **patatras!** Peng!
9 **un square** une petite place
10 **un bougnoule** *péj* un arabe
11 **un artificier** Feuerwerker
12 **un maître-baigneur** Aufsichtsperson (im Schwimmbad)
13 **dissimuler** cacher
14 **la pâtée** la nourriture (pour animaux)
15 **miam-miam!** hm! lecker!
16 **un carreau** *ici:* une fenêtre
17 **la morgue** Leichenschauhaus
18 **un cochon** Schwein
19 **décrocher** *ici:* obtenir
20 **une suppléance** un poste de remplaçant
21 **un balayeur** qn qui *balaie* (nettoie) les rues
22 **la voirie** *ici:* Müllabfuhr
23 **s'adjoindre qn** prendre qn comme assistant
24 **barrer qc** *ici:* über etw. querlaufen
25 **un ruban** (Stoff)Band
26 **écarlate** rouge vif
27 **humble** *ici:* simple
28 **une brindille** Reisig
29 **un bouleau** Birke
30 **nouer** attacher
31 **une ronce** dorniger Zweig
32 **fendu,e** (auf)geschlitzt
33 **un chariot** Wagen
34 **un sac poubelle** Müllsack
35 **glaner** ramasser
36 **déblayer** frei machen
37 **un caniveau** Gosse, Rinnstein
38 **une corbeille** *ici:* Mülleimer
39 **une prise d'eau** Hydrant
40 **déclencher** *ici:* faire couler
41 **gargouiller** plätschern
42 **veiller à** faire attention à
43 **contrarier** *ici:* behindern
44 **les immondices** *m* Unrat
45 **le désensablement** le fait d'enlever le sable
46 **un ru** une très petite rivière
47 **l'irrigation** *f* Bewässerung
48 **une palmeraie** une oasis avec des palmiers
49 **un fief** *ici:* Hochburg
50 **un abattoir** Schlachthaus

y rencontrait des Bretons, des Savoyards, des Auvergnats qui arrivaient de leur province et savaient à peine le français. *L'Assommoir*, de Zola, est d'ailleurs situé rue de la Goutte-d'Or.
– *« Pour moi, Zola reste le patron », avez-vous dit un jour.*
– Oui, il est le premier qui ose aller sur le terrain. Flaubert aussi, un peu. Et Hugo. Mais d'abord Zola. Il choisit un sujet énorme. Par exemple, les mines de charbon. Et il part, il enquête, il se salit. Il va habiter avec les mineurs dans les corons. (2)

– *Comment écrivez- vous ?*
– Pour écrire, il me faut d'abord un grand sujet, comme les travailleurs immigrés pour *La Goutte d'Or.* A la manière d'un journaliste ou d'un sociologue, je mène ensuite une enquête. Pour *La Goutte d'Or,* elle m'a mené jusqu'au Sahara ! J'ai aussi dormi dans un hôtel de travailleurs immigrés à Marseille, passé une journée dans un abattoir[50], une nuit dans un car de police. Tout cela m'a pris deux ans et demi. Une fois mon enquête terminée, je m'enferme chez moi. J'écris à la main. (3)

Michel Tournier

1 Michel Tournier, *La Goutte d'Or,* Editions Gallimard, Paris 1985 ;
2 Michel Tournier, *Le Nouvel Observateur,* 10 janvier 1986 ;
3 Michel Tournier, *Phosphore,* novembre 1991.

1 a) Présentez la « carrière » professionnelle d'Idriss et de son cousin.
b) Qu'est-ce que les citations entre parenthèses (L. 1 - 19) indiquent en ce qui concerne la « qualité » des métiers exercés par Achour ?
2 a) La vieille dame a peur des « bougnoules » (L. 9), bien que son accompagnateur soit lui-même un Maghrébin.
Comment s'explique cette « contradiction »?
b) Rédigez un commentaire autour de l'affirmation populaire :
« Quelque part, on est toujours le bougnoule de quelqu'un. »
3 En quoi ce texte représente-t-il « une peinture de la société » contemporaine ?
4 a) Par quels moyens l'auteur fait-il sourire le lecteur ?
b) Quelle est, selon vous, la fonction du rire dans ce texte ?
5 En quoi consiste l'influence que Zola a pu avoir sur Tournier ?

8 Lettre de France

Nafi, une jeune Africaine, a été mariée par son père à un vieil homme qui vit à Marseille depuis plusieurs années. Fascinée à la fois par la photo de son futur mari – qui date de ses vingt ans – et par l'idée d'aller en France, elle arrive à Marseille. Commencent alors les déceptions ... Elle écrit régulièrement à une amie pour lui rendre compte de sa situation.

Marseille, ... 19..

Très vieille amie,

Je ne peux pas répondre à toutes tes questions. Un flot de questions ! Moi-même, je ne sais pas où commencer. Voilà des jours que je guette[1] le passage du facteur, matin et soir. J'avais peur que mon « mari » n'intercepte[2] mon courrier. Je crois qu'il en est capable. Et les après-midi, il sort. Autrement, il ne sort pas le matin. Juste comme il venait de sortir, j'ai vu arriver le facteur. Il y avait ta lettre. La gérante[3] du garni[4] m'a lorgnée[5] d'une drôle de façon, d'un air de dire : « Ton papa de mari a donné l'ordre de ne remettre à personne le courrier. » Mais, je ne me suis pas laissée faire. Néanmoins[6], je suis tenue[7] de dire à Monsieur qu'il y avait une lettre pour moi.
Non, je n'ai pas la manie de la persécution[8]. Tu me connais. Laisse-moi te dire, ma très vieille amie, les joies que m'apportent tes lettres : le soleil a l'ivresse, la chaleur qui fait exsuder[9] en torrents[10], sur mon corps, des vagues de pulsations[11], faisant déferler[12] sur mon être (interne et externe) le sang chaud brodé[13] d'écumes dentelées[14] de souvenirs vivifiants. Jamais je n'avais compris que les souvenirs étaient si indispensables.
Ici, j'ai pas de soleil. Je vis cloîtrée[15], entre quatre murs d'un hôtel garni, laid, sale, humide, infect[16], sans eau, ni WC. Je suis si seule que, parfois, je me parle à haute voix. Moi, prisonnière des ombres épaisses des murs tristes, suintant[17] l'hiver comme l'été. Quand, par hasard, mon regard vagabonde[18], il ne rencontre que des lézardes[19], où s'incruste[20] la vieille poussière grisâtre ; un dallage[21] strié[22]. La plupart du temps, je suis enfermée. Où aller ? ... Avec qui ? ... Lui ? Non. Il n'y a qu'une chambre pour nous deux ; une chambre qui me sert de cuisine, de lavoir, de salle de bains. Quand, dans le milieu de la nuit, l'envie d'aller au coin[23] me prend, je ne sors pas. J'ai un pot de chambre. Il y a un cabinet pour tous les locataires et un robinet. Ma chambre – prétention[24] de ma part – , la chambre de mon « mari », est ce qu'on appelle « une chambre noire ». Elle est juste en face de l'escalier, donc obligation de fermer tout le temps la porte, comme il est de règle dans ce pays. Au-dessus de l'unique porte, une meurtrière[25]. Le soleil ne la visite jamais. Pour pouvoir travailler, j'allume le jour et la nuit. Comment tout ceci ne m'affecterait[26]-il pas, n'influerait pas sur mon caractère ?
Te rappelles-tu comme j'étais vivante, débordante[27] de vitalité ? Tout le monde en parlait, de mon débordement[28]. Maintenant, je suis toute ratatinée[29], pareille à une tranche de viande au soleil. Certes, je logeais dans une case, un quartier de bidonville. Mais, j'avais le soleil à profusion[30], les rires, les joies communes, les espérances. Ici, rien. Rien, je te dis. Zéro. Parfois, je suis intérieurement les lésions[31] que creusent les larmoiements[32] ensanglantés de mon cœur. Et alors, je pose des questions.

1 **guetter** *ici:* attendre avec impatience
2 **intercepter** abfangen
3 **la gérante** Verwalterin
4 **un garni** un hôtel qui loue des chambres meublées
5 **lorgner** regarder fixement
6 **néanmoins** cependant
7 **être tenu,e de** être obligé de
8 **la persécution** Verfolgung
9 **exsuder** ausschwitzen
10 **un torrent** Wildfluss
11 **une pulsation** (Herz)Klopfen
12 **déferler** *pour un liquide:* couler en grandes vagues
13 **broder** (be)sticken
14 **dentelé,e** orné de dentelles (Stickerei)
15 **cloîtré,e** enfermé
16 **infect,e** horrible
17 **suinter** devenir humide (schwitzen)
18 **vagabonder** *ici:* schweifen
19 **une lézarde** (Mauer)Riss
20 **s'incruster** sich festsetzen
21 **un dallage** Fliesenbelag
22 **strié,e** zerkratzt
23 **le (petit) coin** les w.c.
24 **une prétention** *ici:* Anmaßung
25 **une meurtrière** Schießscharte, *ici:* très petite fenêtre
26 **affecter** toucher d'une façon désagréable
27 **débordant,e** überschwänglich
28 **un débordement** –> débordant
29 **ratatiné,e** geschrumpft
3**une case** *ici:* Hütte
30 **à profusion** en grande quantité
31 **une lésion** une blessure
32 **le larmoiement** Tränenfluss

Pour voir le soleil, il faut que je sorte et gagne le carrefour. Là, entre les façades des immeubles, sur le coup de deux heures, l'astre[33] daigne[34] apparaître – et c'est selon les jours. Ici, le soleil est sans virilité[35], timide, sans flamme excessive, bien différent de chez nous. Et les femmes tendent[36] leur linge de la veille. Quelle tristesse, ma vieille.

Ma vieille, tu ne peux pas imaginer ma déception. Sans doute, dans vos causeries[37], dites-vous que Nafi est en France. Et chacune m'envie ! Je ne suis pas en France … tout au moins celle qui faisait l'objet de nos rêves, alimentait nos ambitions. Je suis dans un autre monde. Un monde maussade[38], lugubre[39], qui m'oppresse[40], m'assassine à petits coups, jour après jour. Une photo a fait de moi une déclassée[41].

Dieu, que je regrette de m'être mariée … C'est ma faute. Je le confesse[42]. Je suis victime[43] d'un mirage[44]. Mon père m'avait montré une photo d'un certain homme. Il était beau sur la photo et il était en France. Quelle est l'écolière qui n'a pas rêvé de la France, de Paris, des rues illuminées[45] … J'avais consenti[46]. Pourquoi ? … Pour la France. Pour elle, la France artificielle[47], j'ai renoncé[48] à tous mes prétendants[49]. Maintenant, je suis servie … doublement servie. Non, je ne pensais pas que je descendrais si bas. J'ai honte de dire tout. Comme je voudrais revoir notre soleil, les couleurs criardes[50], la nonchalance[51] de nos femmes, ces femmes qui vont au marché en groupes joyeux, réentendre les disputes autour des bornes-fontaines[52], chiner[53] les marchands de jarrets[54] de bœuf, discerner[55] dans le vacarme quotidien les notes de kora[56], m'asseoir à l'ombre lorsque l'averse de soleil aveugle les regards, voir les poules se tenir sur une seule patte, voir les enfants qui vont aux commissions[57], chaussés des sandales de leur père, rasant[58] les palissades[59].

Je suis seule, si seule, que les cadavres dans leur tombe me font envie. Je n'ai goût à rien. Tout est fade.

33 **l'astre** *m* le soleil
34 **daigner** avoir la gentillesse de
35 **la virilité** *ici:* la force
36 **tendre** *ici:* accrocher à un fil
37 **une causerie** une conversation
38 **maussade** triste, gris
39 **lugubre** sombre et menaçant
40 **oppresser qn** étouffer qn (en pressant sur lui)
41 **déclassé,e** passé dans une classe inférieure
42 **confesser** avouer
43 **une victime** Opfer
44 **un mirage** une illusion (Fata Morgana)
45 **illuminé,e** dans la lumière
46 **consentir (à)** être d'accord (avec)
47 **artificiel,le** ≠ naturelle, réelle
48 **renoncer à** dire non à
49 **un prétendant** qn qui demande une femme en mariage
50 **criard,e** –> crier
51 **la nonchalance** Sorglosigkeit
52 **une borne-fontaine** un endroit où on va chercher l'eau
53 **chiner** qn plaisanter avec qn
54 **un jarret (de bœuf)** Haxe
55 **discerner** distinguer clairement
56 **une kora** un instrument de musique à cordes
57 **aller aux commissions** faire les courses
58 **raser** *ici:* marcher très près de
59 **une palissade** Bretterzaun

Ousmane Sembène,
Lettres de France,
dans : *Voltaïque,*
Editions Présence Africaine,
Paris 1962.

1 a) Formez un nom à partir des adjectifs suivants :
capable (L. 4), *vieille* (L. 12), *laid* (L. 18), *sale* (L. 18), *humide* (L. 18), *illuminé* (L. 66).
b) Indiquez le contraire des mots et expressions en italiques :
Je me parle *à haute voix* (L. 19) ; Il est *de règle* dans ce pays (L. 30) ; *Tout le monde* en parlait (L. 34 - 35) ; J'ai honte de dire *tout* (L. 70) ; Le soleil est *bien différent* de chez nous (L. 49 - 52).
2 Résumez le contenu de cette lettre. (Voir les conseils donnés à la page 17.)
3 De quoi Nafi se plaint-elle, concrètement ?
4 a) Comparez la vie quotidienne en Afrique à celle que Nafi mène en France.
b) Quel rôle joue le soleil dans la lettre ? Qu'est-ce qu'il symbolise et à quoi s'oppose-t-il ?
5 Expliquez la phrase des lignes 61 - 62 : « *Une photo a fait de moi une déclassée* ».
6 Quels parallèles peut-on faire entre ce texte et celui de Zola (*A quoi rêvent les pauvres filles,* pages 159 - 160) en ce qui concerne le milieu et la situation sociale des personnages, mais aussi la façon d'écrire de l'auteur ?

Chapitre 10

Face à l'existence

entre tragique et comique

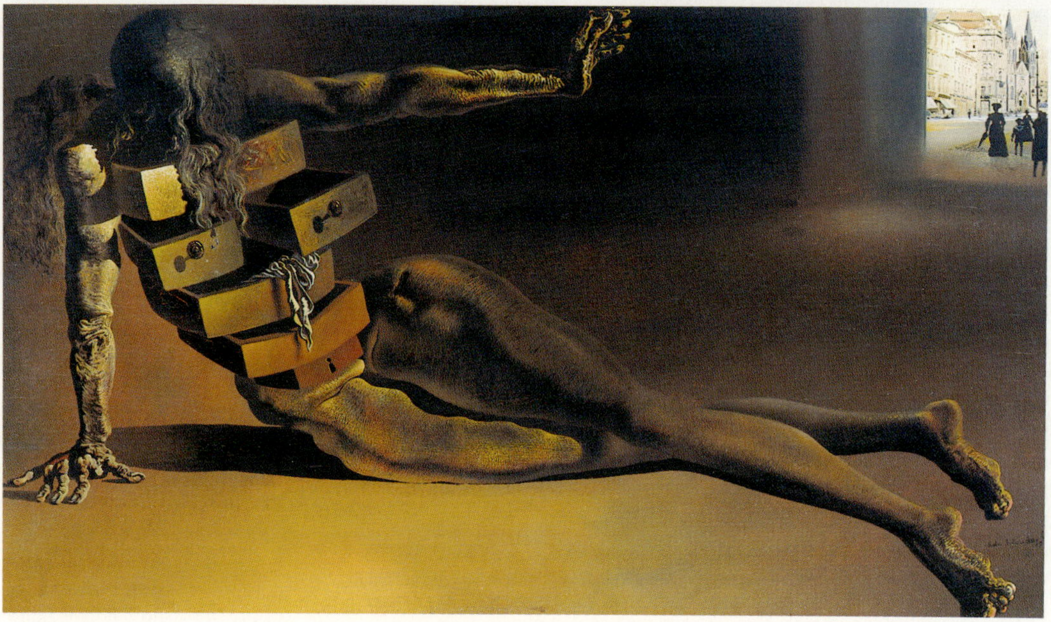

1 La beauté du monde

Après avoir bu du lait à même[1] le carton, Antoine dit à Angéla : « *Il faut savoir ce que l'on veut. Est-ce que tu peux dire, aujourd'hui, je veux ces choses-là précisément ?* »

Angéla ne sut pas répondre sans réfléchir, puis elle dit : « *Je veux que toute LA BEAUTÉ DU MONDE soit dans ma vie. C'est un but. Ça veut dire : Je veux savoir ce qu'il y a de meilleur en moi, je veux savoir ce qu'il y a de meilleur dans la vie d'aujourd'hui et je veux que ces meilleurs se rencontrent. Si je n'y arrive pas, il vaut mieux mourir.* »

Antoine voulut écouter un disque et il choisit une pochette[2] bleue. Pendant qu'un piano et un saxophone envoyaient leurs incantations[3] dans l'espace[4], Antoine demanda qu'Angéla précise ce qu'elle voulait. Il dit : « *C'est quoi LA BEAUTÉ DU MONDE ?* » Elle lui fit signe d'écouter la contrebasse, puis elle dit : « *LA BEAUTÉ DU MONDE, c'est toutes les émotions qui ne laissent pas de regret. C'est quand je te regarde et que je suis émue[5] de cela sans t'avoir rien volé et que tu ne m'aies rien pris. C'est tout ce qui rentre dans la mémoire sans faire d'égratignure[6] et qui nous met*

1 **à même qc** directement dans qc
2 **une pochette** Plattenhülle
3 **une incantation** Zauberspruch, Beschwörung
4 **l'espace** *m* (Luft)Raum
5 **émouvoir** ergreifen (–> une émotion)
6 **une égratignure** Schramme

à égalité avec la lumière ou un ciel étoilé. C'est tout ce qui existe et qui ne compte pas avec le temps, comme un chien qui nous regarde, la couleur d'un oiseau, un sourire dans la rue, le scintillement[7] des lumières d'une ville perçue[8] derrière une fenêtre où restent accrochées[9] des gouttes[10] de pluie. C'est l'étendue de la mer et l'odeur du chèvrefeuille[11], c'est regarder un train qui passe avec plein de gens dedans, et se sentir bien d'être là, avec seulement la vitesse de la terre dans son corps. »
Pendant que les sillons[12] du 33 tours[13] continuaient de restituer[14] la beauté qu'avait imaginée Keith Jarrett[15] dans un studio allemand, Antoine fit glisser Angéla par terre, près de lui.

Yves Simon, *L'amour dans l'âme,* Editions Grasset & Fasquelle, Paris 1978.

7 **un scintillement** Funkeln
8 **percevoir qc** wahrnehmen
9 **accrocher** *ici:* hängen
10 **une goutte** Tropfen
11 **un chèvrefeuille** Geißblatt
12 **un sillon** *ici:* Rille
13 **un 33 tours** un disque (LP)
14 **restituer** rendre
15 **Keith Jarrett** pianiste de jazz américain, né en 1945

1 a) En quoi consiste la « beauté du monde » d'après Angela ?
   b) A quoi cette beauté s'oppose-t-elle ?
   c) Quel rôle joue la musique dans ce contexte ?
2 Etes-vous d'accord avec la vision d'Angela ? La beauté du monde, personnellement, comment la définiriez-vous ?
3 Décrivez le tableau de Salvator Dali (« Le cabinet anthropomorphique »), ci-contre. Que vous semble-t-il exprimer ? Quel rapport pourrait-on voir avec le titre du chapitre ?

2 Un besoin d'impossible

Quel est le sens de l'expression « *demander* (ou *promettre) la lune à quelqu'un* » ? Retrouvez une ou plusieurs situations (réelles ou imaginaires) qui pourraient illustrer cette expression.

La pièce de Camus met en scène l'Empereur romain Caligula (12-41), qui est mort fou après avoir régné en tyran. L'extrait suivant se situe peu après la mort de la maîtresse de Caligula.

HÉLICON *d'un bout de la scène à l'autre* : Bonjour, Caïus.
CALIGULA *avec naturel :* Bonjour, Hélicon.
Silence.
HÉLICON : Tu sembles fatigué ?
CALIGULA : J'ai beaucoup marché.
HÉLICON : Oui, ton absence a duré longtemps.
Silence.
CALIGULA : C'était difficile à trouver.
HÉLICON : Quoi donc ?
CALIGULA : Ce que je voulais.
HÉLICON : Et que voulais-tu ?
CALIGULA *toujours naturel* : La lune.
HÉLICON : Quoi ?
CALIGULA : Oui, je voulais la lune.
HÉLICON : Ah !
Silence.
HÉLICON *se rapproche :* Pour quoi faire ?
CALIGULA : Eh bien ! ... C'est une des choses que je n'ai pas.
HÉLICON : Bien sûr. Et maintenant, tout est arrangé ?
CALIGULA : Non, je n'ai pas pu l'avoir.

1 **ennuyeux, -se** *ici:* fâcheux (ärgerlich)

HÉLICON : C'est ennuyeux[1].

CALIGULA : Oui, c'est pour cela que je suis fatigué.

Un temps.

CALIGULA : Hélicon !

HÉLICON : Oui, Caïus.

CALIGULA : Tu penses que je suis fou.

HÉLICON : Tu sais bien que je ne pense jamais. Je suis bien trop intelligent pour ça.

CALIGULA : Oui. Enfin ! Mais je ne suis pas fou et même je n'ai jamais été aussi raisonnable. Simplement, je me suis senti tout d'un coup un besoin d'impossible. *(Un temps.)* Les choses, telles qu'elles sont, ne me semblent pas satisfaisantes.

2 **répandu,e** verbreitet

HÉLICON : C'est une opinion assez répandue[2].

CALIGULA : Il est vrai. Mais je ne le savais pas auparavant. Maintenant, je sais. *(Toujours naturel.)* Ce monde, tel qu'il est fait, n'est pas supportable. J'ai donc besoin de la lune, ou du bonheur, ou de l'immortalité[3], de quelque chose qui soit dément[4] peut-être, mais qui ne soit pas de ce monde.

3 **l'immortalité** *f* l'état de qn qui ne meurt jamais
4 **dément,e** fou
5 **un raisonnement** une argumentation
6 **se tenir** *ici:* être logique
7 **obtenir qc** recevoir, avoir

HÉLICON : C'est un raisonnement[5] qui se tient[6]. Mais, en général, on ne peut pas le tenir jusqu'au bout.

CALIGULA *se levant, mais avec la même simplicité* : Tu n'en sais rien. C'est parce qu'on ne le tient jamais jusqu'au bout que rien n'est obtenu[7]. Mais il suffit peut-être de rester logique jusqu'à la fin. *(Il regarde Hélicon).* Je sais aussi ce que tu penses. Que d'histoires pour la mort d'une femme! Non, ce n'est pas cela. Je crois me souvenir, il est vrai, qu'il y a quelques jours, une femme que j'aimais est morte. Mais qu'est-ce que l'amour ? Peu de chose. Cette mort n'est rien, je te le jure; elle est seulement le signe d'une vérité qui me rend la lune nécessaire. C'est une vérité toute simple et toute claire, un peu bête, mais difficile à découvrir et lourde à porter.

HÉLICON : Et qu'est-ce donc que cette vérité, Caïus ?

CALIGULA *détourné, sur un ton neutre* : Les hommes meurent et ils ne sont pas heureux.

HÉLICON *après un temps* : Allons, Caïus, c'est une vérité dont on s'arrange très bien. Regarde autour de toi. Ce n'est pas ça qui les empêche de déjeuner.

8 **un éclat** *ici:* Ausbruch
9 **un mensonge** –> mentir

CALIGULA, *avec un éclat[8] soudain :* Alors, c'est que tout, autour de moi, est mensonge[9], et moi, je veux qu'on vive dans la vérité.

Albert Camus, *Caligula,* Paris 1944, dans : A. Camus, *Théâtre, Récits, Nouvelles,* Editions Gallimard, Paris 1962.

1 Récapitulez le texte à partir de la ligne 26 : Dites en quelques mots en quoi consiste le sujet de cette scène.
2 a) Que veut dire Hélicon quand il affirme qu'*« en général, on ne peut pas tenir [le raisonnement de Caligula] jusqu'au bout »* ? (L. 39 - 40)
  b) Que pourrait signifier, pour Caligula, le fait de « rester logique jusqu'à la fin »? (L. 43)
3 Quels « types » représentent les personnages de Caligula et de Hélicon ?
4 a) A votre avis, pourquoi la vérité découverte par Caligula (L. 48 - 50) est-elle « difficile à découvrir » et « lourde à porter » ?
  b) En quoi Caligula semble-t-il être différent du monde qui l'entoure ?
5 *« Les hommes meurent et ils ne sont pas heureux. »* (L. 52 - 53) Etes-vous d'accord avec cette affirmation ? Rédigez un commentaire (voir les conseils donnés à la page 22).

3 Qui est là ?

Personnages
Le Père, *sans âge.*
La Mère, *sans âge.*
Le Fils, *jeune homme.*
La Femme, *personnage venant on ne sait d'où.*
L'Homme, *meurtrier[1] accomplissant[2] un ordre[3].*

La scène représente une pièce nue et vide.
Au fond, une porte ; à gauche, une fenêtre. La porte est fermée. La fenêtre est sombre[4], car il fait nuit au-dehors. Au premier plan, à droite, une table sur laquelle sont posées trois assiettes. Le Père (à gauche), la Mère (au milieu), le Fils (à droite) sont assis autour. Une lumière égale, quelconque[5] et un peu triste, comme celle d'une salle d'attente de gare, baigne[6] la pièce.
Par la simplicité calculée et presque effrayante[7] de leur jeu (silences, intonations[8], tantôt pareilles à celles que l'on prend pour parler à un enfant malade, tantôt profondément graves, gestes très lents sauf aux moments pathétiques), les acteurs doivent donner l'impression – bien connue des psychologues – que tout cela « a dû avoir lieu déjà quelque part ».

1 **un meurtrier** une personne qui tue qn
2 **accomplir** ausführen
3 **un ordre** *ici:* Befehl
4 **sombre** ≠ clair
5 **quelconque** gewöhnlich, unbedeutend
6 **baigner** *ici:* lagern über
7 **effrayant,e** qui fait peur
8 **une intonation** Betonung

Le Père *(tournant la tête vers la salle) :* Je suis le père. Voici ma femme et voici mon fils. Au-dehors la nuit est froide et longue, c'est l'hiver, mais ici nous nous réchauffons les uns les autres, et nous sommes assis à cette table pour apaiser[9] notre faim, en échangeant des propos[10] affectueux[11].
Un silence.
Le Père *(il fait à lui seul la demande et la réponse, tandis que la Mère et le Fils se taisent, l'œil fixe) :* Qu'as-tu fait ce matin ? J'ai été à l'école. Et toi ? Je suis allée au marché. Qu'as-tu trouvé ? Des légumes plus chers qu'hier et de la viande à meilleur compte[12]. Tant mieux, l'un compense[13] l'autre. Et toi, que t'a dit le maître ? Que j'étais en grand progrès. Va, mon garçon, travaille, tu verras, tout ira bien. Ah ! que nous sommes heureux ensemble ! Que la nuit est froide et noire au-dehors ! Réjouissons[14]-nous de n'avoir pas à sortir ...

9 **apaiser** calmer (–> la paix)
10 **des propos** *m* des paroles
11 **affectueux, -se** tendre, aimable
12 **à bon compte** bon marché
13 **compenser** ausgleichen
14 **se réjouir** être content

Une femme surgit de l'avant-scène gauche et interpelle[15] le Père qui écoute et répond sans tourner la tête.

15 **interpeller qn** (auf)rufen

La Femme : Bonhomme de père, tu devrais prendre garde[16] ! Il n'y a pas que la nuit au-dehors.
Le Père : Que veux-tu dire ?
La Femme : Prends garde, prends garde ! *(Bas.)* Je crois qu'il y a un homme derrière la porte.
Le Père : Que fait-il ?
La Femme : Je ne sais pas. Il attend.
Le Père : Qu'attend-il ?
La Femme : Toi, peut-être ...
Le Père : C'est bon, je vais aller voir. *(La Femme disparaît, le Père se lève, va vers la porte, l'ouvre : un homme très grand, vêtu d'une redingote[17] de cérémonie, mais la tête nue, est debout sur le seuil[18].)* Que voulez-vous ? ... Vous voulez me parler ? Alors, entrez ! ... Qu'avez-vous à me dire ?

16 **prendre garde** faire attention
17 **une redingote** Gehrock
18 **le seuil** Türschwelle

19 **empoigner** prendre (de force)
20 **étrangler** erwürgen
21 **charger** *ici:* aufladen
22 **une épaule** Schulter

En silence, l'Homme empoigne[19] le Père et l'étrangle[20]. Brusquement la fenêtre, s'ouvre d'elle-même. L'Homme charge[21] le cadavre sur son épaule[22] et disparaît par la porte. Pendant ce temps, la Mère et le Fils détournent la tête vers la droite en cachant leur visage dans leurs mains et restent longtemps encore dans cette position. La Femme en noir reparaît à droite.

23 **cesser** arrêter

LA FEMME *(après un soupir) :* Et voilà ! Ce qui devait arriver est arrivé … au-dehors, la nuit touche à sa fin. Cesse[23] de pleurer, bonne mère et va à la fenêtre ! *(La Mère se lève et va à la fenêtre.)* Que vois-tu ? Réponds ! Tu peux parler maintenant.
LA MÈRE : La campagne est couverte de morts.
LA FEMME : Et le faubourg ?
LA MÈRE : Le faubourg est couvert de fleurs.
LA FEMME : Et le soleil, que fait-il ?

24 **un rayon** Strahl
25 **un soupirail** Kellerfenster

LA MÈRE : Le soleil est au fond d'une cave, mais ses premiers rayons[24] commencent à passer par un soupirail[25] … *(Elle pousse un cri.)* Ah ! …
LA FEMME *(rapidement) :* Que vois-tu ?
LA MÈRE : Je vois le père … là … parmi les morts …
LA FEMME : Ne le savais-tu pas, pauvre femme ?
LA MÈRE : Si ! Mais comme ses compagnons sont nombreux !
LA FEMME *(au Fils) :* Fils, va à la fenêtre et appelle ton père !

Le Fils se lève, va à la fenêtre et appelle, tandis que la Mère revient s'asseoir.

LE FILS : Père, père ! … Pè-è-ère ! …
LA FEMME : Est-ce qu'il t'a entendu ?

26 **enjamber qn/qc** schreiten über

LE FILS : Oui ! Le voilà qui se lève … Il enjambe[26] les autres morts … Il s'avance vers la maison …

27 **se précipiter** sich stürzen
28 **plonger** *ici:* mettre brusquement
29 **une lueur** une faible lumière

LA MÈRE : J'entends son pas dans l'escalier … C'est lui … *(Le Père, ayant dans son attitude la dignité de la mort, apparaît sur le seuil de la porte restée ouverte. Le Fils se précipite[27] vers lui en criant : « Mon père ! » La Mère plonge[28] un instant son visage dans ses mains, puis se relève. La Mère, face au public, sans regarder le Père.)* Qui t'a tué ?
LE PÈRE : Ce n'était pas un homme.
LA MÈRE : Qui es-tu ?
LE PÈRE : Je ne suis pas un homme.
LA MÈRE : Qui étais-tu ?
LE PÈRE : Personne.
LA FEMME : Où donc est l'Homme ?
LE PÈRE : En aucun de nous.
LA MÈRE : Pourtant, je me souviens : tu vivais ! …
LE PÈRE : En chacun de nous, l'homme est mort. Il n'est plus, il n'est pas, ou pas encore.
LA FEMME : Où est-il ?
LE PÈRE : Cherchons ensemble : un jour, au milieu de nous … il *sera.*

La Mère, le Père et le Fils vont lentement s'asseoir autour de la table.

LA FEMME : La fenêtre s'éclaire … *(Une lueur[29] colore en effet les vitres.)* Quelqu'un s'approche … Attendons ! …

Rideau.

Jean Tardieu, *Qui est là ? ou Mort et résurrection de l'homme,* dans : *La comédie de la comédie,* Editions Gallimard, Paris 1994.

1 Divisez le texte en plusieurs parties et dites en quelques mots de quoi il est question dans chaque partie.
2 a) Décrivez le comportement du père au début de cette pièce.
b) Décrivez aussi celui des autres membres de la famille.
3 D'après vous, que représente l'Homme et quelle est la fonction de la Femme ?
4 Expliquez et commentez les phrases du Père :
« En chacun de nous l'homme est mort. Il n'est plus, il n'est pas, ou pas encore. »
« Un jour, au milieu de nous, il sera. » (L. 78 - 79 et 81)
5 A la fin de cette pièce, « quelqu'un s'approche » : A votre avis, de qui s'agit-il et que va-t-il se passer ? Imaginez une suite à cette scène.
6 D'après vous, qu'est-ce qui est « absurde » dans cette pièce ?
7 Que savez-vous du théâtre de l'absurde ? Dites quels sont ses buts et quels moyens il met en œuvre pour y parvenir.
8 Décrivez le dessin de Serre, ci-dessus. En quoi la situation représentée est-elle « absurde » ?

Analyser et interpréter les pièces de théâtre
et autres textes dramatiques

A quoi ça sert ?

Comme tous les textes littéraires, les textes dramatiques servent à illustrer l'attitude de leur auteur face à un certain problème (social, moral, existentiel ou autre). En l'absence d'un narrateur, c'est à travers les dialogues et les indications scéniques que l'auteur – indirectement, le plus souvent – exprime sa pensée. L'analyse et l'interprétation de ces textes servent donc à mettre en évidence cette pensée ou cette attitude.

Comment s'y prendre pour analyser un texte dramatique ?

1 Quand c'est possible, étudiez d'abord la liste des personnages (au début de la pièce) ainsi que les indications scéniques (au début de l'acte concerné) et relevez ce qu'on y apprend sur le cadre de la pièce et sur les personnages.

2 Première approche des *dialogues* :
- De quel *type* de dialogue s'agit-il ? (une simple conversation ? une discussion ? une dispute ? etc.)
- Quel en est le *ton* général ? (froid ? agressif ? décontracté ? enthousiaste ? humoristique ? etc.)
- Identifiez le *thème* principal.

3 Caractérisez les *personnages* :
Quelles informations explicites ou implicites les dialogues donnent-ils sur eux, sur leur caractère ?
Quand c'est possible, complétez ces informations à l'aide des indications scéniques placées entre ou dans les dialogues.
Les personnages sont-ils des « caractères » ou des « types »?
(Voir aussi la page 162 : *Comment s'y prendre pour caractériser les personnages ?* N° 2 à 4.)

4 Analysez les *relations* que les personnages principaux ont entre eux :
a) Sur quoi sont-elles basées ? (distance / proximité, sympathie / antipathie, rapports de force, etc.)
b) De quelle manière ces relations se manifestent-elles dans les dialogues ?
(interrogations <–> affirmations ou explications ; reproches <–> aveux ou justifications ; plainte <–> consolation ; allusions, insinuations, mensonges <–> démentis ; ordres <–> obéissance ou désobéissance, etc. Voir aussi la langue et le style utilisés.)
c) Quelles *positions* les personnages occupent-ils par rapport au thème central du dialogue ? Où est leur intérêt personnel ? Quel est leur but ? En quoi consiste leur conflit, quand il y en a un ?

5 Comment l'« *action* » (le conflit) évolue-t-elle entre le début et la fin du texte ?
(Voir la page 172 : *Comment s'y prendre pour décrire l'action ?* N° 2 à 5.)

6 Faites la synthèse de vos réponses aux questions ci-dessus, puis définissez la position de l'auteur et formulez son « message ». N'oubliez pas, si possible, de prendre en compte le « *hors-texte* ».
(Voir la page 173 : *Comment s'y prendre pour interpréter un texte narratif ?* N° 1à 2 et 5 à 8).

A vous !

(Re)Lisez le texte du « drame-éclair » *Qui est là ?*, de Jean Tardieu, pages 181 - 182.

1 a) Quel *genre* d'informations la liste des personnages placée en tête du texte propose-t-elle ? Quelles informations l'auteur ne donne-t-il *pas* ? Qu'est-ce que cela permet de supposer ?
b) Examinez les indications scéniques du début. Quelle *atmosphère* l'auteur cherche-t-il à créer ?

2 a) Quel est le *ton* général du dialogue ? De quel genre de dialogue s'agit-il ?
b) Quel pourrait être le *thème* principal de cette pièce ? (la fausse tranquillité de la vie de famille ? l'insécurité dans les campagnes ? l'injustice de la mort ? l'illusion de l'espoir ? le miracle de l'amour ? un autre thème ?) Expliquez votre choix.

3 a) Caractérisez le personnage du Père.
b) Ce personnage est-il un « caractère » ou un « type » ? Justifiez votre opinion. (Si c'est un « type », que représente-t-il ? D'après vous, pourquoi l'auteur l'a-t-il choisi ?)

4 a) Quel genre de relation le Père et la Mère ont-ils entre eux ? Justifiez votre réponse à partir du texte.
b) Quelles relations existent entre les trois membres de la famille et la Femme ? Comment les dialogues mettent-ils ces relations en évidence ?

5 a) Où et comment l'« action » est-elle déclenchée, dans cette pièce ?
b) Il y a, en fait, deux points culminants. Lesquels ?
c) En quoi consiste le dénouement ? Comparez-le aux indications scéniques du début de la pièce : Qu'est-ce qu'on peut constater ?

6 a) Rédigez un texte de synthèse qui, à partir des réponses que vous avez données aux questions ci-dessus, donne une explication globale de ce texte. En quoi consiste, d'après vous, le « message » de son auteur ?
b) Renseignez-vous sur Jean Tardieu et sur son œuvre. Dans quelle mesure vos informations peuvent-elles confirmer ce que vous avez écrit dans votre texte de synthèse ?

7 (Re)Lisez l'extrait des *Mains sales*, de Jean-Paul Sartre, page 98. Analysez et interprétez ce texte en suivant le modèle proposé à la page précédente (*Comment s'y prendre*, No 2, 3, 4 et 6).

ET AUSSI ...

Si vous analysez une pièce entière :

1 Précisez-en le *genre* : Dites s'il s'agit d'une comédie, d'une tragédie (voir ci-contre) ou d'une pièce tragi-comique (qui mêle éléments tragiques et comiques).

2 Examinez la *structure* de la pièce : Combien d'actes a-t-elle et quelle est leur fonction respective ? (Situez l'exposition, le point culminant, le dénouement.) La structure suit-elle le schéma « classique » de la tragédie (voir ci-contre) ?

3 Distinguez *l'intrigue centrale* des intrigues secondaires : Quel rapport les intrigues secondaires ont-elles avec l'intrigue centrale ? Comment influencent-elles celle-ci ?

4 Recherchez l'entrée en scène des *personnages principaux* : Comment se fait-elle ? A quel moment de la pièce ? Quel effet cela doit-il produire sur le spectateur ?

5 Examinez le début et la fin de chaque acte : De quelle manière le « suspense » est-il entretenu d'un acte à l'autre ?

6 Appliquez les conseils donnés à la page précédente (« Comment s'y prendre ... ») à l'ensemble de la pièce.

La comédie

a pour but de distraire et / ou d'instruire les spectateurs en les faisant *rire.*

La tragédie classique (XVIIIe siècle)

- respecte la « *règle des trois unités* » (action basée sur une intrigue unique qui se déroule en un seul jour dans un seul lieu) ;
- est construite en *cinq actes* (acte I : exposition ; acte V : dénouement) ;
- a un dénouement malheureux dont le but est la « *catharsis* » (qui consiste à « purifier » les spectateurs de leurs mauvaises passions (la peur, la pitié) en leur montrant des sentiments et des actions « nobles ») ;
- est écrite en *vers.*

Le drame moderne

traite également de sujets graves, mais il n'obéit pas à des règles strictes.

4 Seul contre tous

1 Vous avez certainement déjà vu un vrai rhinocéros. Décrivez son aspect extérieur. A partir de ce physique, quels « traits de caractère », quelles qualités ou quels défauts pourrait-on prêter à cet animal ?
2 Décrivez le dessin de Max Ernst, ci-dessous, et dites ce qu'il vous inspire.

Une petite ville de province est touchée par une épidémie bizarre : tous ses habitants se transforment, les uns après les autres (et de leur plein gré[1]), en rhinocéros. Tous, sauf un, qui se retrouve seul, à la fin de la pièce, après que Daisy, sa compagne, l'a quitté.

1 **de son plein gré** volontairement (freiwillig)
2 **vilain,e** *ici:* laid, ≠ beau
3 **soigneusement** sorgfältig
4 **la colère** Wut, Zorn
5 **avoir qn** *fam* jdn kriegen

6 **intenable** insupportable
7 **la conscience** Gewissen
8 **le pire** le plus mauvais

9 **un barissement** le bruit que font les rhinocéros (Trompeten)
10 **éperdu,e** fou
11 **la poussière** Staub
12 **le coton** *ici:* Watte
13 **une mutation** Mutation, Wandlung
14 **réversible** umkehrbar

BÉRENGER, *se regardant toujours dans la glace.*
Ce n'est tout de même pas si vilain[2] que ça un homme. Et pourtant, je ne suis pas parmi les plus beaux ! [...] *(Il regarde partout.)* Je suis tout à fait seul maintenant. *(Il va fermer la porte à clé, soigneusement[3], mais avec colère[4].)* On ne m'aura[5] pas moi. *(Il ferme soigneusement les fenêtres.)* Vous ne m'aurez pas, moi. *(Il s'adresse à toutes les têtes de rhinocéros.)* Je ne vous suivrai pas, je ne vous comprends pas ! Je reste ce que je suis. Je suis un être humain. Un être humain. *(Il va s'asseoir dans le fauteuil.)* La situation est absolument intenable[6]. C'est ma faute, si elle est partie. J'étais tout pour elle. Qu'est-ce qu'elle va devenir ? Encore quelqu'un sur la conscience[7]. J'imagine le pire[8], le pire est possible. Pauvre enfant abandonnée dans cet univers de monstres ! Personne ne peut m'aider à la retrouver, personne, car il n'y a plus personne. *(Nouveaux barrissements[9], courses éperdues[10], nuages de poussière[11].)* Je ne veux pas les entendre. Je vais mettre du coton[12] dans les oreilles. *(Il se met du coton dans les oreilles et se parle à lui-même dans la glace.)* Il n'y a pas d'autre solution que de les convaincre, les convaincre, de quoi ? Et les mutations[13] sont-elles réversibles[14] ? Hein, sont-elles réversibles ? Ce serait un travail d'Hercule,

au-dessus de mes forces. D'abord, pour les convaincre, il faut leur parler. Pour leur parler, il faut que j'apprenne leur langue. Ou qu'ils apprennent la mienne ? Mais quelle langue est-ce que je parle ? Quelle est ma langue ? Est-ce du français, ça ? Ce doit bien être du français ? Mais qu'est-ce que du français ? On peut appeler ça du français, si on veut, personne ne peut le contester[15], je suis seul à le parler. Qu'est-ce que je dis ? Est-ce que je me comprends, est-ce que je me comprends ? *(Il va vers le milieu de la chambre.)* Et si, comme me l'avait dit Daisy, si c'est eux qui ont raison ? *(Il retourne vers la glace.)* Un homme n'est pas laid, un homme n'est pas laid ! *(Il se regarde en passant la main sur sa figure.)* Quelle drôle de chose ! A quoi je ressemble alors ? A quoi ? *(Il se précipite vers un placard[16], en sort des photos, qu'il regarde.)* Des photos ! Qui sont-ils tous ces gens-là ? M. Papillon, ou Daisy plutôt ? Et celui-là, est-ce Botard ou Dudard, ou Jean ? ou moi, peut-être ! *(Il se précipite de nouveau vers le placard d'où il sort deux ou trois tableaux.)* Oui, je me reconnais ; c'est moi, c'est moi ! *(Il va raccrocher[17] les tableaux sur le mur du fond, à côté des têtes des rhinocéros.)* C'est moi, c'est moi. *(Lorsqu'il accroche les tableaux, on s'aperçoit que ceux-ci représentent un vieillard[18], une grosse femme, un autre homme. La laideur[19] de ces portraits contraste avec les têtes des rhinocéros qui sont devenues très belles. Bérenger s'écarte pour contempler[20] les tableaux.)* Je ne suis pas beau, je ne suis pas beau. *(Il décroche[21] les tableaux, les jette par terre avec fureur[22], il va vers la glace.)* Ce sont eux qui sont beaux. J'ai eu tort ! Oh ! comme je voudrais être comme eux. Je n'ai pas de corne[23], hélas ! Que c'est laid, un front plat. Il m'en faudrait une ou deux, pour rehausser[24] mes traits tombants[25]. Ça viendra peut-être, et je n'aurai plus honte, je pourrai aller tous les retrouver. Mais ça ne pousse pas ! *(Il regarde les paumes[26] de ses mains.)* Mes mains sont moites[27]. Deviendront-elles rugueuses[28] ? *(Il enlève son veston, défait sa chemise, contemple sa poitrine dans la glace.)* J'ai la peau flasque[29]. Ah, ce corps trop blanc, et poilu[30] ! Comme je voudrais avoir une peau dure et cette magnifique couleur d'un vert sombre, une nudité[31] décente[32], sans poils, comme la leur ! *(Il écoute les barrissements.)* Leurs chants ont du charme, un peu âpre[33], mais un charme certain ! Si je pouvais faire comme eux. *(Il essaye de les imiter.)* Ahh, ahh, brr ! Non, ça n'est pas ça ! Essayons encore, plus fort ! Ahh, ahh, brr ! non, non, ce n'est pas ça, que c'est faible, comme cela manque de vigueur[34] ! Je n'arrive pas à barrir[35]. Je hurle seulement. Ahh, ahh, brr ! Les hurlements ne sont pas des barrissements ! Comme j'ai mauvaise conscience, j'aurais dû les suivre à temps. Trop tard maintenant ! Hélas, je suis un monstre, je suis un monstre. Hélas, jamais je ne deviendrai rhinocéros, jamais, jamais ! Je ne peux plus changer. Je voudrais bien, je voudrais tellement, mais je ne peux pas. Je ne peux plus me voir. J'ai trop honte ! *(Il tourne le dos à la glace.)* Comme je suis laid ! Malheur à celui qui veut conserver son originalité ! *(Il a un brusque sursaut[36].)* Eh bien tant pis ! Je me défendrai contre tout le monde ! Ma carabine[37], ma carabine ! *(Il se retourne face au mur du fond où sont fixées les têtes des rhinocéros, tout en criant.)* Contre tout le monde, je me défendrai ! Je suis le dernier homme, je le resterai jusqu'au bout ! Je ne capitule pas !

Eugène Ionesco, *Rhinocéros*, Editions Gallimard, Paris 1960.

15 **contester qc** mettre qc en question
16 **un placard** une armoire
17 **raccrocher** wieder aufhängen
18 **un vieillard** un vieil homme
19 **la laideur** –> laid
20 **contempler** regarder
21 **décrocher** ≠ raccrocher
22 **la fureur** la forte colère
23 **une corne** Horn
24 **rehausser** *ici:* liften
25 **les traits tombants** eingefallene Züge
26 **la paume** Handfläche
27 **moite** *pour la peau:* humide (feucht)
28 **rugueux, -se** rau, runzlig
29 **flasque** schlaff
30 **poilu,e** behaart (–> un poil)
31 **la nudité** Nacktheit (–> nu)
32 **décent,e** schicklich, anständig
33 **âpre** rude, dur
34 **la vigueur** l'énergie, la force
35 **barrir** –> le barrissement
36 **un sursaut** une réaction brusque
37 **une carabine** Gewehr

Eugène Ionesco, vu par le dessinateur Ronald Searle.

1 Retrouvez les différentes « phases » du monologue : Analysez les « relations » qu'a Béranger avec les rhinocéros (voir les conseils donnés page 184, point N° 4) et montrez comment son attitude et sa « psyché » évoluent d'une phase à l'autre.

2 a) A votre avis, qu'est-ce que les rhinocéros pourraient représenter dans cette pièce ? Pourquoi Ionesco a-t-il justement choisi cet animal ?
b) Que signifie « humain » dans le contexte particulier des lignes 1 - 8 ?
c) Pourquoi Bérenger semble-t-il devoir se persuader qu'il est bien un être humain ?

3 Quelle est la signification du jeu des portraits ?

4 Quels sont les sentiments qui amènent Béranger à changer d' attitude à la fin du monologue ?

5 Comment interprétez-vous la fin de la pièce ?

6 D'après les dictionnaires, un monstre est un être *anormal, laid* ou *effrayant par son caractère*. Bérenger est-il un monstre ou un héros ? Justifiez votre point de vue.

5 L'humaine nature ...

Le passage suivant est extrait de la première scène du Misanthrope *de Molière. Celle-ci débute par une discussion entre Alceste et Philinte, dans laquelle le premier parle, entre autres, du procès dans lequel il est engagé.*

PHILINTE : Vous voulez un grand mal à la nature humaine !
ALCESTE : Oui, j'ai conçu[1] pour elle une effroyable[2] haine[3].
PHILINTE : Tous les pauvres mortels, sans nulle[4] exception,
Seront enveloppés dans cette aversion[5] ?
Encore en est-il bien, dans le siècle où nous sommes ...
ALCESTE : Non : elle est générale, et je hais[6] tous les hommes :
Les uns, parce qu'ils sont méchants et malfaisants,
Et les autres, pour être aux méchants complaisants[7],
Et n'avoir pas pour eux ces haines vigoureuses[8]
Que doit donner le vice[9] aux âmes[10] vertueuses[11].
De cette complaisance on voit l'injuste excès
Pour le franc[12] scélérat[13] avec qui j'ai procès :
Au travers de son masque on voit à plein[14] le traître[15] ;
Partout il est connu pour tout ce qu'il peut être ;
Et ses roulements d'yeux et son ton radouci[16]
N'imposent qu'à des gens qui ne sont point d'ici.
On sait que ce pied-plat[17], digne qu'on le confonde[18],
Par de sales emplois s'est poussé dans le monde,
Et que par eux son sort[19] de splendeur[20] revêtu[21]
Fait gronder[22] le mérite[23] et rougir la vertu.
Quelques titres honteux qu'en tous lieux on lui donne
Son misérable[24] honneur[25] ne voit pour lui personne[26] ;
Nommez-le fourbe[27], infâme[28], et scélérat maudit[29],
Tout le monde en convient, et nul n'y contredit.
Cependant sa grimace est partout bienvenue :
On l'accueille, on lui rit, partout il s'insinue[30] ;
Et s'il est, par la brigue[31], un rang à disputer,
Sur le plus honnête homme on le voit l'emporter[32].
Têtebleu[33] ! ce me sont de mortelles blessures[34],
De voir qu'avec le vice on garde[35] des mesures[36] ;

1 **concevoir** *ici:* ressentir
2 **effroyable** terrible
3 **la haine** ≠ l'amour (Hass)
4 **nul, nulle** aucun
5 **l'aversion** *f* *ici:* la haine
6 **haïr** ≠ aimer (-> la haine)
7 **complaisant,e** gefällig
8 **vigoureux, -se** très fort
9 **un vice** Laster
10 **une âme** *ici:* une personne
11 **vertueux, -se** ->la vertu
12 **franc, franche** *ici:* grand
13 **un scélérat** un bandit, qn de malhonnête
14 **à plein** *ici:* clairement
15 **un traître** Verräter
16 **radoucir** rendre plus doux
17 **un pied-plat** *ici:* un personnage grossier
18 **confondre qn** *ici:* entlarven
19 **le sort** Schicksal
20 **la splendeur** la beauté
21 **revêtir** versehen mit
22 **gronder** *ici:* grollen
23 **le mérite** Verdienst, Anerkennung
24 **misérable** armselig
25 **l'honneur** *m* Ehre
26 **son misérable ... personne** (etwa:) keiner merkt wie armselig er ist
27 **fourbe** arglistig
28 **infâme** sans vertu
29 **maudit,e** verflucht

30 **s'insinuer** *ici:* sich einschmeicheln
31 **la brigue** Machenschaft
32 **l'emporter** siegen
33 **Têtebleu!** (etwa:) Herrgott!
34 **une blessure** Wunde
35 **garder** *ici:* beibehalten
36 **une mesure** *ici: vx* Verhalten(sweise)

Et parfois il me prend des mouvements soudains
De fuir dans un désert[37] l'approche des humains.
PHILINTE : Mon Dieu, des mœurs[38] du temps mettons-nous moins en peine,
Et faisons un peu grâce[39] à la nature humaine ;
Ne l'examinons point dans la grande rigueur[40],
Et voyons ses défauts avec quelque douceur.
Il faut, parmi le monde, une vertu traitable[41] ;
A force de sagesse[42], on peut être blâmable[43] ;
La parfaite raison fuit[44] toute extrémité,
Et veut que l'on soit sage avec sobriété[45].
Cette grande roideur[46] des vertus des vieux âges
Heurte[47] trop notre siècle et les communs usages[48] ;
Elle veut aux mortels trop de perfection :
Il faut fléchir au temps[49] sans obstination[50] ;
Et c'est une folie à nulle autre seconde
De vouloir se mêler de corriger le monde.
J'observe, comme vous, cent choses tous les jours,
Qui pourraient mieux aller, prenant un autre cours[51] ;
Mais quoi qu'à chaque pas je puisse voir paraître,
En courroux[52], comme vous, on ne me voit point être ;
Je prends tout doucement les hommes comme ils sont,
J'accoutume[53] mon âme à souffrir ce qu'ils font ;
Et je crois qu'à la cour[54], de même qu'à la ville,
Mon flegme est philosophe[55] autant que votre bile[56].
ALCESTE : Mais ce flegme, monsieur, qui raisonne si bien,
Ce flegme pourra-t-il ne s'échauffer[57] de rien ?
Et s'il faut, par hasard, qu'un ami vous trahisse[58],
Que, pour avoir vos biens[59], on dresse un artifice[60],
Ou qu'on tâche[61] à semer[62] de méchants bruits[63] de vous,
Verrez-vous tout cela sans vous mettre en courroux ?
PHILINTE : Oui, je vois ces défauts dont votre âme murmure
Comme vices unis[64] à l'humaine nature ;
Et mon esprit enfin n'est pas plus offensé[65]
De voir un homme fourbe, injuste, intéressé,
Que de voir des vautours[66] affamés[67] de carnage[68],
Des singes malfaisants[69], et des loups pleins de rage.

37 **un désert** Wüste
38 **les mœurs** *f* Sitten
39 **la grâce** *ici:* Gnade
40 **la rigueur** la sévérité, dureté
41 **traitable** *ici:* anpassungsfähig
42 **la sagesse** Vernunft
43 **blâmable** tadelnswert
44 **fuir** fliehen
45 **la sobriété** Nüchternheit
46 **la roideur** *vx* la raideur, ≠ la souplesse
47 **heurter** blesser
48 **les communs usages** les habitudes, les mœurs
49 **fléchir au temps** s'adapter à son époque
50 **l'obstination** *f* Hartnäckigkeit
51 **un cours** *ici:* Verlauf
52 **le courroux** *litt* la grande colère
53 **accoutumer** gewöhnen
54 **la cour** (Königs)Hof
55 **philosophe** *ici:* sage
56 **la bile** Galle(nflüssigkeit)
57 **s'échauffer** sich ereifern
58 **trahir qn** –> le traître
59 **les biens** *m* Besitz
60 **dresser un artifice** eine List anwenden
61 **tâcher à** *vx* essayer de
62 **semer** säen
63 **un bruit** *ici:* Gerücht
64 **uni,e** *ici:* lié, dépendant de
65 **offenser** beleidigen
66 **un vautour** Aasgeier
67 **affamé,e** *ici:* gierig auf
68 **un carnage** Blutbad
69 **malfaisant,e** qui fait le mal

Molière,
Le Misanthrope, 1666.

1 Reformulez le plus simplement possible les passages suivants :
a) L. 7 - 10 ; b) L. 17 - 20 ; c) L. 29 - 30.

Pour répondre aux questions 2 à 4, voir les conseils donnés à la page 184.

2 a) De quel type de dialogue s'agit-il ici ? Quel en est le ton général ?
b) Quel en est le thème central ?

3 Caractérisez les deux personnages. A votre avis, Alceste et Philinte sont-ils des « types » ou des « caractères »? Justifiez votre opinion.

4 a) Quel genre de relations les deux personnages ont-ils entre eux ?
b) Formulez en quelques phrases la position de chacun des deux hommes et expliquez en quoi consiste leur désaccord.

5 *« C'est une folie de vouloir corriger le monde »*, dit Philinte (L. 45 - 46). Etes-vous d'accord avec lui ? Rédigez un commentaire dans lequel vous expliquez votre propre position. (Voir les conseils donnés à la page 22.)

6 Comme Béranger, le personnage central du *Rhinocéros* de Ionesco (voir pages 186 - 187), Alceste semble être « seul contre tous ».
En quoi l'attitude de ces deux personnages est-elle cependant différente ? Peut-on faire un rapprochement entre les deux textes ?

6 Savoir dire « non »

Dans sa pièce Antigone, *Anouilh reprend le thème de la tragédie grecque de Sophocle : A Thèbes, Antigone, fille d'Œdipe, se révolte contre l'autorité du roi Créon. Celui-ci lui a en effet interdit, sous peine de mort, d'enterrer son frère Polynice, tué peu avant au cours d'une lutte pour le pouvoir.*

CRÉON : Un matin, je me suis réveillé roi de Thèbes. Et Dieu sait si j'aimais autre chose dans la vie que d'être puissant …

ANTIGONE : Il fallait dire non, alors !

CRÉON : Je le pouvais. Seulement, je me suis senti tout d'un coup comme un ouvrier qui refusait un ouvrage[1]. Cela ne m'a pas paru honnête. J'ai dit oui.

ANTIGONE : Eh bien, tant pis pour vous. Moi, je n'ai pas dit « oui » ! Qu'est-ce que vous voulez que cela me fasse, à moi, votre politique, votre nécessité, vos pauvres histoires ? Moi, je peux dire « non » encore à tout ce que je n'aime pas et je suis seul juge. Et vous, avec votre couronne, avec vos gardes, avec votre attirail[2], vous pouvez seulement me faire mourir, parce que vous avez dit « oui ».

CRÉON : Écoute-moi.

ANTIGONE : Si je veux, moi, je peux ne pas vous écouter. Vous avez dit « oui ». Je n'ai plus rien à apprendre de vous. Pas vous. Vous êtes là à boire mes paroles. Et si vous n'appelez pas vos gardes, c'est pour m'écouter jusqu'au bout[3].

CRÉON : Tu m'amuses !

ANTIGONE : Non. Je vous fais peur. C'est pour cela que vous essayez de me sauver. Ce serait tout de même plus commode[4] de garder une petite Antigone vivante et muette[5] dans ce palais. Vous êtes trop sensible pour faire un bon tyran, voilà tout. Mais vous allez tout de même me faire mourir tout à l'heure, vous le savez, et c'est pour cela que vous avez peur. C'est laid un homme qui a peur.

CRÉON, *sourdement*[6]. – Eh bien oui, j'ai peur d'être obligé de te faire tuer si tu t'obstines[7]. Et je ne le voudrais pas.

ANTIGONE : Moi, je ne suis pas obligée de faire ce que je ne voudrais pas ! Vous n'auriez pas voulu non plus, peut-être, refuser une tombe[8] à mon frère ? Dites-le donc, que vous ne l'auriez pas voulu ?

CRÉON : Je te l'ai dit.

ANTIGONE : Et vous l'avez fait tout de même. Et maintenant, vous allez me faire tuer sans le vouloir. Et c'est cela, être roi !

CRÉON : Oui, c'est cela !

ANTIGONE : Pauvre Créon ! Avec mes ongles cassés et pleins de terre et les bleus[9] que tes gardes m'ont faits aux bras, avec ma peur qui me tord[10] le ventre[11], moi je suis reine.

CRÉON : Alors, aie pitié de moi, vis. Le cadavre de ton frère qui pourrit[12] sous mes fenêtres, c'est assez payé pour que l'ordre règne dans Thèbes. Mon fils t'aime. Ne m'oblige pas à payer avec toi encore. J'ai assez payé.

ANTIGONE : Non. Vous avez dit « oui ». Vous ne vous arrêterez jamais de payer maintenant !

CRÉON, *la secoue*[13] *soudain, hors de lui.* Mais, bon Dieu ! Essaie de comprendre une minute, toi aussi, petite idiote ! J'ai bien essayé de te com-

1 **un ouvrage** un travail
2 **un attirail** nutzloses Gepränge, Prunk, Plunder
3 **le bout** *ici:* la fin
4 **commode** pratique, facile
5 **muet,te** qui ne parle pas
6 **sourdement** d'une voix faible
7 **s'obstiner** (à faire qc) beharren
8 **une tombe** Grab

9 **un bleu** blauer Fleck
10 **tordre** verdrehen, verzerren
11 **le ventre** *ici:* Magen
12 **pourrir** verfaulen
13 **secouer** schütteln

prendre, moi. Il faut pourtant qu'il y en ait qui disent oui. Il faut pourtant qu'il y en ait qui mènent la barque. Cela prend l'eau de toutes parts, c'est plein de crimes, de bêtise, de misère ... Et le gouvernail[14] est là qui ballotte[15]. L'équipage ne veut plus rien faire, il ne pense qu'à piller[16] la cale[17] et les officiers sont déjà en train de se construire un petit radeau[18] confortable, rien que pour eux, avec toute la provision d'eau douce pour tirer au moins leurs os[19] de là. Et le mât[20] craque, et le vent siffle, et les voiles vont se déchirer, et toutes ces brutes[21] vont crever[22] toutes ensemble, parce qu'elles ne pensent qu'à leur peau, à leur précieuse peau et à leurs petites affaires. Crois-tu, alors, qu'on a le temps de faire le raffiné[23], de savoir s'il faut dire « oui » ou « non », de se demander s'il ne faudra pas payer trop cher un jour et si on pourra encore être un homme après ? On prend le bout de bois, on redresse[24] devant la montagne d'eau, on gueule[25] un ordre et on tire dans le tas[26], sur le premier qui s'avance. Dans le tas ! Cela n'a pas de nom. C'est comme la vague qui vient de s'abattre[27] sur le pont[28] devant vous ; le vent qui vous gifle[29], et la chose qui tombe dans le groupe n'a pas de nom. C'était peut-être celui qui t'avait donné du feu en souriant la veille[30]. Il n'a plus de nom. Et toi non plus, tu n'as plus de nom, cramponné[31] à la barre. Il n'y a plus que le bateau qui ait un nom et la tempête. Est-ce que tu le comprends, cela ?

ANTIGONE, *secoue la tête.* Je ne veux pas comprendre. C'est bon pour vous. Moi je suis là pour autre chose que pour comprendre. Je suis là pour vous dire non et pour mourir.

CRÉON : C'est facile de dire non !

ANTIGONE : Pas toujours.

CRÉON : Pour dire oui, il faut suer[32] et retrousser[33] ses manches, empoigner[34] la vie à pleines mains et s'en mettre jusqu'aux coudes[35]. C'est facile de dire non, même si on doit mourir. Il n'y a qu'à ne pas bouger et attendre. Attendre pour vivre, attendre même pour qu'on vous tue. C'est trop lâche[36].

14 **un gouvernail** Ruder
15 **balloter** hin und her schwanken
16 **piller** plündern
17 **une cale** la partie du bateau qui contient les marchandises
18 **un radeau** Floß
19 **tirer ses os de là** davonkommen
20 **le mât** Mast
21 **une brute** *ici:* un homme primitif
22 **crever** *pop* mourir
23 **faire le raffiné** die Nase rümpfen
24 **redresser** gerade richten
25 **gueuler** *pop* crier fort
26 **tirer dans le tas** in die Menge schießen
27 **s'abattre** tomber d'un coup
28 **le pont** *ici:* Deck
29 **gifler** ohrfeigen
30 **la veille** le jour d'avant
31 **se cramponner à** se tenir avec force
32 **suer** schwitzen
33 **retrousser ses manches** Ärmel aufkrempeln
34 **empoigner** saisir, prendre
35 **s'en mettre jusqu'aux coudes** bis an die Ellenbogen hineintauchen
36 **lâche** ≠ courageux

Jean Anouilh, *Antigone,* Éditions de La Table ronde, Paris 1944.

1 Analysez le monologue de Créon (L. 42 - 63) :
a) Qu'est-ce que la barque symbolise ? Relevez toutes les images qui appartiennent au domaine de la navigation et expliquez-les.
b) De quelle manière Créon « mène-t-il sa barque » ? Qu'en pensez-vous ?
2 Analysez le dialogue entre Créon et Antigone (L. 1 - 41) :
a) « Dire non », qu'est-ce que cela signifie pour Antigone ?
En quoi Antigone s'oppose-t-elle à Créon ?
b) Comment faut-il comprendre son affirmation *« moi je suis reine »* (L. 36) ?
3 Caractérisez les deux personnages. En partant de leur dialogue, analysez les relations qu'ils ont entre eux. (Voir les conseils donnés page 184.)
4 Si vous avez déjà lu l'extrait des *Mains sales,* de Sartre, page 98 :
a) Comparez Créon à Hoederer qui, lui aussi, *« s'en met jusqu'aux coudes »* (L. 70). En quoi ces personnages sont-ils semblables, en quoi sont-ils différents ?
b) Comparez Antigone à Hugo : quel personnage vous semble le plus sympathique ? Pourquoi ?
5 D'après Créon, *« c'est facile de dire non ».* Qu'en pensez-vous ? Rédigez un commentaire sur ce sujet en vous inspirant, si possible, de votre expérience personnelle. (Voir aussi les conseils donnés à la page 22.)

7 Des morts sans importance

L'action de la pièce Morts sans sépulture *se déroule pendant la Seconde Guerre mondiale. Un groupe de résistants a été fait prisonnier par la milice à la suite d'une attaque manquée contre un village occupé par les Allemands. Ils attendent dans un grenier que les miliciens les torturent.*

Utilisez un dictionnaire unilingue pour comprendre les mots du texte dont vous n'arrivez pas à retrouver le sens d'une autre manière.

HENRI : Si seulement je pouvais me dire que j'ait fait ce que j'ai pu. Mais c'est sans doute trop demander. Pendant trente ans, je me suis senti coupable. Coupable parce que je vivais. A présent, il y a les maisons qui brûlent par ma faute, il y a ces morts innocents et je vais mourir coupable. Ma vie n'a été qu'une erreur.

Canoris se lève et va vers lui.

CANORIS : Tu n'es pas modeste, Henri.

HENRI : Quoi ?

CANORIS : Tu te fais du mal parce que tu n'es pas modeste. Moi, je crois qu'il y a beau temps que nous sommes morts : au moment précis où nous avons cessé d'être utiles. A présent il nous reste un petit morceau de vie posthume, quelques heures à tuer. Tu n'as plus rien à faire qu'à tuer le temps et à bavarder avec tes voisins. Laisse-toi aller, Henri, repose-toi. Tu as le droit de te reposer puisque nous ne pouvons plus rien faire ici. Repose-toi : nous ne comptons plus, nous sommes des morts sans importance. *(Un temps.)* C'est la première fois que je me reconnais le droit de me reposer.

HENRI : C'est la première fois depuis trois ans que je me retrouve en face de moi-même. On me donnait des ordres. J'obéissais. Je me sentais justifié. A présent personne ne peut plus me donner d'ordres et rien ne peut plus me justifier. Un petit morceau de vie en trop : oui. Juste le temps qu'il faut pour m'occuper de moi. *(Un temps.)* Canoris, pourquoi mourrons-nous ?

CANORIS : Parce qu'on nous avait chargés d'une mission dangereuse et que nous n'avons pas eu de chance.

HENRI : Oui : c'est ce que penseront les copains, c'est ce qu'on dira dans les discours officiels. Mais toi, qu'est-ce que tu en penses ?

CANORIS : Je ne pense rien. Je vivais pour la cause et j'ai toujours prévu que j'aurais une mort comme celle-ci.

HENRI : Tu vivais pour la cause, oui. Mais ne viens pas me dire que tu meurs pour elle. Peut-être, si nous avions réussi et si nous étions morts à l'ouvrage, peut-être alors ... *(un temps.)* Nous mourrons parce qu'on nous a donné des ordres idiots, parce que nous les avons mal exécutés et notre mort n'est utile à personne. La cause n'avait pas besoin qu'on attaque ce village. Elle n'en avait pas besoin parce que le projet était irréalisable. La cause ne donne jamais d'ordre, elle ne dit jamais rien ; c'est nous qui décidons de ses besoins. Ne parlons pas de la cause. Pas ici. Tant qu'on peut travailler pour elle, ça va. Après il faut se taire et surtout ne pas s'en servir pour notre consolation personnelle. Elle nous a rejetés parce que nous sommes inutilisables : elle en trouvera d'autres pour la servir : à Tours, à Lille, à Carcassonne, des femmes sont en train de faire les enfants qui nous remplaceront. Nous avons essayé de justifier notre vie et nous avons manqué notre coup. A présent nous allons mourir et nous ferons des morts injustifiables.

Un résistant face au peloton d'exécution.

CANORIS, *avec indifférence :* Si tu veux. Rien de ce qui se passe entre ces quatre murs n'a d'importance. Espère ou désespère : il n'en sortira rien. *Un temps.*

HENRI : Si seulement il nous restait quelque chose à entreprendre. N'importe quoi. Ou quelque chose à leur cacher ... Bah ! *(Un temps.)* *(A Canoris.)* Tu as une femme, toi ?

CANORIS : Oui. En Grèce.

HENRI : Tu peux penser à elle ?

CANORIS : J'essaie. C'est loin.

HENRI, *à Sorbier :* Et toi ?

SORBIER : J'ai mes vieux. Ils me croient en Angleterre. Je suppose qu'ils se mettent à table : ils dînent tôt. Si je pouvais me dire qu'ils vont sentir, tout d'un coup, un petit pincement au cœur, quelque chose comme un pressentiment ... Mais je suis sûr qu'ils sont tout à fait tranquilles. Ils vont m'attendre pendant des années, de plus en plus tranquillement, et je mourrai dans leur cœur sans qu'ils s'en aperçoivent. Mon père doit parler du jardin. Il parlait toujours du jardin, à dîner. Tout à l'heure, il ira arroser ses choux. *(Il soupire.)* Pauvre vieux ! Pourquoi penserais-je à eux ? Ça n'aide pas.

HENRI : Non. Ça n'aide pas. *(Un temps.)* Tout de même, je préférerais que mes vieux vivent encore. Je n'ai personne.

SORBIER : Personne au monde ?

HENRI : Personne.

LUCIE, *vivement :* Tu es injuste. Tu as Jean. Nous avons tous Jean. C'était notre chef et il pense à nous.

HENRI : Il pense à toi parce qu'il t'aime.

LUCIE : A nous tous.

HENRI, *doucement :* Lucie ! Est-ce que nous parlions beaucoup de nos morts ? Nous n'avions pas le temps de les enterrer, même dans nos cœurs. *(Un temps.)* Non. Je ne manque nulle part, je ne laisse pas de vide. Les métros sont bondés, les restaurants combles, les têtes bourrées à craquer de petits soucis. J'ai glissé hors du monde et il est resté plein. Comme un œuf. Il faut croire que je n'étais pas indispensable. *(Un temps.)* J'aurais voulu être indispensable. A quelque chose ou à quelqu'un. *(Un temps.)* A propos, Lucie, je t'aimais. Je te le dis à présent parce que ça n'a plus d'importance.

LUCIE : Non. Ça n'a plus d'importance.

HENRI : Et voilà. *(Il rit.)* C'était vraiment tout à fait inutile que je naisse. *La porte s'ouvre. Des miliciens entrent.*

Jean-Paul Sartre, *Morts sans sépulture,* Editions Gallimard, Paris 1947.

1 Dans quelle situation les personnages se trouvent-ils ?
Qui est « on » aux lignes 19, 24, 32, etc ?

2 a) Quel est le thème central de ce passage ?
b) Quelle position les différents personnages occupent-ils par rapport à ce thème ? Comment Henri et Canoris « justifient »-ils leur vie ?
c) Expliquez la phrase de Canoris : *« Nous sommes morts au moment précis où nous avons cessé d'être utiles. »* (L. 10 - 11)

3 Choisissez l'une des citations suivantes. Expliquez-la et mettez-la en rapport avec le texte de Sartre.
a) *« Presque toute vie d'homme est corrompue par le besoin qu'il a de justifier son existence. »* (Henry de Montherlant, 1936).
b) *« Il n'y a que deux attitudes : se résigner ou se révolter. Toutes deux, à la limite, exigent la même liberté et la même lucidité. »* (Julien Torma, 1978).
c) *« Mourir pour des idées, d'accord ! mais de mort lente. »* (Georges Brassens, 1972).

4 Renseignez-vous sur l'existentialisme en général et sur les grandes lignes de l'œuvre de Sartre en particulier. Préparez un exposé oral qui présente ces informations à vos camarades. (Voir les conseils donnés à la page 67.)

8 L'ordre de la Providence

Croyez-vous que l'univers et l'homme ont été créés par une puissance supérieure (par le Dieu des chrétiens, p. ex.) ? Sinon, comment vous expliquez-vous le début du monde ?
Croyez-vous en une forme d'« existence » après la mort ? Comment vous la représentez-vous ?

1 **la Providence** (göttliche) Vorsehung
2 **un aveuglement** Verblendung
3 **une contrariété** *ici:* Widerspruch (–> le contraire)
4 **s'égarer** se perdre
5 **un recoin** un endroit caché ou éloigné
6 **un effroi** une grande peur
7 **désert,e** vide, sans habitants
8 **demeurer** habiter
9 **jouir de qc** profiter de qc
10 **l'avarice** *f* Geiz (–> avare)
11 **hardi,e** courageux, résolu
12 **une broche** *ici:* Bratenspieß
13 **enragé,e** fou (–> la rage)

1 *« En voyant l'aveuglement[2] et la misère de l'homme, et ces contrariétés[3] étonnantes qui se découvrent dans sa nature, et regardant tout l'univers muet, et l'homme sans lumière, abandonné à lui-même, et comme égaré[4] dans ce recoin[5] de l'univers, sans savoir qui l'y a mis, ce qu'il y est venu faire, ce qu'il y deviendra en mourant, j'entre en effroi[6] comme un homme qu'on aurait emporté endormi dans une île déserte[7] et effroyable, et qui s'éveillerait sans connaître où il est et sans avoir aucun moyen d'en sortir ; et sur cela j'admire comment on n'entre pas en désespoir d'un si misérable état. »*

2 En lisant cette réflexion, je reçois une lettre d'un de mes amis, qui demeure[8] dans un pays fort éloigné. Voici ses paroles :
« Je suis ici comme vous m'y avez laissé, ni plus gai, ni plus triste, ni plus riche, ni plus pauvre, jouissant[9] d'une santé parfaite, ayant tout ce qui rend la vie agréable, sans amour, sans avarice[10], sans ambition et sans envie ; et tant que tout cela durera, je m'appellerai hardiment[11] un homme très heureux. »
Il y a beaucoup d'hommes aussi heureux que lui. Il en est des hommes comme des animaux ; tel chien couche et mange avec sa maîtresse ; tel autre tourne la broche[12] et est tout aussi content ; tel autre devient enragé[13], et on le tue. Pour moi, quand je regarde Paris ou Londres, je ne vois aucune raison pour entrer dans ce désespoir dont parle M. Pascal ; je vois une ville qui ne ressemble en rien à une île déserte, mais peuplée,

opulente[14], policée[15], et où les hommes sont heureux autant que la nature humaine le comporte[16]. Quel est l'homme sage qui sera prêt à se pendre[17] parce qu'il ne sait pas comme on voit Dieu face à face, et que sa raison ne peut débrouiller[18] le mystère de la Trinité[19] ? Il faudrait autant se désespérer[20] de n'avoir pas quatre pieds et deux ailes.
Pourquoi nous faire horreur de notre être ? Notre existence n'est point si malheureuse qu'on veut nous le faire accroire[21]. Regarder l'univers comme un cachot[22], et tous les hommes comme des criminels qu'on va exécuter, est l'idée d'un fanatique. Croire que le monde est un lieu de délices[23] où l'on ne doit avoir que du plaisir, c'est la rêverie d'un Sybarite[24]. Penser que la terre, les hommes et les animaux sont ce qu'ils doivent être dans l'ordre de la Providence, est, je crois, d'un homme sage.

14 **opulent,e** très riche
15 **policé,e** civilisé
16 **comporter** *ici:* permettre
17 **se pendre** sich erhängen
18 **débrouiller** *ici:* rendre clair
19 **la Trinité** Dieu en trois personnes (le Père, le Fils, le Saint-Esprit)
20 **se désespérer** –> le désespoir
21 **accroire** *vx* croire
22 **un cachot** une prison
23 **un délice** un grand plaisir
24 **un Sybarite** *litt* qn qui ne recherche que le luxe et le plaisir

1 Blaise Pascal, *Pensées,* 1670 ;
2 Voltaire, *Lettres philosophiques sur l'Angleterre,* 1734.

1 a) Que signifie pour Pascal l'expression « sans lumière » (L. 3) ?
b) Quel est, d'après ce premier texte, le problème central de la nature humaine ?
2 Retrouvez dans la société d'aujourd'hui ou dans l'Histoire, des exemples qui illustrent « l'aveuglement et la misère de l'homme » (L. 1).
3 a) Qu'est-ce que le bonheur, pour l'ami de Voltaire ?
b) Approuvez-vous cette idée ? Justifiez votre réponse.
4 a) Formulez en quelques phrases la critique que Voltaire adresse à Pascal. Quelle vision du monde et de l'existence humaine Voltaire oppose-t-il à celle de Pascal ?
b) De laquelle des deux positions vous sentez-vous le plus proche ? Justifiez votre réponse.
5 Etudiez les moyens stylistiques utilisés par Voltaire (voir aussi la page 43). Quel est l'effet qu'ils produisent ?
6 Renseignez-vous sur les grandes idées du siècle des Lumières. Dans quelle mesure l'argumentation de Voltaire dans le texte ci-dessus résulte-t-elle de ces idées ? Présentez vos informations et vos arguments sous forme d'exposé oral. (Voir les conseils donnés à la page 67.)

Une tombe, au cimetière du Père Lachaise, à Paris.

9 Eteinte, pour toujours

1 **s'éteindre** auslöschen; *ici:* mourir
2 **une maison de retraite** Altersheim
3 **un infirmier** Krankenpfleger
4 **la résurrection** Auferstehung
5 **un orgue** Orgel
6 **un cierge** Kerze
7 **un cercueil** Sarg
8 **les pompes funèbres** *f* Beerdigungsinstitut
9 **le trajet** le chemin à parcourir
10 **une rafale** un brusque coup de vent
11 **se masser** se réunir en grand nombre
12 **un monticule** un petit mont; *ici:* Erdhaufen
13 **une fosse** un grand trou
14 **une paroi** *ici:* Seitenwand
15 **une tranchée** *ici:* une fosse
16 **un fossoyeur** qn qui creuse les fosses (Totengräber)
17 **une pelle** Schaufel
18 **un bleu** *ici:* un vêtement de travail
19 **un béret** (Basken)Mütze
21 **violacé,e** presque violet
22 **l'inhumation** *f* l'enterrement

Ma mère est morte le lundi 7 avril à la maison de retraite[2] de l'hôpital de Pontoise où je l'avais placée il y a deux ans. L'infirmier[3] a dit au téléphone : *« Votre mère s'est éteinte ce matin, après son petit déjeuner. »* Il était environ dix heures. (…)

Le prêtre parlait de « la vie éternelle », de la « résurrection[4] de notre sœur », il chantait des cantiques. J'aurais voulu que cela dure toujours, qu'on fasse encore quelque chose pour ma mère, des gestes, des chants. La musique d'orgue[5] a repris et le prêtre a éteint les cierges[6] de chaque côté du cercueil[7].

La voiture des pompes funèbres[8] est partie aussitôt vers Yvetot, en Normandie, où ma mère allait être enterrée à côté de mon père.

J'ai fait le voyage dans ma voiture personnelle avec mes fils. Il a plu pendant tout le trajet[9], le vent soufflait en rafales[10]. Les garçons m'interrogeaient au sujet de la messe, parce qu'ils n'en avaient jamais vu auparavant et qu'ils n'avaient pas su comment se comporter au cours de la cérémonie.

A Yvetot, la famille était massée[11] près de la grille d'entrée du cimetière. L'une de mes cousines m'a crié de loin : *« Quel temps, on se croirait en novembre ! »*, pour ne pas rester à nous regarder avancer sans rien dire. Nous avons marché tous ensemble vers la tombe de mon père. Elle avait été ouverte, la terre rejetée sur le côté en un monticule[12] jaune. On a apporté le cercueil de ma mère. Au moment où il a été positionné au-dessus de la fosse[13], entre des cordes, les hommes m'ont fait approcher afin que je le voie glisser le long des parois[14] de la tranchée[15]. Le fossoyeur[16] attendait à quelques mètres, avec sa pelle[17]. Il était en bleus[18], un béret[19] et des bottes, le teint violacé[21]. J'ai eu envie de lui parler et de lui donner cent francs, en pensant qu'il irait peut-être les boire. Cela n'avait pas d'importance, au contraire, il était le dernier homme à s'occuper de ma mère en la recouvrant de terre tout l'après-midi, il fallait qu'il ait du plaisir à le faire.

La famille n'a pas voulu que je reparte sans manger. La sœur de ma mère avait prévu le repas d'inhumation[22] au restaurant. Je suis restée, cela aussi me paraissait une chose que je pouvais encore faire pour elle. Le service était lent, nous parlions du travail, des enfants, quelquefois de ma mère. On me disait, *« ça servait à quoi qu'elle vive dans cet état plusieurs années »*. Pour tous, il était mieux qu'elle soit morte. C'est une phrase, une certitude, que je ne comprends pas. Je suis rentrée en région parisienne le soir. Tout a été vraiment fini.

Annie Ernaux, *Une femme,* Editions Gallimard, Paris 1987.

1 Spontanément, quel effet ce texte vous fait-il ? Pourquoi ?
2 Récapitulez les idées centrales du texte.
3 Qu'est-ce que les expressions *« dans cet état »* et *« il était mieux qu'elle soit morte »* (L. 34, L. 35) permettent de supposer en ce qui concerne la mère de la narratrice ?
4 a) Caractérisez la narratrice. A votre avis, pourquoi l'auteur l'a-t-elle choisie pour raconter cette histoire ?
b) Qu'est-ce qui, dans ce texte, révèle les sentiments de la narratrice pour sa mère ?
5 Quelle est l'attitude de la narratrice (et des autres personnages) face à la mort ?

10 Le dérapage

Imaginez la situation suivante : Vous voyagez seul, en train, et vous y remarquez une personne qui, pour une raison quelconque, vous semble « intéressante ». Décrivez cette personne, dites comment le contact s'établit entre vous et racontez ce qui se passe par la suite. (Laissez libre cours à votre fantaisie …)

Son train devait partir dans six minutes.

Il allait monter dans un wagon de première classe quand il sentit la présence d'une jeune femme qui passait derrière lui, sur le quai. Il la vit marcher, de dos, et en reçut un choc.

Ce n'était pas seulement le corps plein de grâce qui le frappa. Mince, élancé[2], avec des fesses[3] hautes, une chute de reins[4] admirablement cambrée[5]. Mais, surtout, il avait rarement vu une personne se déplacer d'une façon aussi lente, presque languide[6], pour prendre un train, ce qui incitait[7] toujours à la hâte[8]. Elle, au contraire, semblait emportée par un faible courant[9] marin[10], avançant comme malgré elle, si calme, sans aucun déhanchement[11], sans heurts[12], en une seule dérive[13] aux mouvements bien huilés[14].

Il n'hésita pas un instant à la suivre. Il la rattrapa et reçut un autre choc en voyant ce qu'il aurait pu attendre : un déchirant[15] visage d'indolente[16] au regard si triste, à la fois distant et quémandeur[17]. Il la laissa le dépasser. Il était persuadé qu'elle devait voyager en seconde classe. Lui-même détestait voyager en première, mais le journal où il écrivait tenait à garantir un maximum de confort pour ses rédacteurs et leur réservait toujours ce qu'il y avait de plus cher.

Il eut de la chance : dans le compartiment où l'inconnue s'installa, il y avait une place libre juste en face d'elle. Il la prit d'autorité, avec autant de désinvolture[18] que s'il l'avait réservée par agence.

Le train n'avait pas encore dépassé la grande banlieue qu'ils liaient connaissance avec, de part et d'autre, une indiscutable spontanéité. Au kilomètre 150 il comprit qu'il était amoureux de sa compagne de voyage. Cinquante kilomètres plus loin, il le lui avouait en l'embrassant avec une fièvre qui lui fit pressentir que cette inconnue serait une des femmes de sa vie. Au kilomètre 300, le train déraillait[19] alors qu'il roulait à 230 à l'heure. Ce fut une des plus tragiques catastrophes ferroviaires[20] du siècle. Elle fit plusieurs centaines de victimes. Parmi elles, l'homme et la femme qui filaient[21] à tombeau[22] ouvert[23] vers un nouvel amour. Il n'y eut d'ailleurs que quelques survivants dans leur wagon déchiqueté[24] en une seule explosion de ferraille[25].

Le seul wagon qui demeura intact sur ses rails était celui, de première classe, où le journaliste avait sa place réservée.

Jacques Sternberg, *Histoires à mourir de vous,* © Editions Denoël, Paris 1991.

1 **un dérapage** *ici:* Entgleisung
2 **élancé,e** long et mince
3 **les fesses** *f* Hintern
4 **un rein** Niere
la chute des reins le bas du dos
5 **cambré,e** légèrement courbé
6 **languide** mélancolique
7 **inciter à** inviter à, entraîner à
8 **la hâte** le fait d'être pressé
9 **un courant** un mouvement continu (de l'eau ou de l'air)
10 **marin,e** –> la mer
11 **un déhanchement** Wiegen in der Hüfte
12 **un heurt** un choc, un coup
13 **la dérive** Abdrift, Sichtreiben lassen
14 **huilé,e** *ici:* harmonieux
15 **déchirant,e** qui cause une émotion forte
16 **indolent,e** *ici:* pathétique
17 **quémandeur, -se** qui demande qc
18 **la désinvolture** une légèreté (Lässigkeit)
19 **dérailler** sortir des rails
20 **ferroviaire** qui se rapporte aux chemins de fer
21 **filer** partir rapidement
22 **un tombeau** une tombe
23 **à tombeau ouvert** mit rasender Geschwindigkeit
24 **déchiqueté,e** *ici:* totalement détruit
25 **la ferraille** les vieux restes de métal

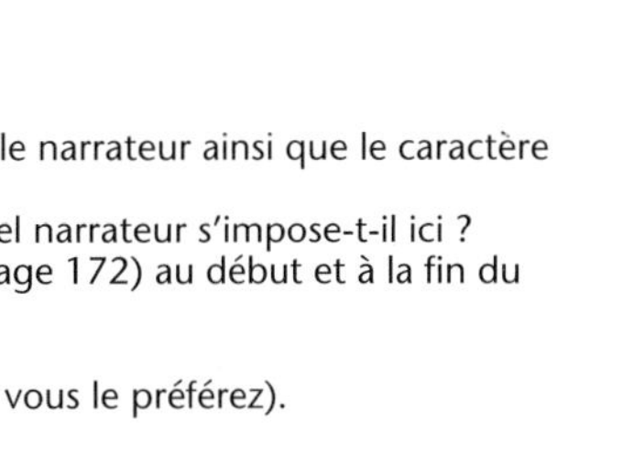

1 Résumez le texte. (Voir les conseils donnés page 17.)
2 Relevez les mots qui mettent en valeur la fascination que la femme exerce sur le narrateur ainsi que le caractère exceptionnel de la rencontre.
3 De quel type de narrateur s'agit-il ? (Voir page 161.) Pourquoi le choix d'un tel narrateur s'impose-t-il ici ?
4 Comparez le rapport entre temps de la narration et temps de la fiction (voir page 172) au début et à la fin du texte. Qu'est-ce que vous constatez ? Quel effet cela produit-il ?
5 Formulez pour cette histoire une « morale » d'une ou deux phrases.
6 Imaginez une autre fin de cette histoire, à partir du km 300 (ou du km 150, si vous le préférez).

Chapitre 11

L'autre, cet inconnu

poèmes et genres divers

1 Amour

Une petite plage où l'on ne rit pas
Où personne ne passe :
C'est l'amour.

L'ombre non plus n'y chasse[1]
De bras en bras
Un autre jour.

Pas de fausses mésanges[2]
Mais au loin
Une petite île.

Comme une meule de foin[3],
Et sous l'aile d'un ange
Deux anges immobiles.

1 **chasser** *ici:* (faire) partir
2 **une mésange** Meise
3 **une meule de foin** Heuhaufen

Louise de Vilmorin,
Fiançailles pour rire (1939),
recueilli dans *Poèmes,*
Editions Gallimard, Paris 1970.

1 Décrivez *Champ de Mars,* le tableau de Chagall représenté ci-dessus (reproduction partielle). Qu'est-ce que ce tableau vous inspire comme pensées ou comme sentiments ?
2 a) Expliquez les images à l'aide desquelles Louise de Vilmorin parle de l'amour. Comment les trouvez-vous ?
b) Pourriez-vous en ajouter d'autres qui exprimeraient (encore) mieux ce que le mot « amour » évoque pour vous ?

2 Rencontres (I)

1 Mon rêve familier

Je fais souvent ce rêve étrange et pénétrant
D'une femme inconnue, et que j'aime, et qui m'aime,
Et qui n'est, chaque fois, ni tout à fait la même
Ni tout à fait une autre, et m'aime et me comprend.

Car elle me comprend, et mon cœur, transparent
Pour elle seule, hélas ! cesse d'être un problème
Pour elle seule, et les moiteurs[1] de mon front blême[2],
Elle seule les sait rafraîchir[3], en pleurant.

Est-elle brune, blonde ou rousse ? – Je l'ignore.
Son nom ? Je me souviens qu'il est doux et sonore
Comme ceux des aimés que la Vie exila.

Son regard est pareil au regard des statues,
Et, pour sa voix, lointaine, et calme, et grave, elle a
L'inflexion[4] des voix chères qui se sont tues.

Paul Verlaine, *Poèmes saturniens,* 1866.

2 Une allée du Luxembourg

Elle a passé, la jeune fille
Vive et preste[6] comme un oiseau :
A la main une fleur qui brille,
A la bouche un refrain nouveau.

C'est peut-être la seule au monde
Dont le cœur au mien répondrait,
Qui venant dans ma nuit profonde
D'un seul regard l'éclaircirait !

Mais non, – ma jeunesse est finie …
Adieu, doux rayon[7] qui m'as lui[8], –
Parfum, jeune fille, harmonie …
Le bonheur passait, – il a fui !

Gérard de Nerval, *Odelettes,* 1853.

1 **la moiteur** la légère *sueur* (Schweiß)
2 **blême** très pâle
3 **rafraîchir** –> frais
4 **l'inflexion** *f* *ici:* la tonalité, l'accent
5 **le Luxembourg** *ici:* le jardin du Luxembourg, à Paris
6 **preste** souple et rapide
7 **un rayon** *ici:* Lichtstrahl
8 **luire** leuchten

1 a) Quelle image de la femme Verlaine se fait-il dans le premier poème ?
b) Qu'est-ce qu'on apprend sur ce qu'il attend de cette femme ?
2 a) Quelle est la particularité du *regard* (L. 12) et de la *voix* (L. 13) de cette femme ?
b) D'une façon générale, quel rôle attribuez-vous au regard dans les rapports humains ?
3 a) En quoi consiste le caractère « étrange » (L. 1) du rêve de Verlaine ?
b) Comment faut-il comprendre que ce rêve lui est « familier » ?

(Pour une analyse plus détaillée de ces poèmes et de leur forme, voir les pages suivantes.)

4 a) Formulez en une phrase la situation présentée dans le poème de Gérard de Nerval.
b) Donnez à chaque strophe un titre qui met en évidence la progression du poème.
5 Pour quelles raisons cette rencontre ne connaît-elle pas de fin heureuse ?
6 a) Qu'est-ce que le « je » espère de la présence de cette femme ?
b) Quelle idée générale de la femme se dégage de ce poème ?

Analyser et interpréter les poèmes

A quoi ça sert ?

Les poèmes se différencient des autres textes littéraires principalement par le travail que leur auteur a effectué au niveau de leur forme, c'est-à-dire de leur *structure,* de la langue utilisée et des *sonorités* créées par celle-ci. L'interprétation d'un poème passe donc souvent par l'analyse de sa forme. Elle permet non seulement de retrouver le sens qui est le plus souvent caché dans le poème, mais aussi de pouvoir apprécier la sensibilité de son auteur.

Types de poèmes

On distingue les *poèmes à forme fixe* des poèmes en vers libres et des poèmes en prose. Dans le premier cas, le nombre, l'ordre et la construction des vers suivent des règles fixées d'avance.
Les *vers libres* ne suivent qu'une partie de ces règles (par exemple, ils ne riment pas toujours).
On parle de *poèmes en prose* lorsque la structure d'un texte en prose a été travaillée pour lui donner un rythme plus « musical ».

Comment s'y prendre pour analyser un poème ?

1 Avant de commencer, <u>lisez</u> le poème à haute voix (en respectant les unités de sens et la ponctuation, quand elle existe), puis dites en quelques mots :
   a) qui parle (le « moi » lyrique) ; b) à qui ce personnage s'adresse ; c) de quoi il est question.
2 Analysez la <u>forme du poème</u>.
   a) Quand la *composition* du poème est régulière, décrivez-la.
   b) Quand les vers riment entre eux, identifiez le schéma des *rimes.*
   c) Mettez en évidence le *rythme* du poème.
   d) Etudiez sa *sonorité.* *(Pour plus de détails sur la forme, voir ci-dessous.)*
3 Analysez le <u>langage poétique.</u>
   a) Examinez et justifiez le choix du *vocabulaire* et l'*ordre des mots* dans les vers.
   b) Recherchez les différentes sortes d'*images* (comparaisons*, métaphores*, etc) et dites quelle est leur valeur symbolique.
   c) Retrouvez les autres *figures de style** et décrivez l'effet qu'elles produisent dans leur contexte.
4 Faites la <u>synthèse</u> de vos observations. Dites en quoi consiste le « message » du poète et dans quelle mesure la forme du poème et le langage choisi mettent ce message en valeur.

* (Pour les figures de style, voir la page 43.)

L'analyse de la forme

a) La <u>composition</u>. Indiquez :
   - le nombre de strophes ;
   - le nombre de vers par strophes (3 vers : la strophe est un *tercet* ; 4 vers : c'est un *quatrain)* ; (Un *sonnet* se compose toujours de deux quatrains suivis de deux tercets.)
   - le nombre de syllabes par vers (les vers de 12 syllabes sont des *alexandrins).*

b) Le schéma des rimes. Si les vers riment entre eux,
dites s'il s'agit de rimes *plates* (schéma AABB), *alternées* (ABAB) ou *embrassées* (ABBA).

c) Le rythme. Retrouvez
- les *pauses* et les *césures* (pauses régulières, placées au milieu de vers qui se suivent) ;
- les *accents toniques* (placés sur la dernière syllabe d'un syntagme ou « unité grammaticale ») ;
- les *enjambements* (séparations, en fin de vers, de mots pourtant étroitement liés par le sens).

d) La sonorité
- Les rimes sont-elles *riches* ou *pauvres ?* (La rime est pauvre quand elle porte sur une seule voyelle ; elle est riche quand elle porte sur plusieurs voyelles et consonnes.)
- En général, on alterne les rimes *féminines* (terminées par un *e* muet) et les rimes *masculines* (les autres). Quand ce n'est pas le cas, c'est sans doute pour une raison particulière : dites laquelle.
- Recherchez les vers dans lesquels certains *sons* sont répétés plusieurs fois : C'est généralement pour souligner le sens d'une phrase ou pour créer une certaine atmosphère :

  voyelles « sombres » *o, ou, on* –> effet de tristesse ou bien impression de grondement ;
  voyelles « aiguës » *i, u* –> joie ou douleur vive ;
  consonnes *m, n* –> lenteur, mélancolie ;
  consonnes *t, p, k, c (= [k])* –> rythme, force, vitalité ;
  consonnes *s, c (= [s])* –> sifflement, menace.

  La répétition d'une même voyelle est une *assonance,*
  la répétition d'une même consonne est une *allitération.*
  (Exemple : « *Pour qui **s**ont **c**es **s**erpents qui **s**ifflent **s**ur vos têtes ?*»)

A vous !

1 (Re)Lisez le poème de Verlaine, page 199, puis dites en quelques mots de quoi il y est question. Quel personnage est au centre des deux premières strophes ? Lequel est au centre des deux dernières ? Qu'est-ce qu'on apprend, *concrètement,* sur la femme inconnue ?

2 Décrivez la *forme* de ce poème.
   a) Comment est-il composé ? De quel genre de poème s'agit-il ?
   b) Quel schéma les *rimes* suivent-elles ?
   c) Examinez les *césures* : Montrez qu'elles ne respectent pas toujours les unités grammaticales. Retrouvez deux *enjambements* et dites quel effet ils produisent.
   d) Les rimes sont-elles *riches* ou *pauvres* ? Quelle influence la « richesse » des rimes a-t-elle sur la sonorité du poème ?
   Dites quelles sont les rimes *masculines* et les rimes *féminines.* Qu'est-ce que vous constatez en ce qui concerne leur ordre dans le poème ?
   Quels sont les sons qui reviennent le plus souvent, dans les deux premiers quatrains ? Qu'est-ce que cela permet de penser ?
   Comparez les tercets aux quatrains sur le plan de la sonorité : Qu'est-ce que vous constatez ?

3 Analysez le *langage poétique* de Verlaine.
   a) Quel serait, dans la 2ème strophe, l'ordre « normal » ou habituel des mots ?
   Quel effet Verlaine produit-il en changeant cet ordre ?
   b) Relevez et expliquez les images utilisées par l'auteur dans ce poème.
   c) Quelle figure de style l'auteur utilise-t-il aux vers 6, 7 et 8 ? Dans quel but ?
   Quelles autres figures de style peut-on retrouver dans ce poème ? Quel effet y produisent-elles ?

4 Rédigez un texte de synthèse dans lequel vous mettrez le contenu du poème *(voir question 1)* et l'atmosphère qui s'en dégage en relation avec les moyens mis en œuvre par l'auteur *(questions 2 et 3).*

5 Analysez « *Une allée au Luxembourg* », page 199, en suivant le modèle proposé à la page précédente.

3 Rencontres (II)

1 A une passante

La rue assourdissante[1] autour de moi hurlait[2].
Longue, mince, en grand deuil[3], douleur majestueuse,
Une femme passa, d'une main fastueuse[4]
Soulevant, balançant le feston[5] et l'ourlet[6] ;

Agile[7] et noble, avec sa jambe de statue.
Moi, je buvais, crispé[8] comme un extravagant,
Dans son œil, ciel livide[9] où germe[10] l'ouragan[11],
La douceur qui fascine et le plaisir qui tue.

Un éclair … puis la nuit ! – Fugitive[12] beauté
Dont le regard m'a fait soudainement renaître,
Ne te verrai-je plus que dans l'éternité ?

Ailleurs, bien loin d'ici ! trop tard ! *jamais* peut-être !
Car j'ignore où tu fuis, tu ne sais où je vais,
O toi que j'eusse[13] aimée, ô toi qui le savais !

2 Voyages

Moi aussi
comme les peintres
j'ai mes modèles

Un jour
et c'est déjà hier
sur la plate-forme de l'autobus
je regardais les femmes
qui descendaient la rue d'Amsterdam
Soudain à travers la vitre du bus
j'en découvris une
que je n'avais pas vue monter
Assise et seule elle semblait sourire
A l'instant même elle me plut énormément
mais au même instant
je m'aperçus que c'était la mienne
J'étais content.

1 **assourdissant,e** ohrenbetäubend
2 **hurler** crier très fort
3 **le deuil** Trauer(kleidung)
4 **fastueux, -se** prunkvoll
5 **le feston** mit Spitzen besetzter Saum
6 **un ourlet** Saum
7 **agile** souple, léger
8 **crispé,e** verkrampft
9 **livide** très pâle, sans éclat
10 **germer** *ici:* naître
11 **un ouragan** un vent violent
12 **fugitif, -ve** qui ne dure pas
13 **j'eusse** *subj passé* j'aurais

1 Charles Baudelaire, *Les fleurs du mal,* 1857.
2 Jacques Prévert, *Histoires,* Editions Gallimard, Paris 1963.

1 Analysez le poème de Baudelaire en suivant les conseils donnés dans les deux pages précédentes :
   a) Le contenu : Dans quelle situation se trouve le poète (le « je ») au début du texte ? Qu'est-ce qui « se passe », concrètement ? Quel effet cela produit-il sur le poète ?
   b) Le langage : Comment la femme est-elle décrite ? (Analysez les images utilisées par Baudelaire.) Quel effet l'ordre des mots des vers 6 à 8 produit-il ?
   c) La forme : Décrivez la forme du poème aussi précisément que possible.
2 Comparez ce poème à ceux de Verlaine et de Nerval, page 199.
   a) Comparez leur façon de voir la femme, l'effet qu'elle produit sur l'homme ainsi que le rôle du décor.
   b) Personnellement, quel est celui des trois poèmes qui vous plaît ou qui vous touche le plus ? Dites pourquoi.
3 a) Résumez en quelques mots « l'aventure » racontée dans le poème de Prévert.
   b) Analysez la forme de ce texte et dites pourquoi on peut le considérer comme un poème.
   c) Examinez l'utilisation des temps dans ce poème. Quelle « valeur expressive » ont-ils ?
4 Quel rapport voyez-vous entre le poème de Prévert et son titre ?
5 Certains psychologues affirment que l'amour est une sorte de *re-connaissance.* Expliquez cette affirmation et dites ce qu'on pourrait re-connaître chez l'autre. Etes-vous d'accord avec cette « définition » ? Pourquoi (pas) ?

4 Je me suis fait tout petit

« Se faire tout petit »: Qu'est-ce que cela veut dire ? Dans quel genre de situation vous êtes-vous déjà fait tout petit ? Qu'avez-vous alors ressenti ?

1 Je n'avais jamais ôté[1] mon chapeau
Devant personne ...
Maintenant je rampe[2] et je fais le beau[3]
Quand elle me sonne[4].
J'étais chien méchant ... elle me fait manger
Dans sa menotte[5].
J'avais des dents d'loup ... je les ai changées
Pour des quenottes[6] !

Refrain : Je m'suis fait tout p'tit devant une poupée
Qui ferme les yeux quand on la couche,
Je m'suis fait tout p'tit devant une poupée
Qui fait « maman » quand on la touche.

2 J'étais dur à cuire[7] ... elle m'a converti[8],
La fine mouche[9],
Et je suis tombé, tout chaud, tout rôti,
Contre sa bouche
Qui a des dents de lait quand elle sourit,
Quand elle chante,
Et des dents de loup quand elle est furie[10],
Qu'elle est méchante.

3 Je subis[11] sa loi, je file tout doux[12]
Sous son empire[13],
Bien qu'elle soit jalouse au-delà de tout,
Et même pire ...
Une jolie pervenche[14], qui m'avait paru
Plus jolie qu'elle,
Une jolie pervenche un jour en mourut
A coups d'ombrelle[15].

4 Tous les somnambules[16], tous les mages m'ont
Dit, sans malice[17],
Qu'en ses bras en croix je subirai mon
Dernier supplice[18] ...
Il en est de pires, il en est d'meilleurs,
Mais, à tout prendre,
Qu'on se pende[19] ici, qu'on se pende ailleurs ...
S'il faut se pendre.

1 **ôter** enlever
2 **ramper** kriechen
3 **faire le beau** Männchen machen
4 **sonner qn** appeler (un serviteur)
5 **une menotte** une main d'enfant
6 **une quenotte** une dent d'enfant
7 **un dur à cuire** *fam* qn qui n'a peur de rien
8 **convertir qn** faire changer qn d'opinion
9 **une fine mouche** une personne rusée
10 **une furie** une femme en colère et très violente
11 **subir** erleiden
12 **filer doux** être docile, soumis
13 **l'empire** *(m)* **de qn** *ici:* la domination
14 **une pervenche** Immergrün
15 **une ombrelle** un petit parasol
16 **un somnambule** Schlafwandler
17 **la malice** Spott
18 **le dernier supplice** la peine de mort
19 **se pendre** *ici:* mourir

1 Faites le portrait de l'homme a) avant, b) après sa rencontre avec la femme.
2 a) A partir des réactions de l'homme, faites aussi le portrait de la « poupée ».
   b) Quels rapports les deux personnes ont-elles entre elles ?
3 A votre avis, pourquoi l'homme et la femme restent-ils ensemble ?
4 a) Relevez et analysez les images utilisées par Brassens dans cette chanson.
   b) De quelles autres figures de style Brassens se sert-il également ? (Voir page 43.)
   c) En quoi le choix de ces expressions améliore-t-il la « qualité littéraire » de la chanson ?
5 Analysez la forme de la chanson (la *rime* et le *rythme* – voir les conseils donnés à la page 201). Que constatez-vous ?

5 Samedi soir sur la terre

1 Comment passez-vous le plus souvent vos samedis soirs ? Aimez-vous aller en discothèque ? Pourquoi (pas) ?
2 Ecoutez la chanson avant d'en lire le texte. De quoi y est-il question ? La musique et l'interprétation vous plaisent-elles ?

Il arrive, elle le voit, elle le veut
Et ses yeux font le reste
Elle s'arrange[1] pour mettre du feu
Dans chacun de ses gestes
Après c'est une histoire classique
Quelque soit la fumée, quelque soit la musique
Elle relève ses cheveux, elle espère qu'il devine
Dans ses yeux de figurine[2]

Il s'installe, il regarde partout
Il prépare ses phrases
Comme elle s'est avancée un peu
D'un coup leurs regards se croisent
Après c'est une histoire normale
Le verre qu'elle accepte, les sourires qu'il étale[3]
En s'approchant un peu, il voit les ombres fines
Dans ses yeux de figurine

Pas la peine que je précise
D'où ils viennent et ce qu'ils se disent
C'est une histoire d'enfants
Une histoire ordinaire
On est tout simplement, simplement
Un samedi soir sur la terre

Ils se parlent, ils se frôlent[4], ils savent bien
Qu'il va falloir qu'ils sortent
Ils sont obligés de se toucher
Tellement la musique est forte
Après, c'est juste une aventure
Qui commence sur le siège arrière d'une voiture
Il voit les ombres bleues que le désir dessine
A son front de figurine

Pas la peine d'être plus précis
Cette histoire est déjà finie
On en ferait autant
Si c'était à refaire
On est tout simplement, simplement
Un samedi soir sur la terre

Francis Cabrel, ©1994 Chandelle Productions.

1 **s'arranger (pour faire qc)** zusehen, dass
2 **une figurine** une petite statue; *ici:* une poupée
3 **étaler** *ici:* zur Schau tragen
4 **frôler** toucher légèrement

1 a) Où la scène se passe-t-elle et de qui est-il question dans cette chanson ?
b) Retrouvez les différentes étapes de la rencontre entre les deux personnes et donnez un nom à chaque étape.
2 Décrivez le « jeu de la séduction ». Relevez tout ce qui montre le caractère « rituel » et un peu forcé de ce jeu.
3 a) Quelle est la conception de l'« amour » qui est illustrée dans cette chanson ?
b) A votre avis, quelle attitude Cabrel adopte-t-il face à cette conception de l'amour ? Justifiez votre réponse à partir du texte (contenu et style), mais aussi de l'interprétation de la chanson. (Tenez également compte du titre.)
4 Vous-même, comment trouvez-vous ce genre de rencontre ? (Prometteuse ? Excitante ? Légitime ?)

6 Le grand moment

Prix Goncourt en 1974, La dentellière *a été portée à l'écran en 1977 avec Isabelle Huppert dans le rôle de Pomme. Celle-ci, une jeune fille d'un milieu modeste, a 19 ans lorsqu'elle part pour la première fois en vacances en Normandie. Elle y rencontre Aiméry, un étudiant d'origine bourgeoise, mais timide et maladroit. Cette timidité les rapproche, alors que tout semble les opposer.*

A présent qu'il était intime avec elle, il n'était plus tellement anxieux[1] de deviner au bon moment si elle attendait de lui qu'il eût un geste amoureux. Bien sûr, il faudrait en arriver là, même si ce n'était pas ce que lui suggérait[2] d'emblée[3] la sorte d'amour, précisément, qu'il pensait avoir pour elle ; mais les situations ont leurs exigences propres[4], auxquelles on doit tôt ou tard se soumettre, il le savait bien. Il voulait cependant que ce ne fût pas trop tôt. Il se doutait[5] que son rêve d'elle pourrait bien prendre fin s'il venait à la posséder[6] en réalité, et pour l'instant il se plaisait à faire en quelque sorte, avec ses promenades, ses visites, son cours élémentaire de poésie, la toilette morale de la fiancée. Il la préparait pour le grand moment, sans d'ailleurs qu'il pût fixer exactement quand cela aurait à être.

Et quand il décida de faire l'amour avec elle, deux semaines après leur première rencontre, ce fut aussi dans une volonté sombre[7], inquiète et finalement pusillanime[8], d'en finir sans doute avec cette sorte de remords[9] ou de soupçon[10] de ne pas savoir qui était Pomme, qui elle aurait été pour lui. Il ne cherchait plus à s'assurer qu'elle était précieuse quelque part en un séjour lointain. Il avait peur de l'aimer, au contraire, de s'attacher à elle. Il n'y avait pas quinze jours qu'il la connaissait et déjà, Dieu sait comment, elle faisait partie de ses habitudes ; elle avait pénétré sa vie, elle l'imprégnait[11], comme l'eau se mélange au Pastis 51. Mais il n'acceptait pas qu'elle pût un jour lui manquer. Il devait la réduire[12], et en même temps l'écarter[13] de lui.

Et puis c'étaient les derniers jours de vacances. L'un et l'autre allaient rentrer à Paris. Le jeune homme craignait malgré lui que la Dentellière[14] ne lui fît quand ils partiraient un adieu sans façon[15] et sans espoir. Et cette crainte révélait en lui le sentiment, pour une fois, de la personnalité de Pomme : elle l'aimait, à n'en pas douter, mais elle aurait tout simplement cassé le fil de leur histoire entre ses dents, et rangé son ouvrage[16] sans paraître y songer[17] davantage[18]. Alors il voulait lui faire savoir qu'il tenait d'une certaine manière à elle, à condition de ne pas le lui dire. Il se serait jugé ridicule alors. Il l'aurait été en effet, car ce qu'il éprouvait[19] pour elle ne pouvait pas être « appelé » de l'amour, même si cette inquiétude était en quelque sorte (mais alors en vérité) de l'amour. Cependant il ne la désirait pas.

Pascal Lainé, *La dentellière,* Editions Gallimard, Paris 1974.

1 **anxieux, -se** très inquiet
2 **suggérer** faire penser
3 **d'emblée** auf Anhieb
4 **propre** *ici:* particulier
5 **se douter** croire (que qc est possible)
6 **posséder** besitzen
7 **sombre** *ici:* triste, tragique
8 **pusillanime** ≠ courageux
9 **un remords** un regret
10 **un soupçon** Verdacht, Argwohn
11 **imprégner** *ici:* influencer profondément
12 **réduire** *ici:* rendre moins important
13 **écarter** tenir à distance
14 **une dentellière** Spitzenklöpplerin; *ici:* Pomme
15 **sans façon** très simple
16 **un ouvrage** *ici:* Stickarbeit
17 **songer** *ici:* penser
18 **davantage** plus (longtemps)
19 **éprouver** ressentir

Scène du film de Claude Goretta d'après le roman de Pascal Lainé, avec Isabelle Huppert dans le rôle de Pomme.

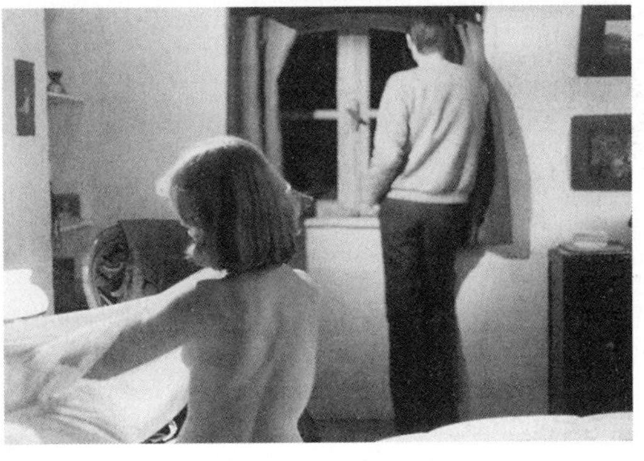

1 Décrivez en quelques lignes la situation dans laquelle se trouvent les deux protagonistes.
2 Faites le portrait de Pomme telle que vous vous la représentez d'après ce passage.
3 a) Quel type de narrateur s'exprime dans ce passage ? (Voir page 161.)
b) Qu'apprend-on sur ce qu'il pense de la situation ?
4 a) Caractérisez le personnage d'Aiméry. (Voir les conseils donnés à la page 162.)
b) Analysez son attitude envers Pomme. Expliquez dans ce contexte les expressions : *se soumettre aux exigences* (L. 5 - 6) ; *son cours élémentaire de poésie* (L. 9 - 10) ; *faire la toilette morale de la fiancée* (L. 10).
c) Comment qualifieriez-vous l'« amour » qu'Aiméry ressent pour Pomme ?
5 D'après vous, quelle fonction les nombreuses formes du conditionnel ont-elles dans leur contexte ?
6 Décrivez la photo tirée du film et dites dans quelle mesure elle illustre l'« atmosphère » qui se dégage du texte.
7 a) Si vous étiez à la place de Pomme face à un amant tel qu'Aiméry, comment réagiriez-vous ?
b) Imaginez une suite à ce texte.
c) Imaginez que Pomme parle d'Aiméry à une amie qui est un peu moins naïve qu'elle et que cette amie décide d'écrire à Aiméry. Rédigez cette lettre.

7 Nuit de noces

1 **les noces** *f* le mariage
2 **une serrure** Schloss
3 **un voile** Schleier
4 **ricaner** rire méchamment, (höhnisch lachen)
5 **au nez de qn** devant qn
6 **un miroir** Spiegel
7 **s'évanouir** perdre conscience (ohnmächtig werden)

Il a mis la clef
dans la serrure[2]
il a frappé
avec violence
il a poussé la porte
avec violence
il est entré
il a marché
il a soulevé le voile[3]
il m'a relevé la tête
il m'a ricané[4] au nez[5]
il m'a déshabillée
il s'est déshabillé
il ne m'a rien dit
il a cassé un miroir[6]
il a tout fait
il a très vite fait
il est sorti
il avait bu
et moi j'ai pris
les draps entre mes dents
et je me suis évanouie[7]

Youcef Sebti, dans : *Anthologie de la nouvelle poésie algérienne,* Editions Saint-Germain-des-Prés, Paris 1971.

1 a) Qui parle, dans ce poème ? (Qui est le « moi » lyrique ?) Qui est « il » ?
b) Comment se passe la « nuit de noces » ?
c) Dans ce contexte, que symbolise le miroir cassé (L. 15) ?
2 Comment caractériseriez-vous le comportement du mari ?
Qu'est-ce que la réaction de la femme vous révèle sur ses sentiments ?
3 a) Relevez tous les éléments qui vous permettent d'identifier le milieu dans lequel se passe cette « nuit de noces ».
b) A votre avis, quelle est l'intention du poète ? (C'est un homme qui écrit.)
4 Dites dans quelle mesure la forme de ce poème en souligne le contenu. (Analyse de la forme, voir pages 200 - 201.)

8 Tu ne m'aimes plus !

George Sand, liée à l'écrivain Alfred de Musset pendant un peu plus d'un an, a sans doute écrit cette page après sa seconde rupture, en 1834.

1 **aisé,e** facile
2 **un coup de sonnette** –> sonner (à la porte)
3 **bondir** aufspringen
4 **un billet** *ici:* une courte lettre
5 **abject,e** moralement *dégoûtant* (eklig)
6 **odieux, -se** très désagréable
7 **incrédule** sceptique
8 **venger** rächen

Tu ne m'aimes plus, tu ne m'aimes plus, c'est bien aisé[1] à voir. J'étais bien malade hier soir quand tu es parti. Tu le voyais bien, tu es parti cependant. Tu as bien fait, tu étais fatigué. Mais aujourd'hui pas un mot, tu n'as pas seulement envoyé savoir de mes nouvelles, je t'ai espéré et attendu minute par minute depuis onze heures du matin jusqu'à minuit. Quelle journée ! Chaque coup de sonnette[2] me faisait bondir[3]. Grâce à dieu mon cœur est physiquement bien malade. Ô si je pouvais mourir ! Tu m'aimes encore avec les sens et plus que jamais ainsi, et moi aussi je n'ai jamais aimé personne, et je ne t'ai jamais aimé de la sorte. Mais je t'aime aussi avec toute mon âme, et toi tu n'as pas même d'amitié pour moi. Je t'ai écrit ce soir. Tu n'as pas voulu répondre à mon billet[4]. On a dit que tu étais sorti, et tu n'es pas venu seulement passer cinq minutes avec moi ! Tu es donc rentré bien tard, et où étais-tu, mon Dieu ? Hélas, c'est bien fini, tu ne m'aimes plus du tout. Je te deviendrais abjecte[5] et odieuse[6] si je restais ici. D'ailleurs tu le désires que je parte. Tu m'as dit l'autre nuit d'un air incrédule[7] : « Bah ! tu ne partiras pas ! » Ah, tu es donc bien pressé ? Sois tranquille, je pars dans quatre jours, et nous ne nous reverrons plus. Pardonne-moi de t'avoir fait souffrir, et sois bien vengé[8], personne au monde n'est plus malheureux que moi !

George Sand, *Journal intime,* 1926 (parution posthume).

1 Qu'est-ce qui a poussé George Sand à écrire ce texte ?
Dites ce qui s'est passé avant et comment elle réagit face à cette situation.
2 Montrez ce que le style de ce passage révèle en ce qui concerne les émotions de son auteur.
3 Comment réagiriez-vous si, après une séparation, vous receviez une lettre qui ressemble à ce texte ?
Rédigez (au choix) : a) une lettre à un(e) ami(e) à qui vous vous plaignez ou demandez conseil, *ou*
b) une lettre à la personne concernée, *ou* c) un dialogue avec cette personne (au téléphone ou entre quatre yeux).

9 Pour que tu m'aimes encore

Ecoutez la chanson de Céline Dion avant d'en lire le texte.
La musique et l'interprétation vous plaisent-elles ?
Dites en quelques mots dans quelle situation la jeune femme qui s'exprime se trouve, à qui elle s'adresse et ce qu'elle désire.

1 J'ai compris tous les mots,
J'ai bien compris, merci
Raisonnable et nouveau,
C'est ainsi par ici
Que les choses ont changé,
Que les fleurs ont fané[1]
Que le temps d'avant,
C'était le temps d'avant
Que si tout zappe[2] et lasse[3],
Les amours aussi passent

2 Fallait pas commencer,
M'attirer, me toucher
Fallait pas tant donner,
Moi je sais pas jouer
On me dit qu'aujourd'hui,
On me dit que les autres
Font ainsi
Je ne suis pas les autres ?
Avant que l'on s'attache[5],
Avant que l'on se gâche[6]

3 Je trouverai des langages
Pour chanter tes louanges[7]
Je ferai nos bagages
Pour d'infinies vendanges[8]
Les formules magiques
Des marabouts[9] d'Afrique
J'les dirai sans remords
Pour que tu m'aimes encore

Refrain :
Il faut que tu saches
J'irai chercher ton cœur
Si tu l'emportes ailleurs
Même si dans tes danses
D'autres dansent
Tes heures
J'irai chercher ton âme
Dans les froids, dans les flammes
Je te jetterai des sorts[4]
Pour que tu m'aimes encore

4 Je m'inventerai reine
Pour que tu me retiennes
Je me ferai nouvelle
Pour que le feu reprenne
Je deviendrai ces autres
Qui te donnent du plaisir
Vos jeux seront les nôtres,
Si tel est ton désir

5 Plus brillante plus belle
Pour une autre étincelle[10]
Je me changerai en or
Pour que tu m'aimes encore

Céline Dion en concert.

1 **faner** welken
2 **zapper** passer rapidement d'un programme (de télé) à un autre
3 **lasser** fatiguer
4 **jeter un sort** verhexen
5 **attacher** lier (binden)
6 **gâcher** verderben
7 **les louanges** *f* Lobpreisung
8 **les vendanges** *f* la récolte du raisin, dans les vignes
9 **un marabout** un sorcier (Hexenmeister)
10 **une étincelle** Funken

Chanson de Jean-Jacques Goldmann interprétée par Céline Dion.

1 a) En quoi consiste la situation de départ de cette chanson ?
  b) Qu'est-ce que la jeune femme reproche à son ami, concrètement ? Que veut dire, dans ce contexte, l'expression « tout zappe » (L. 9) ?
2 a) Comment la femme réagit-elle face à cette situation ?
  b) Recherchez les éléments du texte qui montrent sa détermination.
3 Retrouvez et expliquez les images utilisées dans cette chanson, en particulier dans les dernières strophes.
4 *« L'amour n'est qu'une succession d'instants heureux. »*
  Expliquez et commentez cette affirmation d'un poète anonyme.

10 De bonnes raisons

A votre avis, existe-t-il de « bonnes » raisons pour qu'un couple se sépare ? Lesquelles ? Quelles peuvent être les « autres » raisons, par exemple ?

1 **un rosbif** un morceau de viande de bœuf
2 **un gosse** *fam* un enfant
3 **un pré** Wiese
4 **Marguerite** une amie de la mère
5 **faire la vaisselle** abwaschen
6 **l'estomac** *m* Magen
7 **se précipiter** aller rapidement
8 **une corde à linge** Wäscheleine
9 **planté,e** *ici:* debout sans bouger
10 **craquer** *ici:* perdre son calme
11 **la lessive** le linge à laver
12 **un cavaleur** Schürzenjäger
13 **une traînée** *pop* une prostituée
14 **le restant** le reste
15 **vomir** sich übergeben

La semaine dernière, le père a ramené un rosbif[1] à la maison, ça faisait longtemps qu'on ne l'avait pas vu. J'ai fait le rosbif avec des frites et une salade ; c'était dimanche, on n'a pas beaucoup parlé, on a regardé la télé. Après le repas, les gosses[2] sont descendus s'amuser dans le pré[3] et j'ai couché la plus petite ; quand je suis revenue, le père avait éteint la télé et il regardait à travers la fenêtre. On est restés comme ça un moment sans parler et puis je lui ai fait un café ; ensuite, je lui ai servi un petit alcool que m'avait donné la Marguerite[4]. Il l'a bu sans rien dire et j'ai rallumé la télé. On n'a pas ouvert la bouche pendant au moins une heure ; à un moment, je me suis levée et je suis allée faire la vaisselle[5] ; c'est là où il m'a appelée pour me dire de me rasseoir, il a dit : « Avant de repartir, il faut que je te parle. Voilà, j'ai pris une décision. »
« Ah ! » que j'ai fait, « et quelle décision ? » Il a dit : « La décision de divorcer. » On s'est regardés pendant au moins deux minutes et j'ai senti mon estomac[6] remonter dans ma poitrine. Je suis restée très calme et j'ai dit doucement : « Si tu as décidé ça, c'est que tu as certainement de bonnes raisons ! » Il a dit que oui ; alors, on n'a plus parlé, on est restés sans bouger pendant que dehors, le beau soleil rouge de ce début de printemps commençait à disparaître derrière l'immeuble d'en face. Il a rebu un verre d'alcool et il a dit : « C'est tout ce que ça te fait ? » Je l'ai fixé tout droit dans les yeux et j'ai répondu : « Pourquoi que tu demandes ça ? Tu voudrais que je pleure, tu voudrais que je me précipite[7] dans la salle de bains et que je me pende avec la corde à linge[8], ou quoi ? Qu'est-ce que tu attends de moi, hein ? » Il a pas bougé, il est resté planté[9] devant moi à me regarder, un peu comme s'il avait attendu que je craque[10], mais j'ai pas craqué, j'ai dit : « J'espère que tu sais ce que tu fais et que tu as bien réfléchi à tout ça. » Là, je me suis servi un verre d'alcool et j'ai dit que j'avais ma lessive[11] à terminer, que je ne le retenais pas. Il est allé prendre quelques affaires à lui dans la chambre, et avant de partir, il a dit : « Je ne pensais pas que tu prendrais la chose aussi bien. » « Et pourquoi qu'il aurait fallu que je la prenne mal ? que je lui ai répondu, on ne peut pas empêcher les gens de faire comme ils veulent. » Là, il a pleuré, ensuite il a ouvert la porte et il est parti, le cavaleur[12], il est allé retrouver sa traînée[13], et moi, j'ai passé le restant[14] de la journée à vomir[15] et à laver le linge sale.

Jean-Louis Bourdon,
Scènes de la misère ordinaire,
Flammarion, Paris 1989.

1 a) Relevez tout ce qu'on apprend sur la famille, sa situation matérielle, son milieu social (examinez aussi la manière de parler de la mère).
b) Comment les rôles du mari et de la femme sont-ils définis dans cette famille ?
2 a) Comment le père prépare-t-il l'annonce de sa décision ? b) Pourquoi cet homme veut-il divorcer ?
3 a) Quelles sont les réactions visibles de sa femme à l'annonce de son mari ? Comparez-les à ses réactions « invisibles »: Qu'est-ce que vous constatez ?
b) En quoi la lessive du linge sale est-elle, ici, symbolique ?
4 Que signifie, d'après vous, le fait que le mari pleure en partant ?
5 Imaginez que la mère réagisse différemment à l'annonce de son mari : Quelle pourrait être sa réaction ? Rédigez un dialogue au style direct en respectant la manière de parler des deux personnages.
6 a) Comment se fait-il, d'après vous, que le nombre des divorces est en augmentation dans la société moderne ?
b) En France, de plus en plus de jeunes couples vivent en « union libre ». A votre avis, est-ce un avantage par rapport au mariage ? Donnez votre avis.

11 Les feuilles mortes

Décrivez la photo ci-dessous. Quelle « atmosphère » se dégage de cette scène ? Quelles pensées ou quels sentiments associez-vous à ce genre de photographie ?

Oh ! je voudrais tant que tu te souviennes
des jours heureux où nous étions amis.
En ce temps-là, la vie était plus belle
et le soleil plus brûlant qu'aujourd'hui.
Les feuilles mortes se ramassent[2] à la pelle[3].
Tu vois, je n'ai pas oublié ...
Les feuilles mortes se ramassent à la pelle
les souvenirs et les regrets aussi.
Et le vent du Nord les emporte
dans la nuit froide de l'oubli.
Tu vois, je n'ai pas oublié
la chanson que tu me chantais.

C'est une chanson qui nous ressemble.
Toi tu m'aimais et je t'aimais.
Nous vivions tous les deux ensemble,
toi qui m'aimais, moi qui t'aimais.
Mais la vie sépare ceux qui s'aiment
tout doucement, sans faire de bruit.
Et la mer efface[4] sur le sable
les pas des amants désunis[5].

Les feuilles mortes se ramassent à la pelle
les souvenirs et les regrets aussi.
Mais mon amour silencieux et fidèle
sourit toujours et remercie la vie.
Je t'aimais tant, tu étais si jolie.
Comment veux-tu que je t'oublie.
En ce temps-là, la vie était plus belle
et le soleil plus brûlant qu'aujourd'hui.
Tu étais ma plus douce amie ...
Mais je n'ai que faire des regrets
Et la chanson que tu chantais
toujours, toujours je l'entendrai !

1 **mort,e** *ici:* welk
2 **ramasser** aufheben
3 **une pelle** Schaufel
4 **effacer** *ici:* faire disparaître
5 **désunir** séparer

1 a) Dites en quelques mots de quoi parle cette chanson.
   b) Que représentent les « feuilles mortes »? Dites pourquoi cette métaphore est particulièrement bien choisie.
2 a) Expliquez les autres images qui font partie de ce texte.
   b) Quelles autres figures de style Prévert a-t-il utilisées ? Quel effet produisent-elles ? (Pour les figures de style, voir page 43).
3 a) Décrivez la forme de cette chanson (structure, rimes, etc.). Servez-vous des indications données aux pages 200 - 201.
   b) Dans quelle mesure la forme de cette chanson et son interprétation par Yves Montand soulignent-elles le caractère nostalgique des paroles ?
4 D'après la chanson, « *la vie sépare ceux qui s'aiment* ». D'après vous, comment cela peut-il arriver ?

12 Souvenirs d'amour

1 **aspiré,e** *ici:* aufgesaugt
2 **empoisonner** *ici:* rendre très désagréable (–> un poison)
3 **faillir** + *inf* beinahe …

J'avais déjà près de neuf ans lorsque je tombai amoureux pour la première fois. Je fus tout entier aspiré[1] par une passion violente, totale, qui m'empoisonna[2] complètement l'existence et faillit[3] même me coûter la vie.

4 **à perte de qc** jusqu'à en perdre qc
5 **cesser** arrêter
6 **vêtu,e** habillé (–> un vêtement)
7 **une ortie** Brennnessel
8 **un verger** un terrain planté d'arbres fruitiers
9 **un émoi** une forte émotion
10 **s'emparer de** *ici:* übermannen
11 **résolu,e** fortement décidé
12 **séduire** qn *ici:* plaire à qn
négligent,e (fahr)lässig
13 **une bûche** Holzscheit
14 **subjuguer qn** séduire qn (par son charme)
15 **impressionner qn** –> une *impression* (Eindruck)
16 **ruisseler** *ici:* tropfen
17 **cruel,le** grausam

Elle avait huit ans et elle s'appelait Valentine. Je pourrais la décrire longuement et à perte[4] de souffle, et si j'avais une voix, je ne cesserais[5] de chanter sa beauté et sa douceur. C'était une brune aux yeux clairs, admirablement faite, vêtue[6] d'une robe blanche et elle tenait une balle à la main. Je l'ai vue apparaître devant moi dans le dépôt de bois, à l'endroit où commençaient les orties[7], qui couvraient le sol jusqu'au mur du verger[8] voisin. Je ne puis décrire l'émoi[9] qui s'empara[10] de moi : tout ce que je sais, c'est que mes jambes devinrent molles et que mon cœur se mit à sauter avec une telle violence que ma vue se troubla. Absolument résolu[11] à la séduire[12] immédiatement et pour toujours, de façon qu'il n'y eût plus jamais de place pour un autre homme dans sa vie, je fis comme ma mère me l'avait dit et, m'appuyant négligemment contre les bûches[13], je levai les yeux vers la lumière pour la subjuguer[14]. Mais Valentine n'était pas femme à se laisser impressionner[15]. Je restai là, les yeux levés vers le soleil, jusqu'à ce que mon visage ruisselât[16] de larmes, mais la cruelle[17], pendant tout ce temps-là, continua à jouer avec sa balle, sans paraître le moins du monde intéressée. Les yeux me sortaient de la tête, tout devenait feu et flamme autour de moi, mais Valentine ne m'accordait même pas un regard. Complètement décontenancé[18] par cette indifférence, alors que tant de belles dames, dans le salon de ma mère, s'étaient extasiées devant mes yeux bleus, à demi aveugle et ayant ainsi, du premier coup, épuisé, pour ainsi dire, mes munitions[19], j'essuyai mes larmes et, capitulant sans conditions, je lui tendis les trois pommes vertes que je venais de voler dans le verger. Elle les accepta et m'annonça, comme en passant :

18 **décontenancer** aus der Fassung bringen
19 **épuiser ses munitions** *f* sein Pulver verschießen

– Janek a mangé pour moi toute sa collection de timbres-poste.

20 **une poignée** eine Hand voll
21 **un ver** Wurm

C'est ainsi que mon martyre commença. Au cours des jours qui suivirent, je mangeai pour Valentine plusieurs poignées[20] de vers[21] de terre, un grand nombre de papillons, un kilo de cerises avec les noyaux, une souris, et, pour finir, je peux dire qu'à neuf ans, c'est-à-dire bien plus jeune que Casanova, je pris place parmi les plus grands amants de tous les temps, en accomplissant une prouesse[22] amoureuse que personne, à ma connaissance, n'est jamais venu égaler[23]. Je mangeai pour ma bien-aimée un soulier[24] en caoutchouc.

22 **une prouesse** un acte très courageux
23 **égaler (qc/qn)** faire aussi bien que
24 **un soulier** (Halb)Schuh
25 **un exploit** une prouesse
26 **la vantardise** Prahlerei
27 **faire grâce de qc à qn** jdm etw ersparen

Ici, je dois ouvrir une parenthèse.

Je sais bien que, lorsqu'il s'agit de leurs exploits[25] amoureux, les hommes ne sont que trop portés à la vantardise[26]. A les entendre, leurs prouesses viriles ne connaissent pas de limite, et ils ne vous font grâce[27] d'aucun détail.

28 **un éventail** Fächer
29 **mâcher** kauen
30 **une besogne** un travail
mâcher la besogne à qn faire le gros du travail à la place de quelqu'un

Je ne demande donc à personne de me croire lorsque j'affirme que, pour ma bien-aimée, je consommai encore un éventail[28] japonais, dix mètres de fil de coton, un kilo de noyaux de cerises – Valentine me mâchait[29], pour ainsi dire, la besogne[30], en mangeant la chair et en me tendant les noyaux – et trois poissons rouges, que nous étions allés pêcher dans l'aquarium de son professeur de musique.

Dieu sait ce que les femmes m'ont fait avaler[31] dans ma vie, mais je n'ai jamais connu une nature aussi insatiable[32]. Après cette expérience, on peut dire que je connaissais tout de l'amour. Mon éducation était faite. Je n'ai fait, depuis, que continuer sur ma lancée[33]. Mon adorable Valentine n'avait que huit ans, mais son exigence physique dépassait tout ce qu'il me fut donné de connaître au cours de mon existence. Elle courait devant moi, dans la cour, me désignait du doigt tantôt un tas[34] de feuilles, tantôt du sable, ou un vieux bouchon, et je m'exécutais[35] sans murmurer. Encore bougrement[36] heureux d'avoir pu être utile. A un moment, elle s'était mise à cueillir[37] un bouquet de marguerites, que je voyais grandir dans sa main avec appréhension[38] – mais je mangeai les marguerites aussi, sous son œil attentif – elle savait déjà que les hommes essayent toujours de tricher[39], dans ces jeux-là – où je cherchais en vain[40] une lueur[41] d'admiration. Sans une marque d'estime[42] ou de gratitude[43], elle repartit en sautillant[44], pour revenir, au bout d'un moment, avec quelques escargots qu'elle me tendit dans le creux de la main. Je mangeai humblement[45] les escargots, coquille[46] et tout.
A cette époque, on n'apprenait encore rien aux enfants sur le mystère des sexes et j'étais convaincu que c'était ainsi qu'on faisait l'amour. J'avais probablement raison.
Le plus triste était que je n'arrivais pas à l'impressionner. J'avais à peine fini les escargots qu'elle m'annonçait négligemment[47] :
– Josek a mangé dix araignées[48] pour moi et il s'est arrêté seulement parce que maman nous a appelés pour le thé.
Je frémis[49]. Pendant que j'avais le dos tourné, elle me trompait[50] avec mon meilleur ami. Mais j'avalai cela aussi. Je commençais à avoir l'habitude.
– Je peux t'embrasser ?
– Oui. Mais ne me mouille[51] pas la joue, je n'aime pas ça.
Je l'embrassai, en essayant de ne pas mouiller la joue. Nous étions agenouillés derrière les orties et je l'embrassai encore et encore. Elle faisait tourner distraitement le cerceau[52] autour de son doigt. L'histoire de ma vie.
– Ça fait combien de fois ?
– Quatre-vingt-sept. Est-ce que je peux aller jusqu'à mille ?
– C'est combien, mille ?
– Je ne sais pas. Est-ce que je peux t'embrasser sur l'épaule aussi ?
– Oui.
Je l'embrassai sur l'épaule aussi. Mais ce n'était pas ça. Je sentais bien qu'il devait y avoir encore autre chose qui m'échappait[53], quelque chose d'essentiel. Mon cœur battait très fort, et je l'embrassai sur le nez et sur les cheveux et dans le cou et quelque chose me manquait de plus en plus, je sentais que ce n'était pas assez, qu'il fallait aller plus loin, beaucoup plus loin et, finalement, éperdu[54] d'amour et au comble[55] de la frénésie[56] érotique, je m'assis dans l'herbe et j'enlevai un de mes souliers en caoutchouc.
– Je vais le manger pour toi, si tu veux.
Si elle le voulait ! Ha ! Mais bien sûr qu'elle le voulait, voyons ! C'était une vraie petite femme.
Elle posa son cerceau par terre et s'assit sur ses talons[57]. Je crus voir dans ses yeux une lueur d'estime. Je n'en demandais pas plus. Je pris mon canif[58] et entamai[59] le caoutchouc. Elle me regardait faire.

31 **avaler** schlucken
32 **insatiable** qui a toujours faim
33 **(continuer) sur sa lancée** dans le même sens et avec élan
34 **un tas** Haufen
35 **s'exécuter** obéir
36 **bougrement** *fam* très
37 **cueillir** pflücken
38 **une appréhension** une peur
39 **tricher** ≠ respecter les règles du jeu
40 **en vain** sans succès
41 **une lueur** une faible lumière
42 **l'estime** *f* Wertschätzung
43 **la gratitude** Dankbarkeit
44 **sautiller** hüpfen
45 **humblement** ≠ fièrement
46 **une coquille** *ici:* Häuschen
47 **négligemment** *ici:* nebenbei
48 **une araignée** Spinne
49 **frémir** trembler (un peu)
50 **tromper qn** ≠ être fidèle à qn
51 **mouiller** nass machen
52 **un cerceau** Reif
53 **échapper à qn** *ici:* ne pas être compris par qn
54 **éperdu,e de** très troublé par
55 **au comble de** au maximum de
56 **la frénésie** la folie (violente)
57 **le talon** Ferse
58 **un canif** un couteau de poche
59 **entamer** *ici:* couper

60 **cru,e** ≠ cuit
61 **l'apprentissage** *m* -> apprendre
62 **une bouchée** Mundvoll
63 **la sueur** Schweiß
64 **la nausée** la sensation de dégoût
65 **demeurer sur le terrain** die Stellung halten
66 **sangloter** schluchzen
67 **un brancard** Tragbahre

– Tu vas le manger cru[60] ?

– Oui.

J'avalai un morceau, puis un autre. Sous son regard enfin admiratif, je me sentais devenir vraiment un homme. Et j'avais raison. Je venais de faire mon apprentissage[61]. J'entamai le caoutchouc encore plus profondément, soufflant un peu entre les bouchées[62] et je continuai ainsi un bon moment, jusqu'à ce qu'une sueur[63] froide me montât au front. Je continuai même un peu au-delà, serrant les dents, luttant contre la nausée[64], ramassant toutes mes forces pour demeurer sur le terrain[65], comme il me fallut le faire tant de fois, depuis, dans mon métier d'homme.

Je fus très malade, on me transporta à l'hôpital, ma mère sanglotait[66] pendant qu'on me mettait sur un brancard[67] dans l'ambulance. J'étais très fier de moi.

Romain Gary, *La promesse de l'aube,* Editions Gallimard, Paris 1960 (texte abrégé).

1 Mettez les verbes en italiques au passé composé (tenez compte du contexte) :
   a) Je lui *tendis* les trois pommes, elle les *accepta* et m'*annonça* ... (L. 27 - 28).
   b) Mes jambes *devinrent* molles (L. 12).
   c) Je l'*embrassai* sur l'épaule (L. 85).
   d) Elle *posa* son cerceau par terre et s'*assit* sur ses talons (L. 96).
2 Retrouvez les mots qui correspondent à ceux qui sont indiqués ci-dessous :
   a) un nom et un adjectif correspondants à : *séduire, suivre, convaincre ;*
   b) un verbe et un adjectif correspondants à : *la vue, l'habitude ;*
   c) un verbe et un nom correspondants à : *adorable, distrait.*
3 Traduisez le texte des lignes 5 à 18 et 49 à 65.
4 Résumez le texte. (Voir les conseils donnés à la page 17.)
5 Qu'est-ce qui, dans ce texte, fait sourire le lecteur ?
6 Caractérisez les deux « amoureux ».
7 a) Comment le jeune narrateur définirait-il l'amour si on le lui demandait ?
   b) Comparez cette définition à celle de Saint-Exupéry :
   « S'aimer, c'est regarder ensemble dans la même direction. »
   Personnellement, que pensez-vous de ces deux définitions ?
8 Relevez les principaux moyens stylistiques mis en œuvre dans ce texte et dites quel effet ils y produisent. (Voir aussi la page 43.)
9 Représentez-vous Valentine adulte, mariée (à quel genre de mari ?), avec des enfants (comment sont-ils ?). Imaginez puis rédigez ou racontez (ou jouez !) une scène de sa vie de famille.

13 Une éducation forte

Rédigez une charte de 10 principes pour une « saine[1] » éducation des enfants et des jeunes. Précisez pourquoi vos 10 principes sont « bons » et importants.

De retour d'un long voyage, M. et Mme Rézeau vont de nouveau s'occuper de l'éducation de leurs enfants, jusqu'alors laissés à « Mademoiselle », une vieille institutrice. Le lendemain de son arrivée, M. Rézeau fixe l'emploi du temps quotidien de ses trois fils.

1 **sain,e** bon pour la santé (physique ou morale)

« Vous vous lèverez tous les matins à cinq heures, reprenait mon père. Vous ferez aussitôt votre lit, vous vous laverez, puis vous vous rendrez à la chapelle pour entendre la messe. Vous irez apprendre vos leçons dans l'ex-chambre de ma sœur Gabrielle, transformée en salle d'étude. A huit heures, vous déjeunerez ...

– A ce propos[2], Mademoiselle, coupa madame mère, je précise que ces enfants ne prendront plus désormais[3] de café au lait, mais de la soupe. C'est plus sain.

– Après le petit déjeuner, une demi-heure de récréation …

– En silence ! coupa Mme Rézeau.

– Votre mère veut dire : sans faire trop de bruit, pour ne pas la réveiller, soupira M. Rézeau. Vous reprendrez le travail à neuf heures. Récitations, cours, devoirs, avec un quart d'heure d'entracte[4] aux alentours[5] de dix heures, cela vous amènera jusqu'au déjeuner. Au premier son de la cloche[6], vous allez vous laver les mains. Au second coup, vous entrez dans la salle à manger.

– Nous vous accordons[7], après le déjeuner, une heure de récréation, qui pourra être supprimée, par punition. Vous devrez obligatoirement jouer dehors, sauf s'il pleut.

– Mais s'il fait froid ? hasarda[8] Mademoiselle.

– Rien de meilleur pour les aguerrir[9], rétorqua[10] madame mère. Je suis pour une éducation forte. »

Papa s'impatientait.

« Nous n'en finirons jamais, Paule, si tout le monde m'interrompt. Je disais donc … Ah ! oui, je disais que, sur le coup d'une heure et demie, vous reprendriez le collier[11] ! Le soir, en mangeant, nous ne parlerons que l'anglais. Il ne sera répondu à aucune demande de pain ou de vin …

– D'eau, Jacques.

– … Il ne sera répondu à aucune demande, si elle n'est pas exprimée dans la langue de Disraëli[12]. Tout le monde doit être couché à neuf heures et demie, au plus tard. »

Hervé Bazin, *Vipère au poing,* Editions Bernard Grasset, Paris 1948.

2 **à ce propos** diesbezüglich
3 **désormais** à partir de maintenant
4 **un entracte** une pause
5 **aux alentours de** vers
6 **une cloche** Glocke
7 **accorder** *ici:* permettre
8 **hasarder** *ici:* oser dire
9 **aguerrir qn** rendre qn plus résistant, plus dur
10 **rétorquer** répondre, objecter
11 **reprendre le collier** se remettre au travail
12 Benjamin **Disraëli** (1804-1881) homme politique et écrivain britannique

Mme Rézeau (Alice Sapritch) et « Brasse-bouillon », le jeune narrateur (Benjamin Boda), dans l'adaptation pour la télévision du roman de Hervé Bazin.

1 a) Dressez la liste des mesures qui vont régler la journée des enfants.
b) Comment pourrait-on qualifier ce « catalogue » ?
c) Dans quels buts, d'après vous, les parents proposent-ils une telle éducation à leurs enfants ?
2 Caractérisez le père et la mère à travers leur comportement et leur façon de communiquer entre eux. A quelle époque se passe cette scène, d'après vous ?
3 Examinez le langage utilisé et dites dans quelle mesure il permet de caractériser les rapports entre les parents et leurs enfants.
4 A votre avis, une éducation « forte » doit-elle automatiquement être une éducation autoritaire ? Justifiez votre opinion.
5 Hervé Bazin (qui a souvent souligné le caractère autobiographique de son roman *Vipère au poing)* a dit un jour : *« Ce n'est pas tout de faire naître quelqu'un : Si vous lui refusez l'amour, vous lui refusez d'exister en partie. Après tout, c'est l'amour qui nous fait exister. »* Expliquez et commentez cette affirmation. (Commentaire : voir p. 22.)

14 Libre, enfin !

1 **une contrainte** une obligation
2 **bien-pensant,e** wohlmeinend
3 **s'employer à** s'occuper de
4 **contrarier qn** rendre qn mécontent
5 **échapper** *ici:* éviter

6 **entrevoir** apercevoir de façon encore imprécise
7 **se dégoûter de qc** etw überdrüssig werden
8 **bourgeonnant,e** de printemps
9 **encombré,e** *ici:* surchargé
10 **renoncer** verzichten

11 **le muguet** Maiglöckchen
12 **se vanter** sich rühmen
13 **entasser** anhäufen
14 **un jouet** –> jouer
15 **tirer le vin** mettre le vin en bouteille

Thierry jugea ses parents pour la première fois. La vie de famille, les contraintes[1] du bourgeois bien-pensant[2], les critères de réussite sociale, les bases mêmes de son milieu lui faisaient horreur. Il avait le temps de vivre, la volonté d'être autre, il s'y emploierait[3]. Thierry avait soif de grand air, de silence, de poésie, d'amour. Contrarié[4] par ses parents, contrarié par la mort de Marguerite, contrarié par André qu'il avait perdu, il trouvait dans son propre isolement la force de changer. Son désir d'échapper[5] à l'excessif instinct possessif de ses parents (« tu feras ce que je te dirai et rien d'autre ») lui fit entrevoir[6] la liberté. Il finirait ses vacances à Héricy, pour s'en dégoûter[7], et en profiter une dernière fois. Les dimanches d'octobre, de novembre, de décembre, les dimanches d'hiver, les dimanches dans le froid, il ne les connaîtrait plus. Les dimanches bourgeonnants[8], les dimanches d'invités, il ne voulait plus en entendre parler. Les dimanches d'été, pressé sur les routes de l'aller, les routes du retour encombrées[9], bouchées, il y renonçait[10] à ce signe extérieur de richesses, qui ne lui appartenaient pas : la résidence secondaire.

Il n'irait plus cueillir le muguet[11] en famille dans cet endroit que seule sa famille se vantait[12] de connaître. Il n'ouvrirait plus les portes du garage où étaient entassés[13] depuis des années sa voiture à pédales, son tricycle, sa bicyclette, ses jouets[14] d'enfant. Il ne descendrait plus à la cave tirer le vin[15] que les Dorival recevaient d'Aubussargues – c'était comme par hasard, là, et nulle part ailleurs, qu'il y avait du bon vin. Il renonçait à son enfance, à son histoire, à tout ce qu'il aimait. Il abandonnait Héricy.

Il ne dirait au revoir à personne, cela porte malheur. Le petit cirque ne lui avait pas dit adieu. Sans faire d'histoires, il n'était pas revenu. Marguerite, Marguerite non plus. Alors Thierry partirait sans faire d'histoires. Il aurait à lutter avec ses parents pour échapper à la campagne, mais il imposerait son droit de ne plus revenir. Il serait libre.

François-Marie Banier, *Les résidences secondaires ou la vie distraite*,
Editions Grasset, Paris 1969.

1 a) Dites comment Thierry se sent dans sa famille.
   b) En quoi la série des « dimanches » qu'il cite illustre-t-elle bien ce sentiment ?
2 a) Expliquez pourquoi Thierry voudrait fuir sa famille.
   b) Si Thierry quittait sa famille, quels changements cette décision entraînerait-elle pour lui ?
3 a) A votre avis, quitter ses parents, suffit-il à être libre ?
   b) Est-il possible, comme le veut Thierry, de « renoncer à son histoire » ?
4 Rédigez un texte narratif « reconstituant » le milieu de Thierry à partir des allusions du texte qui concernent les personnes et les événements de son passé. (Imaginez, par exemple, le rôle joué par André, Marguerite, les Dorival, etc.)
5 Que signifie pour vous le fait de devenir adulte ?
   Organisez une discussion autour de cette question.

Chapitre 12

Humour, toujours

divertir et édifier

1 Histoires de rire un peu ...

1 La fin justifie les moyens.

Il naquit dans une famille moyenne où il passa une enfance moyenne entouré d'une affection[2] moyenne. Élève moyen, il entreprit des études moyennes jusqu'au baccalauréat, où il obtint[3] la mention « moyen ». Moyennement apprécié[4] de ses collègues et supérieurs, il fit une carrière moyenne, effectuant un travail moyen dans une branche moyenne qui l'intéressait moyennement. Il aima moyennement quelques femmes moyennes qui l'aimèrent de même. Il mourut prématurément[5], à l'âge de quarante-cinq ans. En pleine possession[6] de ses moyens.

1 **la fin** le but
2 **l'affection** *f* l'amour
3 **obtenir** (réussir à) avoir
4 **apprécié,e** aimé et respecté
5 **prématuré,e** qui arrive trop tôt
6 **la possession** –> *posséder* (avoir)

2 Elle et Lui

Je me souviens de leur rencontre
comme si elle datait d'hier.

Il était riche comme Crésus.
elle était pauvre comme Job[1].

Il avait poussé comme une asperge[2],
elle était haute comme trois pommes.

Il était maigre comme un clou,
elle était dodue[3] comme une caille[4].

Il était beau comme un astre[5],
elle était laide[6] comme un pou[7].

Il était doux comme un agneau,
elle était méchante comme une teigne[8].

Il était malin comme un singe[9],
elle était bête comme une oie[10].

Il était naïf comme un enfant qui vient de naître,
elle était rusée[11] comme un renard.

Il était têtu[12] comme un âne.
elle était changeante comme une girouette[13].

Il était muet[14] comme une carpe[15],
elle était bavarde[16] comme une pie[17].

Il était timide[18] comme un collégien,
elle était effrontée[19] comme un page[20].

Il était précis comme une horloge,
elle était tête en l'air[21] comme pas deux.

1 **Job** un personnage de la Bible
2 **une asperge** Spargel
3 **dodu,e** un peu gros
4 **une caille** Wachtel
5 **un astre** une étoile
6 **laid,e** ≠ beau
7 **un pou** Laus
8 **une teigne** Giftkröte
9 **un singe** Affe
10 **une oie** Gans
11 **rusé,e** très malin
12 **têtu,e** störrisch
13 **une girouette** Wetterhahn
14 **muet, te** qui ne parle pas
15 **une carpe** Karpfen
16 **bavard,e** qui parle trop
17 **une pie** Elster
18 **timide** schüchtern
19 **effronté,e** frech
20 **un page** junger Diener
21 **tête en l'air** zerstreut

1 Marcel Sylvestre, dans : Philippe Héraclès, *Le grand livre de l'humour noir,* © Le Cherche Midi Editeur, Paris 1992 ;
2 Michel Beau, *Jonglerimes,* Paris.

1 a) Quelles sont les différentes significations du mot *moyen* ? (Consultez un dictionnaire unilingue.)
b) Sur quoi est basé le comique du premier texte ?
2 a) De quoi est-il question dans le deuxième texte ?
b) Qu'est-ce qu'on peut trouver amusant dans ce poème ?
c) Le texte est construit d'une manière très régulière. Expliquez comment.
d) Il existe de nombreux adjectifs qui servent aussi à caractériser des personnes (p. ex. *lent, gai, heureux, malade, fort, vieux, sage, myope,* etc.). A l'aide de votre dictionnaire unilingue, retrouvez des locutions qui emploient ces adjectifs puis continuez le poème à la manière de l'auteur.
3 Décrivez le dessin de P'ti Luc, au début de ce chapitre. A votre avis, pourquoi ces lecteurs de *La Peste* trouvent-ils le livre aussi drôle ?

2 Etes-vous raciste ?

ANDRÉ : Vous savez ce qui m'est arrivé hier ?
TEDDY : Non.
ANDRÉ : On m'a traité[1] de sale Noir !
TEDDY : On vous a traité de sale Noir ?
ANDRÉ : Oui.
TEDDY : Et alors, vous êtes raciste ?
ANDRÉ : Non, mais je suis blanc.
TEDDY : Vous auriez préféré qu'on vous traite de sale Blanc ?
ANDRÉ : Non.
TEDDY : Alors pourquoi vous sentez-vous gêné ?
ANDRÉ : Parce que je ne suis pas noir.
TEDDY : Et qui vous a traité de sale Noir ?
ANDRÉ : Un Jaune.
TEDDY : Vous ne lui avez pas répondu ?
ANDRÉ : Si.
TEDDY : Qu'est-ce que vous lui avez dit ?
ANDRÉ : Sale Boche[2].
TEDDY : Et c'était un Chinois ?
ANDRÉ : Non, un Japonais.
TEDDY : Comment le savez-vous ?
ANDRÉ : Il portait un appareil photo.
TEDDY : Japonais ?
ANDRÉ : Non, suisse.
TEDDY : Mais pourquoi vous a-t-il traité de « sale Noir » ?
ANDRÉ : Eh bien, il m'a arrêté dans la rue et il m'a dit : « Kinéma ? »
TEDDY : Très bien. Et ensuite ?
ANDRÉ : Eh bien, comme je ne comprenais pas, j'ai fait une grimace, alors il m'a dit : « Salle noire. »
TEDDY : Ouais, le racisme, ça tient à peu de choses.
ANDRÉ : Et ça complique tout.
TEDDY : Ça c'est vrai. Tenez, un exemple : qu'appelle-t-on un homme de couleur ?
ANDRÉ : Un Noir.
TEDDY : Et pourquoi pas un Jaune ?
ANDRÉ : Parce qu'on ne dit pas un Jaune.
TEDDY : On dit quoi ?
ANDRÉ : Un Chinois.
TEDDY : Même s'il est japonais ?
ANDRÉ : Pour un raciste, un Japonais est un Chinois qui s'ignore[3].
TEDDY : Alors un homme de couleur est un Noir ?
ANDRÉ : Oui.
TEDDY : C'est idiot.
ANDRÉ : Qu'il soit noir ?
TEDDY : Non, qu'un Noir soit un homme de couleur.
ANDRÉ : Pourquoi ?
TEDDY : Parce que le noir n'est pas une couleur.
ANDRÉ : Le blanc non plus.

1 **traiter qn de** jdn beschimpfen als
2 **un Boche** *péjoratif* un Allemand
3 **qui s'ignore** *ici:* ohne es zu wissen

1 a) Quel est l'événement qui constitue le point de départ de cette scène ?
b) En quoi consiste le malentendu rapporté par André ? Qu'est-ce qui le rend amusant ?
2 Relevez dans le texte quelques autres absurdités.
3 A votre avis, est-ce que ce sont plutôt les malentendus qui créent le racisme ou le racisme qui crée les malentendus ? Rédigez un commentaire en suivant les conseils donnés à la page 22.

André Gaillard, *Les frères ennemis*, Editions Hors Collection, Paris 1993.

3 Caen

J'avais dit, « pendant les vacances, je ne fais rien ! … rien ! … je ne veux rien faire ».
Je ne savais pas où aller.
Comme j'avais entendu dire : « A quand les vacances ? … A quand les vacances ? … » Je me dis : « Bon ! … Je vais aller à Caen … Et puis à Caen ! … ça tombait bien[1], je n'avais rien à y faire. » Je boucle[2] la valise … je vais pour prendre le car[3] … je demande à l'employé :

– Pour Caen, quelle heure ?
– Pour où ?
– Pour Caen !
– Comment voulez-vous que je vous dise quand, si je ne sais pas où ?
– Comment ? Vous ne savez pas où est Caen ?
– Si vous ne me le dites pas !
– Mais je vous ai dit Caen !
– Oui ! … mais vous ne m'avez pas dit où !
– Monsieur … je vous demande une petite minute d'attention ! Je voudrais que vous me donniez l'heure des départs des cars qui partent pour Caen !
– ! ! …
– Enfin, Monsieur ! … Caen ! … dans le Calvados ! …
– C'est vague !
– … En Normandie ! …
– ! ! …
– Ma parole ! Vous débarquez[4] !
– Ah ! … là où a eu lieu le débarquement[5] ! … En Normandie ! A Caen …
– Voilà !
– Prenez le car.
– Il part quand ?
– Il part au quart.
– ! ! … Mais (regardant sa montre) … le quart est passé !
– Èh bien, si le car est passé, vous l'avez raté.
– ! ! … Alors … et le prochain ?
– Le prochain, il part à Sète.
– Mais il va à Caen ?
– Non, il va à Sète.
– ! ! … Mais, moi, je ne veux pas aller à Sète … Je veux aller à Caen !
– D'abord, qu'est-ce que vous allez faire à Caen ?
– Rien ! … rien ! … Je ne veux rien y faire !
– Alors si vous n'avez rien à faire à Caen, allez à Sète.
– ! ! … Qu'est-ce que vous voulez que j'aille faire à Sète ? […]
– Prendre le car !
– Pour où ?
– Pour Caen.
– Comment voulez-vous que je vous dise quand, si je ne sais pas où ! …
– Comment ! … Vous ne savez pas où est Caen ?
– Mais si, je sais où est Caen ! … Ça fait une demi-heure que je vous dis que c'est dans le Calvados ! … Que c'est là où je veux passer mes vacances, parce que je n'ai rien à y faire !

1 **tomber bien** gelegen kommen
2 **boucler** *ici:* fermer
3 **un car** un bus

4 **vous débarquez!** *ici: fam* vous ne comprenez rien!
5 **le débarquement** *ici:* l'arrivée des troupes alliées en Normandie, en 1944

Raymond Devos sur scène

– Ne criez pas ! ... Ne criez pas ! ... On va s'occuper de vous.
Alors, il a téléphoné au dépôt.
Mon vieux ! ... (regardant sa montre) :
A vingt-deux, le car était là.
Les flics m'ont embarqué[6] à trois ...
Et je suis arrivé au quart[7]. Où j'ai passé la nuit !
Voilà mes vacances !

Raymond Devos, *Matière à rire,* Olivier Orban, Paris 1991.

6 **embarquer qn** *fam ici:* emmener
7 **le quart** *ici:* Polizeiwache

1 a) Qu'est-ce que le voyageur veut faire et à quel problème est-ce qu'il se heurte ?
  b) Comment le problème est-il « résolu » à la fin de ce sketch ?
2 Retrouvez et expliquez les jeux de mots qui causent les malentendus et qui sont basés :
  a) sur l'*homophonie* (plusieurs mots de sens différents sont prononcés de la même façon) ;
  b) sur la *polysémie* (un même mot a plusieurs significations différentes selon le contexte).
3 a) Quelle « conclusion » tirez-vous de ce dialogue ?
  b) Suffit-il de parler la même langue pour se comprendre ? Qu'en pensez-vous ?

4 La leçon d'arithmétique

Utilisez un dictionnaire unilingue pour comprendre les mots du texte dont vous n'arrivez pas à retrouver le sens d'une autre manière.

L'Élève : J'ai une telle soif de m'instruire. Mes parents aussi désirent que j'approfondisse mes connaissances. Ils veulent que je me spécialise. Ils pensent qu'une simple culture générale, même si elle est solide, ne suffit plus, à notre époque.

Le Professeur : Et vous voudriez vous présenter ...

L'Élève : Le plus tôt possible, au premier concours de doctorat. C'est dans trois semaines.

Le Professeur : Et quel doctorat voulez-vous passer ? Sciences matérielles ou philosophie normale ?

L'Élève : Mes parents voudraient bien, si vous croyez que cela est possible en si peu de temps, ils voudraient bien que je passe mon doctorat total.

Le Professeur : Le doctorat total ? ... Vous avez beaucoup de courage, Mademoiselle, je vous félicite sincèrement. Nous tâcherons, Mademoiselle, de faire de notre mieux. D'ailleurs, vous êtes déjà assez savante. A un si jeune âge.
Si vous voulez bien ... alors ... nous ... nous ... je ... je commencerai par faire un examen sommaire de vos connaissances passées et présentes, afin de pouvoir en dégager la voie future ... Bon. Où en est votre perception de la pluralité ?

L'Élève : Elle est assez vague ... confuse.

Le Professeur : Bon. Nous allons voir ça. Voyons, Mademoiselle, voulez-vous que nous fassions un peu d'arithmétique, si vous voulez bien ...

L'Élève : Mais oui, Monsieur. Certainement, je ne demande que ça.

Le Professeur : C'est une science assez nouvelle, une science moderne ; à proprement parler, c'est plutôt une méthode qu'une science ... C'est aussi une thérapeutique.

L'Élève : Je vous suis, Monsieur.

Le Professeur *(spirituel.)* : Tout en restant assise !

L'Élève *(appréciant le mot d'esprit.)* : Comme vous, Monsieur.

Le Professeur : Bon. Arithmétisons donc un peu.

L'Élève : Oui, très volontiers, Monsieur.

Le Professeur : Cela ne vous ennuierait pas de me dire …

L'Élève : Du tout, Monsieur, allez-y.

Le Professeur : Combien font un et un ?

L'Élève : Un et un font deux.

Le Professeur *(émerveillé par le savoir de l'Élève.)* : Oh, mais c'est très bien. Vous me paraissez très avancée dans vos études. Vous aurez facilement votre doctorat total, Mademoiselle.

L'Élève : Je suis bien contente. D'autant plus que c'est vous qui le dites.

Le Professeur : Poussons plus loin : combien font deux et un ?

L'Élève : Trois.

Le Professeur : Trois et un ?

L'Élève : Quatre.

Le Professeur : Quatre et un ?

L'Élève : Cinq.

Le Professeur : Cinq et un ?

L'Élève : Six.

Le Professeur : Six et un ?

L'Élève : Sept.

Le Professeur : Sept et un ?

L'Élève : Huit.

Le Professeur : Sept et un ?

L'Élève : Huit … *bis.*

Le Professeur : Très bonne réponse. Sept et un ?

L'Élève : Huit *ter.*

Le Professeur : Parfait. Excellent. Sept et un ?

L'Élève : Huit *quater.* Et parfois neuf.

Le Professeur : Magnifique. Vous êtes magnifique. Vous êtes exquise. Je vous félicite chaleureusement, Mademoiselle. Ce n'est pas la peine de continuer. Pour l'addition, vous êtes magistrale. Voyons la soustraction. Dites-moi, seulement, si vous n'êtes pas épuisée, combien font quatre moins trois ?

L'Élève : Quatre moins trois ? … Quatre moins trois ?

Le Professeur : Oui. Je veux dire : retirez trois de quatre.

L'Élève : Ça fait … sept ?

Le Professeur : Je m'excuse d'être obligé de vous contredire. Quatre moins trois ne font pas sept. Vous confondez : quatre plus trois font sept, quatre moins trois ne font pas sept … Il ne s'agit plus d'additionner, il faut soustraire maintenant.

L'Élève : Je n'y arrive pas, Monsieur. Je ne sais pas, Monsieur.

Le Professeur : Prenons des exemples plus simples. Si vous aviez eu deux nez, et je vous en aurais arraché un … combien vous en resterait-il maintenant ?

L'Élève : Aucun.

Le Professeur : Comment aucun ?

L'Élève : Oui, c'est justement parce que vous n'en avez arraché aucun, que j'en ai un maintenant. Si vous l'aviez arraché, je ne l'aurais plus.

Le Professeur : Vous n'avez pas compris mon exemple. Supposez que vous n'avez qu'une seule oreille.

L'Élève : Oui, après ?

Le Professeur : Je vous en ajoute une, combien en auriez-vous ?

L'Élève : Deux.

Le Professeur : Bon. Je vous en ajoute encore une. Combien en auriez-vous ?

L'Élève : Trois oreilles.

Le Professeur : J'en enlève une … Il vous reste … combien d'oreilles ?

L'Élève : Deux.

Le Professeur : Bon. J'en enlève encore une, combien vous en reste-t-il ?

L'Élève : Deux.

Le Professeur : Non. Vous en avez deux, j'en prends une, je vous en mange une, combien vous en reste-t-il ?

L'Élève : Deux.

Le Professeur : J'en mange une … une.

L'Élève : Deux.

Le Professeur : Une.

L'Élève : Deux.

Le Professeur : Une !

L'Élève : Deux !

Le Professeur : Une ! ! !

L'Élève : Deux ! ! !

Eugène Ionesco, *La leçon,* Editions Gallimard, Paris 1954 (texte abrégé).

1 Faites le portrait a) de l'élève, b) du professeur tels que les présentent les dialogues et les instructions scéniques. (Voir les conseils donnés aux pages 161 - 162 et 184 - 185).
2 Expliquez la « logique » de l'élève en ce qui concerne la soustraction.
3 Relevez dans cette scène tous les éléments qui la rendent « absurde » et dites dans quelle mesure ils vous semblent « comiques » (voir les définitions ci-contre).
4 Supposez que le professeur donne ensuite une leçon de français à son élève. Choisissez pour cette nouvelle leçon un ou plusieurs « sujets d'étude » et réécrivez la scène librement à partir de la ligne 21.

Le comique

désigne, au sens large, tout ce qui fait rire.
On distingue notamment :
- le comique de *langage,* basé sur différents types de jeux de mots (p. ex.: textes 1, 2 et 3, pages 215 - 219) ;
- le comique de *caractère,* basé sur le comportement ridicule ou inhabituel des personnages (texte 5, p. 221 - 224) ;
- le comique de *situation,* basé sur le déroulement inattendu de l'action (p. ex. : texte 9, pages 228 - 230)

L'humour

est une forme d'esprit qui souligne les côtés comiques ou amusants de la réalité.
L' *humour noir* porte sur des situations graves (ou macabres) qu'on présente de manière comique plutôt que tragique (p. ex. : texte 8, p. 227)

La satire

s'attaque, en s'en moquant, à qn ou qc.
Elle se sert souvent de l' *ironie* (le fait d'affirmer le contraire de ce que l'on pense) ou du *sarcasme,* qui en est la forme la plus « dure » (p. ex. : textes 6 et 7, pages 224 et 225 - 226)

L'absurde

désigne tout ce qui est contraire à la logique ou au bon sens.
La « *philosophie de l'absurde* » (Sartre, Camus) considère que la vie n'a pas de véritable sens.
Le « *théâtre de l'absurde* » (Ionesco, Beckett) parodie souvent la réalité quotidienne et « dérègle » la langue, qui ne sert plus alors à communiquer, mais à illustrer le non-sens de l'existence.

5 Ah ! les belles lettres…

Maître de philosophie : Que voulez-vous donc que je vous apprenne ?

Monsieur Jourdain : Apprenez-moi l'orthographe.

Maître de philosophie : Soit. Pour bien suivre votre pensée et traiter cette matière en philosophe, il faut commencer, selon l'ordre des choses, par une exacte connaissance de la nature des lettres et de la différente manière de les prononcer toutes. Et là-dessus j'ai à vous dire que les lettres sont divisées en voyelles, ainsi dites voyelles parce qu'elles expriment les voix ; et en consonnes, ainsi appelées consonnes parce qu'elles sonnent avec les voyelles, et ne font que marquer les différentes articulations[1] des voix. Il y a cinq voyelles ou voix : A, E, I, O, U.

Monsieur Jourdain : J'entends[2] tout cela.

Maître de philosophie : La voix A se forme en ouvrant fort la bouche : A.

Monsieur Jourdain : A, A, oui.

1 **l'articulation** *f ici:* Aussprache
2 **entendre** *ici:* comprendre

Le Bourgeois gentilhomme dans une mise en scène de Jérôme Savary.

MAÎTRE DE PHILOSOPHIE : La voix E se forme en rapprochant la mâchoire[3] d'en bas de celle d'en haut : A, E.

MONSIEUR JOURDAIN : A, E ; A, E. Ma foi, oui. Ah ! que cela est beau !

MAÎTRE DE PHILOSOPHIE : Et la voix I, en rapprochant encore davantage[4] les mâchoires l'une de l'autre, et écartant[5] les deux coins de la bouche vers les oreilles : A, E, I.

MONSIEUR JOURDAIN : A, E, I, I, I, I. Cela est vrai. Vive la science !

MAÎTRE DE PHILOSOPHIE : La voix O se forme en rouvrant les mâchoires et rapprochant les lèvres par les deux coins, le haut et le bas : O. […]

MONSIEUR JOURDAIN : O, O, O. Vous avez raison. O. Ah ! la belle chose que de savoir quelque chose !

MAÎTRE DE PHILOSOPHIE : La voix U se forme en rapprochant les dents sans les joindre[6] entièrement, et allongeant les deux lèvres en dehors, les approchant aussi l'une de l'autre sans les joindre tout à fait : U. Vos deux lèvres s'allongent comme si vous faisiez la moue[7], d'où vient que, si vous la voulez faire à quelqu'un et vous moquer de lui, vous ne sauriez lui dire que U.

MONSIEUR JOURDAIN : U, U. Cela est vrai. Ah ! que n'ai-je étudié plus tôt pour savoir tout cela !

MAÎTRE DE PHILOSOPHIE : Demain nous verrons les autres lettres, qui sont les consonnes.

MONSIEUR JOURDAIN : Est-ce qu'il y a des choses aussi curieuses qu'à celles-ci ?

MAÎTRE DE PHILOSOPHIE : Sans doute. La consonne D, par exemple, se prononce en donnant du bout de la langue au-dessus des dents d'en haut : DA.

MONSIEUR JOURDAIN : DA, DA. Oui. Ah ! les belles choses ! les belles choses !

MAÎTRE DE PHILOSOPHIE : […] Et l'R, en portant le bout de la langue jusqu'au haut du palais[8] ; de sorte, qu'étant frôlée[9] par l'air qui sort avec force, elle lui cède[10] et revient toujours au même endroit, faisant une manière de tremblement : R, ra.

MONSIEUR JOURDAIN : R, r, ra ; R, r, r, r, r, ra. Cela est vrai. Ah ! l'habile homme que vous êtes ! et que j'ai perdu de temps ! R, r, r, ra.

MAÎTRE DE PHILOSOPHIE : Je vous expliquerai à fond[11] toutes ces curiosités.

MONSIEUR JOURDAIN : Je vous en prie. Au reste, il faut que je vous fasse une confidence. Je suis amoureux d'une personne de qualité[12], et je souhaiterais que vous m'aidassiez à lui écrire quelque chose dans un petit billet[13] que je veux laisser tomber à ses pieds.

3 **la mâchoire** Kiefer
4 **davantage** plus
5 **écarter** auseinander ziehen

6 **joindre** mettre en contact
7 **faire la moue** schmollen

8 **le palais** Gaumen
9 **frôler** toucher légèrement
10 **céder** *ici:* nachgeben

11 **à fond** complètement
12 **de qualité** *ici: vx* noble
13 **un billet** *ici:* une courte lettre

Maître de philosophie : Fort bien.

Monsieur Jourdain : Cela sera galant, oui.

Maître de philosophie : Sans doute. Sont-ce des vers que vous lui voulez écrire ?

Monsieur Jourdain : Non, non, point de vers.

Maître de philosophie : Vous ne voulez que de la prose ?

Monsieur Jourdain : Non, je ne veux ni prose ni vers.

Maître de philosophie : Il faut bien que ce soit l'un ou l'autre.

Monsieur Jourdain : Pourquoi ?

Maître de philosophie : Par la raison, monsieur, qu'il n'y a pour s'exprimer que la prose ou les vers.

Monsieur Jourdain : Il n'y a que la prose ou les vers ?

Maître de philosophie : Non, monsieur : tout ce qui n'est point prose est vers ; et tout ce qui n'est point vers est prose.

Monsieur Jourdain : Et comme l'on parle, qu'est-ce que c'est donc que cela ?

Maître de philosophie : De la prose.

Monsieur Jourdain : Quoi ! quand je dis : « Nicole, apportez-moi mes pantoufles, et me donnez mon bonnet[14] de nuit », c'est de la prose ?

Maître de philosophie : Oui, monsieur.

Monsieur Jourdain : Par ma foi ! il y a plus de quarante ans que je dis de la prose sans que j'en susse rien ; et je vous suis le plus obligé[15] du monde de m'avoir appris cela. Je voudrais donc lui mettre dans un billet : « Belle marquise, vos beaux yeux me font mourir d'amour », mais je voudrais que cela fût mis d'une manière galante, que cela fût tourné[16] gentiment[17].

Maître de philosophie : Mettre que les feux de ses yeux réduisent votre cœur en cendres[18] ; que vous souffrez nuit et jour pour elle les violences d'un …

Monsieur Jourdain : Non, non, non, je ne veux point tout cela ; je ne veux que ce que je vous ai dit : « Belle marquise, vos beaux yeux me font mourir d'amour. »

Maître de philosophie : Il faut bien étendre[19] un peu la chose.

Monsieur Jourdain : Non, vous dis-je, je ne veux que ces seules paroles-là dans le billet, mais tournées à la mode, bien arrangées comme il faut. Je vous prie de me dire un peu, pour voir, les diverses manières dont on les peut mettre.

Maître de philosophie : On les peut mettre premièrement comme vous avez dit : « Belle marquise, vos beaux yeux me font mourir d'amour. » Ou bien : « D'amour mourir me font, belle marquise, vos beaux yeux. » Ou bien : « Vos yeux beaux d'amour me font, belle marquise, mourir. » Ou bien : « Mourir vos beaux yeux, belle marquise, d'amour me font. » Ou bien : « Me font vos yeux beaux mourir, belle marquise, d'amour. »

Monsieur Jourdain : Mais, de toutes ces façons-là, laquelle est la meilleure ?

Maître de philosophie : Celle que vous avez dite : « Belle marquise, vos beaux yeux me font mourir d'amour. »

Monsieur Jourdain : Cependant je n'ai point étudié, et j'ai fait cela tout du premier coup. Je vous remercie de tout mon cœur, et vous prie de venir demain de bonne heure[20].

Maître de philosophie : Je n'y manquerai pas. *(Il sort.)*

14 **un bonnet** Mütze
15 **obligé,e** *ici:* reconnaissant (dankbar)
16 **tourner** *ici:* exprimer
17 **gentiment** *ici:* avec élégance
18 **la cendre** Asche

19 **étendre** *ici:* verlängern

20 **de bonne heure** tôt

Molière,
Le Bourgeois gentilhomme, 1670.

1 Récapitulez la scène en quelques phrases. Quelle « découverte » Monsieur Jourdain y fait-il ?
2 Relevez ce qui, dans cette scène, met en évidence a) la bêtise et b) la vanité de Monsieur Jourdain.
3 Décrivez l'attitude du maître de philosophie. Comment peut-on l'interpréter ?
4 A travers ces personnages, de qui ou de quoi Molière se moque-t-il, à votre avis ?
5 Comparez cette scène de théâtre à celle de *La Leçon*, de Ionesco, pages 219 - 221. Dites ce que ces textes ont en commun et en quoi ils sont différents.
6 Choisissez l'une des citations suivantes. Expliquez-la, puis rédigez un commentaire à ce sujet (voir les conseils donnés à la page 22).
a) *« Tout flatteur vit au dépens de celui qui l'écoute. »* (Jean de La Fontaine).
b) *« On peut faire faire tout à la plupart des hommes en les prenant par la vanité »* (Henry de Montherlant)
c) *« La vanité et la crainte du ridicule sont les traits les plus saillants du caractère français. C'est étrange, la vanité étant neuf fois sur dix la source du ridicule. »* (Elie Faure)

6 Comment reconnaître un intellectuel

Laquelle des citations suivantes vous plaît le plus ? Expliquez pourquoi.
« Un intellectuel, c'est quelqu'un qui entre dans une bibliothèque même quand il ne pleut pas. » (André Roussin)
« Les intellectuels craignent qu'une page qui se lit sans fatigue ne soit pas toujours l'expression de la vérité. » (Jean-Henri Fabre)
« Un con qui marche vaut dix intellectuels assis. » (Jacques Audiberti)

Comme l'échelle de monsieur Richter ou le thermomètre de monsieur Centigrade, l'intelligence de l'homme peut se situer à plusieurs degrés. Au degré le plus haut se situe l'intellectuel qui est un être d'exception : « intellectuel » vient du latin « intel », qui veut dire « tout le monde » et « ectuelus », qui veut dire « je ne suis pas ». Donc : « intellectuel » signifie littéralement[1] « je ne suis pas comme tout le monde ».
En effet, l'intellectuel est un être d'exception qui passe son temps à penser et à réfléchir à la place des autres.
Comment reconnaître un intellectuel ? Extérieurement, l'intellectuel porte une salopette[2] avec des bretelles[3] quand il va manger une salade au crabe à la Coupole[4]. A première vue, on pourrait penser que l'intellectuel s'habille ainsi pour se moquer des ouvriers. C'est faux ; généralement, il n'a jamais vu d'ouvrier d'assez près pour savoir comment ça s'habille. Au reste : *« On ne doit pas juger les gens sur leur mine[5]. L'habit ne fait pas le moine. »*
Bien qu'il n'ait jamais vu d'ouvrier (il n'y en a pratiquement pas à la Coupole), l'intellectuel écrit des choses pleines d'idées généreuses[6] et de substantifs abscons[7] sur la condition ouvrière, puis il résout la crise au San Salvador dans un article pour un journal de cadres, puis il s'interroge sur les responsabilités de l'Occident dans la malnutrition[8] du Tiers-Monde, puis il reprend une deuxième salade au crabe, puis il va revoir pour la septième fois *la Veuve joyeuse* de Lubitsch dans la version anglophone, parce que le travail du second assistant machino[9] lui semble plus fouillé[10] que dans la version francophone où, d'autre part, Maurice Chevalier s'exprime en français, langue extrêmement vulgaire. (Pour un intellectuel, une langue vulgaire c'est une langue qu'on comprend.)
Au plus bas degré de l'intelligence, il y a l'imbécile[11], c'est-à-dire tout le monde, c'est-à-dire vous et moi. Surtout vous. Moi, je ne peux pas être vraiment un imbécile, car je suis un être différent. C'est marqué dans mon journal : *« Après chaque rasage, utilisez BRUT de Mèmène, l'after-shave au céleri-rave[12]. Vous serez un être différent. »*

1 **littéralement** wörtlich
2 **une salopette** Latzhose
3 **les bretelles** *f* Hosenträger
4 **la Coupole** un restaurant chic, à Paris *(photo p. 225)*
5 **la mine** *ici:* l'apparence
6 **généreux,-se** *ici:* noble, idéaliste
7 **abscons,e** difficile à comprendre
8 **la malnutrition** le manque de nourriture
9 **un machino** *fam* un machiniste (ouvrier qui s'occupe des machines)
10 **fouillé,e** *ici: fam* raffiné, approfondi
11 **un imbécile** un idiot
12 **le céleri-rave** Knollensellerie

Nous sommes ainsi des milliers en France à être des êtres différents. Il ne faut pas nous confondre[13] avec les imbéciles qu'on reconnaît aisément : les imbéciles ne se mettent rien sur la figure après chaque rasage, et, d'autre part, leur chemise est moins blanche que la chemise de mon mari. Mais il ne faut pas désespérer[14] des imbéciles. Avec un peu d'entraînement[15], on peut arriver à en faire des militaires.

Pierre Desproges, *Petit manuel de savoir-vivre à l'usage des rustres et des malpolis,*

13 **confondre** verwechseln
14 **désespérer de qn** perdre l'espoir (qu'on a en qn)
15 **l'entraînement** l'exercice

Le restaurant de la Coupole.

1 Analysez la définition de l'intellectuel donnée dans ce texte : Qu'est-ce qu'elle nous apprend sur le « sérieux » du texte et sur l'intention de son auteur ?
2 Résumez le portrait que Desproges fait de l'intellectuel.
3 Relevez les moyens stylistiques que l'auteur utilise ici par ironie et classez-les en trois catégories :
   a) les formes d'exagération ; b) les effets de contraste ;
   c) les autres effets de style. (Pour les figures de style, voir page 43.)
4 Quel est le passage où le détail qui vous semble le plus amusant ? Pourquoi ? De quelle forme de comique s'agit-il surtout dans ce texte ? (Voir les définitions de la page 221.)
5 A votre avis, pourquoi Desproges (comme beaucoup d'autres auteurs satiriques) se moque-t-il des intellectuels ?
6 Choisissez un autre « personnage-type » (p. ex. le militaire, le sportif, l'homme politique, le fonctionnaire, etc.) et rédigez sur lui un texte « à la Desproges ».

7 La faute à Jeanne d'Arc

Que savez-vous du personnage de Jeanne d'Arc ? Qui était-elle, et que symbolise-t-elle pour les Français ?

Il est des vérités dures à entendre. La langue française, on ne peut plus se le cacher, tourne en eau de boudin[1]. Pas seulement à l'étranger ou dans les assemblées internationales, mais en France même. L'anglo-américain écrase[2] tout, partout, il n'y en a que pour lui, le français est réduit à l'état de dialecte local pittoresque[3] à l'usage des snobs. Quelque chose de comparable au grec ancien ou au parler des tribus Bonlolo du haut Oubangui.

En France même, n'importe quel instituteur vous le dira, des dadais[4] de quinze ans ne savent pas écrire. Je dis bien : littéralement. Ne lisent pas, déchiffrent lettre à lettre, sont incapables de faire la différence, à l'oreille, entre les sons « é » et « ait ».

Les parents d'élèves se foutent[5] de la langue, du savoir et de la culture. Les parents d'élèves envoient leurs mômes[6] à l'école pour qu'ils y apprennent à gagner plus de fric qu'eux en se salissant[7] moins les mains. A quoi sert le français ? A devenir prof de français, profession où l'on gagne moins qu'à conduire un camion. Laisse tomber, mon fils ! T'en sais assez pour demander ton chemin dans la rue et pour remplir ta

1 **tourner en eau de boudin** *fam* disparaître peu à peu
2 **écraser** erdrücken
3 **pittoresque** malerisch
4 **un dadais** *fam* un enfant peu intelligent
5 **se foutre de** *pop* se moquer totalement de
6 **un môme** *fam* un enfant
7 **se salir** –> sale

8 une déclaration d'impôts Steuererklärung
9 tirer la langue *ici:* faire qc avec difficulté, peiner
10 une tache Klecks
10 épater qn étonner
11 mettre la piquette à qn *fam* jdn haushoch schlagen
12 se cramponner à festklammern
13 imposer qc à qn forcer qn à (faire) qc
14 un envahisseur qn qui occupe un pays étranger (–> envahir)
15 désapprendre oublier
16 établir *ici:* installer
17 vaste très grand
18 fertile fruchtbar
19 un caillou une petite pierre
20 aride sec, ≠ fertile
21 les landes *f* Heide
22 le centre de gravité *(f)* Schwerpunkt
23 en moins de deux *fam* tout de suite, très rapidement
24 louper *fam* rater, manquer

déclaration d'impôts[8], peut-être en tirant la langue[9] et en faisant des taches[10], mais bon, ça n'arrive qu'une fois par an.

Tout ça, c'est la faute à Jeanne d'Arc. Écoutez voir.

S'il n'y avait pas eu Jeanne d'Arc, la France perdait la guerre de Cent Ans, vous êtes bien d'accord ? Si pas de Jeanne d'Arc, le roi de France perdait la guerre et le roi d'Angleterre devenait en plus roi de France. Vu ?

Or, qui était le roi d'Angleterre ?

Un Français. Parfaitement. Là, je vous épate[10]. Plantagenêt, il s'appelait. Quoi de plus français que ça ? Tout en étant rois d'Angleterre, les Plantagenêt étaient ducs d'Anjou et d'Aquitaine et seigneurs de beaucoup d'autres lieux en France. Ils parlaient français, évidemment. Et même exclusivement. Toute l'Angleterre parlait français. Eh, oui. Depuis plus de trois siècles, exactement depuis que Guillaume, duc de Normandie, avait mis la piquette[11] aux Anglo-Saxons à Hastings. Toute l'Angleterre parlait français, c'est-à-dire le roi, la cour, les seigneurs, les curés, les militaires, l'administration, l'université, le commerce … Seul le bas peuple se cramponnait[12] encore à un dialecte saxon qui lui avait été imposé[13] quelques siècles plus tôt par les envahisseurs[14] angles, saxons et danois. Le peuple ne se souvenait même plus que son parler d'origine était un patois celtique. Ce n'était donc qu'une question de temps, le peuple désapprendrait[15] l'anglo-saxon et apprendrait le français, tout comme il avait désappris le celtique au profit de l'anglo-saxon.

Si donc Jeanne d'Arc n'était pas venue, le roi d'Angleterre, devenu légitime roi régnant de France, aurait établi[16] sa résidence à Paris. Il était français, ne l'oublions pas, la France était alors un pays vaste[17], fertile[18], riche, civilisé, alors que l'Angleterre n'était qu'un caillou[19] aride[20], couvert de landes[21] et de forêts, dont la seule ressource consistait en la laine de ses moutons. Aucun doute là-dessus, le roi de France et d'Angleterre aurait tenu sa cour à Paris, le centre de gravité[22] du système eût été Paris, le peuple d'Angleterre eût parlé français en moins de deux[23] …

Et voyez-vous ce que je vois ? Les États-Unis d'Amérique parleraient français, ainsi que le Canada, l'Australie, l'Afrique anglophone … Le français serait la langue internationale par excellence, diplomatie, sciences, techniques, sports, danses, tout ça se dirait en français … Le rock serait le roque, un hot-dog serait un chien-chaud et coca cola se dirait beaujolais-villages … Non mais, vous vous rendez compte, un peu, ce qu'elle nous a fait louper[24], l'autre, avec ses visions ?

Cavanna, *De Coluche à Mitterrand,* L'Archipel, Paris 1993 (texte abrégé).

1 Quel est le problème « de base » du français et quelles sont, d'après Cavanna, ses causes immédiates ?
2 a) Quelles sont, d'après l'auteur, les causes historiques ? Expliquez son raisonnement.
b) Consultez un livre d'histoire ou un dictionnaire encyclopédique (ou renseignez-vous auprès de votre professeur d'histoire) au sujet des événements mentionnés dans ce texte et dites si on peut confirmer l'hypothèse de Cavanna.
3 De quelle manière le comique est-il introduit dans le texte ? Relevez les figures de style (voir aussi la page 43) qui servent à produire un effet comique.
4 Dans son *Catalogue des idées reçues sur la langue*, la linguiste Marina Yaguello explique que *« le purisme linguistique est […] irréaliste, parce que, quelle que soit la force des différentes instances de répression linguistique (l'école, l'académie, etc.), on n'a jamais arrêté l'évolution d'une langue, sauf en cessant de la parler. »*
a) En quoi cette attitude s'oppose-t-elle à celle de Cavanna ?
b) Prenez position pour ou contre l'affirmation de Yaguello et rédigez un commentaire en suivant les conseils donnés à la page 22.

8 Heureux père

A partir des mots suivants, écrivez une histoire courte (et si possible amusante) dont le cadre serait une maternité (Entbindungsklinik) :
le nouveau-né - l'heureux papa - un incident[1] *- l'effusion*[2] *- le sang - les infirmières*[3] *- le docteur - une sacrée chance.*

L'infirmière lui remit le poupon[4]. Un garçon ! Ah ! Il avait réussi son coup ! Rien d'étonnant, un homme aussi malin que lui ...

– Guli, guli, guli, guli ... prout prout prout ... iaou, ia ... ou ... hou ... ouou ... agna, agna ... tchi ... ia ... tchi ... i ... i ... i ...

Tout le portrait de son père : un front obtus[5], le nez stupide, de petits yeux de cochon, une bouche avare, déjà pourrie[6] d'égoïsme. Guli, guli, guli ... L'heureux papa le trimbale[7] dans les couloirs de la clinique. Il en fera un homme. Décidé aux pires sacrifices[8] pour qu'il devienne comme lui : un coureur de corsets[9], une plaie[10], un adjudant, une huître[11].

Le poupon bavait[12] à ces réjouissantes[13] perspectives, lorsqu'un bruit sourd[14] alerta[15] le corps médical : le père, dans ses effusions, l'avait jeté en l'air et, tellement confiant en l'avenir de son fils, n'avait plus songé[16] à le rattraper ! Une petite masse de chair[17] baignait dans le sang, sur le carreau[18].

– Qui s'est permis de confier le nouveau-né au père ? demanda le médecin aux infirmières surgies[19] de toutes les portes.

– C'est moi, Docteur, répondit l'une d'elles. Monsieur a tant insisté ... Naturellement, je ne lui ai pas donné le sien. Celui-ci c'est Vincent ; vous savez, Vincent, il a un mois et a déjà commis quatre meurtres.

– Ah oui, fit le docteur en se frappant le front, c'est ce chérubin[20] qui se lève la nuit de son berceau[21] pour aller étrangler[22] ses petits camarades ! ... Un cas intéressant ... C'est bon, n'en parlons plus. Allons, Mesdames, au travail ! Enlevez ça. L'incident est clos[23].

Et se tournant vers le père décomposé[24] :

– Une sacrée chance, citoyen. Il fera son chemin votre gaillard[25] !

René de Obaldia, *Richesses naturelles,* Editions Grasset, Paris 1971.

1 **un incident** Zwischenfall
2 **une effusion** Blutvergießen; Gefühlsausbruch
3 **une infirmière** une femme qui s'occupe des malades
4 **un poupon** un bébé
5 **obtus,e** *ici:* qui donne une impression de stupidité
6 **pourri,e** gâté (verdorben)
7 **trimbaler** porter
8 **un sacrifice** –> sacrifier
9 **un coureur de corsets** Schürzenjäger
10 **une plaie** *ici:* une peste
11 **une huître** Auster; *ici: fam* une personne stupide
12 **baver** sabbern
13 **réjouissant,e** qui rend content
14 **sourd** *ici:* dumpf, matt
15 **alerter** alarmer
16 **songer** *ici:* penser
17 **la chair** la viande humaine
18 **le carreau** Kachel(boden) (rester) sur le carreau mort ou blessé
19 **surgir** apparaître brusquement
20 **un chérubin** un petit ange
21 **un berceau** un lit de bébé
22 **étrangler** erwürgen
23 **clos,e** *ici:* terminé
24 **décomposé,e** *ici:* très pâle
25 **un gaillard** un robuste garçon

1 Décrivez le père ainsi que le bébé.
2 Qu'est-ce qui constitue le point culminant de l'histoire ? En quoi consiste son dénouement ?
3 a) Qu'est-ce qui est amusant dans ce texte ? Pourquoi appelle-t-on cela de l'humour *noir* ?
b) Quels moyens l'auteur emploie-t-il pour rendre son texte comique ?
4 Peut-on rire de tout ? Pour le comédien et humoriste François Rollin, *« les gens qui posent cette question ont l'intention d'imposer des limites : les leurs !»* Il pense, quant à lui, qu'*« on peut rire de tout, sans aucune limite, du moment que c'est drôle ! Cela dépend des intentions, des circonstances. »*
Etes-vous d'accord avec lui ? Rédigez un commentaire dans lequel vous prendrez comme exemples des « intentions » et des « circonstances » qui font que certaines formes d'humour sont acceptables et d'autres pas.

9 La faim justifie les moyens

Suite à une panne d'ascenseur, le personnage principal du roman duquel est tiré le passage suivant se retrouve coincé pendant plusieurs jours entre deux étages de l'immeuble de Mme Valmer. On arrive bien à lui passer de la nourriture, mais comme personne ne semble pouvoir le tirer de là, il commence à s'habituer à sa situation de prisonnier.

C'est dans la nuit du 23 au 24 décembre que la chose arriva.

Il dormait à poings fermés[1] depuis une heure ou deux lorsque soudain il se réveilla.

Quelque chose d'inhabituel se passait.

Il se leva et prêta l'oreille[2]. Derrière la porte de l'appartement, il y eut un gros rire, un rire d'homme. Puis Charles reconnut la voix de Mme Valmer. Il tendit l'oreille au maximum. L'homme dit alors avec un fort accent négro-africain :

– ... Il a toujours été bien nou'i[3], c'est de la bonne qualité.

Suivit une question de Mme Valmer, que Charles ne comprit pas.

– Non, répondit le Noir, il faud'a le tuer au de'nier moment, juste avant la cuisson[4]. C'est meilleur.

Charles sentit son sang se glacer[5].

– Le tout, reprit le Noir, c'est qu'il ne se doute[6] de 'ien. S'il a peur, il 'isque de prendre un mauvais goût ... On va se 'égaler[7] ... Bon, maintenant je dois m'en aller. A demain.

Puis ce fut le silence. Sans doute le Noir était-il parti par l'escalier de service.

Charles se tourna vers la glace. Il ne reconnut pas sa figure.

« Mangé ! Je vais être mangé ! Je vais finir en petits morceaux, dans l'estomac de gens que je ne connais même pas ! »

Etait-il possible que les mœurs[8] eussent évolué[9] si vite durant son absence ? Etait-ce devenu la mode de manger quelqu'un à la maison ? Ou avait-il affaire à une bande de pervers ? ...

Non, il refusait d'y croire. Des cannibales en plein Paris, c'était rigoureusement[10] inconcevable[11]. Et pourtant ...

Charles écrasa[12] son visage contre le miroir en grimaçant. « Pourquoi moi ? ... Qu'ai-je fait de pas normal pour mériter ça ? » Il s'imagina en train de cuire dans une marmite[13], et il se mit à pleurer. [...]

Les invités étaient arrivés les uns après les autres mais Charles n'avait pas voulu les voir. Recroquevillé[14] dans un coin, il était prêt à défendre farouchement[15] sa liberté de rester dans l'ascenseur.

Mais soudain il sentit la cabine vibrer, puis monter ... Affolé[16], il vit sur le palier Mme Valmer au milieu d'un groupe d'invités en smoking. La grille s'ouvrit, des applaudissements crépitèrent[17], des bras le saisirent, le soulevèrent ...

– Non ! hurla-t-il. Vous n'avez pas le droit ! Je n'ai rien fait !

Charles se débattait[18], donnant du bec et de l'aile[19], s'accrochant furieusement à l'ascenseur. Mais les autres étaient plus forts et à la fin il céda[20]. Traîné par les pieds, il essaya encore de s'accrocher au sol, beuglant[21] comme un veau. On le souleva, on l'introduisit dans une pièce, on l'allongea[22] sur une table. Ils étaient au moins six à le maintenir. Il bavait[23], les yeux fous, la barbe en bataille[24]. Il vit qu'il était dans une cuisine. Il chercha à mordre.

1 **(dormir) à poings fermés** d'un sommeil profond
2 **prêter l'oreille** écouter
3 **nou'i, faud'a, de'nier** *(etc.)* nourri, faudra, dernier *(les Noirs prononcent mal les* r *français)*
4 **la cuisson** -> *cuire* (kochen)
5 **se glacer** -> devenir très froid
6 **se douter (de qc)** (er)ahnen
7 **se régaler** schlemmen, genießen
8 **les mœurs** *f* Sitten
9 **évoluer** se développer
10 **rigoureusement** totalement
11 **inconcevable** inimaginable
12 **écraser** *ici:* presser
13 **une marmite** une grande casserole
14 **recroquevillé,e** zusammengekauert
15 **farouchement** sauvagement
16 **affolé,e** devenu fou
17 **crépiter** *ici:* losbrechen
18 **se débattre** se défendre (avec des gestes)
19 **donner du bec et de l'aile** se débattre énergiquement
20 **céder** nachgeben
21 **beugler** blöken
22 **allonger** *ici:* coucher
23 **baver** sabbern
24 **en bataille** *ici:* en désordre

Brusquement la face hilare[25] d'un Noir se pencha sur lui. Il s'évanouit[26]. Lorsqu'il reprit conscience, il n'osa pas ouvrir les yeux. Il sentit qu'il baignait dans une immense marmite. Malgré la chaleur du bouillon, il se mit à trembler et à claquer des dents.

– Décontractez-vous[27], fit Mme Valmer.

Il ouvrit des yeux terrorisés. Il était dans une baignoire[28].

Il renifla[29] bruyamment et se sentit tout de suite mieux. Si on lui faisait prendre un bain, peut-être y avait-il un espoir ?

Mais soudain il comprit : on ne mange pas quelqu'un de sale. Avant de le saigner[30] et de le vider, il était normal de le laver à grande eau.

– Vous avez l'air tout tristounet[31], dit Mme Valmer. Allons ! Vous avez fait une fixation sur cet ascenseur, mais maintenant c'est fini, il faut tout oublier … D'accord ?

– Oui …

– Très bien … Allez, zou ! assez fait trempette[32] ! Venez vite rassurer mes amis, ils se font un souci monstre à votre sujet. Voilà des vêtements propres et un smoking. Je vous attends dehors.

Ils entrèrent dans le salon.

– Voilà donc notre rescapé[33] récalcitrant[34], dit en souriant un gros homme joufflu[35]. Vous vous êtes débattu comme un diable dans un bénitier[36].

– Surpris en pleine rêverie, répondit Charles, j'avoue avoir réagi avec un peu d'humeur je vous présente toutes mes excuses.

– Ainsi vous rêviez ! s'exclama une jeune fille aux dents de hamster. Vous êtes donc poète ? C'est si délicieux, les poètes …

– Quoi qu'il en soit, déclara une dame bedonnante[37], nous sommes tous ravis de vous voir sur pied et de goûter votre présence.

« Quel homme exquis », entendait-il murmurer derrière lui. « Et d'un naturel ! … »

Manifestement ils avaient faim. « Qu'est-ce qu'on attend ? » entendit Charles derrière lui.

Blanc comme un linge, plus mort que vif, il s'approcha de la fenêtre avec l'idée d'appeler au secours. Il l'ouvrit, et se pencha. Personne dans la rue. Juste au-dessous, il y avait un grand platane illuminé.

Bon, il n'y avait qu'une alternative : soit se barricader dans les toilettes, ce qui ne ferait que retarder de quelques minutes l'échéance fatale[38], soit filer carrément[39] à la cuisine et attaquer le Noir par surprise avec ses ciseaux à ongles … Oui, il fallait passer à l'offensive le premier !

Mais au moment où il allait mettre son projet à exécution[40], le Noir apparut dans le salon. Il portait un tablier de boucher avec un couteau de cuisine à la ceinture. Grand et musclé, les yeux brillants, il pétillait[41] de santé et de bonne humeur. Les convives[42] l'applaudirent.

– Voilà l'exécuteur des hautes œuvres[43], dit quelqu'un.

– Y a plus qu'à l'embrocher[44], fit le Noir, radieux[45].

Mme Valmer, suivie d'un prêtre, s'avança vers Charles et dit :

– Je vous présente Niam. C'est lui qui va se charger de tout.

Charles considéra le Noir avec fascination, comme le coq regarde le renard qui vient de s'introduire dans le poulailler[46].

– Pou'quoi t'as peur ? demanda le Noir en continuant d'avancer, toujours souriant d'une oreille à l'autre. Tu tiens trop à la vie, ça te gâte l'existence …

25 **hilare** très gai
26 **s'évanouir** perdre conscience
27 **se décontracter** se détendre, se relaxer
28 **une baignoire** Badewanne
29 **renifler** schniefen
30 **saigner** *ici:* (ab)stechen
31 **tristounet,-te** *fam* triste
32 **faire trempette** *fam* se baigner
33 **un rescapé** qn qui a été sauvé
34 **récalcitrant,e** qui résiste
35 **joufflu,e** qui a de grosses joues
36 **le bénitier** Weihwasserbecken
37 **bedonnant,e** *fam* qui a un gros ventre
38 **l'échéance fatale** Gnadenfrist
39 **carrément** directement
40 **mettre qc à exécution** réaliser qc
41 **pétiller** sprudeln
42 **un convive** un invité
43 **l'exécuteur des hautes œuvres** Henker
44 **embrocher** aufspießen
45 **radieux, -se** qui a l'air content
46 **un poulailler** Hühnerstall

47 **en nage** nassgeschwitzt
48 **bredouiller** stammeln
49 **décevoir** enttäuschen
50 **impropre à** ungeeignet für
51 **un prunier** un arbre qui porte des prunes
52 **entailler** einritzen
53 **le rebord** Sims, Brüstung
54 **glapir** kreischen
55 **une fraction** Bruchteil
56 **le vide** *ici:* Abgrund
57 **se précipiter** sich stürzen
58 **la broche** –> embrocher
59 **détendu,e** décontracté

Charles était en nage[47]. Il bredouilla[48] :

– Je vous en prie ... Il y a sûrement un malentendu entre nous. Le tout c'est de discuter ... J'ai de l'argent ...

Le Noir lui mit la main sur l'épaule :

– Calme-toi, tout i'a bien ...

– Je ... je vous en prie, monsieur Niam, maîtrisez-vous ... Je ne suis pas bon, je vous décevrais[49] ... Je suis impropre[50] à la consommation ... Je peux obtenir un certificat médical ...

Alors, le Noir prit Charles par les épaules et se mit à le secouer comme un prunier[51] :

– 'éveille-toi ! 'éveille-toi !

Terrorisé, Charles sortit les ciseaux à ongles et lui porta un petit coup qui lui entailla[52] la joue. Le Noir eut un regard mauvais. Charles grimpa sur le rebord[53] de la fenêtre en glapissant[54] :

– Mais puisque je vous dis que je suis immangeable ! Je suis mauvais ! mauvais ! mauvais !

Il hésita une fraction[55] de seconde entre le Noir et le vide[56].

Il choisit le vide.

Les invités se précipitèrent[57] à la fenêtre. Seule Mme Valmer ne bougea pas. Le Noir dit alors :

– Quand le chacal entend les chasseurs, il c'oit que c'est lui qu'on cherche.

Puis il retourna à la cuisine et revint avec le mouton qu'il avait préparé pour la broche[58].

Les pompiers arrivèrent rapidement. Charles avait atterri dans le platane illuminé. Détendu[59], calme, naturel, il avait l'air tout à fait bien, sauf qu'il était mort. Les bras en croix, il ressemblait à un ornement de Noël.

Henri-Frédéric Blanc,
Combat de fauves au crépuscule,
Actes Sud, Arles 1990
(texte abrégé).

1 Faites le résumé de cette histoire. (Voir les conseils donnés à la page 17.)
2 a) Comment le malentendu du début du texte voit-il le jour ?
 b) Montrez que ce malentendu fait mal interpréter à Charles les intentions des autres personnes.

Pour les exercices 3 à 6, voir aussi les pages 161 - 162 et 172 - 173.

3 Relevez tout ce qui contribue à entretenir la *tension* du récit :
 a) les mots et les expressions qui appartiennent au domaine *animal* ;
 b) les paroles des invités qui se rapportent au plaisir de *manger* ;
 c) les allusions à la boucherie et à la *mort.*
4 a) Où se trouve le *point culminant* de ce récit ?
 b) Retrouvez ce qui, aux lignes 82 - 94, permet d'imaginer la fin prochaine.
5 a) En quoi consiste le *dénouement* ?
 b) L'auteur y fait discrètement allusion bien avant la fin : retrouvez le passage en question.
6 De quel type de *narrateur* l'auteur se sert-il dans ce texte ? Qu'est-ce que ce choix apporte au récit, sur le plan dramatique ?
7 a) Expliquez ce que signifie le proverbe cité par le Noir aux lignes 115 - 116. Quel rapport y a-t-il avec le texte ?
 b) Commentez ce proverbe en vous basant sur des exemples pris hors du texte.
8 Quelles réactions vous inspirent les dessins de Geluck, ci-dessous ?

10 Un peu de morale

1 La Cigale[1], ayant chanté
Tout l'été
Se trouva fort dépourvue[2]
Quand la bise[3] fut venue :
Pas un seul petit morceau
De mouche ou de vermisseau[4].
Elle alla crier famine[5]
Chez la Fourmi[6] sa voisine,
La priant de lui prêter
Quelque grain[7] pour subsister[8]
Jusqu'à la saison nouvelle.
« Je vous paierai, lui dit-elle,
Avant l'oût[9], foi d'animal[10],
Intérêt[11] et principal[12]. »
La Fourmi n'est pas prêteuse :
C'est là son moindre[13] défaut.
« Que faisiez-vous au temps chaud ?
Dit-elle à cette emprunteuse[14].
– Nuit et jour à tout venant[15]
Je chantais, ne vous déplaise[16].
– Vous chantiez ? j'en suis fort aise[17] :
Eh bien ! dansez maintenant. »

2 La Fourmi, ayant stocké[18]
Tout l'hiver
Se trouva fort encombrée[19]
Quand le soleil fut venu :
Qui lui prendrait ces morceaux
De mouches ou de vermisseaux ?
Elle tenta de démarcher[20]
Chez la Cigale sa voisine,
La poussant à s'acheter
Quelque grain pour subsister
Jusqu'à la saison prochaine.
« Vous me paierez, lui dit-elle,
Après l'oût, foi d'animal,
Intérêt et principal. »
La Cigale n'est pas gourmande[21] :
C'est là son moindre défaut.
« Que faisiez-vous au temps froid ?
Dit-elle à cette amasseuse[22].
– Nuit et jour à tout venant
Je stockais, ne vous déplaise.
– Vous stockiez ? j'en suis fort aise :
Eh bien ! soldez[23] maintenant. »

1 **une cigale** Zikade, Grille
2 **dépourvu,e** *ici:* sans moyens
3 **la bise** un vent froid
4 **un vermisseau** un petit ver
5 **crier famine** se plaindre de la faim
6 **la fourmi** Ameise
7 **le grain** Korn
8 **subsister** survivre
9 **oût** *vx* août
10 **foi d'animal** *ici:* Ehrenwort
11 **l'intérêt** *ici:* Zins
12 **le principal** *ici: vx* le capital
13 **le moindre ...** le plus petit...
14 **une emprunteuse** –> *emprunter (*ausleihen)
15 **à tout venant** à n'importe qui
16 **ne vous (en) déplaise** wenn's recht ist
17 **(être) fort aise** très heureux
18 **stocker** amasser
19 **être encombré,e** le fait d'avoir sa maison trop pleine
20 **démarcher** *ici:* chercher à vendre
21 **gourmand,e** qui aime manger
22 **une amasseuse** Sammlerin
23 **solder** baisser le prix pour mieux vendre

3 « Nous sommes maintenant bien vieilles,
Dit la cigale à la fourmi.
A quoi te servent aujourd'hui
Tes richesses et tes merveilles ?
Toutes deux nous allons mourir.
Moi, j'aurai cessé[24] de souffrir
Des suites de mon imprudence.
Toi, tu mourras dans l'abondance[25].
Mais tu laisseras ton trésor[26]
Ici-bas[27]. Car ce n'est pas l'or
Qu'on emporte dans l'autre monde.
– Ma voisine, dit la fourmi,
Ces propos sont d'un cœur ami
Et dont la sagesse[28] est profonde.
Mais, d'un seul mot, je me défends :
J'ai travaillé pour mes enfants. »

24 **cesser** arrêter
25 **l'abondance** *f* la grande quantité; *ici:* la richesse
26 **un trésor** Schatz
27 **ici-bas** sur terre
28 **la sagesse** Weisheit

1 Jean de La Fontaine, *Fables, livre I/1,* 1668 ;
2 Françoise Sagan, dans : *La cigale et la fourmi,* Editions Safrat, Paris 1989 ;
3 Albert Christophle, *Fables,* 1902, dans : *La cigale et la fourmi,* Editions Safrat, Paris 1989.

1 Dans le texte de La Fontaine, pourquoi la cigale va-t-elle chez la fourmi et comment celle-ci réagit-elle ?
2 a) Quelles qualités ou quels défauts les deux insectes représentent-ils ? Sincèrement, lequel des deux vous paraît le plus sympathique ?
   b) Formulez la morale que La Fontaine cherche à transmettre à travers sa fable. Etes-vous d'accord avec cette morale ? Pourquoi (pas)?
3 En quoi la parodie de Françoise Sagan diffère-t-elle principalement du texte original ?
4 A votre avis, pourquoi Sagan a-t-elle écrit ce texte ? Formulez sa « morale » en une seule phrase.
5 Comparez la version de Christophle à celle de La Fontaine. Comment la Cigale apparaît-elle dans ce troisième texte ?
6 Quelle est la « morale » de Christophle ? Qu'en pensez-vous ?
7 Choisissez une autre fable de La Fontaine (p. ex. *Le loup et le chien, Le lièvre et la tortue, Le chêne et le roseau, Le corbeau et le renard*) et réécrivez-la
   a) à la manière de Sagan ;
   b) à la manière de Christophle.
8 Parmi tous les textes que vous avez lus dans ce chapitre, lequel vous a le plus amusé ? Expliquez pourquoi.

Chapitre 13

Littératures

et mondes possibles

1 Bienvenue à Eldorado

Après avoir été chassé du château où il a grandi, Candide, fils bâtard[1] d'un noble de Vestphalie, entreprend un long voyage autour du monde qui le mène, lui et son compagnon métis[2] Cacambo, en Amérique du Sud. Epuisés[3] et affamés[4], ils arrivent au pays d'Eldorado.

Cacambo dit à Candide : « Nous n'en pouvons plus, nous avons assez marché ; j'aperçois un canot vide sur le rivage[5], emplissons-le de cocos, jetons-nous dans cette petite barque, laissons-nous aller au courant[6] ; une rivière mène toujours à quelque endroit habité. Si nous ne trouvons pas des choses agréables, nous trouverons du moins des choses nouvelles. – Allons, dit Candide, recommandons-nous à la Providence[7]. »

1 **bâtard,e** unehelich
2 **métis,se** dont le père et la mère sont de races différentes
3 **épuisé,e** à bout de forces
4 **affamé,e** qui a très faim
5 **le rivage** la côte, la plage
6 **le courant** le mouvement de l'eau
7 **la Providence** die Vorsehung

Ils voguèrent[8] quelques lieues[9] entre des bords tantôt fleuris, tantôt arides[10], tantôt unis, tantôt escarpés[11]. La rivière s'élargissait toujours ; enfin elle se perdait sous une voûte[12] de rochers épouvantables qui s'élevaient jusqu'au ciel. Les deux voyageurs eurent la hardiesse[13] de s'abandonner aux flots sous cette voûte. Le fleuve, resserré[14] en cet endroit, les porta avec une rapidité et un bruit horribles. Au bout de vingt-quatre heures il revirent le jour ; mais leur canot se fracassa[15] contre les écueils[16] ; il fallut se traîner de rocher en rocher pendant une lieue entière ; enfin ils découvrirent un horizon immense, bordé de montagnes inaccessibles[17]. Le pays était cultivé pour le plaisir comme pour le besoin ; partout l'utile était agréable. Les chemins étaient couverts ou plutôt ornés[18] de voitures d'une forme et d'une matière brillante, portant des hommes et des femmes d'une beauté singulière, traînés rapidement par de gros moutons rouges qui surpassaient en vitesse les plus beaux chevaux d'Andalousie[19], de Tétuan et de Méquinez[20].

« Voilà pourtant, dit Candide, un pays qui vaut mieux que la Vestphalie. » Il mit pied à terre avec Cacambo auprès du premier village qu'il rencontra. Quelques enfants du village, couverts de brocarts[21] d'or tout déchirés, jouaient au palet[22] à l'entrée du bourg ; nos deux hommes de l'autre monde s'amusèrent à les regarder : leurs palets étaient d'assez larges pièces rondes, jaunes, rouges, vertes, qui jetaient un éclat singulier[23]. Il prit envie aux voyageurs d'en ramasser quelques-uns ; c'était de l'or, c'était des émeraudes[24], des rubis[25], dont le moindre aurait été le plus grand ornement du trône du Mogol[26]. « Sans doute, dit Cacambo, ces enfants sont les fils du roi du pays, qui jouent au petit palet. » Le magister[27] du village parut dans ce moment pour les faire rentrer à l'école. « Voilà, dit Candide, le précepteur[28] de la famille royale. »

Les petits gueux[29] quittèrent aussitôt le jeu, en laissant à terre leurs palets, et tout ce qui avait servi à leurs divertissements[30]. Candide les ramasse, court au précepteur, et les lui présente humblement[31], lui faisant entendre par signes que leurs altesses[32] royales avaient oublié leur or et leur pierreries[33]. Le magister du village, en souriant, les jeta par terre, regarda un moment la figure de Candide avec beaucoup de surprise, et continua son chemin.

Les voyageurs ne manquèrent pas de ramasser l'or, les rubis, et les émeraudes. « Où sommes-nous ? s'écria Candide. Il faut que les enfants des rois de ce pays soient bien élevés, puisqu'on leur apprend à mépriser[34] l'or et les pierreries. » Cacambo était aussi surpris que Candide. Ils approchèrent enfin de la première maison du village ; elle était bâtie comme un palais d'Europe. Une foule de monde s'empressait[35] à la porte, et encore plus dans le logis[36] ; une musique très agréable se faisait entendre, et une odeur délicieuse de cuisine se faisait sentir. Cacambo s'approcha de la porte et entendit qu'on parlait sa langue maternelle. « Je vous servirai d'interprète, dit-il à Candide ; entrons, c'est ici un cabaret[37] ». Aussitôt deux garçons et deux filles de l'hôtellerie, vêtus de drap d'or, et les cheveux renoués[38] avec des rubans[39], les invitent à se mettre à la table de l'hôte. On servit quatre potages[40] garnis chacun de deux perroquets, un contour[41] bouilli[42] qui pesait deux cents livres[43], deux singes[44] rôtis[45] d'un goût excellent, trois cents colibris dans un plat, et six cents oiseaux-mouches dans un autre ; des ragoûts exquis[46], des pâtisseries délicieuses ;

8 **voguer** avancer sur l'eau
9 **une lieue** Meile
10 **aride** sec (≠ fertile)
11 **escarpé,e** steil
12 **la voûte** Gewölbe
13 **la hardiesse** le courage
14 **resserré,e** plus étroit
15 **se fracasser** se briser, se casser
16 **un écueil** un rocher (caché dans l'eau)
17 **inaccessible** unzugänglich
18 **orner** décorer
19 **l'Andalousie** une région de l'Espagne
20 **Tétuan**, **Méquinez** villes du Maroc
21 **le brocart** Brokat
22 **le palet** Puck
23 **singulier, -ère** *ici:* bizarre
24 **l'émeraude** *f* Smaragd
25 **le rubis** Rubin
26 **le Mogol** un empereur indien
27 **un magister** un maître d'école
28 **le précepteur** Hauslehrer
29 **un gueux** Bettler, Landstreicher
30 **un divertissement** un amusement
31 **humble** ergeben
32 **l'altesse** *f* Hoheit
33 **les pierreries** Edelsteine
34 **mépriser** verachten
35 **s'empresser** *ici:* se presser
36 **un logis** *litt* une maison
37 **un cabaret** un café, un bistro
38 **renoué,e** *ici:* fixé, attaché
39 **un ruban** une bande d'étoffe
40 **un potage** une soupe
41 **un contour** *ici:* un condor
42 **bouillir** kochen
43 **une livre** Pfund
44 **le singe** Affe
45 **rôtir** braten
46 **exquis,e** très bon, délicieux

le tout dans des plats d'une espèce de cristal de roche. Les garçons et les filles de l'hôtellerie versaient[47] plusieurs liqueurs faites de canne de sucre[48]. Quand le repas fut fini, Cacambo crut, ainsi que Candide, bien payer son écot[49] en jetant sur la table de l'hôte deux de ces larges pièces d'or qu'il avait ramassées ; l'hôte et l'hôtesse éclatèrent de rire, et se tinrent longtemps les côtes. Enfin ils se remirent. « Messieurs, dit l'hôte, nous voyons bien que vous êtes des étrangers ; nous ne sommes pas accoutumés[50] à en voir. Pardonnez-nous si nous nous sommes mis à rire quand vous nous avez offert en payement les cailloux[51] de nos grands chemins. Vous n'avez pas sans doute de la monnaie du pays, mais il n'est pas nécessaire d'en avoir pour dîner ici. Toutes les hôtelleries établies pour la commodité[52] du commerce sont payées par le gouvernement. Vous avez fait mauvaise chère[53] ici, parce que c'est un pauvre village ; mais partout ailleurs vous serez reçus comme vous méritez de l'être. » Cacambo expliquait à Candide tous les discours de l'hôte, et Candide les écoutait avec la même admiration et le même égarement[54] que son ami Cacambo les rendait. « Quel est donc ce pays, disaient-ils l'un et l'autre, inconnu à tout le reste de la terre, et où toute la nature est d'une espèce si différente de la nôtre ? C'est probablement le pays où tout va bien : car il faut absolument qu'il y en ait un de cette espèce. »

Voltaire, *Candide,* 1759 (texte abrégé).

47 **verser** faire couler
48 **la canne de sucre** *vx* la canne à sucre (Zuckerrohr)
49 **un écot** une participation au prix du repas
50 **être accoutumé,e à** avoir l'habitude de
51 **un caillou** une petite pierre
52 **la commodité** le confort
53 **faire bonne/mauvaise chère** bien/mal manger
54 **l'égarement** *m ici:* la confusion

1 a) Faites le résumé du texte. (Voir les conseils donnés à la page 17.)
  b) Dites pourquoi ce passage fait penser à un roman d'aventure.
2 a) Relevez dans le texte tous les mots et expressions qui évoquent l'idée de *richesse.*
  b) Quels autres « avantages » l'Eldorado et ses habitants ont-ils ?
3 a) Comment Voltaire voit-il les Européens ?
  b) De quelle manière est-ce qu'il les critique ?
4 L'Eldorado évoque le royaume des Incas. Renseignez-vous sur cette civilisation (p. ex. en consultant un dictionnaire encyclopédique) et dites pourquoi elle a souvent fasciné les Européens.
5 Décrivez la peinture de Jan Lenica, page 233 : Qu'est-ce que vous y voyez ? Quel rapport peut-on faire entre cette peinture et le titre du chapitre ?

2 Sages sauvages

Décrivez l'île de vos rêves (Où est-elle ? Qu'est-ce qu'on y trouve ? Par qui est-elle habitée et comment sont ses habitants ? etc.)

1 Dans les Lettres persanes, *publiées par Montesquieu en 1721, l'auteur expose ses idées sur le gouvernement idéal. Il y parle, entre autres, du peuple des Troglodytes, qui est arrivé à surmonter l'égoïsme pour réaliser une civilisation fondée sur la vertu.*

Comme le peuple grossissait tous les jours, les Troglodytes[1] crurent qu'il était à propos de se choisir un roi. Ils convinrent[2] qu'il fallait déférer[3] la couronne[4] à celui qui était le plus juste, et ils jetèrent tous les yeux sur un vieillard vénérable[5] par son âge et par une longue vertu[6]. Il n'avait pas voulu se trouver à cette assemblée ; il s'était retiré dans sa maison, le cœur serré[7] de tristesse.

1 **un troglodyte** l'habitant d'une grotte
2 **convenir** *ici:* décider
3 **déferer** übertragen, zuerkennen
4 **une couronne** Krone
5 **vénérable** très respectable
6 **une vertu** Tugend
7 **serré,e** *ici:* ergriffen

8 **un tort** *ici:* un dommage (Schaden)

9 **assujetti,e** unterworfen
10 **vertueux, -euse** –> la vertu
11 **malgré soi** contre sa volonté
12 **subsister** continuer d'exister, survivre
13 **le joug** [ʒu] Joch
14 **soumis,e** assujetti
15 **les mœurs** Sitten

16 **un penchant** Neigung
17 **les aïeux** *m* Ahnen
18 **affliger** rendre triste

Lorsqu'on lui envoya les députés pour lui apprendre le choix qu'on avait fait de lui : « A Dieu ne plaise, dit-il, que je fasse ce tort[8] aux Troglodytes, que l'on puisse croire qu'il n'y a personne parmi eux de plus juste que moi ! Vous me déférez la couronne, et, si vous le voulez absolument, il faudra bien que je la prenne. Mais comptez que je mourrai de douleur d'avoir vu en naissant les Troglodytes libres et de les voir aujourd'hui assujettis[9]. Je vois bien ce que c'est ô Troglodytes ! votre vertu commence à vous peser. Dans l'état où vous êtes, n'ayant point de chef, il faut que vous soyez vertueux[10] malgré vous[11] : sans cela vous ne sauriez subsister[12], et vous tomberiez dans le malheur de vos pères. Mais ce joug[13] vous paraît trop dur ; vous aimez mieux être soumis[14] à un prince et obéir à ses lois, moins rigides que vos mœurs[15]. Et que prétendez-vous que je fasse ? Comment se peut-il que je commande quelque chose à un Troglodyte ? Voulez-vous qu'il fasse une action vertueuse parce que je la lui commande, lui qui la ferait tout de même sans moi et par le seul penchant[16] de la nature ? O Troglodytes ! Je suis à la fin de mes jours ; mon sang est glacé dans mes veines ; je vais bientôt revoir vos sacrés aïeux[17]. Pourquoi voulez-vous que je les afflige[18], et que je sois obligé de leur dire que je vous ai laissés sous un autre joug que celui de la Vertu ? »

2 Après avoir fait le tour du monde, le navigateur Bougainville a publié en 1771 un récit de son voyage. Un an plus tard, le philosophe Diderot a imaginé un Supplément au voyage de Bougainville. *Dans l'extrait suivant, les marins français sont accueillis par un vieillard, chef d'une tribu polynésienne, qui s'adresse à Bougainville en ces termes :*

Utilisez un dictionnaire unilingue pour comprendre les mots du texte dont vous ne retrouvez pas le sens d'une autre manière.

« Et toi, chef des brigands qui t'obéissent, écarte promptement ton vaisseau de notre rive : nous sommes innocents, nous sommes heureux ; et tu ne peux que nuire à notre bonheur. Nous suivons le pur instinct de la nature ; et tu as tenté d'effacer de nos âmes son caractère. Laisse-nous nos mœurs ; elles sont plus sages et plus honnêtes que les tiennes ; nous ne voulons point troquer ce que tu appelles notre ignorance contre tes inutiles lumières. Tout ce qui nous est nécessaire et bon, nous le possédons. Sommes-nous dignes de mépris, parce que nous n'avons pas su nous faire des besoins superflus ? Lorsque nous avons faim, nous avons de quoi manger ; lorsque nous avons froid, nous avons de quoi nous vêtir. Tu es entré dans nos cabanes, qu'y manque-t-il, à ton avis ? Poursuis jusqu'où tu voudras ce que tu appelles les commodités de la vie ; mais permets à des êtres sensés de s'arrêter, lorsqu'ils n'auraient à obtenir, de la continuité de leurs pénibles efforts, que des biens imaginaires. Si tu nous persuades de franchir l'étroite limite du besoin, quand finirons-nous de travailler ? Quand jouirons-nous ? Va dans ta contrée t'agiter, te tourmenter tant que tu voudras ; laisse-nous reposer. »

1 Montesquieu, *Lettres persanes,* 1721 ;
2 Denis Diderot, *Supplément au voyage de Bougainville,* 1772 (textes abrégés).

Louis-Antoine de Bougainville et ses officiers en voyage à Tahiti (pastel anonyme).

1 Pourquoi Montesquieu et Diderot font-ils parler des *vieillards* ? Quelle est la fonction de ces personnages ?
2 Formulez en une seule phrase l'idée générale du discours du premier vieillard (celui de Montesquieu).
3 La « nature » est un mot-clé présent dans les deux textes. Quelle y est sa signification ?
4 Dans le second discours, on trouve un certain nombre d'oppositions. Faites-en deux listes et trouvez pour chaque liste une notion générale qui pourrait lui servir de titre.
5 Traduisez le second discours.
6 Comment peut-on expliquer, dans le contexte de l'époque, que Montesquieu n'a pas fait paraître ses *Lettres persanes* sous son propre nom et que le *Supplément* de Diderot n'a été publié qu'en 1796, douze ans après la mort de son auteur ?

3 C'était après-demain (Paris, 1960)

Vingt mille lieues sous les mers *ou* Le tour du monde en quatre-vingts jours *sont les ouvrages les plus connus de Jules Verne, que l'on considère souvent comme l'un des premiers auteurs de science-fiction. L'extrait suivant est tiré d'un manuscrit qu'il a écrit vers 1863 mais qui est resté inconnu pendant plus d'un siècle.*

La foule encombrait[1] les rues ; la nuit commençait à venir ; les magasins somptueux[2] projetaient au loin des éclats de lumière électrique ; les candélabres établis d'après le système Way par l'électrisation d'un filet[3] de mercure[4], rayonnaient[5] avec une incomparable clarté ; ils étaient réunis au moyen de fils souterrains ; au même moment, les cent mille lanternes de Paris s'allumaient d'un seul coup.

Cependant, quelques boutiques arriérées[6] demeuraient fidèles au vieux gaz hydrocarburé[7] ; l'exploitation[8] de houillères[9] nouvelles permettait de le livrer, il est vrai, à dix centimes le mètre cube ; mais la compagnie faisait des gains[10] considérables, surtout en le répandant[11] comme agent[12] mécanique.

En effet, de ces innombrables voitures qui sillonnaient[13] la chaussée des boulevards, le plus grand nombre marchait sans chevaux ; elles se mouvaient[14] par une force invisible, au moyen d'un moteur à air dilaté[15] par la combustion[16] du gaz. C'était la machine Lenoir appliquée à la locomotion[17].

Les voitures, de la force d'un cheval-vapeur, ne coûtaient pas par jour le prix d'un huitième de cheval ; la dépense du gaz, contrôlée d'une façon précise, permettait de calculer le travail utile de chaque voiture, et la Compagnie ne pouvait plus être trompée comme autrefois par ses cochers[18].

Ces gaz-cabs[19] faisaient une grande consommation d'hydrogène[20], sans parler de ces énormes haquets[21], chargés de pierres et de matériaux, qui déployaient[22] des forces de vingt à trente chevaux. Ce système Lenoir avait aussi l'avantage de ne rien coûter pendant les heures de repos, économie impossible à réaliser avec les machines à vapeur, qui dévorent[23] leur combustible[24] même aux temps d'arrêt.

Les moyens de transport étaient donc rapides dans les rues moins encombrées qu'autrefois, car une ordonnance[25] du ministère de la Police interdisait à toute charrette[26], fardier[27] ou camion[28], de circuler après dix heures du matin, si ce n'est sur certaines voies réservées.

Ces diverses améliorations convenaient bien à ce siècle fiévreux[29], où la multiplicité[30] des affaires ne laissait aucun repos et ne permettait aucun retard.

Qu'eût dit un de nos ancêtres[31] à voir ces boulevards illuminés[32] avec un éclat comparable à celui du soleil, ces mille voitures circulant sans bruit

1 **encombrer** remplir (en gênant)
2 **somptueux, -euse** luxueux
3 **un filet** un petit fil
4 **le mercure** Quecksilber
5 **rayonner** strahlen
6 **arriéré,e** ≠ moderne
7 **l'hydrocarbure** *m* Kohlenwasserstoff
8 **l'exploitation** *f* *ici:* Abbau
9 **une houillère** une mine de charbon
10 **un gain** un profit (–> gagner)
11 **répandre** *ici:* vendre partout
12 **l'agent** *ici:* la force
13 **sillonner** traverser
14 **se mouvoir** bouger, avancer
15 **dilater** ausdehnen, aufblähen
16 **la combustion** le fait de brûler
17 **la locomotion** l'action de se déplacer
18 **un cocher** Kutscher
19 **un gaz-cab** *(néologisme)* une voiture à gaz
20 **l'hydrogène** Wasserstoff
21 **un haquet** Karren
22 **déployer** développer
23 **dévorer** manger
24 **un combustible** une matière qui brûle
25 **l'ordonnance** *f* *ici:* un ordre
26 **une charrette** 2-rädrige Karre
27 **un fardier** Rollwagen
28 **un camion** *ici: vx* 4-rädrige Karre
29 **fiévreux,-euse** –> la fièvre
30 **la multiplicité** le grand nombre
31 **un ancêtre** Vorfahre
32 **illuminé,e** éclairé

sur le sourd[33] bitume[34] des rues, ces magasins riches comme des palais, d'où la lumière se répandait en blanches irradiations[35], ces voies de communication larges comme des places, ces places vastes comme des plaines, ces hôtels immenses dans lesquels se logeaient somptueusement vingt mille voyageurs, ces viaducs si légers ; ces longues galeries élégantes, ces ponts lancés d'une rue à l'autre, et enfin ces trains éclatants[36] qui semblaient sillonner les airs avec une fantastique rapidité.

Il eût été fort surpris sans doute ; mais les hommes de 1960 n'en étaient plus à l'admiration de ces merveilles ; ils en profitaient tranquillement, sans être plus heureux, car, à leur allure[37] pressée, à leur démarche[38] hâtive[39], à leur fougue[40] américaine, on sentait que le démon de la fortune[41] les poussait en avant sans relâche[42] ni merci[43].

Jules Verne, *Paris au XXe siècle*, Hachette Livre (coll. Référence), Paris 1994.

33 **sourd,e** *ici:* geräuscharm
34 **le bitume** l'asphalte
35 **une irradiation** qc qui rayonne

36 **éclatant,e** strahlend
37 **l'allure** *ici:* la manière de se déplacer
38 **la démarche** *ici:* la manière de marcher
39 **hâtif, -ve** pressé
40 **la fougue** Schwung
41 **la fortune** l'argent
42 **sans relâche** sans pause
43 **sans merci** unerbittlich

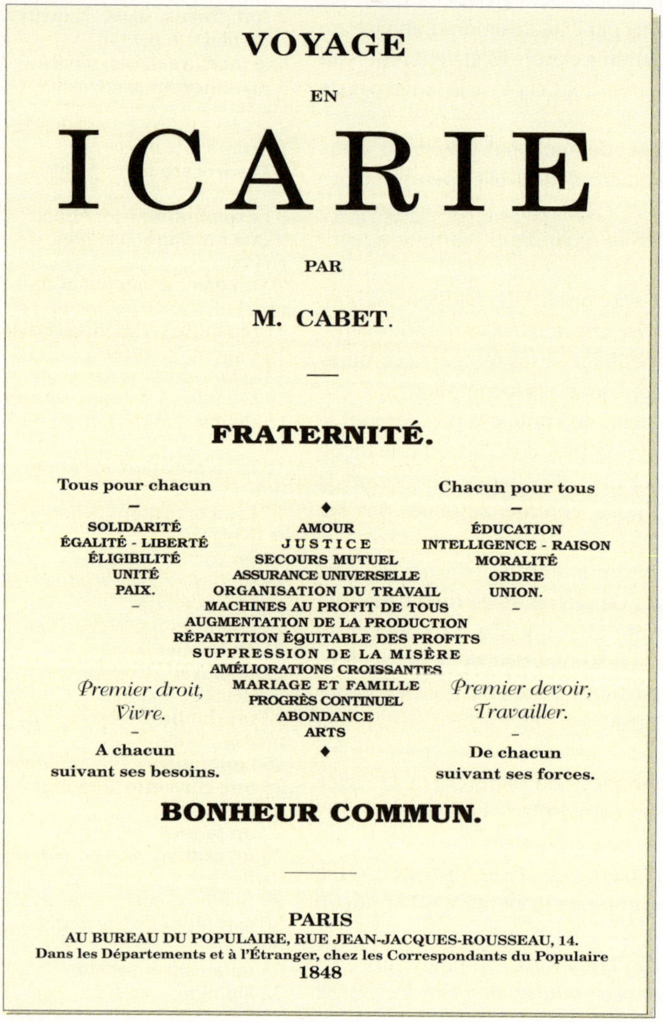
VOYAGE
EN
ICARIE
PAR
M. CABET.

FRATERNITÉ.

Tous pour chacun — SOLIDARITÉ, ÉGALITÉ - LIBERTÉ, ÉLIGIBILITÉ, UNITÉ, PAIX.

Chacun pour tous — ÉDUCATION, INTELLIGENCE - RAISON, MORALITÉ, ORDRE, UNION.

AMOUR
JUSTICE
SECOURS MUTUEL
ASSURANCE UNIVERSELLE
ORGANISATION DU TRAVAIL
MACHINES AU PROFIT DE TOUS
AUGMENTATION DE LA PRODUCTION
RÉPARTITION ÉQUITABLE DES PROFITS
SUPPRESSION DE LA MISÈRE
AMÉLIORATIONS CROISSANTES
MARIAGE ET FAMILLE
PROGRÈS CONTINUEL
ABONDANCE
ARTS

Premier droit, Vivre.
Premier devoir, Travailler.

A chacun suivant ses besoins.
De chacun suivant ses forces.

BONHEUR COMMUN.

PARIS
AU BUREAU DU POPULAIRE, RUE JEAN-JACQUES-ROUSSEAU, 14.
Dans les Départements et à l'Étranger, chez les Correspondants du Populaire
1848

1 Relevez dans ce texte
a) les éléments de la réalité de la fin du XXe siècle que Jules Verne a assez bien anticipés ;
b) les éléments qui montrent que ce texte a bien été écrit au XIXe siècle.

2 Analysez et traduisez la longue phrase des lignes 34 à 42.

3 La science-fiction est le mariage de la *science* et de la *fiction.* A quoi reconnaît-on dans ce texte que Jules Verne est aussi bien auteur « scientifique » que poète ?

4 a) Retrouvez et expliquez tous les passages qui évoquent le « démon de la fortune ».
b) Renseignez-vous sur le contexte économique de la seconde moitié du XIXe siècle et expliquez pourquoi les « utopies socialistes » datent pour la plupart de cette même époque.

5 Lisez la couverture du *Voyage en Icarie*, ci-contre, qui présente l'une de ces « utopies socialistes ».
a) A en juger par cette couverture, quelles sont les « idées » de base de cette utopie ?
b) Parmi les « projets » représentés par la série des mots-clés, quels sont ceux qui vous paraissent
1. déjà réalisés aujourd'hui ?
2. réalisables sous certaines conditions ? (lesquelles ?)
3. franchement utopiques ?
Justifiez votre réponse.

4 Futurs sans avenir (Paris, 1999)

5 Janvier 1999 : Je me suis fait installer une triple fenêtre. La double ne suffisait plus. Maintenant, en dormant avec mes obturateurs[1] dans les oreilles, je n'entends presque plus le vacarme[2] du trafic. Heureusement, j'habite une rue relativement calme. Si j'habitais cinquante mètres plus loin, je devrais faire comme tous les grands nerveux : faire murer mes fenêtres, m'enfermer dans un cocon de pierre sans lucarne[3], pour survivre, échapper au vacarme permanent qui submerge[4] la ville. Il y a quelques années à peine, on bénéficiait[5] d'une trêve[6] entre minuit et cinq heures du matin. La trêve se réduit à une petite heure seulement. En effet, pour échapper[7] aux inextricables[8] encombrements[9] une bonne partie des automobilistes ne rentre qu'à trois heures du matin et beaucoup de salariés[10] foncent[11] vers leurs lieux de travail sur le coup de quatre heures du matin. Je me demande ce que l'on attend pour loger sur place les ouvriers et les employés. Cela éliminerait un certain nombre de problèmes.

1 **un obturateur** –> *obturer* (schließen)
2 **un vacarme** un bruit énorme
3 **une lucarne** une petite fenêtre
4 **submerger** überschwemmen
5 **bénéficier de** profiter de
6 **une trêve** une pause
7 **échapper** entkommen
8 **inextricable** unentwirrbar
9 **un encombrement** *ici:* Stau
10 **un salarié** une personne qui travaille (–> un salaire)
11 **foncer** aller très vite

6 Janvier 1999 : Parmi ces problèmes, celui des encombrements est celui qui me passionne le plus sûrement. Il paraît qu'il préoccupait[12] déjà les autorités dans les années 1970 ; maintenant on s'en désintéresse depuis au moins quinze ans. On a renoncé. Que faire contre la démence[13] absolue, l'apothéose[14] du délire[15] ? Il n'y a que quelques semaines qu'on est venu à bout[16] du fameux encombrement du 10 octobre 1998, et cela grâce aux énormes grues[17] hélicoptères qui ont réussi à emporter les voitures dans les airs pour aller les déposer en rase campagne[18] en un seul monceau[19] de ferraille[20]. Mais l'encombrement du 26 novembre 1998 n'a pas du être résorbé[21] aussi facilement. Sur plusieurs kilomètres carrés, les voitures ne formaient plus qu'une seule bouillie[22] d'acier[23] que la rouille[24] commençait à ronger[25]. Il a fallu se résigner[26] à dynamiter toutes les maisons de cet espace gangrené[27]. Dans quelques semaines ce labyrinthe du centre ne sera plus qu'une place déserte, une énorme carie[28] au cœur de la ville. Alors les voitures pourront enfin se dégager[29]. Mais tout le monde sait qu'elles provoqueront d'inextricables bouchons en se précipitant[30] dans les rues voisines qui sont également très étroites. En somme, il faudrait raser[31] toute la ville et la changer en une seule autoroute à six cents voies. Il ne reste plus que cette solution puisque les citadins[32] se refusent à abandonner leurs voitures. Au contraire même, il viendra bien un jour où ils conduiront deux voitures à la fois, avec un pied dans chaque bagnole[33]. Et le troisième dans la tombe[34], comme d'habitude. L'homme n'apprendra jamais rien. Quand on pense que le gouvernement vient de lancer avec succès la vignette[35] « Heure de Pointe » qui permet à tout automobiliste de profiter à plein rendement[36] des encombrements. Et personne ne s'en est privé[37].

12 **préoccuper** inquiéter
13 **la démence** la folie (violente)
14 **l'apothéose** *m* le triomphe
15 **le délire** la folie
16 **venir à bout de** terminer
17 **une grue** Kran
18 **en rase campagne** auf offenem Gelände
19 **un monceau** un tas (Haufen)
20 **la ferraille** de vieux morceaux de métal
21 **résorber** faire disparaître
22 **la bouillie** Brei
23 **l'acier** Stahl
24 **la rouille** Rost
25 **ronger** nagen
26 **se résigner** sich abfinden
27 **gangréné,e** *ici:* zerfressen
28 **une carie** Karies
29 **se dégager** se libérer
30 **se précipiter** aller rapidement
31 **raser** *ici:* détruire
32 **un citadin** qn qui habite dans une ville
33 **une bagnole** *fam* une voiture
34 **une tombe** Grab
35 **une vignette** Aufkleber
36 **à plein rendement** au maximum
37 **se priver de qc** renoncer à qc

8 Janvier 1999 : Depuis un mois, je souffre presque sans cesse[38] de migraines. Au bureau, quand on me parle, je suis bien obligé d'enlever mes obturateurs. Heureusement qu'il y a de l'aspirine pulvérisée[39] dans tous les aliments[40] que nous avalons. Qu'est-ce qu'on souffrirait sans cela.

38 **sans cesse** toujours
39 **pulvérisé,e** mis en poudre
40 **les aliments** *m* la nourriture

Jacques Sternberg, *Futurs sans avenir,* Robert Laffont, Paris 1971.

1 a) Quels sont les problèmes abordés dans ce texte ?
   b) Comment les gens se débrouillent-ils face à ces problèmes ?
   c) Montrez que les mesures prises par les autorités ne sont pas des solutions.
2 Quels sont les moyens mis en œuvre par l'auteur pour dramatiser la situation ?
3 a) *« C'est tellement exagéré, ce n'est pas sérieux ».* Que répondriez-vous à cette critique ?
   b) Quelle pourrait être la fonction de l' « anti-utopie » ?
4 Comparez la vision de Sternberg à celle de Jules Verne (page 237 - 238).
   a) Comment voient-ils « l'homme moderne » ?
   b) Pourquoi l'attitude de ces auteurs face au progrès est-elle différente ?

5 L'âge de cendre

Il y a très longtemps (c'est un fait reconnu dans toutes les utopies !), les habitants du monde étaient exempts[2] de vices. C'était l'âge d'or. *Mais, insensiblement, le mal s'était insinué[3] dans le cœur des hommes. L'or s'était altéré[4] pour faire place à* l'argent …

Adamov et Cothias, *Les eaux de Mortelune - Le café du port,* © Editions Glénat, Grenoble 1987.

vocabulaire :

1 **la cendre** Asche
2 **exempt,e de** frei von
3 **s'insinuer** entrer (sans se faire remarquer)
4 **s'altérer** changer (en vieillissnt)
5 **fertile** ≠ aride, sec
6 **clément,e** ≠ sévère, dur
7 **le sein** Brust
8 **dissimuler** cacher
9 **un trésor** Schatz
10 **la sueur** Schweiß
11 **une veille** Wache
12 **dérober qc** voler qc

1 En quoi consistent les différents « âges » parcourus par l'humanité, d'après cette bande dessinée ?
2 Comment s'explique le passage d'un âge à l'autre ? Examinez la « logique » du narrateur de cette histoire et dites si vous partagez sa vision du monde.
3 A quels moments de cette « évolution » correspondent les utopies de
a) Diderot (p. 236) ? b) Jules Verne (p. 237 - 238) ? c) Sternberg (p. 239) ?

6 La planète aux sept masques

1 Aimez-vous la science-fiction ? Quels auteurs ou quelles œuvres de science-fiction connaissez-vous ? De quels thèmes traitent-ils ?
2 Qu'est-ce que vous attendez d'un « bon » livre de science-fiction ?

Ayant entendu parler d'une civilisation lointaine qui ignore la souffrance et la guerre, Stello, voyageur de l'espace, se rend sur la « planète aux sept lunes », dont tous les habitants portent des masques de sept couleurs différentes. Stello s'adresse à l'un de ces êtres étranges.

« Pouvez-vous me guider ? dit-il au masque d'or, d'une voix rauque[1]. Je suis étranger. Je ne sais pas vos usages. J'ai fait un long voyage. J'ai faim et j'ai soif. Je suis seul. Mais mon peuple est puissant, et de l'orient à l'occident du ciel, des races fières l'accueillent. Ma planète est fruste[2] encore, mais elle est puissante et elle sait se souvenir. »
La réponse ne fut pas celle qu'il attendait. Le masque d'or s'inclina[3] et il y eut comme un souffle d'air et Stello entendit :
« Est-il nécessaire de vous guider, étranger ? Les lunes ne sont-elles point là et les masques ? Ôtez[4] le vôtre pendant qu'il est encore temps. »
Stello se mit à rire.
« Je ne sais, dit-il, quelle importance vous attachez à ces masques, mais j'ai le visage nu[5]. Je suis né avec le masque que je porte, et avec lui je mourrai. Et il en est ainsi pour tous ceux de mon peuple.
– Vraiment, étranger ? » dit la voix lourde d'incrédulité[6] et aussi d'une si vague tristesse que Stello se demanda s'il ne l'inventait pas.
« Pardonnez-moi si je vous choque, commença Stello, mais j'ignore tout de ce monde. Je ne sais pas lire vos masques. J'ignore s'ils distinguent des castes, s'ils sont un attribut de fête, ou si même ils vous servent de visages ...
– Est-ce possible, étranger ? dit la voix. Il faut que vous veniez de loin. Il faut que votre espèce[7] soit jeune. Car les masques, pour ce que j'en sais, sont plus anciens que nous.
– J'appartiens à une espèce bâtarde[8], bien que jeune, née de la Terre et projetée dans l'espace, dominatrice plus souvent qu'asservie[9], mais toujours en quête[10] de puissance. Las[11] ! laissons cela car ces vieilles gloires fanées[12], la lumière ne les a point encore portées ici.
– Je ne comprends pas, étranger. Il y a de l'amertume[13] dans vos paroles.

1 **rauque** heiser
2 **fruste** ≠ cultivé
3 **s'incliner** baisser la tête pour saluer
4 **ôter** enlever
5 **nu,e** ≠ habillé
6 **l'incrédulité** *f* le fait de ne pas croire qc
7 **une espèce** Art, Gattung
8 **bâtard,e** *ici:* qui n'est pas de race pure
9 **asservir** soumettre
10 **la quête** la recherche
11 **las !** hélas !
12 **fané,e** verwelkt
13 **l'amertume** *f* Bitterkeit

Oubliez tout. Car ceci est la planète des sept lunes, et ceci est la ville des sept portes, et nous sommes le peuple aux sept masques. Mais est-il possible que dès la naissance, votre peuple porte un masque de cette couleur ?

– Il faut le croire, dit Stello. Cela vous déplaît-il ? Sommes-nous ici des parias[14] ?

– Non, non, dit la voix, répondant à sa question. Ne croyez pas cela. Je vois que vous ignorez tout. Mais pourquoi avez-vous choisi cette nacre[15] mobile ? »

Stello eut un rire bref.

« On l'a choisie pour moi.

– Est-ce possible ? dit la voix, songeuse[16]. Peut-on croire qu'une espèce entière ait choisi de mourir ? Cela explique-t-il votre ardeur[17] au combat et ce grand désespoir qui vous jette d'un bord à l'autre des abîmes[18] ?

– Je ne vois pas.

– N'avez-vous pas compris ? Votre esprit est bien lent. Ne saisissez-vous[19] pas ce que le vent murmure ici ? Ôte ton visage. Ôte ton visage. »

Stello frissonna[20]. Il songeait à ce que la forme venait de dire. Il songeait à son visage, qui brusquement prenait de l'importance pour lui. C'était un abri[21] commode[22], derrière lequel il avait appris à se cacher, c'était un vêtement animé qui pouvait dire la joie, la peur ou la douleur, l'admiration, et dont il ne pouvait pas, dont il ne voudrait jamais, même en rêve, se débarrasser[23]. Il songea brusquement à un peuple sans visage, à un peuple entier qui aurait ôté ses masques de chair[24], et qui cacherait ce vide derrière des masques minéraux, à des êtres que plus rien, pas même l'épaisseur[25] d'une peau, ne séparerait les uns des autres.

Cela lui fit horreur.

Gérard Klein, *La planète aux sept masques,* © G. Klein.

14 **un paria** Ausgestoßener
15 **la nacre** Perlmutt(er)
16 **songeur, -euse** perdu dans une rêverie (–> songer)
17 **l'ardeur** *f* l'énergie
18 **un abîme** un gouffre
19 **saisir** *ici:* comprendre
20 **frissonner** schaudern
21 **un abri** Schutz
22 **commode** pratique
23 **se débarrasser de qc** enlever qc, se libérer de qc
24 **la chair** Fleisch
25 **l'épaisseur** *f* Dicke

1 a) Présentez le cadre de ce passage et les deux interlocuteurs. Imaginez l'aspect physique de l'habitant de la planète aux sept lunes.
b) Pourquoi Stello se sent-il mal à l'aise ?
2 a) Indirectement, le texte fournit la signification du masque de nacre : en quoi consiste-t-elle ?
b) Plus généralement, quelle semble être la fonction principale des masques, sur cette planète ?
3 Pour le personnage au masque d'or, le visage humain n'est rien d'autre qu'un masque mobile.
a) Que pensez-vous de cette interprétation ? Qu'est-ce qui pourrait la confirmer (ou la contredire) ?
b) L'homme choisit-il son « masque » lui-même ou le choisit-on pour lui, comme l'affirme Stello à la ligne 39 ?
c) A votre avis, est-il possible de vivre en société sans masque ? Qu'est-ce qui pourrait poser problème ?
4 Inventez une fin à cette histoire.
5 Décrivez le tableau *Présence occulte*, du peintre Pierre Bettencourt (voir page précédente). Dites ce que ce tableau vous inspire et pourquoi.

7 Une nuit inoubliable

Mobie et Diq, un couple de vieux acteurs, décident de faire le voyage de noces[1] qu'il n'ont jamais pu faire quand ils étaient encore jeunes. Ils s'embarquent à bord d'un paquebot[2] de luxe qui fait naufrage[3]. Voici la fin de la pièce, qui les présente comme les seuls survivants de ce naufrage.
Marie Redonnet, l'auteur de cette pièce, est considérée comme l'« élève » de Samuel Beckett, l'un des plus grands noms du théâtre de l'absurde (voir page 221).

1 **les noces** *f* le mariage
2 **un paquebot** un grand bateau de voyageurs
3 **un naufrage** Schiffbruch

La scène, qui doit paraître immense, est maintenant dans une quasi-obscurité[4]. La barque blanche, toujours givrée[5], est au centre, dans une sorte de pénombre[6] : seule est faiblement éclairée l'arrière de la barque, où Mobie et Diq sont assis. Ils sont l'un à côté de l'autre, recroquevillés[7]. Leur voix est affaiblie, comme perdue dans cette immensité.

4 **l'obscurité** *f* ≠ la lumière
5 **givré** couvert de *givre* (Raureif)
6 **la pénombre** Halbdunkel
7 **recroquevillé,e** zusammengekauert

DIQ : Mobie ?
MOBIE : Oui, Diq ?
DIQ : Je ne vois rien.
MOBIE : Moi non plus je ne vois rien. Mais je te sens tout contre moi.
DIQ : Qu'est-ce qui s'est passé ? Je n'ai pas entendu le choc. Je n'ai rien entendu du tout.
MOBIE : On a dû perdre connaissance[8] longtemps. On vient juste de reprendre connaissance.
DIQ : On est blessés ?
MOBIE : Je ne sais pas, Diq. Je ne sens rien, aucune douleur, rien que de l'engourdissement[9] partout. Je ne me souviens de rien, comme si rien ne s'était passé. S'il y avait eu un choc, on s'en souviendrait, on n'aurait pas perdu connaissance avant le choc. Peut-être qu'il n'y a pas eu de choc ?
DIQ : Tu sais où on est ?
MOBIE : On ne peut être que dans la baleine[10]. Où est-ce qu'on serait, sinon ? Il n'y avait que la baleine devant nous qui barrait[11] tout le courant[12].
DIQ : C'est drôle, on est assis dans la barque. Comment c'est possible ? On est peut-être en train de faire le même rêve pour la première fois. On n'est pas secoués[13] du tout. On dirait qu'on ne bouge plus. On n'a pas l'impression d'être quelque part. La barque n'a pas coulé comme on croyait, elle a résisté au choc. Tu es bien sûr qu'on est dans la baleine ? On ne voit rien.
MOBIE : On ne peut pas être ailleurs. C'est bien la baleine qu'on a vu en dernier tous les deux. La baleine est bien plus grande que la barque. On a dû pénétrer[14] dans la baleine avec la barque au moment où on a perdu connaissance. La barque est dans la baleine, comme nous. La baleine est encore plus grande que l'on croyait. Elle est si grande qu'on a l'impression d'être nulle part. On est bien toujours assis dans la barque à la même place. Il fait très froid, le givre ne fond[15] pas. Mais il n'y a plus d'eau dans la barque.
DIQ : Le choc a peut-être tué la baleine. Elle était si faible, il a suffi d'un tout petit choc pour la tuer.
MOBIE : Qu'est-ce que ça change ? On est à l'abri[16]. On n'a mal nulle part. On respire normalement. On ne s'est pas noyés au fond de la mer. Je ne voulais pas finir noyée.
DIQ : On n'a pas été séparés. J'ai très sommeil, comme si je n'avais jamais dormi. J'ai l'impression que je vais dormir pour la première fois.

8 **perdre connaissance** ohnmächtig werden
9 **l'engourdissement** *m* Gefühllosigkeit
10 **une baleine** Wal
11 **barrer** couper, fermer
12 **le courant** *ici:* le mouvement de l'eau
13 **secouer** schütteln
14 **pénétrer** entrer
15 **fondre** schmelzen
16 **à l'abri** en sureté, protégé

MOBIE : Moi aussi j'ai très sommeil. C'est notre nuit la plus noire. On va pouvoir dormir longtemps sans être réveillés par le jour. On est si fatigués, à bout de forces.

DIQ : Ce sera notre plus longue nuit.

MOBIE : Je n'ai pas peur du noir, cette nuit. Cette fois, ce sera une nuit inoubliable pour tous les deux, tu ne trouves pas ? On ne court plus aucun danger. Il ne peut plus rien nous arriver.

DIQ : Oui, Mobie, ce sera une nuit inoubliable. *(On entend le solo de violoncelle.)* Tu entends ?

MOBIE : Oh, Diq, le morceau de violoncelle solo. On dirait que c'est une autre interprétation. Oh, Diq, écoute, ça ne s'arrête pas comme les autres fois, ça continue.

DIQ : Ça nous aurait manqué de ne pas écouter la suite. La suite, c'est le plus beau.

MOBIE : Je te l'avais dit, qu'il fallait vivre une fois dans sa vie une nuit inoubliable. On l'a attendue si longtemps. On a commencé par un moment parfait, et on finit par une nuit inoubliable. On a bien fait de vendre la maison. Je ne regrette plus la maison maintenant.

DIQ : On n'a plus besoin de maison. On dirait que le morceau de violoncelle solo n'a pas de fin.

MOBIE : Une nuit inoubliable, c'est plus fort qu'un moment parfait ?

DIQ : Oui, Mobie, c'est plus fort, c'est juste pour la fin.

Mobie et Diq, ne formant plus qu'une seule petite boule enveloppée dans la couverture blanche, s'endorment doucement, assis à l'arrière de la barque. L'obscurité se fait peu à peu sur eux. On entend le morceau de violoncelle solo en entier, très pur, dans tout l'espace.

Marie Redonnet, *Mobie-Diq,* Les Editions de Minuit, Paris 1988.

1 Décrivez le cadre de cette scène.
2 a) Relevez toutes les expressions qui traduisent le doute et l'incertitude.
   b) Résumez la conversation du couple.
3 La « nuit inoubliable » est répétée cinq fois dans ce texte.
   A votre avis, quelle importance lui revient ici ?
4 Montrez que la situation du couple reflète en même temps
   a) la catastrophe, b) la chance et le bonheur.
   D'après vous, cette contradiction est-elle « absurde »?
   Pourquoi peut-on dire de ce texte qu'il s'agit d'une « utopie » à la fois drôle et noire ?
5 Parmi les textes que vous avez lus dans ce chapitre, quel est celui qui vous a plu ou fasciné le plus ? Justifiez votre réponse.
6 Comment sera le monde d'après-demain ?
   Rédigez un texte de fiction (utopie ou anti-utopie) dans lequel vous présenterez – à la manière de l'un des auteurs de ce chapitre – quelques aspects du monde futur.

Préparer un examen

A quoi ça sert ?

A réussir à l'examen, évidemment ! Mais pas seulement : Une bonne préparation permet aussi, d'une part, de réduire le stress qui précède chaque épreuve, d'autre part de développer une certaine systématique qui vous servira, non seulement pour l'examen, mais aussi pour le reste de votre vie.

Il est nécessaire pour cela de se poser quelques questions :

1 Où va-t-on ? (les objectifs) : Que faut-il savoir ou connaître pour passer l'examen ?
2 Où en est-on ? (le point de départ) : Quel est l'état actuel de mes connaissances ?
3 Comment procéder ? (la méthode) : Comment répartir le temps disponible et comment organiser mon travail ?

Comment s'y prendre ...

I ... pour définir ses objectifs

1 Les thèmes

- Renseignez-vous sur les sujets de *civilisation* et de *littérature* qu'il faut préparer. Consultez vos derniers livres scolaires et autres documents, les notes que vous avez prises ces dernières années. Si c'est possible, consultez le programme scolaire officiel (Lehrplan) ou demandez à votre professeur des indications à ce sujet.
- Identifiez les thèmes les plus « importants » (votre professeur vous les a peut-être déjà indiqués).

2 La langue

- Recherchez le *vocabulaire thématique* qui se rapporte aux sujets concernés.
- Regroupez le *vocabulaire « instrumental »* dont on a régulièrement besoin (les « charnières », p. ex.). (La grammaire et le vocabulaire courants doivent aussi être maîtrisés.)

3 Les techniques et méthodes

- Renseignez-vous sur les *types d'exercices* qui font partie des épreuves de l'examen (y demande-t-on, p. ex., un résumé, une version, un commentaire, etc. ?)
- Regroupez les techniques qui vous ont été proposées pour vous *aider* à faire ces exercices (p. ex. résoudre les problèmes de vocabulaire, bien utiliser les dictionnaires, bien rédiger un texte, etc.)

II ... pour savoir où on en est

- Faites votre inventaire personnel :
  Classez 1 les thèmes, 2 les questions de langue et 3 les techniques en trois catégories :
  a) ce que vous *maîtrisez* déjà sans problème ;
  b) ce qu'il faut *réviser* (ce que vous connaissez en principe mais qui pose quelquefois des problèmes) ;
  c) ce qu'il faut *apprendre* (ce que vous ne savez pas ou ce qui vous fait faire beaucoup de fautes).
- Vous pouvez demander à votre professeur de *confirmer* votre classement.
- Inscrivez ce que vous avez regroupé sous b) et c) dans un plan de révision (voir le modèle de la page suivante - les sujets varient bien sûr en fonction de l'examen auquel vous vous préparez).

PLAN DE RÉVISION (modèle)	thèmes - civilisation											thèmes - littér.						langue							techniques / méth.					
sujets :	Paris	Provence	histoire	politique - institutions	paysage politique actuel	Francophonie	France-Allemagne	Europe	médias	environnement	problèmes sociaux	fables	Maupassant	Zola / roman XIXe siècle	théâtre de l'absurde	existentialisme	l'amour dans la poésie	voc. thém. politique	voc. thém. médias	voc. thém. environnement	charnières	subjonctif	Part. présent / gérondif	imparfait / passé composé	version	résumé	commentaire	figures de style	interprétation - narration	analyse - forme du poème
à réviser	X	X	X	X		X	X	X		X	X		X	X	X			X		X	X	X		X	X	X	X		X	
à apprendre / à revoir à fond					X				X			X				X	X		X				X					X		X

Comment s'y prendre ...

III ... pour établir son emploi du temps

1 Commencez <u>le plus tôt possible</u>, c'est-à-dire au moins plusieurs mois avant la date de l'examen. (Evitez de regrouper toutes vos révisions les deux dernières semaines : c'est le stress garanti !)
2 Estimez le temps qui sera nécessaire pour revoir <u>chaque sujet</u> en fonction de l'état de vos connaissances. N'oubliez pas de compter le temps nécessaire pour les *phases de répétition*.
3 Ne comptez qu'environ 70 % de votre temps vraiment disponible pour les révisions de votre plan. (Cela vous laisse ainsi du temps pour revoir les sujets que vous aviez peut-être oubliés ...)
4 Ne travaillez pas jusqu'à l'épuisement total et formez des <u>unités de travail</u> de 30 à 45 minutes (faites des *pauses* entre ces unités) : cela permet de mieux vous concentrer.

IV ... pour s'organiser intelligemment

1 Fixez l'<u>ordre</u> dans lequel vous voulez réviser et *alternez les sujets* de civilisation, de langue, etc. (Ne révisez pas d'abord *tous* les sujets de civilisation puis ensuite *toute* la grammaire, etc).
2 Prenez des notes et faites-en des <u>fiches</u> que vous classerez dans un fichier ou un classeur (voir le modèle de la page suivante).
3 <u>Répétez</u> régulièrement les sujets que vous venez de réviser avant de passer à chaque nouveau sujet. (ex.: sujet 1, sujet 2, répétition sujet 1, sujet 3, répétition 1+2, sujet 4, répétition 1+2+3, sujet 5, etc.)
4 *Variez* vos <u>méthodes de révision</u> (lecture ou audition avec prise de notes, questions-réponses avec un autre élève, simulation d'examen avec des camarades, etc.).

< Un exemple à ne <u>pas</u> suivre !

Fiche de révision > *(exemple)*

- le SUJET à réviser: POLITIQUE - INSTITUTIONS
- une des rubriques de ce sujet: le Parlement
- les *sous-titres* de cette rubrique: 1 *L'Assemblée nationale*, 2 *Le Sénat*, 3 *La navette parlementaire*
- mots-clés et/ou définitions

POLITIQUE - INSTITUTIONS

le Parlement

1 *L'Assemblée nationale*	– 577 députés, proposent et votent les lois – élections au suffrage universel direct tous les 4 ans (élections législatives) – peut être dissoute par le président de la République
2 *Le Sénat*	– 321 sénateurs, discutent et votent les lois – élections au suffrage indirect tous les 9 ans (par les députés, les conseillers régionaux etc.)
3 *La navette parlementaire*	passage répété d'un texte de loi d'une Chambre à l'autre en vue d'un accord définitif

A vous !

1 a) Choisissez l'*un* des sujets de civilisation que vous avez déjà traité en cours il y a assez longtemps, par exemple : les immigrés en France, les problèmes de l'environnement en France, les médias, ou autre. Divisez ce sujet en plusieurs rubriques. (Attention : une rubrique ne doit être ni trop « large » – il y aurait trop de mots-clés à inscrire sur la fiche – ni trop « étroite » – il faudrait trop de fiches).

b) Choisissez l'*une* de ces rubriques et rassemblez les différents « aspects » qui pourraient être formulés en sous-titres.

c) A partir de ces aspects, composez une fiche contenant tous les mots-clés qui vous semblent nécessaires.

2 Composez une fiche sur l'*une* des rubriques suivantes (au choix) :
a) la Provence ; b) la Seconde Guerre mondiale ; c) le narrateur (d'un roman) ; d) le résumé.

3 Rédigez (à la maison) une série de fiches correspondant aux différentes « rubriques » qui font partie du *dernier* sujet que vous avez traité en cours.

Quelques derniers conseils (valables pas seulement pour les examens ...)

1 Faites une statistique de vos fautes de français.
Chaque fois que le prof corrige un devoir, relevez et classez les fautes que vous avez faites.
Cela permet d'identifier plus facilement les domaines de la grammaire (ou de l'orthographe) qu'il vous faudra bien réviser.

2 Prenez un « bain de langue » chaque fois que c'est possible.
- Regardez les émissions fancophones que vous pouvez recevoir sur votre téléviseur (voir page 131),
- écoutez la radio française,
- lisez des journaux ou des magazines français

(même si vous ne comprenez pas toujours tout ce qui est dit ou écrit).

3 Révisez pendant toute l'année.
Prévoyez tous les quinze jours une petite révision des sujets des deux dernières semaines.

> N'OUBLIEZ PAS !
>
> La meilleure préparation
> est celle qui commence le plus tôt possible.

Histoire et civilisation françaises (synopsis

1661-1715: Louis XIV (absolutisme)

1715-74: Louis XV

1774-92: Louis XVI

1799-1815: Napoléon Bonaparte

1852-7 Napoléo

1789: Début de la Révolution française, Déclaration des droits de l'homme

1848: Révolution: le printemps des peupl

1830: Révolution de Juill retour à la monarchie

Ancien Régime | Ire République | Consulat | Ier Empire | Restauration | Monarchie de Juillet | IIe République | Seco Emp

1650 — 1700 — 1750 — 1800 — 1850

Style classique | Style néo-classique | Romantisme , Réalisme

Le classicisme: Il se réfère à *L'art poétique* d'Aristote et aux œuvres littéraires des Anciens. La nouvelle esthétique selon Boileau est fondée sur l'idée de la beauté absolue, qu'on cherche à atteindre par l'imitation de la nature, par un souci de mesure et de perfection de la forme, un style clair et une fine analyse de la nature humaine.

Les Lumières: Mouvement philosophique et littéraire basé sur la connaissance des faits et sur la raison, qui met en avant le bonheur de l'individu. Il critique les anciennes hiérarchies fondées sur la foi et la religion et leur oppose les idées de progrès, de tolérance, de justice sociale et de liberté. Voltaire (*Les lettres philosophiques*, 1734, *Candide*, 1759), Montesquieu (*De l'esprit des lois*, 1748), Diderot (*L'Encyclopédie ou Dictionnnaire raisonné des sciences, des arts et des métiers*, 1751-1772), Rousseau (*Du contrat social*, 1762, *Emile*, 1762).

Le romantisme: En réaction contre le rationalisme du siècle des Lumières, ce courant est une redécouverte du Moyen-Age, un retour au rêve et à l'imaginaire, à la sensualité, au culte du moi. Le drame romantique rompt avec les règles classiques et se prononce pour la liberté du langage. Chateaubriand (*René*, 1804), Hugo (*Cromwell*, 1827, *Notre-Dame de Paris*, 1831).

La tragédie classique: Ses sujets, choisis dans l'histoire et la mythologie anciennes, traitent de la fatalité de l'existence humaine. L'action doit respecter la « vraisemblance » et la « bienséance », la forme est déterminée par la règle des trois unités (lieu, temps, action), par une division en cinq actes et par des vers alexandrins.
Corneille (*Le Cid*, 1637), Racine (*Phèdre*, 1677).
La grande comédie: Ayant soumis la comédie aux règles du théâtre classique, Molière est à l'origine de la grande comédie française (*Le Misanthrope*, 1666, *Le Bourgeois gentilhomme*, 1670, *Le Malade imaginaire*, 1673).

- histoire
- littérature et théâtre
- arts et musique
- sciences et techniques

Le réalisme: En réaction contre le romantisme, les réalistes veulent représenter la société et les hommes tels qu'ils sont. Le cadre historique et le milieu social jouent un rôle de premier plan. Stendhal (*Le rouge et le noir*, 1830), Balzac (*La comédie humaine*, 1842-48), Flaubert (*Madame Bovary*, 1857), Hugo (*Les misérables*, 1862), Maupassant (*Nouvelles*, 1880-90).

Architecture: Château de Versailles. **Peinture/Sculpture:** Le Brun, Le Lorrain, Georges de la Tour, Poussin; Coysevox. **Musique:** Lully, Couperin, Rameau, Charpentier (*Te Deum*).

Architecture: *Style rococo* sous Louis XV et *style néo-classique* sous Louis XVI. **Peinture/Sculpture:** Watteau, Greuze, Fragonard, les frères Adam. **Musique:** Gluck.

Architecture « napoléonienne » (Arc de triomphe). **Peinture/Sculpture:** Géricault, Delacroix, Ingres, Millet, Corot, Rude, Rodin. **Musique:** Bizet, Berlioz, Gounod.

Académie française: Fondée en 1635, elle fixe les normes de la langue française.

Avec son *Discours de la méthode* (1637), **Descartes** est le « père » de la philosophie moderne.

Encyclopédie (1751-72): Elle contient en 35 volumes l'ensemble des connaissances humaines (*voir aussi « Les Lumières »*).

Développement et perfectionnement de la **machine à vapeur.**

1783: Les frères de Montgolfier inventent le ballon à air chaud.

Ecole Polytechnique: Elle forme depuis 1794 des hommes de science de haut niveau.

1802: Introduction du **Système métrique.**

Développement du **chemin de fer:** première ligne à Paris en 1835.

Début de la **photographie** (Daguerre, 1838).

du XVIIe siècle à nos jours

1957: Naissance de la Communauté économique européenne (CEE)

1963: Traité franco-allemand de coopération

370-71: Guerre anco-allemande

1946-54: Guerre d'Indochine

Mai 1968: Révoltes étudiantes et ouvrières

1936-38: Front populaire

1954-62: Guerre d'Algérie

1969-74: Pompidou

1981-95: Mitterrand

1914-18: Première Guerre mondiale

1939-45: Seconde Guerre mondiale

1958-69: de Gaulle

1974-81: Giscard d'Estaing

depuis 1995: Chirac

IIIe République | Occupation et Libération | IVe République | Ve République

1900 1910 1920 1930 1940 1950 1960 1970 1980 1990 1995

Naturalisme | Symbolisme, surréalisme, existentialisme (et autres courants)

Le naturalisme: Issu du éalisme, le naturalisme utilise des méthodes « expérimentales » pour mieux décrire l'homme et son milieu. Une des thèses naturalistes est que 'être humain est entièrement pré-déterminé, d'une part par l'héridité, de l'autre par son milieu social.
Zola (*Les Rougon-Macquart*, dont *Germinal*, 1885).

L'existentialisme: Mouvement philosophique et littéraire qui considère que l'homme « existe » avant d' « être » : L'homme n'est que ce qu'il se fait.
Camus (*L'étranger*, 1942, *La peste*, 1947),
Sartre (*Huis clos*, 1944, *Les mains sales*, 1948).

Le théâtre de l'absurde: Dans cette nouvelle forme de théâtre, qui parodie souvent le quotidien, les personnages, les actions et même le langage sont banals et le plus souvent vides de sens. La vie elle-même n'a ni sens ni but, elle est absurde et c'est cela même qui la rend tragique.
Ionesco (*La leçon*, 1950, *Rhinocéros*, 1959),
Beckett (*En attendant Godot*, 1952).

Le symbolisme: En réaction contre l'idéal esthétique de « l'art pour l'art » et le réalisme naturaliste, ce courant est à la recherche de l'« essence spirituelle » des choses et des êtres humains.

Le nouveau roman: Ce mouvement refuse les structures et les objectifs du roman traditionnel. Caractérisé par un déroulement de l'histoire qui n'est ni chronologique ni logique et des épisodes permettant plusieurs interprétations de la réalité.
Sarraute (*Tropismes*, 1938/57), Robbe-Grillet (*Le voyeur*, 1955, *Topologie d'une cité fantôme*, 1976),
Butor (*La modification*, 1957),
Simon (*La bataille de Pharsale*, 1969).

Le surréalisme: S'élevant contre toutes les formes d'ordre, il donne la priorité à l'instinct, à l'imagination, au rêve. Breton (*Manifeste du surréalisme*, 1924).

mpressionnisme: Manet, Monet, Degas, Sisley, Renoir, Pissarro, Cézanne. **Fauvisme:** Matisse. **Néo-impressionnisme:** Seurat, Signac. **Cubisme:** Picasso, Braque, Gris, Delaunay. *Autres :* Chagall, Modigliani.

Musique: Bizet, Offenbach, Debussy, Ravel, Milhaud, Poulenc, Honegger, Messiaen, Boulez. **Chanson française:** –> *Glossaire.*

Architecture/Urbanisme:
19e siècle: Grands boulevards; places, parcs et ponts de Paris; Sacré-Cœur.
20e siècle: Tour Maine-Montparnasse, Centre Pompidou, Forum des Halles, Géode, Institut du Monde arabe, Pyramide du Louvre, Opéra Bastille, La Défense avec la Grande Arche, Très Grande Bibliothèque.

Grandes réalisations: Canal de Suez (1859-69), **Tour Eiffel** (1889), première ligne de **métro** (1900).

Frères Lumière: le **cinématographe** (1895). Découverte de la **radioactivité** (1896).

Grandes réalisations techniques de la fin du XXe siècle:
Concorde (1969), Airbus (1974), TGV (1981), Ariane (1983).

Médecine: Pasteur découvre, entre autres, un vaccin contre la rage (1885).

Glossaire

L'AFP (Agence France-Presse)

France-Presse a été lancée en 1944. Elle est l'une des cinq grandes agences de presse internationales. Son siège se trouve à Paris, mais elle possède 150 bureaux dans 129 pays du monde. Environ trois mille personnes, dont un tiers de journalistes et de photographes, collectent des informations et des photos dans plus de 260 pays et proposent des reportages d'actualité en six langues à 12 500 abonnés (journaux, radios, télévisions et autres clients). Cette agence est renommée pour le sérieux de ses informations et la qualité technique de ses textes et photos. En 1992, elle a été la première à pouvoir envoyer des images numériques (= digitales) sur l'ensemble de son réseau.
(Voir aussi : presse écrite, radio, télévision.)

L'aide humanitaire et sociale

Un très grand nombre d'associations porte secours à tous ceux qui, en France ou à l'étranger, vivent dans la misère ou le besoin. Parmi les plus connues :
– *Médecins sans frontières* est la plus grande organisation humanitaire d'aide médicale du monde. Depuis 1971, les « French doctors » interviennent régulièrement dans les régions en crise du monde entier pour y apporter les premiers soins aux victimes des guerres et des catastrophes naturelles.
– *Médecins du monde*, fondée en 1980 par Bernard Kouchner (ancien ministre de la Santé et de l'Action humanitaire), a des buts identiques.
– *Le Secours populaire français*, créé en 1946, vient en aide aux familles dans le besoin, p. ex. en organisant des repas pour les plus pauvres et des journées de vacances pour les enfants.
– *Emmaüs*, fondé en 1949 par l'abbé Pierre, réunit aujourd'hui plus de 10 000 personnes dans 27 pays de 4 continents. La communauté récupère et revend des vêtements, meubles, vieux papiers, etc. Avec l'argent gagné, les « compagnons » sont logés, nourris et touchent un peu d'argent de poche.
Emmaüs a fondé une banque alimentaire qui coopère avec le *Secours catholique* et l'*Armée du Salut* et distribue de la nourriture à différentes organisations caritatives.
– *ATD-Quart-Monde*, créée en 1957, a 21 centres permanents en France. Ils s'occupent de l'aide aux familles défavorisées, procurent des logements provisoires aux sans-abri et une formation professionnelle aux jeunes en difficulté.
– L' *Association pour l'action humanitaire*, fondée en 1993 par Bernard Kouchner, lutte contre la drogue et pour l'intégration des jeunes dans la société. Elle propose une aide médicale aux sans-abri, aux toxicomanes, aux malades du sida et autres défavorisés.
– L'association *Droit au logement* organise des actions spectaculaires (p. ex. l'occupation de logements vides) pour lutter contre l'exclusion et la pauvreté.

Dans plus de 50 villes de France, il existe des « Centres du Volontariat » qui accueillent les personnes en difficulté, les informent et les orientent vers les associations locales. Un « Guide des actions humanitaires » publie les adresses et les propositions des 200 organisations françaises et internationales les plus importantes.
(Voir aussi : les restaurants du cœur.)

L'ANPE (Agence nationale pour l'emploi)

L'ANPE est un organisme d'Etat créé en 1967 afin d'aider les personnes qui sont à la recherche d'un emploi. Plus de 500 agences réparties sur le territoire national accueillent les demandeurs d'emploi, leur procurent des renseignements sur le marché du travail et sur les possibilités de formation et d'orientation professionnelles.
A la différence des « Arbeitsämter » allemands, l'ANPE ne verse pas elle-même les allocations de chômage.

L'Assemblée nationale *(voir : Parlement)*

La BD (bande dessinée)

L'« âge d'or » de la bande dessinée franco-belge débute en 1959 avec la création du personnage d'Astérix, par René Goscinny (textes) et Albert Uderzo (dessins), et le lancement du magazine de BD *Pilote*. Suivent alors bon nombre de publications souvent critiques, parfois provocatrices telles que *Hara-Kiri* et *Charlie Hebdo* dans les années 60-70 ou *Fluide glacial* et *L'Echo des savanes* par la suite. Beaucoup de grands dessinateurs et dessinatrices de BD (Wolinski, Reiser, Bretécher, etc.) ont fait leurs premiers pas dans l'un de ces magazines.
Contrairement aux « comics » américains, la BD franco-belge s'adresse aussi et surtout aux adultes. Cela explique, entre autres, qu'elle est souvent publiée sous forme d'albums de qualité et qu'elle est très appréciée du grand public. La BD a d'ailleurs son festival, chaque année à Angoulême, et son grand prix .
Tintin et Milou, Astérix et Obélix, les Schtroumpfs, Gaston Lagaffe, Lucky Luke font aujourd'hui partie des grands classiques de la BD. Tintin, par exemple, s'est vendu à 180 millions d'exemplaires et les « Aventures d'Astérix », qui comptent 29 albums, ont été traduites en 40 langues et vendues à 250 millions d'exemplaires dans le monde entier.

La chanson française

La chanson traditionnelle :
– les précurseurs : Maurice Chevalier, Edith Piaf, Charles Trenet ;
– les « grands classiques » : Georges Brassens, Jacques Brel, Jean Ferrat, Léo Ferré, Barbara, Juliette Gréco ;
– les « yé-yé » : Johnny Hallyday, Eddie Mitchell, Françoise Hardy, Sylvie Vartan, France Gall ;
– génération 1968 : Georges Moustaki, Maxime Le Forestier.

Tendances plus récentes :
– la chanson « engagée » plus ou moins contestataire : Renaud, Bernard Lavilliers, Francis Cabrel ;
– les « provocateurs » : Serge Gainsbourg, Jacques Higelin, Jacques Dutronc ;
– le rock « à la française » : Téléphone, Indochine, les Rita Mitsouko, les Négresses Vertes ;

– entre chanson et pop : Michel Sardou, Yves Duteil, Jean-Jacques Goldman, Alain Souchon, Véronique Sanson, Patrick Bruel, Patricia Kaas, Enzo Enzo ;
– le rap : NTM, MC Solaar, Alliance Ethnik, IAM, Menelik ;
– le reggae : Tonton David.

Chansons et musiques du monde francophone :
– musique « beur » et raï algérien : Rachid Taha, Carte de séjour, Khaled ;
– Canada : Félix Leclerc, Gilles Vignault, Robert Charlebois, Fabienne Thibaut, Céline Dion ;
– Suisse : Stephan Eicher ; Belgique : Axelle Red, Arno.

La collaboration

En 1940, après avoir été vaincue par la *Wehrmacht*, la France signe l'armistice. Le pays est alors divisé en deux : Au nord et à l'ouest, la « zone occupée » est contrôlée directement par les Allemands. Au sud, la « zone libre » est placée sous le contrôle du maréchal Pétain. Son gouvernement, situé à Vichy, et sa milice collaborent avec les Allemands. A partir de 1942, les troupes allemandes occupent aussi la zone libre.
(Voir aussi : la résistance.)

La Constitution

La Constitution de la Ve République a été proposée par le Général de Gaulle pour mettre fin à l'instabilité politique de la IVe République : La toute-puissance des partis et de l'Assemblée nationale, qui menaçait à tout moment de renverser le gouvernement, empêchait celui-ci d'agir efficacement à long terme.

La Constitution de la Ve République, approuvée en 1958 par référendum, limite le rôle du Parlement *(voir : le Parlement)*, renforce le pouvoir exécutif et donne à la France un régime de type présidentiel *(voir : le président de la République)*.
Peu après l'adoption de la Constitution, Charles de Gaulle (1890-1970) se fait élire premier président de la Ve République au suffrage universel. *(Voir aussi les pages 69, 78-79, 84.)*
Un Conseil constitutionnel veille au respect de la Constitution et à l'équilibre entre les pouvoirs législatif et exécutif.

Le CSA *(voir : la télévision)*

Décentralisation et régionalisation

Depuis les débuts de la monarchie absolue et, surtout, depuis la Révolution française, la France est un pays fortement centralisé. Les avantages sont alors évidents : l'unité du pays est plus facile à maintenir, les décisions d'intérêt national sont prises à l'échelon national et l'administration est plus facilement contrôlable par le pouvoir central.
Cependant, l'administration se montre lourde et souvent inefficace face aux problèmes régionaux ou locaux, et le déséquilibre politique entre Paris et la province a des conséquences économiques de plus en plus graves. Pour faire face à ces problèmes, la loi de décentralisation de 1982 transfère un certain nombre de compétences vers les « collectivités locales » : dans le domaine
– de l'urbanisme pour les communes,
– de l'aide sociale et de la santé pour les départements,
– du développement économique et culturel pour les régions.

Les collectivités locales sont administrées par une assemblée élue au suffrage universel et dirigée par un président élu (ou un maire - voir p. 89) et non plus, comme c'était le cas avant 1982 pour les départements, par un préfet nommé par le gouvernement de Paris. La fonction de préfet existe encore au niveau du département et de la région, mais elle n'a plus qu'un rôle consultatif.

La décolonisation

– *La guerre d'Indochine* (1946-1954) éclate après que la France a refusé de reconnaître l'indépendance du pays, que réclamait le mouvement du Viet-minh (Ho-Chi-Minh). La défaite de Diên Biên Phu (1954) mène aux accords de Genève, qui aboutissent à l'indépendance de l'Indochine (Viêt-Nam, Laos, Cambodge).
– *Le Maroc* et *la Tunisie* obtiennent leur indépendance en 1956. *L'Algérie* n'acquiert son indépendance qu'en 1962, à la suite d'une guerre sanglante *(voir : la guerre d'Algérie)*.
– Les colonies d'Afrique noire obtiennent leur autonomie au début des années 1960. La France y reste cependant présente, conformément à des accords de défense et d'aide économique signés avec la plupart des pays concernés. Depuis 1973 a lieu chaque année un *sommet africain*, qui réunit les chefs d'Etat d'Afrique francophone et le Président français et qui a pour but de fixer les grandes lignes des relations entre les pays concernés.
Depuis 1981, une coopération très étroite avec les pays africains francophones est assurée par le *Ministère de la Coopération et du Développement.*

Les DOM-TOM

Ce sont les « reliques » du passé colonial de la France. Les quatre *départements d'outre-mer* ont le même statut que les départements de France métropolitaine :
– La Guadeloupe
– La Martinique (Amérique centrale)
– La Guyane française
– La Réunion (Afrique).
Les quatre *territoires d'outre-mer* sont dirigés par une Assemblée territoriale et un conseil de gouvernement local, mais ses habitants sont citoyens français :
– La Nouvelle-Calédonie
– Wallis et Futuna (Océanie)
– La Polynésie française
– Les terres australes et antarctiques françaises.
Il y a enfin deux « collectivités territoriales », dont le statut se rapproche de celui des TOM :
– St-Pierre-et-Miquelon (Amérique du Nord)
– Mayotte (Afrique).

L'Europe - I Les dates-clés

1951 - Sur proposition de Robert Schuman, la France, l'Allemagne, l'Italie, la Belgique, les Pays-Bas et le Luxembourg fondent la *Communauté européenne du charbon et de l'acier* (CECA).
1957 - Le traité de Rome signé entre ces pays crée la *Communauté économique européenne* (CEE) ou « Marché commun ». Les principales institutions communautaires sont mises en place (voir plus bas).
1968 - La Grande-Bretagne, l'Irlande et le Danemark entrent dans le Marché commun.
1981 - La Grèce devient le dixième membre.

1986 - L'Espagne et le Portugal rejoignent la CEE. Les douze comptent alors près de 340 millions d'habitants. Ils signent l'*Acte unique européen* et décident d'ouvrir les frontières entre les Etats-membres à partir de 1993.
1992 - A Maastricht, les chefs d'Etat et de gouvernement jettent les bases d'une Union politique européenne. La CEE devient l'*Union Européenne* (UE).
1993 - Ouverture du marché unique : libre circulation des hommes, des services et des marchandises.
1994 - Création de l'Institut monétaire européen.
1995 - Adhésion de l'Autriche, puis de la Suède et de la Finlande à l'Union européenne.
1999 - Réalisation prévue de l'Union monétaire.

L'Europe - II Les institutions

1. La Commission européenne
C'est l'exécutif de l'Union européenne, responsable devant le Parlement européen. Elle se compose de 20 commissaires désignés pour 5 ans par les gouvernements des pays membres et son siège se trouve à Bruxelles. Rôle : proposer au Conseil des ministres les mesures utiles au développement de l'Union et appliquer les décisions prises par le Conseil, transmettre les propositions de lois au Parlement européen, chercher à concilier les points de vue des Etats-membres. La Commission est le porte-parole de l'Union dans les négociations commerciales.

2. Le Conseil des ministres
Il réunit périodiquement, à Bruxelles ou à Luxembourg, les ministres compétents (en fonction du sujet traité) à raison d'un ministre par Etat membre. Le Conseil prend des décisions et adopte les lois communautaires qui entrent alors en vigueur dans chacun des Etats de l'Union européenne.

3. Le Parlement européen
Ses 626 députés élus pour 5 ans au suffrage universel se réunissent une fois par mois à Strasbourg pendant une semaine. Le Parlement européen donne son avis sur les propositions de lois de la Commission. Il vote le budget de l'Union et contrôle le travail de la Commission et du Conseil des ministres. (Il y a 87 « Euro-députés » français et 99 allemands.)

4. La Cour de justice
Elle siège à Luxembourg et intervient lorsque les décisions communautaires ne sont pas respectées par l'un des pays membres. Chaque citoyen européen peut s'adresser à la Cour quand il a un problème avec les lois européennes.

5. Le Conseil européen
Il réunit au moins deux fois par an les chefs d'Etat ou de gouvernement. Cette institution définit la stratégie européenne face à l'avenir et aux grands problèmes du moment.

L'Europe - III Les programmes de formation

Ces programmes, financés par l'Union européenne, sont destinés à intensifier les contacts au-delà des frontières.
ERASMUS a pour but de mettre sur pied des échanges entre les étudiants et les professeurs d'université.
LINGUA est un programme qui vise à perfectionner les connaissances linguistiques.
IRIS est prévu pour mettre au point des méthodes de formation professionnelle spécialement adaptées aux besoins des femmes.
PETRA a pour but la formation professionnelle des jeunes après l'enseignement obligatoire.
ARION propose des visites d'études pour les responsables de l'enseignement, afin d'améliorer la compréhension des différents systèmes d'éducation.
CEDEFOP a été créé pour développer la formation professionnelle à l'intérieur de l'Union.
COMETT organise des programmes de formation professionnelle entre les entreprises et les universités.

Femmes (les droits de la femme - les dates-clés)

1791 - « Déclaration des droits de la femme », par la révolutionnaire Olympe de Gouges.
1880 - Généralisation de l'enseignement secondaire pour les filles.
1907 - Libre disposition, pour les femmes mariées, de leur salaire.
1928 - Création du congé de maternité.
1944 - Droit de vote élargi aux femmes.
1963 - Commercialisation de la pillule.
1965 - Disparition de la notion de « chef de famille ».
1979 - Législation définitive sur l'avortement.
1983 - Loi sur l'égalité professionnelle, qui interdit toute discrimination en raison du sexe.
1987 - Abolition des dernières restrictions relatives au travail (autorisation du travail de nuit, p.ex.).

La francophonie

Les pays francophones, c'est-à-dire les pays où le français occupe une place particulière en tant que langue officielle, administrative ou langue d'enseignement, sont répartis sur les cinq continents : 47 Etats ou parties d'Etat.
En Europe, ce sont pour la plupart des voisins de la France : Belgique, Luxembourg, Suisse, Andorre, Monaco, Val d'Aoste. En Afrique, la francophonie recouvre surtout les anciennes colonies françaises (Maghreb et Afrique centrale). On parle aussi français au Québec, en Louisiane et à Haïti, par exemple, ainsi qu'au Liban et en Polynésie (mais le « français de France » y a cessé d'être *la* langue de référence ...)

Le français est, avec l'anglais, langue de travail de l'ONU (Organisation des Nations Unies), et certains pays (la Grèce, l'Italie, la Pologne, le Portugal) l'utilisent fréquemment au cours de réunions internationales.
Dans la plupart des pays du monde, on enseigne le français comme langue étrangère (à plus de 25 millions d'enfants et d'adultes). Le nombre de personnes capables de s'exprimer couramment en français est aujourd'hui estimé à 105 millions.
Depuis 1986, les « Sommets de la francophonie » réunissent chaque année les chefs d'Etat des pays concernés dans le but de créer et d'animer un espace francophone qui ne soit pas seulement linguistique et culturel, mais aussi économique et technologique.

Le Front national *(voir la case info, page 104)*

Les grandes écoles

Parallèlement aux universités, il existe en France une série de « grandes écoles » publiques ou privées qui préparent les étudiants aux postes à hautes responsabilités dans presque tous les domaines. On ne peut entrer dans ces écoles qu'après avoir passé un concours, pour lequel il faut généralement deux années de préparation après le baccalauréat.

Les écoles les plus connues sont :	Elles forment des :
– l'Ecole Polytechnique – l'Ecole Centrale des Arts et Manufactures – l'Ecole Normale Supérieure des Mines	ingénieurs
– l'Ecole des Hautes Etudes Commerciales (HEC) – les Ecoles Supérieures de Commerce (ESC)	cadres supérieurs du commerce et de l'industrie
– les Ecoles Normales Supérieures (ENS)	professeurs et chercheurs.

Les diplômés de ces écoles sont très recherchés par les employeurs.
Il existe également des grandes écoles pour les études après l'université, dont la plus célèbre est l'Ecole Nationale d'Administration (ENA), qui forme les hauts fonctionnaires de l'Etat.

La guerre d'Algérie (1954–1962)

Depuis la conquête de l'Algérie par les Français en 1830, près d'un million de Français et d'autres Européens viennent peu à peu s'installer sur le territoire algérien, qui est intégré à la France en 1848. Ce sont les Français (les « pieds-noirs ») qui dirigent le pays, alors que la population musulmane (plus de 8 000 000 personnes) n'a pratiquement aucun droit politique.
Depuis 1925, les intellectuels algériens réclament l'indépendance du pays, que les pieds-noirs et le gouvernement français refusent catégoriquement.
C'est en 1954 qu'une véritable guerre éclate entre les nationalistes algériens du FLN (Front de Libération nationale) et les troupes françaises.
En 1958, de Gaulle arrive au pouvoir, grâce aux Français d'Algérie qui voient en lui le défenseur de leurs intérêts. Mais de Gaulle, après quelques concessions faites aux Algériens, propose la décolonisation du pays. Les partisans de l'« Algérie française » s'y opposent et fondent l'OAS (Organisation de l'Armée Secrète). L'OAS et le FLN terrorisent l'Algérie et la France par une série d'attentats, la guerre devient très impopulaire. De Gaulle décide d'y mettre fin. Le 18 mars 1962, il signe les accords d'Evian, qui rendent l'indépendance à l'Algérie.

La laïcité

La loi sur la *séparation de l'Eglise et de l'Etat* (1905) est basée sur le principe de la l*aïcité*. En fonction de cette loi, l'Etat français garantit la liberté du culte tout en restant neutre envers les Eglises. L'enseignement religieux n'est donc pas intégré dans les programmes scolaires, mais il existe, parallèlement à l'enseignement public laïque, des écoles « libres » qui proposent un enseignement religieux. *(Voir aussi : la religion.)*

Médecins sans frontières *(voir : l'aide humanitaire)*

Les médias *(voir : presse écrite, radio, télévision)*

Le minitel

Ce moyen de communication, composé d'un petit écran et d'un clavier relié au téléphone, devait, à ses débuts, remplacer l'annuaire téléphonique sur papier. Il en existe plusieurs modèles, du standard (installé gratuitement par la poste) au portatif à écran plat destiné aux hommes d'affaires.
A l'aide de cet appareil on peut, en payant, avoir accès à un grand nombre d'informations (horaires de train ou d'avion, météo, bourse, etc.) et utiliser de nombreux services (réservation de billets, commandes, jeux électroniques). L'un de ces services a contribué à rendre le minitel particulièrement populaire chez les Français : les messageries, qui permettent d'envoyer et de recevoir des messages écrits et d'entrer ainsi en contact avec d'autres utilisateurs du minitel – en restant anonyme si on le désire.
Un Français sur trois utilise régulièrement le minitel et 6,5 millions d'appareils étaient en service en France en 1994 (leur nombre continue à progresser).

L'Office franco-allemand pour la jeunesse

L'une des conséquences du Traité sur la coopération franco-allemande a été, en 1963, la fondation de l'*Office franco-allemand pour la jeunesse* (OFAJ). Objectif : Rapprocher les jeunes des deux pays et leur apprendre à connaître la culture et la civilisation du voisin pour assurer durablement l'amitié entre les deux peuples.
Programme : Echanges scolaires et universitaires, rencontres entre apprentis ou jeunes employés, manifestations sportives, jumelages entre villes, stages et cours de langue.

Le Parlement

Le Parlement français se compose de deux chambres : l'Assemblée nationale et le Sénat.
L'*Assemblée nationale* se compose de 577 députés (dont 22 pour les DOM-TOM). Ceux-ci sont élus pour 5 ans au suffrage universel direct et siègent au Palais Bourbon, à Paris.
Le *Sénat* compte 321 sénateurs qui se réunissent au Palais du Luxembourg, à Paris. Ils sont élus pour 9 ans par les députés, les conseillers régionaux, les conseillers généraux, les maires et une partie des conseillers municipaux.
Le Parlement se réunit en sessions « ordinaires » de 80 à 90 jours, deux fois par an, et en sessions « extraordinaires ». Il a deux fonctions principales : 1) contrôler la politique du gouvernement ; 2) proposer et voter les lois (pouvoir législatif) ainsi que le budget de l'Etat.
Si l'Assemblée nationale est en désaccord avec le gouvernement, elle peut le renverser en votant une motion de censure. En revanche, le président de la République a le pouvoir de dissoudre l'Assemblée (mais pas le Sénat).
Pour être valable, un texte de loi doit être adopté par l'Assemblée nationale et par le Sénat : si les deux chambres ne peuvent pas tomber d'accord, c'est le dernier vote de l'Assemblée qui est pris en compte.

Le Parti communiste, le Parti socialiste
(voir la case info, page 100)

Le président de la République

Il est élu pour 7 ans au suffrage universel direct, et exerce avec le gouvernement le pouvoir exécutif. Il
– veille au respect de la Constitution,
– nomme le Premier ministre et les autres membres du gouvernement, et met fin à leurs fonctions, sur proposition du Premier ministre,
– préside le Conseil des ministres,
– est le chef des armées et peut seul décider de l'utilisation de l'arme nucléaire,

– représente le pays à l'extérieur,
– promulgue les lois,
– peut dissoudre l'Assemblée nationale,
– peut consulter les citoyens directement par référendum,
– peut prendre les pleins pouvoirs, si la nation est menacée.

Grâce au *référendum*, le Président demander directement aux citoyens de voter une loi, s'il sagit de modifier la Constitution, ou de changer le statut du territoire national. *(Voir aussi la page 84.)*

La presse écrite

Il y a en France plus de 130 quotidiens.
Parmi les quotidiens nationaux, les plus importants sont *Le Figaro, Le Parisien,* et *France-Soir* pour les journaux « de droite », *Le Monde* pour le centre-gauche, *Libération* et *L'Humanité* pour la presse dite « de gauche », *La Croix-L'Evénement* pour la presse catholique, Les *Echos* pour l'économie et *L'Equipe* pour le sport. Une bonne partie de ces quotidiens doit faire face à des difficultés financières de plus en plus graves.
Il existe une grande variété de journaux régionaux dont les principaux sont *Ouest-France* (la plus large diffusion de France, avec environ 800 000 exemplaires), *La Voix du Nord* et *Sud-Ouest*.
Parmi les périodiques, on trouve des grands hebdomadaires d'information (*L'Express, Le Nouvel Observateur, Le Point, L'Evénement du jeudi*), des journaux satiriques (*Le Canard enchaîné*), des magazines de loisirs (environ 250 titres) et de télévision (*Télé-7 jours, Télérama,* etc.). La presse féminine est représentée par de nombreux titres (*Femme actuelle*, p. ex.), de même que la presse des jeunes : *Phosphore, Okapi, Podium, Salut, OK, Age tendre.* Il existe aussi un bon nombre de publications spécialisées dans les domaines les plus divers.
La plupart des journaux et périodiques sont regroupés entre les mains des grands groupes de presse dont les plus connus sont Hachette, Hersant et Filipacchi.

Les prix littéraires

Il en existe un grand nombre, dont les plus connus sont :
– le prix *Goncourt,* qui a pour but de faire connaître un jeune auteur de texte en prose ;
– le *Femina*, attribué par un jury de femmes à un roman ou une autre œuvre de fiction ;
– le *Médicis,* qui récompense un roman dont le ton ou le style fait preuve d'une certaine nouveauté ;
– l'*Interallié,* délivré à un roman écrit par un journaliste.

La radio

On distingue les radios nationales (*France-Inter, France-Culture, France-Musique*), les radios régionales ou locales de service public (*Radio 7, Fréquence Nord, Radio Normandie Caen, etc.*), les stations périphériques privées qui émettent à partir des pays voisins de la France (*RTL, RMC, Europe 1, Sud-Radio*) et des radios locales « libres », c'est-à-dire privées (plus de mille stations).
Avec l'arrivée des radios « libres », les grandes stations nationales et périphériques ont perdu un peu de leur audience, même si elles restent très écoutées. Les jeunes leur préfèrent les nouvelles stations telles que *NRJ, Europe 2, Skyrock* et *Fun Radio*, parce qu'elles proposent des émissions mieux axées sur leurs besoins et qu'elles diffusent davantage de musique *(voir la case-info, p. 130).*

Le référendum *(voir : le président de la République)*

Les régions *(voir : la décentralisation)*

La religion

Si 82 % des Français sont catholiques, la seconde religion de France est l'islam (pratiqué par 4 millions de musulmans, en majorité des travailleurs immigrés et leurs familles). Viennent ensuite un million de protestants et environ 700 000 juifs.
Le protestantisme ne joue qu'un rôle secondaire en France, depuis que Louis XIV (par la révocation de l'Edit de Nantes en 1685) a interdit aux protestants de pratiquer leur religion. Beaucoup d'entre eux (les huguenots) sont alors partis s'installer à l'étranger, notamment en Prusse.
Autre différence avec l'Allemagne : La séparation de l'Eglise et de l'Etat, datant de 1905, a pour conséquence que l'Eglise ne touche pas d'argent de l'Etat (il n'y a donc pas d'équivalent français au « Kirchensteuer » allemand) et que l'enseignement public est laïque. L'Etat donne, par contre, le droit à l'Eglise d'entretenir des écoles privées (les « écoles libres »), fréquentées par environ 20 % des élèves français.
(Voir aussi: la laïcité.)

La Résistance

A la suite du fameux appel à la « résistance extérieure » (*voir aussi case-info et affiche, page 78*), le général de Gaulle organise les *Forces françaises libres* (FFL), qui reprennent le combat aux côtés des Alliés. En France même, les réseaux clandestins de la « résistance intérieure » se constituent à partir de 1942 et se regroupent, entre autres, autour du préfet Jean Moulin. En 1943, on crée en Allemagne le STO (Service du travail obligatoire) qui est obligatoire pour les jeunes de 21 à 23 ans. Beaucoup de ceux qui refusent de s'y soumettre rejoignent des groupes de résistants.
Les résistants (dont le nombre est estimé à moins d' 1 % de la population) établissent des réseaux de renseignements, organisent des actes de sabotage contre l'armée allemande et facilitent l'évasion des personnes poursuivies vers l'Angleterre. Nombre d'entre eux perdent la vie lors d'attaques armées ou sous la torture.
(Voir aussi : la collaboration.)

Les Restaurants du Cœur

Les « Restos du Cœur » ont été créés en 1985 par le comédien et chanteur Coluche pour que les plus pauvres puissent avoir gratuitement un repas chaud par jour en hiver. Chaque année, à l'approche de l'hiver, des « restos » ouvrent leurs portes dans toutes les grandes villes de France et des milliers de bénévoles y distribuent, sans la moindre formalité, des repas aux sans-abri et aux chômeurs. Ces repas sont financés par des dons en nature ou en argent qui viennent d'un peu partout : supermarchés, industrie alimentaire, associations caritatives, personnes privées et artistes renonçant à leurs gages lors de fêtes de la solidarité.
Après la mort de Coluche en 1986, les Restos du Cœur ont poursuivi leur action : en 1991, par exemple, 1359 centres répartis sur toute la France ont distribué environ 27,5 millions de repas à 356 000 personnes.
(Voir aussi : l'aide humanitaire et sociale.)

Le RMI (revenu minimum d'insertion)

Le RMI, créé en 1988, est une aide financière qui permet aux « chômeurs de longue durée » (ceux qui n'ont plus d'allocations-chômage) de ne pas tomber dans la misère et d'être ainsi en mesure de se réintégrer dans le monde du travail.
Le RMI est valable pour 3 mois et peut être prolongé pour une période de 3 à 12 mois. En 1995, il était de 2325 F par mois (pour une personne vivant seule) et près d'un million de personnes vivaient du RMI.

Le RPR *(voir la case info, page 104)*

Le Sénat *(voir : Parlement)*

La Sécurité sociale

Il s'agit d'un regroupement d'organismes d'Etat (les « caisses ») qui assurent une protection sociale minimum à toutes les personnes vivant légalement en France et ayant payé des cotisations, notamment dans les domaines suivants :
- l'assurance contre la maladie et les accidents ;
- les allocations familiales (ce sont des sommes versées aux familles pour chaque enfant à partir du deuxième) ;
- la retraite (l'âge normal de la retraite est de 60 ans).

Le service militaire

Chaque Français âgé de 18 à 27 ans doit effectuer un service militaire de dix mois. Ceux qui refusent de porter les armes (les « objecteurs de conscience ») peuvent, sous certaines conditions, effectuer un service civil de 20 mois dans un organisme social ou culturel.
La suppression du service militaire obligatoire est prévue pour l'an 2000, ainsi que la création d'une armée de métier de 135 000 soldats (au lieu de 240 000).

Le SMIC (salaire minimum de croissance)

Le SMIC, créé en 1970, est le niveau de salaire minimum qu'un employeur doit payer à un travailleur de plus de 18 ans. Il augmente régulièrement, parallèlement au coût de la vie, et son montant est redéfini au 1er juillet de chaque année. Au 1er juillet 1995, il était de 36,98 F de l'heure, soit 6 249,62 F par mois.
Le SMIC touchant surtout les emplois non qualifiés, il y a, parmi les « smicards », davantage de femmes que d'hommes et plus d'étrangers que de Français.

SOS Racisme

L'association SOS Racisme a été fondée en 1984 par un groupe de jeunes Français et immigrés réunis autour de Harlem Désir, qui en a été le président pendant sept ans. Avec un symbole simple (une main ouverte), un slogan fort (« *Touche pas à mon pote* ») et l'appui des médias, le mouvement a connu un rapide succès, notamment auprès des jeunes.
L'association s'attaque au racisme sous toutes ses formes et mène de nombreuses actions dont le but est de favoriser la solidarité entre Français et étrangers ainsi que l'intégration des immigrés dans la société française : accueil et conseil juridique des étrangers, ouverture de « maisons des potes », grands concerts de solidarité, etc.
En 1992, Harlem Désir a quitté la présidence du mouvement, où il a été remplacé par Fodé Sylla.

Les syndicats

En France, les syndicats ouvriers les plus importants restent la CGT (communiste), ainsi que la CFDT et Force Ouvrière (tous deux de gauche modérée).
La CFTC, de tendance chrétienne, s'adresse également aux ouvriers et employés, alors que la CGC (droite modérée) rassemble surtout les cadres et la FEN (gauche) les enseignants.
Environ 1,8 million de salariés français sont syndiqués (contre 12 millions en Allemagne !) En effet, la réputation des syndicats français et le nombre de leurs adhérents ne cessent de baisser depuis la fin des années 70.
D'après un sondage de l'institut BVA en 1994, 83 % des Français trouvent que leurs syndicats sont trop politisés et 71 % qu'ils ne sont plus adaptés au monde du travail : ils ne se préoccupent pas assez des chômeurs, par exemple.

La télévision

Les grandes dates de la télévision :

1935 :	diffusion de la première émission de télévision
1967 :	diffusion de la première émission en couleur
1967 :	autorisation de la publicité de marques
1982 :	lancement du projet de télévision par câble
1983 :	diffusion d'émissions par satellites
1985 :	fondation de deux chaînes privées (La 5 et M 6)
1992 :	création de « Arte », chaîne culturelle franco-allemande.

Audience moyenne en 1994 (en %) :

TF1 (chaîne « généraliste » privée) :	39,5 %
France 2 (chaîne « généraliste » publique) :	25 %
France 3 (chaîne régionale publique) :	15,7 %
M6 (chaîne musicale) :	11,4 %
Arte (chaîne franco-allemande) :	1 %
Canal + (payante, réservée aux abonnés) :	4,6 %
Autres :	2,8 %

La télévision par câble couvre environ 20 % du territoire français. Elle permet de recevoir 8 chaînes françaises et une série de chaînes étrangères, dont SAT1, RTL, ZDF, BBC, RAI etc.
En 1989, un *Conseil Supérieur de l'Audiovisuel* (CSA) a été installé pour garantir la liberté d'expression et la libre concurrence, pour attribuer les fréquences radio et pour nommer les responsables des chaînes publiques.

Le terrorisme *(voir la case info, page 95)*

Le tourisme

La loi créant en 1936 les « congés payés » est à l'origine de l'évolution du tourisme en France, mais c'est surtout depuis les années 60 et 70 que le tourisme est devenu un secteur économique en pleine expansion. 53 millions de touristes, dont 12 d'Allemands, ont été accueillis en France en 1990 et ont fait vivre près d'un million de salariés employés dans cette branche.
L'hiver, le tourisme se concentre surtout sur les Alpes, qui proposent le plus grand domaine skiable équipé du monde.
L'été, la mer et le soleil restent la destination préférée de 70 % des vacanciers, dont la moitié choisit les côtes méditerranéennes. Mais celles du pays basque et de la Bretagne sont de plus en plus appréciées.
D'autres formes de tourisme deviennent toujours plus populaires : le tourisme culturel (les châteaux de la Loire, les cathédrales, les musées, les stages d'artisanat, etc.),

les séjours à la montagne et à la campagne, ou encore les vacances à caractère sportif profitent indirectement de la surpopulation des plages.
Par contre, peu de Français passent leurs vacances en dehors des frontières (un sur dix), alors que les villes et les paysages français attirent les touristes étrangers en grand nombre. Notamment Paris, où le Louvre à lui seul accueille plus de 1,5 million de visiteurs par an.

Le Traité franco-allemand de coopération

Le traité de coopération constitue à la fois une étape décisive dans le processus de réconciliation franco-allemand et un premier pas vers l'Europe unie.
Depuis sa signature, le 22 janvier 1963, par le général de Gaulle et le chancelier Adenauer, les relations entre les deux pays se sont profondément transformées dans bien des domaines :
Politique : Les consultations régulières entre les chefs d'Etat et les ministres des deux pays garantissent une étroite collaboration.
Militaire : Bien que la France ait quitté l'OTAN (NATO), les problèmes d'ordre stratégique sont étudiés en commun. La coopération entre les deux armées a abouti, en 1990, à la création d'une *brigade franco-allemande*, dont les 5200 soldats constituent la base de l'*Eurocorps* (1992).
Culturel : La création de l'OFAJ (*voir : Office franco-allemand pour la jeunesse*) a favorisé le développement des échanges culturels, des rencontres entre jeunes, des jumelages, de la coopération scientifique. L'enseignement de la langue de l'autre pays obtient une place privilégiée.
Economique : Les deux pays sont devenus le premier partenaire économique l'un de l'autre.

L'UDF *(voir la case info, page 104)*

Le verlan

Le verlan est un ancien argot remis à la mode par les jeunes dans les années 80. Il consiste à changer l'ordre des syllabes d'un mot qu'on met ainsi « à l'envers » (vers-l'en). Certains mots de verlan sont passés dans la langue familière courante, comme « ripou » (utilisé dans un titre de film), « laisse béton » (une chanson de Renaud), et surtout « beur » (désignant un jeune d'origine arabe).

Les « Verts » *(voir la case info, page 100)*

Bildquellen

Photos : Agence Bernand, Paris: 189, 190, 219, 222 – Jacques Burlaud, Vendôme: 11/1, 11/2, 11/3, 44, 101, 119, 128 – Alain Canu: 213 (© Scoop / *Télé 7 jours*) – Jean-Loup Charmet, Paris: 78/1– Dassault / Aviaplans Service, Vaucresson: 86 o. (F. Robineau) – Sylvie Descamps, Lys-lez-Lannoy: 104 – dpa, Frankfurt/Main: 86 u.li. (J.-L Gautreau); 86 u.re. (AFP) – Kinoarchiv Peter W. Engelmeier, Hamburg: 113, 114, 170, 205 – *L'Evénement du jeudi*: 128/7 – Explorer, Paris: 6 o.li. (A Tovy); 6 o. (A. Autenzio); 25/6, 32/2 (F. Jalain); 32/1, 33/7 (P. Wysoczi); 33/2, 88 u.mi., 93 (P. Roy); 33/6 (Reperant); 42/1 (L. Giraudou); 88 u.li. (E. Poupinet) – Das Fotoarchiv, Essen: 204 (Rupert Oberhäuser) – Gamma, Vanves: 6 o.re., 106/2 (Noël Quidu); 6 mi. re. (Eric Brissaud); 6 mi. (Annie Assouline); 7, 121 (Georges Merillon); 25/7 (Adamini); 80 (Eric Bouvet); 81 (Gilles Caron); 85/1 (Lemorvan); 85/2 (Sud); 90 (Ph. officielle); 96 (Deville-Ribeiro); 125 (Gamma-Liaison); 129 (Zaher); 146 (Manuelle Toussaint); 175 (Ulf Andersen); 195 (Michel Folco) – Greenpeace-France, Paris: 100 (Morgen) – Beate Hauschild, Stuttgart: 25/3 – Jerrican, Paris: 6 u.re (Dufeu); 10/1 (Vaus); 10/3 (Lerosey); 27/1 (Mura); 32/2 o. (Galia) – Hubert Josse, Paris: 88 re., 171 – Dr. Nikolaus Miller, München: 25/2; 29/2 – *Le Nouvel Observateur:* 128/1, 128/2, 128/6 – Pandis, München: 6 u.mi. (Angeli / P. Riquet); 6 u.li., 209 (Sygma / Patrick Forestier); 30/2 (Sygma / Y. Forestier); 64 o.re. (Sygma / Bernard Annebicque); 82 (Sygma); 106/3 (Sygma / Pascal Parrot); 136 (Sygma / S. Compoint); 167 (Sygma / Benoit Barbier) – *Paris Match:* 128/3, 128/4 – *Le Point:* 128/5 – Rapho, Paris: 13 (Bourcart); 18 (J.-M. Charles); 25/1 (Doisneau); 25/4 (Maxime Cléry); 25/5 (Christian Cuny); 29/1 (Lawson); 47 (Michel Setboun); 64 u.re. (Michel Baret); 78/2 (Berretty); 88 o.mi. (J.-M. Charles); 127 (Emile Linden); 177 (Lily Franey) – *Rebondir:* 55 – Roger-Viollet , Paris: 193 (© Collection Viollet) – Scope, Paris: 32/3, 36 (Jacques Guillard); 33/9 (Philippe Blondel) – Secours catholique, Paris: 53 (I. Mouny) – Sipa Press, Paris: 60 (Haley) – Sopexa, Düsseldorf: 27/2 – Stills, Paris: 32/4 o. (Catarina); 38, 107/2 (P. Victor); 62 (Elsa Trillat); 207 (Corlouer) – Studio X, Limours: 218 (La Bénerie) – Superbild, Grünwald-München: Umschlagphoto (Archiv); 32/4 u. (Peter Siegenthaler); 39 (Tetsuo Sayama); 124 (Bernd Ducke) – Régis Titeca, Stuttgart: 30/1, 64 o.li., 64 o.mi. – Agence Top, Paris: 10/2 (Damien de Bronac); 33/5 (Robert Pixador); 225/1 (M.J. Jarry/J.-F. Tripelon) – *La Vie du Rail* / Recoura: 86 u.mi.

Gemälde und Zeichnungen : Adamov et Cothias: 240 (© Glénat) – Anonyme: 236 (Rex Nan Kivell Coll., National Library of Australia) – Fritz Behrendt, Amstelveen: 79 – Pierre Bettencourt: 241 (© CNAC, Paris) – Ignace Bonhomme: 163 (Ph. H. Josse) – Cabu, Paris: 49 – Marc Chagall: 198 (*Champ de Mars*, © VG Bild-Kunst, Bonn 1996; Ph. J. Blauel / Artothek, München) – Chaval: 179 (© C. Charillon, Paris) – Salvador Dali: 178 (*Cabinet anthropomorphique*, 1936; Kunstsammlung NRW, © Demart pro arte BV / VG Bild-Kunst, Bonn 1996; Ph. W. Klein) – Edgar Degas: 160 (Musée d'Orsay; Ph. Sipa Press) – Eugène Delacroix: 66 (Ph. P. Willi / Artothek, München) – Max Ernst: 186 (*Le Rhinocéros*, © VG Bild-Kunst, Bonn 1996) – Leonor Fini: 199 (Bibliothèque nationale, Paris) – Jean Fouquet: 65/1 (Ph. RMN, Paris) – Philippe Geluck: 117, 143, 155, 197, 230, 246 (© Casterman) –Vincent van Gogh: 35 (*Wheatfield with cypresses*, 1889; National Gallery, London, © Bridgeman Art Library, London; Ph. G. Roberton) – J.J. Grandville: 231 (Bibl. des Arts Décoratifs; Ph. J.-L. Charmet) – Antoine-Jean Gros: 65/3 (Ph. RMN, Paris) – F. Hoffbauer: 64 u.li. (Ph. J.-L. Charmet) – Jiluc: 48/2 (© *La Vie*) – Lauzier: 19 (*Tranche de vie, tome 5,* © Dargaud éditeur) – Jan Lenica: 97, 152, 233 (© VG Bild-Kunst, Bonn 1996) – Jacques Lerouge, Paris: 147 – T. Lix: 225/2 (Ph. J.-L. Charmet) – Félix Lorioux: 232 (Ph. J.-L. Charmet) – Edouard Manet: 156 (Ph. P. Willi / Artothek, München) – A. Mauger: 169 (Ph. J.-L. Charmet) – Moisan: 71 (© ADAGP / J. Cabadayan, Paris) – Niquet le Jeune: 73 (Ph. J.-L. Charmet) – Plantu, Paris: 48, 50, 58, 144 – Ptiluc: 215 (© Editions Vent d'Ouest 1987) – Gilles Rapaport, Paris: 91 – Hyacinthe Rigaud: 65/2 (Ph. Giraudon / Artothek, München) – Ronald Searle: 188 (© Tessa Sayle, London) – Serre: 153, 183, 202, 227 (© Glénat) – Siné, Noisy-le-Sec 140 – Joost Swarte, Amsterdam: 145 – Tignous, Montreux:105/3, 141 – Régis Titeca, Stuttgart: 116 – Trez, Paris: 111 – Wolinski, Paris: 74, 109.

Karten und Grafiken: Ivo Astalos, Wüstenrot: 89 – Belin, Paris: 15, 16/1 (Histoire-Géographie, classe de troisième, © Belin 1989) – Günter Bosch, Stuttgart: 28 – *L'Express*: 107/1 – JSI, Paris: 94 – Ernst Klett Verlag: 10-11, 16/2, 16/3, 16/4, 54 – Joachim Krüger, Stuttgart: 32-33.